PwC-Studien zum Unternehmens- und Internationalen Steuerrecht

Band 8

Reihe herausgegeben von
K.-D. Drüen, München, Deutschland
D. Gosch, Hamburg, Deutschland
J. Lüdicke, Hamburg, Deutschland
A. Schnitger, Berlin, Deutschland

Unternehmenssteuerrecht und Internationales Steuerrecht befinden sich in einem steten Wandel. Neue Probleme und Fragestellungen beschäftigen die Praxis, Rechtsfragen erfordern Entscheidungen der Rechtsprechung. Die vorliegende Reihe hat zum Ziel, einen Beitrag zur (rechts-)wissenschaftlichen Diskussion auf diesem Gebiet zu leisten. In ihr werden von den Herausgebern ausgewählte Dissertationen, Habilitationsschriften und sonstige wissenschaftliche Arbeiten zum Unternehmens- und Internationalen Steuerrecht veröffentlicht.

Reihe herausgegeben von

Prof. Dr. Klaus-Dieter Drüen
Ludwig-Maximilians-Universität
München

Prof. Dr. Jürgen Lüdicke
PricewaterhouseCoopers AG,
Universität Hamburg

Prof. Dr. Dietmar Gosch
Vorsitzender Richter
am Bundesfinanzhof a.D.
Christian-Albrecht-Universität zu Kiel,
Hamburg

Dr. Arne Schnitger
PricewaterhouseCoopers AG
Berlin

Weitere Bände in der Reihe http://www.springer.com/series/13333

Jörn Grosch

Die Trennung von Einkünfteerzielung und Steuerschuldnerschaft

Eine vergleichende Betrachtung im Ertragsteuerrecht und im Recht der Doppelbesteuerungsabkommen

 Springer Gabler

Jörn Grosch
Hamburg, Deutschland

Dissertation Universität Hamburg, 2017

PwC-Studien zum Unternehmens- und Internationalen Steuerrecht
ISBN 978-3-658-21372-5   ISBN 978-3-658-21373-2   (eBook)
https://doi.org/10.1007/978-3-658-21373-2

Die Deutsche Nationalbibliothek verzeichnet diese Publikation in der Deutschen National-
bibliografie; detaillierte bibliografische Daten sind im Internet über http://dnb.d-nb.de abrufbar.

Springer Gabler
© Springer Fachmedien Wiesbaden GmbH, ein Teil von Springer Nature 2018

Gedruckt auf säurefreiem und chlorfrei gebleichtem Papier

Springer Gabler ist ein Imprint der eingetragenen Gesellschaft Springer Fachmedien Wiesbaden
GmbH und ist ein Teil von Springer Nature
Die Anschrift der Gesellschaft ist: Abraham-Lincoln-Str. 46, 65189 Wiesbaden, Germany

Geleitwort

Die Besteuerung von Unternehmen ist ohne Berücksichtigung der internationalen Bezüge nicht mehr denkbar. Dieser seit einigen Jahren unbestreitbare Befund schlägt sich zunehmend in Verwaltungsanweisungen, Gerichtsurteilen und im steuerlichen Schrifttum nieder. Dennoch erscheinen etliche steuerliche Vorschriften noch immer sehr binnenbezogen und unternehmenssteuerliche Fragestellungen werden im fachlichen Diskurs auch heute noch unter Ausblendung ihrer grenzüberschreitenden Dimensionen erörtert.

Diese Schriftenreihe hat sich zum Ziel gesetzt, die vielfältigen Aspekte der Besteuerung von Unternehmen insbesondere im internationalen Kontext zu beleuchten. Denn die Herausgeber haben die Hoffnung nicht aufgegeben, dass die qualitätsvolle wissenschaftliche Vertiefung steuerlicher Fragen langfristig der Rechtsentwicklung und damit auch der Rechtsstaatlichkeit im Steuerrecht zu Gute kommt. Das Bewusstsein hierfür gerade auch bei der nachwachsenden Generation zu wecken oder zu bestärken, ist angesichts der üblichen Klagen über den (un)systematischen Zustand des Steuerrechts ein weiteres Anliegen der Schriftenreihe.

In diesem Sinne bietet die Schriftenreihe nicht nur, aber in besonderem Maße jungen Steuerwissenschaftlern die Möglichkeit, ihre wissenschaftlichen Arbeiten einem breiteren Publikum vorzustellen. Sie soll als ein Forum für überdurchschnittliche Dissertationen, Habilitationsschriften und vergleichbare Monografien dienen, welche sich mit dem Unternehmens- und Internationalen Steuerrecht beschäftigen.

PwC fühlt sich als Prüfungs- und Beratungsunternehmen den genannten Zielen ebenso wie der Förderung junger Talente auf ihrem praktischen oder wissenschaftlichen Weg in die steuerlichen Berufe verpflichtet. Daher übernimmt PwC die Kosten der Drucklegung und einer angemessenen Verbreitung der Schriften.

Über die Aufnahme von Arbeiten in die Schriftenreihe entscheiden die Herausgeber. Sie erbitten Bewerbungen jeweils bis Ende Mai und November an STEUERSCHRIFTEN@de.pwc.com oder

PricewaterhouseCoopers AG
Wirtschaftsprüfungsgesellschaft
Herrn Dr. Arne Schnitger
Kapelle-Ufer 4
10117 Berlin

Wir hoffen, dass die in der Schriftenreihe erscheinenden Arbeiten Denkanstöße geben und zu einer weiteren Befruchtung der wissenschaftlichen Diskussion im Unternehmens- und Internationalen Steuerrecht beitragen werden.

Berlin, Hamburg und München, 30. November 2017   *Die Herausgeber*

Vorwort

Die vorliegende Untersuchung wurde im Herbst 2016 von der rechtswissenschaftlichen Fakultät der Universität Hamburg als Dissertation angenommen und beruht auf der Rechtslage, dem Stand der Literatur und Rechtsprechung zu diesem Zeitpunkt.

Das Forschungsthema der Arbeit ist in seinem Gegenstand breit angelegt und versucht Ordnung in die Vielfalt steuerrechtlicher Phänomene zu bringen, ohne die einzelnen Phänomene jeweils vertieft zu untersuchen. Dieser systematisierende Ansatz ist eher selten. Das Thema ist überdies bisher kaum als eigener Forschungsgegenstand wahrgenommen worden. Vor diesem etwas unsicheren Hintergrund war die positive Aufnahme des Themas, die jederzeitige Unterstützung und Förderung durch viele fachliche Anregungen und Hinweise meines Doktorvaters Herrn Professor Jürgen Lüdicke von besonderer Bedeutung. Hierfür gilt ihm mein größter Dank.

Außerdem bedanke ich mich bei den Herren Professoren Gerrit Frotscher und Lars Hummel für das freundliche Prüfungsgespräch im Rahmen der Disputation. Ersterem danke ich auch für die zügige Erstellung des Zweitgutachtens.

Den Herausgebern der „PwC-Studien zum Unternehmens- und Internationalen Steuerrecht" gilt mein Dank für die Aufnahme der Dissertation in die Schriftenreihe. PwC danke ich für die finanzielle Unterstützung des Drucks.

Die Arbeit ist im Wesentlichen während meiner Tätigkeit als wissenschaftlicher Mitarbeiter am International Tax Institute der Universität Hamburg in den Jahren 2012 bis 2014 entstanden. Allen Kollegen an diesem Institut danke ich sehr für die schöne Zeit und die gute Zusammenarbeit, die ebenfalls zum Gelingen der Dissertation beigetragen hat.

Hamburg, 8. Januar 2018   *Jörn Grosch*

Inhaltsübersicht

Inhaltsverzeichnis

Abkürzungsverzeichnis

a. A.	andere Ansicht
a. E.	am Ende
a. F.	alte Fassung
Abs.	Absatz
AG	Aktiengesellschaft
AktG	Aktiengesetz
Anm.	Anmerkung
AO	Abgabenordnung
Art.	Artikel
AStG	Gesetz über die Besteuerung bei Auslandsbeziehungen
Aufl.	Auflage
AuslInvG.	Gesetz über steuerliche Maßnahmen bei Auslandsinvestitionen der deutschen Wirtschaft
BB	Betriebs-Berater (Zeitschrift)
Bd.	Band
BFH	Bundesfinanzhof
BFHE	Entscheidungen des Bundesfinanzhofs (Amtliche Sammlung)
BFH/NV	Sammlung nicht veröffentlichter Entscheidungen des BFH (Zeitschrift)
BGB	Bürgerliches Gesetzbuch
BGBl	Bundesgesetzblatt
BGH	Bundesgerichtshof
BMF	Bundesministerium der Finanzen
Bsp.	Beispiel
bspw.	beispielsweise
BR-Drs.	Bundesrat-Drucksache
BStBl.	Bundessteuerblatt
BT-Drs.	Bundestag-Drucksache
BTR	British Tax Review (Zeitschrift)

Buchst.	Buchstabe
bzw.	beziehungsweise
CFC	Controlled Foreign Company
d.h.	das heißt
DB	Der Betrieb (Zeitschrift)
DBA	Doppelbesteuerungsabkommen
ders.	derselbe
dies.	dieselbe(n)
DStR	Deutsches Steuerrecht (Zeitschrift)
DStRE	Deutsches Steuerrecht Entscheidungsdienst (Zeitschrift)
DStZ/A	Deutsche Steuerzeitung Ausgabe A (Zeitschrift)
EFG	Entscheidungen der Finanzgerichte (Zeitschrift)
EG-RL	Richtlinie der Europäischen Gemeinschaft
EStG	Einkommensteuergesetz
et al.	et alii
etc.	et cetera
EU	Europäische Union
f., ff.	folgend(e) (Seite[n])
FG	Finanzgericht
FinMin.	Finanzministerium
Fn.	Fußnote
FR	Finanz-Rundschau (Zeitschrift)
GewStG	Gewerbesteuergesetz
GG	Grundgesetz
ggfs.	gegebenenfalls
GmbHR	GmbH-Rundschau (Zeitschrift)
GrS	Großer Senat
h. A.	herrschende Ansicht
HGB	Handelsgesetzbuch
h. M.	herrschende Meinung
Hrsg.	Herausgeber

Hs.	Halbsatz
i. d. R.	in der Regel
i. E.	im Einzelnen
i. F.	im Folgenden
insb.	insbesondere
i.S.v.	im Sinne von
i.V.m.	in Verbindung mit
i.w.S.	im weiteren Sinne
IFA	International Fiscal Association
InvStG	Investmentsteuergesetz
ISR	Internationale Steuer-Rundschau (Zeitschrift)
IStR	Internationales Steuerrecht (Zeitschrift)
IWB	Internationale Wirtschaftsbriefe (Zeitschrift)
KG	Kommanditgesellschaft
KGaA	Kommanditgesellschaft auf Aktien
KStG	Körperschaftsteuergesetz
KSTH	Körperschaftsteuer-Hinweise
KStR	Körperschaftsteuerrichtlinie
m.E.	meines Erachtens
mglw.	möglicherweise
mind.	mindestens
m.w.N.	mit weiteren Nachweisen
NJW	Neue Juristische Wochenschrift (Zeitschrift)
Nr.	Nummer
n.F.	neue Fassung
o.ä.	oder ähnliches
OECD	Organisation for Economic Co-operation and Development (Organisation für wirtschaftliche Zusammenarbeit und Entwicklung)
OECD MA	OECD-Musterabkommen zur Vermeidung der Doppelbesteuerung auf dem Gebiet der Steuern vom Einkommen und vom Vermögen 2014

OECD MA-E	Entwurf des OECD-Musterabkommen zur Vermeidung der Doppelbesteuerung auf dem Gebiet der Steuern vom Einkommen und vom Vermögen
RFH	Reichsfinanzhof
RFHE	Entscheidungen des Reichsfinanzhofs (Amtliche Sammlung)
RIW	Recht der internationalen Wirtschaft
Rn.	Randnummer
RStBl.	Reichssteuerblatt
S.	Satz
StGB	Strafgesetzbuch
StuW	Steuern und Wirtschaft (Zeitschrift)
SWI	Steuern & Wirtschaft International (Zeitschrift)
Tz.	Teilziffer
u. a.	unter anderem
Ubg	Unternehmensbesteuerung (Zeitschrift)
Verf.	Verfasser
v.	vom
vgl.	vergleiche
WM	Wirtschafts- und Bankrecht (Zeitschrift)

A Einleitung

I. Kontext der Untersuchung

Die Rechtsgrundlage eines jeden Anspruchs muss u. a. drei Aspekte dieses Anspruchs konkretisieren: den Entstehungstatbestand, den Schuldner und den Inhalt des Anspruchs. Um diese Aspekte in Bezug auf den Steueranspruch zu regeln, gehen das Einkommen- und Körperschaftsteuerrecht (i. F. Ertragsteuerrecht[1]) von einem einfachen Grundfall aus: Der Entstehungstatbestand des Anspruchs ist erfüllt, wenn eine Person mittels bestimmter Verhaltensweisen Einkünfte erzielt. Schuldner des resultierenden Anspruchs ist diese einkünfteerzielende Person. Den Inhalt bemisst das Ertragsteuerrecht in Bezug auf einen bestimmten Zeitraum im Ausgangspunkt nach der Höhe der Einkünfte derselben Person, die die Einkünfte erzielt hat und folglich Steuerschuldner ist.

Von diesem Grundfall weicht das Ertragsteuerrecht in einer Reihe rechtspolitisch ganz unterschiedlich motivierter Tatbestände ab. Innerhalb dieser Tatbestände ist nicht die einkünfteerzielende Person Steuerschuldner des resultierenden Steueranspruchs, der Steueranspruch richtet sich gegen eine andere Person. Diese Tatbestände sollen in der Folge mit dem Begriff des *Trennungstatbestands* gefasst werden. Zu diesen Fällen zählen unter anderem das Verhältnis von Organgesellschaft zu Organträger nach §§ 14 ff. KStG, die Besteuerung der Mitunternehmerschaft unter der Auffassung der sog. Einheitstheorie, die Besteuerung des persönlich haftenden Gesellschafters einer Kommanditgesellschaft auf Aktien sowie Regime zur Beseitigung der Abschirmwirkung von Körperschaften im Außensteuergesetz (§§ 7 ff., § 15 AStG). Obwohl der Gesetzgeber diese Tatbestände vor teleologisch ganz unterschiedlichen Hintergründen konzipierte und von unterschiedlicher Rechtstechnik Gebrauch machte, zeigen sie problematische Gemeinsamkeiten, die Gegenstand dieser Arbeit sind.

---

[1]   Im Zusammenhang mit dieser Thematik soll Ertragsteuerrecht das Einkommen- und Körperschaftsteuerrecht umfassen. Auf das Gewerbesteuerrecht wird nur punktuell eingegangen.

© Springer Fachmedien Wiesbaden GmbH, ein Teil von Springer Nature 2018
J. Grosch, *Die Trennung von Einkünfteerzielung und Steuerschuldnerschaft*, PwC-Studien zum Unternehmens- und Internationalen Steuerrecht 8, https://doi.org/10.1007/978-3-658-21373-2_1

II.   Besondere Probleme der Trennungstatbestände

1.   Im nationalen Ertragsteuerrecht

Die erste Gemeinsamkeit aller Tatbestände ist ihr offenkundiges Bedürfnis nach begleitenden komplexen Regelungen. Der Gesetzgeber hat die Tatbestände mit umfangreichen Sonderregeln versehen, etwa den Regelungen zur Organschaft in den §§ 14 ff. KStG oder den Regelungen der §§ 7 ff., § 15 AStG. Wo Sonderregelungen im Gesetz fehlen, hat entweder die Rechtsprechung die Lücke mit mindestens ebenso großer Regelungskomplexität gefüllt, nämlich im Recht der Mitunternehmerbesteuerung, oder es herrscht Rechtsunsicherheit, wo es sowohl an Regelungen als auch an Richterrecht mangelt. In dieser besonders unglücklichen Lage befindet sich die Besteuerung der KGaA und ihres persönlich haftenden Gesellschafters, weshalb einige eine Neu- bzw. überhaupt eine hinreichende Regelung ihrer Verhältnisse wünschen.[2]

Die Gemeinsamkeiten gehen über die bloße Komplexität aber hinaus. Die Sonderregelungen der Trennungstatbestände – ob gesetzlich oder richterrechtlich – betreffen häufig gleiche Gegenstände, wie etwa die Dividendenbesteuerung oder die Anrechnung von Quellensteuern oder ausländischer Steuern. Dort, wo Sonderregelungen fehlen, insb. bei der KGaA, aber auch bei der Besteuerung von Familienstiftungen nach alter Rechtslage (§ 15 AStG a.F.), sind diese Gegenstände – wie im Fall der KGaA – Anlass für wissenschaftliche Diskussionen um die richtige Behandlung oder – wie im Fall der Familienstiftung – Anlass einer Gesetzesänderung gewesen.

2.   Im Recht der DBA

Das Recht der DBA enthält für ertragsteuerliche Zwecke Vorschriften über die Befreiung von Einkünften, über die Bestimmung des Steuersatzes in Bezug auf bestimmte Einkünfte und über die Anrechnung von ausländischen Steuern auf die Steuerschuld. Der abkommensrechtliche Tatbestand setzt immer voraus, dass eine vertragsstaatsansässige Person i.S.v. Art. 4 Abs. 1 i.V.m. Art. 3 Abs. 1 Buchst. a OECD-MA einen Verteilungstatbestand der Art. 6–21 OECD-MA verwirklicht. Die Trennungstatbestände werfen in Bezug auf beide Voraussetzungen

---

[2]   *Beirat Ernst&Young* DB 2014, 147; *Bielinis*, DStR 2014, 769.

– Ansässigkeit und Verwirklichung eines Verteilungstatbestands – spezifische Fragen auf: So ist zunächst fraglich, ob eine Person, die von ihrer Steuerschuld aufgrund einer Einkünfteerzielung nach innerstaatlichem Recht entlastet ist, noch als *steuerpflichtig* i.S.v. Art. 4 Abs. 1 OECD-MA gelten kann. Zweitens verlangen die Verteilungstatbestände jeweils, dass eine vertragsstaatsansässige Person in den Art. 6–21 OECD-MA[3] näher spezifizierte Einkünfte bezieht. Auf den ersten Blick fragt sich, ob eine Person auch dann noch in diesem abkommensrechtlichen Sinne Einkünfte bezieht, wenn sie mit diesen Einkünften selbst keiner Steuerschuld unterliegt. Unter der Oberfläche liegen grundsätzliche Fragen zum Verhältnis des Abkommensrechts zum innerstaatlichen Ertragsteuertatbestand und Fragen zum abkommensrechtlichen Zurechnungszusammenhang. Diese letzten Aspekte, die einen Schwerpunkt dieser Untersuchung bilden, scheinen im Verhältnis zu ihrer Bedeutung bisher zumindest im deutschen Schrifttum – außerhalb der Sonderfragen der Personengesellschaften – nicht ausreichend diskutiert.[4]

Fragen der abkommensrechtlichen Zurechnung haben außerdem immer enge Bezüge zu den viel diskutierten Fragen der sog. Zurechnungskonflikte.[5] Es handelt sich um das Problem, wie Doppelbesteuerung oder doppelte Nichtbesteuerung vermieden werden kann, wenn Quellen- und Ansässigkeitsstaat(en) einen steuerlich relevanten Sachverhalt bei verschiedenen Personen als Einkünfte erfassen. Dieses Problem steht nicht im Mittelpunkt dieser Arbeit; es sollen aber die Bezüge zur Problematik der Zurechnungskonflikte aufgezeigt werden.[6]

III. Ziel der Untersuchung

Der strukturelle Vergleich der Trennungstatbestände dient der Fortbildung der Steuerrechtsdogmatik. Er trägt zur Ordnung und Systematisierung des Steuerrechts bei, indem er Verbindungen zwischen Tatbeständen herstellt, die bisher in aller Regel unverbunden nebeneinander betrachtet werden.[7] Auf der Grundlage

---

3 Nicht betrachtet wird Art. 9 OECD-MA.
4 Aus der internationalen Literatur insb. *Wheeler*, The Missing Keystone, S. 13 ff.; *dies.*, Bulletin for International Taxation 2005, 477; außerdem *Danon*, Intertax 2004, 210 (im Zusammenhang mit Trusts); *Salom*, Bulletin for International Taxation 2011, 394; zudem befasste sich ein IFA-Kongress mit dieser Frage, vgl. den *General Report* von *Wheeler*, IFA-Cahiers 2007, Band 2, Conflicts of the Attribution of Income to a Person, S. 17 ff.
5 Zu diesen allgemein *Lehner*, in: Vogel/Lehner, Grundl. des AbkR, Rn. 181 ff.
6 Vgl. dazu insb. unten C.III.3.c. (S. 167 ff.).
7 Eine Ausnahme von dieser Regel findet sich bei *Raupach*, in: FS Beisse, S. 403 ff. Anders ist die Situation im Abkommensrecht: Insbesondere wird über die Übertragbarkeit der Grundsätze des *Partnership Report* der OECD auf vergleichbare Sachlagen nachgedacht,

dieses Vergleichs kann ermittelt werden, auf welche – die Tatbestände verbinden-den – Ursachen die enorme Regelungskomplexität der Trennungstatbestände und die häufigen Schwierigkeiten in der Rechtsanwendung zurückzuführen sind. Diese Erkenntnis kann die Grundlage für das Urteil bilden, ob die Regelungskomplexität sachangemessen oder verzichtbar ist. Ein solcher Vergleich kann aber auch zur Widerspruchsfreiheit in der Rechtsanwendung und Rechtssetzung beitragen, indem er offenlegt, in welchen Aspekten sich die benannten Besteuerungsregime ähneln und ob diese rechtlichen Ähnlichkeiten es erfordern, die Beteiligten des einen Regimes ebenso zu behandeln wie die Beteiligten eines anderen Regimes. Die Untersuchung soll aber nicht nur – in gewisser Weise passiv – den bestehenden Rechtszustand vergleichen, sondern positive Ansätze einer Dogmatik der Trennungstatbestände entwickeln. Zu diesem Zweck soll losgelöst von den konkreten Regelungen überlegt werden, welche Wertungsaspekte bei der Trennung von Einkünfteerzielung und Steuerschuldnerschaft eine Rolle spielen. Ein Schwerpunkt wird auf die Bedeutung der Rechtstechnik gelegt, mittels derer das Steuerrecht die Steuerschuldnerschaft von der Einkünfteerzielung trennt.

Die Behandlung der abkommensrechtlichen Fragen ist insofern anwendungsorientierter, als sie auf die Auslegung bestimmter Rechtsnormen der Doppelbesteuerungsabkommen angelegt ist. Auch dort aber steht der Vergleich im Vordergrund mit dem Ziel, offen zu legen, ob bestimmte Eigenschaften der Trennungstatbestände im nationalen Recht den Rechtsanwender zu einer gleichen oder eben verschiedenen Anwendung der Abkommen zwingen, ob etwa die Fremdzurechnung des Einkommens der Organgesellschaft ihr die *Steuerpflicht* im Sinne von Art. 4 Abs. 1 S. 1 OECD-MA nimmt und sie im Ergebnis ebenso zu behandeln ist wie die Personengesellschaft, ob etwa dem persönlich haftenden Gesellschafter einer KGaA für die Anwendung der Verteilungsartikel (Art. 6–21 OECD-MA) Einkünfte zuzurechnen sind, und wenn dies so wäre, ob aufgrund der strukturellen Vergleichbarkeit dies dann ebenso für den Organträger innerhalb einer Organschaft oder den Gesellschafter einer Zwischengesellschaft im Rahmen der Hinzurechnungsbesteuerung (§§ 7 ff. AStG) gelten muss. Für die abkommensrechtliche Betrachtung wird auch die Besteuerung der Investmentfonds und ihrer Anleger mit einbezogen.

---

vgl. etwa *Danon* zu Trusts (*Danon*, Trusts, S. 296 ff., insb. S. 316 ff.); *Link* zu Gruppenbesteuerungsregimen (*Link*, Konsolidierte Besteuerung, S. 106 ff., 113 ff.), *Rust* zu CFC-Regimen (*Rust*, Hinzurechnungsbesteuerung, S. 58 ff.) sowie verschiedene Tatbestände einbeziehend *Salom*, Bulletin for International Taxation 2011, 394.

IV. Gang der Untersuchung

Die Arbeit teilt sich grob in einen Grundlagenteil, der den innerstaatlichen Steuertatbestand untersucht (B.), und einen Teil, der Fragen des Abkommensrechts
untersucht (C.). Der Grundlagenteil beginnt mit einer abstrakten Darstellung des
Steuertatbestands, um rechtstechnische Begriffe zu prägen, die in der gesamten
Arbeit genutzt werden (B.I.). Es folgt eine knappe Darstellung der einzelnen
Trennungstatbestände mit dem Fokus auf die Ausgestaltung des jeweiligen Trennungsmechanismusses (B.II.); dann die Erörterung von Problemfeldern, die sich
in allen Trennungstatbeständen – wenn auch oft in unterschiedlicher Weise – entfalten (B.III.). Nach diesen problemklärenden Ausführungen findet die Arbeit zu
einer vom Gesetz gelösten Erörterung von Fragen, die sich bei einer Trennung von
Einkünfteerzielung und Steuerschuldnerschaft im Grundsätzlichen stellen (dazu
B.IV.). Hierzu stellt sie die Grundwertungen des Einkommensteuerrechts in Bezug zur Trennung von Einkünfteerzielung und Steuerschuld sowie theoretisch
zur Verfügung stehende Rechtstechniken der Trennung von Tatbestandsverwirklichung und Rechtsfolge vor (dazu B.IV.1. und 2.). Den Kern bildet die Kritik an
der Rechtstechnik der *Einkünfte-* bzw. *Einkommenszurechnung* (dazu B.IV.3.). Nach
dem abstrakten Blick auf die Rechtstechnik folgt ein Blick zurück auf die einzelnen
Trennungstatbestände (B.V.). Sodann soll die Besteuerung von Investmentfonds
und ihrer Anleger in die Betrachtung mit einbezogen werden (B.VI.). Zum
Abschluss werden die wesentlichen Ergebnisse zusammengefasst und mögliche
Folgen für die Praxis erörtert (B.VII.).

   Die abkommensrechtliche Diskussion betrifft im Grundsätzlichen die Frage,
nach wessen Eigenschaften – Ansässigkeit, ggf. Rechtsform – es sich richtet, ob
das Abkommen seine steuermindernde Rechtsfolge auslöst (zu dieser Problemdarstellung im Einzelnen C.I.). Im Konkreten erörtert die Arbeit den Einfluss der
Trennung von Einkünfteerzielung und Steuerschuldnerschaft auf die Ansässigkeit der beteiligten Personen nach Art. 4 Abs. 1 OECD-MA und dort insb. das
Merkmal der *Steuerpflicht* (C.II.). Im Mittelpunkt stehen allerdings Fragen des abkommensrechtlichen Zurechnungszusammenhangs, also danach, welche Person
im Rahmen der Trennungstatbestände einen Verteilungstatbestand verwirklicht
(C.III.). Den abstrakten Erörterungen folgt eine Konkretisierung auf die einzelnen
Trennungstatbestände (C.IV.), zum Abschluss eine Verprobung der erarbeiteten
Lösungen an praktischen Beispielen (C.V.).

B Trennungstatbestände im innerstaatlichen Ertragsteuerrecht

I. Der Regeltatbestand des Ertragsteuerrechts

1. Ablehnung der klassischen Tatbestandslehre für Zwecke dieser Untersuchung

a. Darstellung der klassischen Tatbestandslehre

Der ertragsteuerliche Tatbestand wird abstrakt meist auf der Grundlage der sog. klassischen Tatbestandslehre dargestellt: Diese teilt den Steuertatbestand im Allgemeinen in das Steuersubjekt, das Steuerobjekt, die Steuerbemessungsgrundlage und den Steuersatz; die Verbindung zwischen dem Steuerobjekt und dem Steuersubjekt wird durch die sog. Zurechnung hergestellt.[8] Besonders prägnant formuliert das *Hey*:[9]

> Der klassische Steuertatbestandsaufbau spricht [...] von Steuersubjekt, unterscheidet ferner zwischen Steuerobjekt, Steuerbemessungsgrundlage und Steuersatz. Über die Zurechnung wird das Steuerobjekt dem Steuersubjekt zugeordnet. Im Zentrum des klassischen Aufbaus des Einkommensteuertatbestands steht dabei [...] als Steuerobjekt bzw. Steuergegenstand das Einkommen. Die Handlungen des Steuerpflichtigen [...] spielen daneben nur eine untergeordnete Rolle.

Der Rechtsanwender ermittelt nach diesem Konzept zuerst das Einkommen und weist dieses dann nach einem Zurechnungskriterium, im Ertragsteuerrecht dem *Erzielen*,[10] einem Steuerpflichtigen zu, der dann Steuerschuldner in Bezug auf dieses Einkommen ist.

Dieses Modell ist m. E. für Zwecke der Analyse von Tatbestandsfragen aus zwei Gründen ungeeignet: Es bildet erstens den positiv gesetzten Tatbestand

---

[8] Vgl. *J. Lang*, in: T/L, 19. Aufl. 2008, § 7 Rn. 17-35; *ders.*, Systematisierung und Steuervergünstigungen, S. 30 bis 63 (umfängliche Darstellung); heute *Seer*, in: T/L, § 6 Rn. 27 ff.; *Schell*, Subjektive Besteuerungsmerkmale, S. 38 (unter b)); zurückgehend auf *Hensel*, Steuerrecht, S. 58 ff.

[9] *Hey*, StuW 1998, 285, 286 (rechte Spalte).

[10] *Hey*, in: Tipke/Lang, § 8 Rn. 150 ff.

abstrakt nicht kongruent ab, der nicht zuerst auf das Einkommen, sondern auf das Erwerbsverhalten einer Person schaut (dazu b.). Ein zweiter Kritikpunkt betrifft im klassischen Tatbestandsaufbau den Begriff des Einkommens selbst. Die klassische Tatbestandslehre scheint das Einkommen in gewisser Weise von einer Person gelöst zu denken, was begrifflich problematisch ist (dazu c.). Dieser Aspekt erfährt besondere Aufmerksamkeit – die Tatbestandsdarstellung geht hier über die bloße Begriffsbildung hinaus –, weil die problembehaftete Idee des personengelösten Einkommens sich auch in der dominierenden Rechtstechnik zeigt, deren sich der Gesetzgeber zur Trennung von Einkünfteerzielung und Steuerschuldnerschaft bedient, nämlich der *Einkünfte-* bzw. *Einkommenszurechnung*.[11]

Es muss vorweg angemerkt werden, dass es (mind.) zwei Funktionen eines solchen Tatbestandsmodells gibt; die eine, hier relevante, ist die Funktion als Begriffssystem, mithilfe dessen rechtstechnische Fragen des Tatbestands diskutiert werden. Sie ist ein begriffliches Werkzeug zur Analyse von und für den Austausch über Regelungstechnik.[12] Hinsichtlich dieser Funktion wird das Tatbestandsmodell der klassischen Tatbestandslehre kritisiert. Eine ganz andere Funktion nimmt die Tatbestandsbildung in *Klaus Tipkes* Vorstellung einer „materialen Tatbestandslehre" ein.[13] Diese dient der Systematisierung des gesamten Steuerrechts mit dem Ziel, eine gerechte Steuerrechtsordnung zu bilden.[14] In dieser Funktion wird die klassische Tatbestandslehre nicht kritisiert.[15]

b.   Fehlender Ausdruck des klassischen Tatbestandsmodells im Gesetz

Das klassische Tatbestandsmodell ist keine kongruente Abstraktion des im Ertragsteuerrecht konkret niedergelegten gesetzlichen Tatbestands, dessen Eintritt eine Steuerschuld zur Rechtsfolge hat. Nach § 2 Abs. 1 S. 1 EStG unterliegen der Ein-

---

11   Dazu noch im Einzelnen unten IV.3.c.bb.(3) (S. 105).
12   So verwendet das Tatbestandsmodell etwa *Schell* in seiner Dissertation: *Subjektive Besteuerungsmerkmale im Einkommensteuerrecht* (vgl. dort S. 38 f.).
13   *Tipke*, StuW 1993, 105.
14   Eine ähnliche Unterscheidung trifft auch Stollenwerk, StVj 1989, 217, 230 der das Einkommen als „dogmatischen Gegenstand der Einkommensteuer" und die Einkünfteerzielungstätigkeit als „instrumentalen Gegenstand der Einkommensteuer" bezeichnet.
15   Kritisch ist allerdings anzumerken, dass *Tipke* (StuW 1993, 105, 106) seine *materiale Tatbestandslehre* in irgendeinem Sinn für höherwertig gegenüber der – in seinen Worten – *formalen Tatbestandslehre* hält, die kaum leistungsfähiger sei als eine Steuergliederung von A–Z. Eine abstrakte Tatbestands- und Rechtsfolgengliederung hat aber eine Funktion für die Analyse von geltendem Recht.

kommensteuer (d. h. gehen in die Bemessung einer Steuerschuld ein) Einkünfte, die mittels bestimmter Tätigkeiten, die in § 2 Abs. 1 S. 1 Nr. 1–7 EStG i.V.m. §§ 13–23 EStG typisiert sind, *erzielt* werden (vgl. im Einzelnen dargestellt unter b.).[16] *Tätigkeit* ist hier weit zu verstehen und umfasst aktives Tun wie passives Verhalten in der Gestalt der Überlassung von Kapital. Der Ertragsteuertatbestand stellt sich also als erfolgsqualifizierter Tatbestand dar, der wie folgt formuliert werden könnte:

> Wenn eine Person Tätigkeiten im Sinne von § 2 Abs. 1 S. 1 Nr. 1–7 i.V.m. § 13–24 EStG ausübt und hierdurch veranlasst Einkünfte erzielt, entsteht ein Steueranspruch gegen sie.

Ähnlich formuliert *P. Fischer*:[17]

> Einkünfte werden besteuert, weil der Steuerpflichtige selbst diese [scil.: die in § 2 Abs. 1 Nr. 1–7 EStG katalogmäßig benannten und in §§ 13 bis 24 EStG näher umschriebenen] wirtschaftlichen Betätigungen „initiativ" ausübt oder zurechenbar ausüben lässt (Handlungstatbestand) mit dem Effekt einer Mehrung/Minderung seiner wirtschaftlichen Leistungsfähigkeit (Erfolgstatbestand).

Auch *Wassermeyer* skizziert den Tatbestand so (ohne sich explizit gegen die klassische Tatbestandslehre zu wenden) und vervollständigt ihn noch durch Überlegungen zum Inhalt der Rechtsfolge[18]: Im Rahmen einer Betrachtung des sog. Veranlassungsprinzips stellt er fest, dass bisher das Erzielen von Einkünften als Teil des Besteuerungstatbestands i.s.v. § 38 AO zu verstehen gewesen sei, und die Einkünfte seien danach bei demjenigen zu verstehen, der sie bezogen habe.[19] Dies entspricht, das sei hier angemerkt, dem Verständnis der dargestellten klassischen Tatbestandslehre. Das entspreche aber, nach *Wassermeyer*, nicht dem System des EStG; Besteuerungsgegenstand seien allein die in §§ 13–23 EStG beschriebenen steuerbaren Tätigkeiten[20]: Das folge – verkürzt dargestellt – daraus, dass die Einkünfte nur Teil der Bemessungsgrundlage seien, was sich aus § 2 Abs. 3–5 EStG ergebe. Wenn die Einkünfte aber nur Teil der Bemessungsgrundlage seien, dann

---

16 So auch *Raupach*, in: FS Beisse, S. 403, 409 ff.
17 *Fischer*, in: FS Beisse, S. 189, 189 f.
18 *Wassermeyer*, StuW 1982, 353, 356; *ders.*, FR 1983, 157.
19 *Wassermeyer*, StuW 1982, 353, 356.
20 *Wassermeyer* StuW 1982, 353, 356; auch die Tätigkeiten in den Mittelpunkt rückend *Bayer*, FR 1985, 337 – der Stufenaufbau *Bayers* wird hier nicht weiter verfolgt, weil er für die hiesige Untersuchung keine Bedeutung hat. Es sei aber darauf hingewiesen, dass das zentrale Element des Tatbestandsaufbaus *Bayers* die Tätigkeiten des Steuerpflichtigen sind. *Bayer* grenzte sich damit ausdrücklich von der klassischen Tatbestandslehre ab.

blieben als Besteuerungsgegenstand nur die Tätigkeiten und Leistungen wie näher bestimmt in §§ 13–23 EStG übrig.[21] Dies konkretisiert *Wassermeyer* wie folgt[22]:

> [...] unter den Besteuerungstatbestand [fallen] *nur* die in §§ 13 ff. EStG inhaltlich näher umschriebenen Tätigkeiten. Der Zufluss von Einnahmen im Sinne von § 11 Abs. 1 S. 1 EStG gehört nach dieser Auffassung nicht zum Besteuerungstatbestand, sondern „nur" zur Bemessungsgrundlage für die Erhebung der Einkommensteuer.

Es ist zu ergänzen, dass die Einkünfte nicht der Höhe nach, aber dem Grunde nach doch zum Tatbestand gehören, denn ohne Einkünfte als Erfolgselement entsteht kein Steueranspruch. Die Bemessungsgrundlage zählt nach *Wassermeyer* offenbar nicht zum Tatbestand, sondern sie konkretisiert die Rechtsfolge. Diese begriffliche Trennung in Tatbestand und Rechtsfolge ergibt sich noch aus einer anderen Überlegung: Wenn der Tatbestand der Inbegriff der Merkmale ist, die das Entstehen eines Steueranspruchs begründen,[23] dann spielt das Regelwerk zur Bemessung des Steueranspruchs für diesen Steueranspruch nur noch eine konkretisierende Rolle: Wenn eine Person durch eine der Tätigkeiten Einkünfte (dem Grunde nach) erzielt hat, dann entsteht der Steueranspruch. Die Höhe des Anspruchs bzw. der Steuerschuld bestimmt sich maßgeblich nach der Höhe der Einkünfte und weiteren Faktoren.

Diese Überlegungen bilden das Grundgerüst für das Tatbestandsmodell, das hier verwendet werden wird (und unter 2. dargestellt wird). Es lohnt jedoch, nach der Kritik an der klassischen Tatbestandslehre anhand des Gesetzes auch die Sinnhaftigkeit der Begriffsbildung selbst zu kritisieren, weil diese Begriffsbildung an einem Mangel leidet, der in seinen geistigen Grundlagen auch der *Ergebniszurechnung*, der zur Trennung von Einkünfteerzielung und Steuerschuldnerschaft bevorzugt verwendeten Rechtstechnik, zugrunde liegt.[24]

c.   Konzeptionelles Problem des personen- und verhaltensgelösten Einkommens

Eine Eigenschaft des Tatbestandsmodells der klassischen Tatbestandslehre ist, dass es einen Begriff des Einkommens voraussetzt, der gedanklich ohne Person

---

[21]   *Wassermeyer*, StuW 1982, 353, 356.
[22]   *Wassermeyer*, FR 1983, 157, 158.
[23]   So Vertreter des klassischen Tatbestandsaufbaus: *Seer*, in: T/L, § 6 Rn. 27, siehe auch *Schell*, Subjektive Besteuerungsmerkmale im Einkommensteuerrecht, S. 28 f. m.w.N. in Fn. 11 und 12.
[24]   Vgl. im Einzelnen unten IV.3.c.bb.(3) (S. 105).

und ohne ein Verhalten dieser Person auskommt. Das Einkommen dieses Begriffs wartet darauf, mit einer Person durch die sog. Zurechnung in Verbindung gebracht zu werden, um den Steuerschuldner in Bezug auf dieses Einkommen zu finden. Das Einkommen muss also vor dieser gedanklichen Operation ohne Person gedacht worden sein. Einer Tätigkeit einer Person kommt vorwiegend die Bedeutung zu, in besonderen Sachlagen ein Einkommen (bzw. Einkünfte) einer von mehreren Personen zuzuordnen, die jeweils potenziell mit dem Einkommen in hinreichender Verbindung stehen.[25]

Dieser personenlose Begriff des Einkommens wird von den Vertretern des klassischen Tatbestandsaufbaus implizit bestätigt,[26] bspw. in der Darstellung *Seers*:[27]

> Durch sie [die Zurechnung] wird festgelegt, welchem Steuerschuldner das Steuerobjekt [das Einkommen] zuzurechnen (zuzuordnen) ist. Durchweg ergibt sich die Zurechnung aus dem oder in Zusammenhang mit der Bestimmung des Steuerschuldners selbst. [...] Die Zurechnung wird durch den Tatbestand des Erzielens hergestellt.

Aber es gibt eigentlich keine Einkünfte und kein Einkommen, das isoliert ohne eine konkrete Person gedacht werden kann; es kann nur *von einer bestimmten Person* – um den gesetzlichen Ausdruck des Erzielens zu vermeiden – *erworbenes* Einkommen geben. Denn Einkommen ist – untechnisch formuliert – das Empfangen von Vermögen. Es ist nicht möglich, ein konkretes – und um ein solches geht es ja in jedem Ertragsteuerfall – Einkommen zu denken, ohne eine Person zu integrieren, die Empfänger dieses Vermögens ist. Daraus ergibt sich, dass der Weg zum Einkommen über die Person und ihr Verhalten führt. Das Einkommen ist ein Effekt einer Person und ihres Verhaltens. Es ist logisch nachrangig zum Verhalten einer Person.[28]

Dass diese praktisch scheinbar bedeutungslosen Feinheiten spürbar das Nachdenken über tatbestandliche Phänomene behindern können, sei anhand

---

[25] Vgl. etwa die exemplarische Sammlung von Problemen bei *Hey*, in: T/L, § 8 Rn. 154 ff.

[26] Vgl. die schon oben zitierte Darstellung bei *Hey*, StuW 1998, 285, 286 (rechte Spalte).

[27] *Seer*, in: T/L, § 6 Rn. 42.

[28] Selbst *Hensel*, der Begründer der klassischen Tatbestandslehre, äußert: „Der Begriff „Einkommen" ist [...] nur denkbar, wenn man von einer Person ausgeht, die dieses Einkommen [...] bezieht." (vgl. *Hensel*, Steuerrecht, S. 77); siehe auch *Mössner*, in: FS Kruse, S. 161, 175 (insb. das Schaubild), der als konstitutives Element des Einkommens den Erwerbstatbestand benennt und hierunter die selbständigen und unselbständigen Tätigkeiten i.S.v. §§ 13, 15, 18 und 19 EStG, die Duldungen im Rahmen der Kapitalüberlassungen (§§ 20 und 21) sowie Veräußerungstatbestände fasst. In dem hier verwendeten weiten Handlungs- oder Tätigkeitsbegriff sind alle diese Verhaltensweisen enthalten. Zu diesen Verhaltensweisen hinzutreten müsse der Erwerbserfolg.

strafrechtlicher Tatbestände gezeigt: Es wäre offenbar einer dogmatischen Durchdringung abträglich, würde man den Diebstahlstatbestand (§ 242 Abs. 1 StGB) wie
folgt strukturieren: Pflichtig für Zwecke des Diebstahlstatbestands ist eine natürliche Person (Tatsubjekt), Gegenstand des Diebstahlstatbestands ist eine fremde
Sache (Tatobjekt); das Tatobjekt wird dem Tatbestandssubjekt durch Zurechnung
zugewiesen. Das Zurechnungskriterium für Zwecke des Tatbestandssubjekts ist
die *Wegnahme* der fremden Sache. Eine solche Strukturierung wäre nicht nur
wegen der strafrechtsspezifisch stärker ausgeprägten Verhaltensorientierung[29]
abwegig. Sie wäre auch unlogisch – und insoweit ist der Vergleich von Bedeutung
und ist valide –, weil man nicht davon sprechen kann, dass jede fremde Sache Tatobjekt ist; sie wird dies erst durch die Wegnahmehandlung einer Person.[30]

Doch ebenso verfährt die klassische Tatbestandslehre im Steuerrecht: Sie will
jeden Vorgang, der sich in einer nicht näher spezifizierten Form auf das Vermögen
einer Person auswirkt, als (Teil eines) Einkommen(s) bezeichnen. Und dann will
sie diesen Vorgang durch *Zurechnung* einer Person als Steuersubjekt bzw. als Steuerschuldner zuweisen. Eine solche Vorstellung findet sich auch in der (insofern in
neuerer Zeit grundlegenden) Arbeit von *J. Lang* zur *Systematisierung von Steuervergünstigungen – Ein Beitrag zur Lehre vom Steuertatbestand. J. Lang* zitiert zustimmend
Albert Hensel:

> Steuerschuldnerschaft ist nur dann gegeben, wenn der **objektiv verwirklichte sachli
> che Tatbestand** der in Anspruch [zu] nehmenden Person **auch zugerechnet** werden
> kann.[31]

Die objektive Tatbestandsverwirklichung, so ergänzt *Lang*, sei die „Erfüllung des
Steuergegenstands"[32], die subjektive Tatbestandsverwirklichung sei die Erfüllung

---

[29] Zu Recht auf die Grenzen des Vergleichs hinweisend *Hey*, StuW 285, 287 (linke Spalte).
[30] Wenn man die einzelnen Steuerarten nach irgendwelchen „materialen" Kriterien zueinander ordnen will, dann steht das Steuerobjekt auch in personengelöster, weil abstrakter Form im Mittelpunkt. Diese Funktion entspricht im Strafrecht der Ordnung
von Delikten nach geschützten Rechtsgütern – Vermögensdelikte, Delikte gegen die
Person oder Delikte zum Schutz der Allgemeinheit etc. Eine solche Sortierungsfunktion
hat mit einer Tatbestandslehre, wie sie hier verwendet wird, nichts zu tun; der Ausdruck Tipkes einer *materialen Tatbestandslehre* ist deshalb unglücklich gewählt (vgl.
schon oben a., S. 7).
[31] *J. Lang*, Systematisierung und Steuervergünstigungen, S. 46 (Hervorhebung durch den
Verfasser).
[32] *J. Lang*, Systematisierung und Steuervergünstigungen, S. 46. Diese Formulierung zeigt
besonders deutlich die problematische Begriffsbildung: Es ist sprachlich schwierig, von
der Erfüllung eines Gegenstands zu sprechen; das Zitat zeigt, dass man um einen Verhaltensbegriff nicht herumkommt, sei es auch unfreiwillig durch die Verwendung des
gesetzesfremden *Erfüllens*.

eines besonderen, neben den Steuergegenstandsnormen bestehenden Zurechnungstatbestands. Dieser Zurechnungstatbestand sei im Ertragsteuerrecht das Beziehen von Einkommen.[33] Es fragt sich, wie bspw. nicht steuerbare Lottogewinne in dieses Begriffssystem eingegliedert werden können.[34] Sind die Lottogewinne – von jeglicher Person gelöst – in irgendeiner abstrakten Form ein „objektiv verwirklichter sachlicher Tatbestand" bzw. die „Erfüllung eines Steuergegenstands" bzw. Einkommen, welche nicht mit einer Person in Verbindung gebracht werden können? Oder in Bezug auf die Vermietung in Nießbrauchsfällen[35]: Gibt es ein Einkommen (oder einen objektiv verwirklichten sachlichen Tatbestand oder einen erfüllten Steuergegenstand), das (bzw. der) darauf wartet, mit Nießbraucher oder Nießbrauchsbesteller in Verbindung gebracht zu werden?

Richtigerweise müssen im Ausgangspunkt die in § 2 Abs. 1 S. 1 Nr. 1–7 i.V.m. §§ 13–23 EStG typisierten Handlungen einer Person stehen, in Bezug auf welche das Einkommen eben dieser Person bestimmt werden kann. Die Vermögensmehrung durch Lottogewinn (bzw. die Minderung durch die veranlassten Aufwendungen) ist kein Einkommen, weil die Tätigkeit des Spielers nicht tatbestandsmäßig ist; das Entgelt der Vermietung ist Einkommen derjenigen Person, die tatbestandsmäßig gehandelt hat und hierdurch *Einkünfte* als tatbestandsmäßigen Erfolg veranlasst hat.

2. Gesetzliches Tatbestandsmodell[36]

a. Überblick

Stellt man die klassische Tatbestandslehre auf die Füße, ergibt sich für den Regeltatbestand, d. h. außerhalb von Trennungstatbeständen, Folgendes: Steuerschuldner des Ertragsteueranspruchs ist, wer Steuerpflichtiger ist (§ 36 Abs. 4 S. 1 EStG

---

33 Entspricht in der heutigen Fassung des § 2 Abs. 1 S. 1 EStG dem *Erzielen* (Relikt der Verwendung des Ausdrucks *Beziehen* in § 11 EStG).
34 *Theisen/Raßhofer*, in: FS Spindler, S. 819, insb. S. 826 f. zur Integration in den Tatbestand.
35 Dazu bspw. *Hey*, in: T/L, § 8 Rn. 158 ff.
36 *Wassermeyer*, StuW 1982, 352 ff. stellt die Tatbestandszusammenhänge hinsichtlich der Verhaltensbezogenheit ähnlich dar, wenn auch aus anderem Anlass und in anderem Zusammenhang (vgl. unter b.). Insbesondere Literatur und Rechtsprechung zu *nicht steuerbaren* Einkünften gehen vom folgenden Tatbestandsmodell aus, etwa *Theisen/Raßhofer*, FS Spindler, 819, 826 (m.w.N. auch zu Rechtsprechung in Fn. 25) äußern, Preisgelder (nicht schon Einkünfte oder Einkommen!), die nicht die Eigenschaft hätten, durch eine Erwerbstätigkeit erzielt worden zu sein, seien keine Einkünfte i.S.v. § 2 EStG.

i.V.m. § 43 S. 1 AO[37]). Steuerpflichtiger ist, wer den Ertragsteuertatbestand verwirklicht. Es verwirklicht den Ertragsteuertatbestand, wer erstens zum Adressatenkreis des Steuergesetzes gehört (§ 1 EStG, § 1 f. KStG), zweitens in tatbestandlich typisierter Form handelt (das Erzielen durch eine Erwerbstätigkeit im Sinne von §§ 13 bis 23 EStG, ggf. i.V.m. § 8 Abs. 1 S. 1 KStG) und hierdurch, drittens, den tatbestandlich typisierten Erfolg (Einkünfteerzielung) veranlasst. Die Steuerschuld bemisst sich der Höhe nach wesentlich nach den Eigenschaften des Erfolgs (d. h. der betragsmäßigen Höhe der Einkünfte), aber auch nach Eigenschaften der Person (bspw. nach der Rechtsform entscheiden sich die Steuerart und damit bedeutsame Fragen wie der Tarif) und weiteren Faktoren (wie bspw. den weiteren Abzügen im Einkommensteuerrecht, abzugsfähigen negativen Einkünften nach § 10d EStG, Steueranrechnungen usw.).

Der Adressatenkreis ist im Einkommensteuerrecht gekennzeichnet durch die natürliche Person, § 1 Abs. 1 und 4 EStG, im Körperschaftsteuerrecht durch die Körperschaft und gleichgestellte Gebilde, § 1 Abs. 1, § 2 Nr. 1 KStG. Nicht zur Frage des Adressatenkreises gehört die Ansässigkeit der Person. Die Ansässigkeit hat Bedeutung für die Frage, welches Verhalten und welche tatbestandlichen Erfolge den Tatbestand erfüllen; die Ansässigkeit (nur) im Ausland schränkt beides ein.

b.   Verwirklichung des Tatbestands (Anspruchsentstehung *dem Grunde nach*)

Das Verhalten dieser Personen, an das der Ertragsteuertatbestand *dem Grunde nach* den Steueranspruch knüpft, ist das *Erzielen von Einkünften im Rahmen bestimmter Einkunftsarten*. Die Einkunftsarten sind überwiegend als aktive Tätigkeiten formuliert, etwa als nichtselbständige Arbeit oder als selbständige Betätigung (§ 15 Abs. 2 EStG), ferner passiv als Überlassung von Kapital (bspw. § 20 Abs. 1, § 21

---

[37]   Falls man die Vorschrift nicht als allgemeine Bestimmung des Steuerschuldners genügen lassen will, steht man vor dem Problem, dass sich das Ertragsteuerrecht im Übrigen nicht ausdrücklich zur Person des Steuerschuldners äußert. Gemeinhin wird wohl angenommen, es gebe die Grundregel, dass, wenn nicht ausdrücklich im Einzelsteuergesetz davon abgewichen werde – wie bspw. nach h.M. in § 5 Abs. 1 S. 3 GewStG –, die tatbestandsverwirklichende Person, also der Steuerpflichtige, Steuerschuldner sei (*von Groll*, StuW 1995, 326, 329 m.w.N.). *J. Lang* entnimmt § 1 EStG offenbar eine unmittelbare Aussage zur Person des Steuerschuldners, die – jedenfalls ohne weitere Erläuterung – nicht enthalten ist (Die Bemessungsgrundlage der Einkommensteuer, S. 33).

EStG). Diesen Grundtatbestand kennt das Ertragsteuerrecht – etwas vereinfacht formuliert – in zwei Varianten[38], als unbeschränkte und beschränkte Steuerpflicht. In der Variante der *unbeschränkten Steuerpflicht* ist Voraussetzung, dass die Person einen Wohnsitz im Inland hat (§ 1 Abs. 1 S. 1 EStG i.V.m. § 8 AO), sich gewöhnlich im Inland aufhält (i.V.m. § 9 AO), ihre Geschäftsleitung im Inland ausübt (§ 1 Abs. 1 KStG i.V.m. § 10 AO) oder ihren (statutarischen) Sitz im Inland hat (§ 1 Abs. 1 KStG i.V.m. 11 AO). Auch das sind tatbestandlich typisierte Verhaltensweisen. Die zweite, rechtstechnisch abgegrenzte Variante – die *beschränkte Steuerpflicht* – verzichtet auf die Verwirklichung des Ansässigkeitsmerkmals, ergänzt dafür das Erzielen der Einkünfte um bestimmte Inlandsbezüge der tatbestandsverwirklichenden Tätigkeit, bspw. das Unterhalten einer Betriebsstätte, oder des tatbestandlichen Erfolgs (§ 1 Abs. 4 EStG, 2 Nr. 1 KStG jeweils i.V.m. § 49 EStG). Die Tätigkeit, sozusagen die Steuertat, an die sich die Rechtsfolge *Steueranspruch* bzw. *Steuerschuld* knüpft, ist aber in beiden Fällen beschrieben als die Ausübung bestimmter Handlungen, mittels derer Einkünfte erzielt werden. Wie der Begriff des Erzielens das Verhalten und die Bestimmung der handelnden Person konturiert, wird durch die sog. Markteinkommenstheorie nach *Ruppe* beschrieben, die davon ausgeht, dass das *Erzielen* die Dispositionsfähigkeit über eine Einkunftsquelle bzw. über eine Leistung voraussetzt.[39]

Der tatbestandsverwirklichende Erfolg sind die durch die Erzielenshandlung zurechenbar veranlassten Einkünfte. Die Einkünfte setzen sich nach § 2 Abs. 2 EStG zusammen aus Erwerbseinnahmen und Erwerbsaufwendungen, bzw. aus dem Zuwachs des Reinvermögens. Ihr gemeinsamer Kern lässt sich beschreiben als Erwerb und Verlust wirtschaftlicher Verfügungsmacht über Wirtschaftsgüter (in weitem Sinn). Der Zusammenhang zwischen der Erzielenstätigkeit und dem Erlangen bzw. dem Verlust von wirtschaftlicher Verfügungsmacht über Wirtschaftsgüter ist der sog. Zurechnungszusammenhang, der mittels des Veranlassungsprinzips näher gefasst werden soll. Der Zurechnungszusammenhang *in diesem Sinn* verbindet also die jeweilige Tätigkeit mit einer Vermögensmehrung oder –minderung, nicht ein abstrakt gedachtes Einkommen mit einer Person.

---

[38] Nicht berücksichtigt werden hier andere Formen der unbeschränkten bzw. der beschränkten Steuerpflicht.

[39] Grundlegend *Ruppe*, DStJG (1977), S. 7, 16 ff.; ihr folgend bspw. *Musil*, in: HHR, EStG/KStG, § 2 EStG Rn. 125 m.w.N.; *Raupach*, FS Beisse, S. 403, 411 ff. m.w.N.

c. Rechtsfolge (Anspruchsentstehung *der Höhe nach*)

In dieser Betrachtung zählt zum Tatbestand nur das „Ob" der Einkünfte, nicht ihre Bemessung. Denn es genügt für die Entstehung eines Steueranspruchs, dass überhaupt Einkünfte erzielt wurden, die betragsmäßige Bemessung ist insofern nicht von Bedeutung.

Es ist sinnvoll, die Bemessung der Einkünfte, und in der Folge des Einkommens, nicht mehr in den Tatbestand *dem Grunde nach* einzubeziehen,[40] sondern als Bestimmung der Rechtsfolge, also als Bestimmung des Steueranspruchs *der Höhe nach* zu betrachten. Das ist nicht richtig oder falsch, sondern eine Frage der Begriffsbildung, die man für sinnvoll oder für unpraktisch halten kann. Für sie spricht, dass in der gängigen Dogmatik anderer vor allem, aber nicht nur schuldrechtlicher Materien die Unterscheidung zwischen Fragen des Anspruchs *dem Grunde nach* und dem Anspruch *der Höhe nach* traditionell gedanklich getrennt wird.

Offenkundig ist das im zivilrechtlichen Schuldrecht so – man denke an das Verhältnis der Vorschriften in §§ 280 ff. bzw. §§ 823 ff. zu §§ 249 ff. BGB. Dort ist die Trennung schon aus prozessualen Gründen notwendig.[41] Aber auch im Strafrecht trennt man zwischen Tatbestandsverwirklichung und Bemessung des Strafanspruchs (sog. Strafzumessung). Die Trennung schafft gedankliche Ordnung. Die gedankliche Unordnung, die die Vermischung von Bemessungsgrundlage und Tarif mit dem Tatbestand dem Grunde nach verursacht, zeigt sich im Vergleich von Ertragsteuerrecht und Strafrecht, wie *J. Lang* ihn anstellt:[42] Er meint, der strafrechtliche Tatbestand lasse sich in einem oder wenigen Paragraphen ausdrücken, während der Steuertatbestand sich aus zahlreichen steuerbegründenden, steuererhöhenden und steuermindernden Elementen (das meint offensichtlich die gesamten Regelungen zur Bemessungsgrundlage und die Tarifvorschriften) zusammensetzt. Der Vergleich ist so aber nicht vollständig: Denn zum Straftatbestand müssten entsprechend der Begriffsbildung des Steuertatbestands nach

---

[40]   Ähnlich wohl *Wassermeyer*, FR 1983, 157, 158; anders aber die klassische Tatbestandslehre: Besonders deutlich wird das bei *J. Lang*, Systematisierung der Steuervergünstigungen, S. 26, der Vorschriften, die in ihrer Rechtsfolge die Bemessungsgrundlage mindern, zum „negativen Entstehungstatbestand" zählt.

[41]   Im Rahmen der Feststellungsklage kann der Antrag gestellt werden, die Verpflichtung zum Schadensersatz festzustellen, wenn ein berechtigtes Interesse daran besteht (vgl. § 256 ZPO), was insbesondere dann der Fall ist, wenn der zu ersetzende Schaden noch nicht eingetreten ist oder nicht beziffert werden kann. Die Verpflichtung zum Schadensersatz meint die Anspruchsentstehung dem Grunde nach und verlangt nicht die Verpflichtung zu einem Schadensersatz in bestimmter Höhe.

[42]   *J. Lang* in: T/L, 19. Aufl. 2008, § 7 Rn. 18.

J. Lang auch die Regeln über die Strafzumessung zählen. Nach seiner Betrachtung wäre die Strafrechtsfolge immer ein Strafanspruch in Höhe einer bestimmten Freiheitsstrafe, ggf. zur Bewährung, Geldstrafe, Jugendarrest usw. In diesem Verständnis wären also bspw. die Eigenschaft als Heranwachsender, als Ersttäter oder die Prognose, eine wiederholte Strafbarkeit sei unwahrscheinlich, negative – weil den Strafanspruch der Höhe nach mindernde – Tatbestandsmerkmale.[43] Das zeigt, dass die Bemessung des Einkommens nach konventionellem juristischen Verständnis – wie die Strafzumessung im Strafrecht oder die Schadensermittlung im Deliktsrecht – eigentlich zur Rechtsfolge zählen müsste.

Die Einführung dieser Trennung ins Steuerrecht würde eine Anpassung an die Handhabung im Rest der Rechtsordnung bedeuten, was, wenn nicht Spezifika dagegen sprächen, sinnvoll erscheint. Die Einkünfte und das aus ihnen ermittelte Einkommen sind nur insofern Tatbestandsvoraussetzung, als sie überhaupt vorhanden sein müssen (was theoretisch auch bei Einkünften in Höhe von Null der Fall ist); die Höhe wird in den Bereich der Rechtsfolgenbestimmung verwiesen. Unter dieser Perspektive dient das gesamte übrige ertragsteuerliche Regelwerk – von der Einkünfte- und Einkommensermittlung über die Tarifvorschrift bis zur Anrechnung anderer Steuern und Vorauszahlungen – nur der Ausfüllung der Rechtsfolge, also des Steueranspruchs der Höhe nach.

3. Zusammenfassung

Für die folgende Untersuchung wird folgendes Tatbestandsmodell zugrunde gelegt:

* Den ertragsteuerlichen Tatbestand erfüllt, wer – zum Adressatenkreis gehörend – die in §§ 13 ff. EStG beschriebenen Tätigkeiten ausführt und hierdurch veranlasst Einkünfte dem Grunde nach erzielt. Tatbestandsverwirklichung und Einkünfteerzielung werden in der Folge als synonyme Begriffe gebraucht.

* Ist der Adressat des Gesetzes nur im Ausland ansässig, dann zählt zum **Tatbestand** *dem Grunde nach* (u.a.) auch die Verwirklichung eines sog. inländischen Anknüpfungsmerkmals im Sinne des § 49 Abs. 1 EStG (bspw. die Unterhaltung einer Betriebsstätte), da dies ebenfalls Bedingung für die Entstehung eines Steueranspruchs gegen diese Person ist.

---

[43] Die Regelungen zur Rechtsfolge bleiben im Steuerrecht natürlich unübertroffen komplex. Es geht hier nur um den strukturellen Vergleich zwischen dem Tatbestand dem Grunde und dem Anspruch der Höhe nach.

• Das gesamte übrige Regelwerk beginnend mit der Einkünfteermittlungs-
methode, über Bilanzierungsvorschriften, Steuerfreiheit und verweigerte Ab-
zugsfähigkeit einzelner Einnahmen und Ausgaben, ggf. private Aufwendungen, Steuertarif und Anrechnung füllt nur noch die Rechtsfolge aus, betrifft
den **Steueranspruch** *der Höhe nach*. Dies wird im Folgenden auch als *Steuerquantifizierung* bezeichnet.

II.   Darstellung der Trennungstatbestände

1.   Überblick

Von diesem ertragsteuerlichen Normalfall, in dem eine Person den Steuertatbestand durch eine Handlung gem. § 2 Abs. 1 S. 1 Nr. 1–7 EStG verwirklicht und
deshalb dem resultierenden Steueranspruch unterliegt, unterscheiden sich Fälle,
in denen zwei Personen derart am Ertragsteuertatbestand beteiligt sind, dass eine
von beiden tatbestandsmäßig handelt und hierdurch Einkünfte erzielt, aber eine
andere Person dem dieser Tatbestandsverwirklichung oder einem Teil dieser Tatbestandsverwirklichung korrespondierenden Steueranspruch als Steuerschuldner ausgesetzt ist. Im Folgenden werden fünf Fälle dieser Trennungstatbestände
dargestellt: die Zurechnung des Einkommens der Organgesellschaft an den
Organträger (unter 2.), die Besteuerung der Mitunternehmer einer Personengesellschaft (unter 3.), die Besteuerung der KGaA und ihres persönlich haftenden
Gesellschafters (unter 4.) und zuletzt zwei Tatbestände mit der Zielrichtung, die
Abschirmwirkung von Körperschaften im grenzüberschreitenden Kontext zu
beseitigen, die Hinzurechnungsbesteuerung nach §§ 7 ff. AStG (unter 5.) sowie die
Besteuerung der Stifter einer Familienstiftung und gleichgestellten Personen nach
§ 15 AStG alter und neuer Fassung (unter 6.).
  Wie beschrieben verbindet all diese Fälle, im Rahmen der Personengesellschaft jedenfalls unter der sog. Einheitstheorie, das Auseinanderfallen von Einkünfteerzielung und Steuerschuldnerschaft. Die Fälle unterscheiden sich aber in
der Rechtstechnik, mittels derer dieses Auseinanderfallen herbeigeführt wird. Sie
unterscheiden sich auch hinsichtlich des gesetzgeberischen Problembewusstseins
bzw. der Regelungsdichte: Bei der Organschafts- und der Hinzurechnungsbesteuerung etwa ist die Trennung der Einkünfteerzielung von der Steuerschuldnerschaft durch eine Vielzahl von Regelungen berücksichtigt. Im Verhältnis der
KGaA zu ihrem persönlich haftenden Gesellschafter ist die Trennung dagegen

ohne Problembewusstsein im Gesetz angelegt. Im Rahmen der Personengesellschaft besteht sogar grundsätzliche Uneinigkeit, ob Einkünfteerzielung und Steuerschuldnerschaft überhaupt voneinander getrennt sind. Die folgende Darstellung soll helfen, strukturelle Gemeinsamkeiten aufzudecken und zu präzisieren. Sie fokussiert deshalb ausschließlich auf den hier interessierenden Trennungsmechanismus und mit ihm zusammenhängende Regelungen; die Darstellung lässt eine Vielzahl von Regelungen der geschilderten Regelungszusammenhänge außer Acht und vereinfacht überall dort, wo dies nötig erscheint, um strukturelle Gemeinsamkeiten klarer heraustreten zu lassen. Die Darstellung bereitet die Untersuchung verschiedener Problembereiche vor, die sich in allen diesen Trennungstatbeständen in ähnlicher Weise stellen (unter III., S. 39 ff.).

2. Organgesellschaft und Organträger (§§ 14 ff. KStG)

In ihrem richterrechtlichen Ursprung[44] und während ihrer Regelung in § 7a KStG a.f.[45] bezweckte die Organschaft vor allem die Vermeidung von Mehrfachbesteuerung im Konzern.[46] Als das Anrechnungssystem und später das Halb- bzw. Teileinkünfteverfahren die Doppelbesteuerung vermieden, entfiel dieser Zweck, und die Organschaft – jetzt in den Vorschriften §§ 14 bis 19 KStG geregelt – war vorwiegend von Nutzen für die Verrechnung von negativen Einkünften einer Konzerngesellschaft mit positiven Einkünften einer anderen Konzerngesellschaft.[47] Mit der Einführung von § 8b Abs. 1 und 5 KStG lebt der Zweck, Doppelbelastungen zu vermeiden, aufgrund der Fiktion nicht abzugsfähiger Betriebsausgaben in Höhe von 5 % der Ausschüttung auch unter dem neuen System teilweise wieder auf.[48]

Beteiligte der Organschaft sind die Organgesellschaft, welche immer die Rechtsform einer Kapitalgesellschaft hat, und unabhängig von der Rechtsform der – ein gewerbliches Unternehmen betreibende – Organträger (vgl. § 14 Abs. 1 S. 1 KStG, § 17 KStG). Das Verhältnis zwischen beiden besteht in einer stimmmehrheitlichen Beteiligung des Organträgers an der Organgesellschaft (§ 14 Abs. 1 S. 1

---

44 Zur Entwicklung bspw. *Brink*, in: Schnitger/Fehrenbacher, KStG, § 114 Rn. 3 ff.; *Herzig*, in: Herzig, Organschaft, S. 4 ff.; *Kolbe*, in: HHR, EStG/KStG, § 14 KStG Rn. 2.
45 Gesetz zur Änderung des KStG und anderer Gesetze vom 15.8.1969, BGBl I 1969, 1182.
46 *Müller/Stöcker*, Organschaft, Rn. 9.
47 *Müller/Stöcker*, Organschaft, Rn. 13.
48 Zu diesem und weiteren Aspekten *Frotscher*, in: Frotscher/Maas, KStG, § 14 Rn. 5-13.

Nr. 1 KStG) und einem Gewinnabführungsvertrag mit der Organgesellschaft als der Abführungsverpflichteten (§ 14 Abs. 1 S. 1 KStG). Die Organgesellschaft ist aufgrund ihrer Rechtsform immer Körperschaftsteuersubjekt i.S.v. § 1 Abs. 1 Nr. 1 KStG. Sie ist und bleibt trotz ihrer Einbindung in die Organschaft die Person, die i.S.v. § 2 Abs. 1 S. 1 EStG i.V.m. § 7 Abs. 1 und 2, § 8 Abs. 1 KStG (nach § 8 Abs. 2 KStG gewerblich) handelt und hierdurch Einkünfte erzielt, also den Ertragsteuertatbestand verwirklicht.[49] Die Organgesellschaft ermittelt aus diesen Einkünften ein Einkommen gemäß § 2 Abs. 4 EStG i.V.m. § 7 Abs. 1 und 2, § 8 Abs. 1 KStG.

Die Organgesellschaft wird aber trotz dieser Tatbestandsverwirklichung nicht Steuerschuldner bezüglich des Steueranspruchs. Die Rechtsfolgenbestimmung, die diese Entlastung hervorruft, lautet, dass das Einkommen der Organgesellschaft dem Organträger *zuzurechnen* ist (§ 14 Abs. 1 S. 1 KStG, präzisiert in § 14 Abs. 1 S. 1 Nr. 2 Satz 6 KStG). Einem eigenen Steueranspruch ist die Organgesellschaft nur hinsichtlich eines Einkommens in Höhe von 20/17 der Ausgleichszahlungen an Minderheitsgesellschafter ausgesetzt (§ 16 KStG). Hiervon abgesehen wirkt die Einkommenszurechnung wie eine Steuerbefreiung der Organgesellschaft. Auf Seiten des Organträgers bedeutet die Rechtsfolgenbestimmung der Einkommenszurechnung, dass bei der Ermittlung seiner Bemessungsgrundlage das Einkommen aus der Einkünfteerzielung der Organgesellschaft addiert wird.

Die dem Einkommen zugrundeliegende Vermögensmehrung (bzw. Vermögensminderung) der Organgesellschaft wird konzeptionell aufgrund der Gewinnabführung auf den Organträger übertragen, die Voraussetzung der Einkommenszurechnung ist. Diese Gewinnabführung wird – aufgrund richterlicher Rechtsfortbildung – bei der Einkommensermittlung der Organgesellschaft und des Organträgers von der Besteuerung ausgenommen.[50] Es muss hier angemerkt werden, dass der handelsrechtlich ermittelte Betrag der Gewinnabführung und der Verlustübernahme rechtlich und praktisch – potenziell gravierend – vom Betrag der Einkommenszurechnung abweichen kann.[51] Soweit Differenzen bestehen, wird das Substrat, das dem zugerechneten Einkommen zugrunde liegt, entweder nicht vollständig übertragen (Minderabführung) oder es wird mehr Substrat über-

---

[49] *Brink,* in: Schnitger/Fehrenbacher, KStG, § 14 Rn. 620. Die Rechtsprechung spricht davon, die Organgesellschaft bleibe steuerrechtlich „selbständiger Rechtsträger", vgl. etwa BFH v. 23.1.2002, XI R 95/97, BStBl II 2003. Steuerrechtliche Selbständigkeit ist zwar kein Rechtsbegriff; aus dem Kontext lässt sich aber schließen, dass gemeint ist, die Organgesellschaft erziele Einkünfte und damit ein Einkommen in eigener Person.

[50] BFH v. 18.12.2002, I R 51/01, BFH/NV 2003, 572 m.w.N.; R 61 Abs. 1 Satz 2 KStH; *Müller/Stöcker,* Organschaft, Rn. 486 m.w.N.

[51] Vgl. zu diesen Differenzen etwa *Neumann,* in: Gosch, KStG, § 14 Rn. 416a.

tragen, als Gegenstand des zugerechneten Einkommens ist (Mehrabführung). Diese Abweichungen werden teilweise durch das Institut der Ausgleichsposten behandelt (§ 14 Abs. 3 und 4 KStG). Die Differenz ist zwar praktisch von großer Bedeutung, aus konzeptioneller Sicht aber nicht. Die Gewinnabführung hat im geltenden Organschaftsrecht die teleologische Bedeutung, die Zurechnung des Einkommens bzw. von Verlusten zu rechtfertigen,[52] indem der Organträger in nicht steuerbarer Weise in den Genuss des zugrundeliegenden Substrats gelangt und insbesondere für die ihm zugerechneten Verluste haftet.[53] Das *Konzept* der Organschaft geht also davon aus, dass der *nicht steuerbare* Transfer aufgrund des Gewinnabführungsvertrags dem zuzurechnenden Einkommen entspricht. Diese konzeptionelle Gleichstellung ist hier gegenüber der praktischen Ungleichheit von vorrangiger Bedeutung.

3. Besteuerung der Gesellschafter einer Mitunternehmerschaft

a. Die Personengesellschaft als einkünfteerzielende Person unter der *Einheitstheorie*

Die gewerblich tätige Personengesellschaft wird nicht in den Vorschriften über die Steuerpflicht des Ertragsteuerrechts (§ 1 EStG, § 1 f. KStG) genannt und wird auch nicht – etwa aufgrund besonderer Anordnung – Steuerschuldner einer Ertragsteuer.[54] In § 15 Abs. 1 S. 1 Nr. 2 S. 2 EStG spricht das Gesetz aber vom Betrieb der Gesellschaft, was so verstanden werden könnte, dass die Gesellschaft selbst die gewerbliche Tätigkeit ausführt.[55] Welche Rolle der Personengesellschaft insbesondere aufgrund von § 15 Abs. 1 S. 1 Nr. 2 EStG innerhalb des Steuertatbestand zuzuschreiben ist, wurde bis heute nicht geklärt. Die verschiedenen Konzeptionen

---

52   *Neumann,* in: Gosch, KStG, § 14 Rn. 170.
53   *Frotscher,* in: Frotscher/Maas, KStG, § 14 Rn. 289; *Ismer,* DStR 2012, 821, 822 f. (Konzept der Organschaft: Wirtschaften auf fremde Rechnung).
54   Anders im Gewerbesteuerrecht: § 5 Abs. 1 S. 3 GewStG.
55   In § 15 Abs. 3 Nr. 1 EStG spricht das Gesetz ausdrücklich von der Gesellschaft als tätigkeitsausübende und einkünftebeziehende Person. Die Vorschrift wird hier zurückgestellt, weil sie in jüngerer Zeit unter dem Einfluss einer bestimmten Konzeption der Personengesellschaftsbesteuerung erlassen wurde, von der der BFH und die h.M. mittlerweile wieder abgerückt sind. Kritisch zur Aussagekraft beider Vorschriften hinsichtlich der Besteuerungskonzeption *Pinkernell,* Einkünftezurechnung bei Personengesellschaften, S. 85 f.

sind hier bedeutsam und sollen knapp dargestellt werden, weil sie rechtstechnisch verschiedene Mechanismen der Trennung von Einkünfteerzielung und Steuerschuldnerschaft zugrunde legen und deshalb im Kern des Themas stehen.

Nach der lange dominierenden Bilanzbündeltheorie[56] handelte die Personengesellschaft für Zwecke des steuerrechtlichen Tatbestands nicht; nach ihr betrieben die Gesellschafter jeweils ein Gewerbe und erzielten die Einkünfte.[57] Unter dieser Betrachtung ist von einer Trennung von Einkünfteerzielung, d. h. Tatbestandsverwirklichung, und Steuerschuldnerschaft nicht zu sprechen, denn diese setzt nach dem hier geprägten Begriff voraus, dass eine Person Einkünfte i.S.v. § 2 Abs. 1 S. 1 EStG erzielt, die in eine Steuerschuld gegen eine andere Person eingehen. Nach dieser Auffassung lag im hier verstandenen Sinne also kein Trennungstatbestand vor, denn es waren – wenn auch vermittelt durch die Personengesellschaft – die Gesellschafter, die die Einkünfte erzielten und aus dieser Tatbestandsverwirklichung als Steuerschuldner hervorgingen.

Seit den 70er Jahren[58] wurde der Personengesellschaft – zunächst durch die Literatur[59] und später durch die Rechtsprechung[60] – die Bedeutung zugemessen, die Person zu sein, die Einkünfte i.S.v. § 2 Abs. 1 S. 1 EStG erzielt, die den Gesellschaftern zugerechnet werden. Der BFH formulierte, dass die Personengesellschaft insoweit Steuerrechtssubjekt sei, als sie in der *Einheit ihrer Gesellschafter* Merkmale eines Besteuerungstatbestands verwirkliche, welche den Gesellschaftern für deren Besteuerung zuzurechnen seien. Solche Merkmale seien insbesondere die Verwirklichung oder Nichtverwirklichung des Tatbestands einer bestimmten Einkunftsart und das Erzielen von Gewinn oder Überschuss, d. h. Einkünften, im Rahmen dieser Einkunftsart.[61] Er sprach auch ausdrücklich davon, dass die Personengesellschaft das Gewerbe betreibe.[62] Diese sog. *Einheitsbetrachtung* – in Abgrenzung zur Vielheit der Gesellschafter – wurde und wird auch heute noch von bedeutenden Literaturstimmen vertreten.[63] Insbesondere *Knobbe-*

---

[56]   Ausgehend von der Rechtsprechung des RFH etwa BFH v. 19.10.1970, GrS 1/70, 177 f., BStBl. II 1971, 177; v. 15.11.1957, VI 43/56 U, BStBl III 1958, 68; erläuternd auch *Döllerer*, DStZ/A 1976, 435.

[57]   *Reiß*, in: Kirchhof/Söhn, EStG, § 15 Rn. E28 ff. auch zu weiteren Folgen.

[58]   Zur Entwicklung in der Rechtsprechung: *Pinkernell*, Einkünftezurechnung bei Personengesellschaften, S. 21 ff.; *Schön*, StuW 1996, 275.

[59]   *Knobbe-Keuk*, StuW 1974, 1, 3 („[…] Gewinn eines von der Personengesellschaft geführten Betriebs […].").

[60]   Unter anderem BFH v. 24.3.1983, IV R 123/80, BStBl II 1983, 598; v. 25.6.1984, GrS 4/82, BStBl II 1984, 751; BFH v. 25.2.1991, GrS 7/89, BStBl II 1991, 691.

[61]   BFH v. 25.6.1984, GrS 4/82, BStBl II 1984, 751.

[62]   BFH v. 25.6.1984, GrS 4/82, BStBl II 1984, 751.

[63]   Aus der aktuelleren Literatur *Hennrichs*, in: Tipke/Lang, § 10 Rn. 14; *Hüttemann*, in: PersG im Steuerrecht, S. 43 bis 46; *Schön*, DStR 1993, 185, 191 f.

Keuk[64] und *Schön*[65] betonten, dass die Gesellschaft selbst handele, also selbst das Gewerbe betreibe, das die Einkünfteerzielung veranlasst. Die Einkünfte der Gesellschaft seien dem Gesellschafter als fremde Einkünfte nur zuzurechnen, ohne dass dieser sie selbst i.S.v. § 2 Abs. 1 S. 1 EStG erziele.[66]

Unter dieser Auffassung ist die Besteuerung der Personengesellschaft und ihrer Mitunternehmer nach § 15 Abs. 1 S. 1 Nr. 2 EStG ein Trennungstatbestand, weil eine Person tatbestandlich – wie etwa die Organgesellschaft – Einkünfte erzielt, diese Person aber – konzeptionell gesprochen – steuerbefreit ist. Bei der Personengesellschaft ergibt sich dies – anders als bei der Organschaft – nicht erst aus der Fremdzurechnung des Einkommens bzw. der Einkünfte, sondern rechtstechnisch vorgelagert schon aus dem Ausschluss vom Personenkreis der potenziellen Steuerschuldner. Die *Einkünftezurechnung* bewirkt aber, dass der resultierende Steueranspruch eine andere Person als Steuerschuldner trifft, nämlich die Mitunternehmer der Personengesellschaft.

Konzeptionell ähnlich der Gewinnabführung ist der Transfer des Einkommenssubstrats, das den *zugerechneten* Einkünften zugrunde liegt, aufgrund der Gewinnneutralität einer Entnahme bzw. Einlage nicht steuerbar (vgl. § 4 Abs. 1 S. 1 EStG).

b.   Rückkehr zum Gesellschafter als einkünfteerzielende Person

Die Einheitsbetrachtung warf aber punktuell Probleme bei der Rechtsanwendung auf, nämlich dann, wenn es teleologisch falsch erschien, bei der Prüfung bestimmter Einzelregelungen des Ertragsteuertatbestands und Regelungen der Steuerquantifizierung zu prüfen, ob die Personengesellschaft ein bestimmtes Merkmal in ihrer Person oder in ihrem Verhalten verwirklichte; es erschien dagegen teleologisch richtig, diese Vorschriften oder Merkmale mit Blick auf die einzelnen Gesellschafter zu prüfen, obwohl diese – nach der Leitlinie: die Personengesellschaft sei Einkünfteerzielungssubjekt – an der Tatbestandsverwirklichung nur noch als Steuerschuldner teil hatten. In der Rechtsprechung betraf das: die Ermittlung der Haltefristen nach § 6b Abs. 4 Nr. 2 EStG a.F.[67]; die Steuerfreiheit eines Sanierungsgewinns nach § 3 Nr. 66 EStG a.F.[68]; den Steuerfreibetrag nach § 16 Abs. 4 EStG[69];

---

[64]   *Knobbe-Keuk*, Bilanz- und Unternehmensteuerrecht, S. 365, 367 f.
[65]   *Schön*, DStR 1993, 185, 191 f.
[66]   Ausdrücklich so *Schön*, DStR 1993, 185, 191 f., der dies als *Zurechnungsthese* bezeichnet.
[67]   BFH v. 13.8.1987, VIII B 179/86, BFH BStBl II 1987, 782.
[68]   BFH v. 18.12.1990, VIII R 39/87, BFH BStBl II 1991, 784.
[69]   BFH v. 25.2.1991, GrS 7/89, BStBl II 1991, 691.

den Verlustabzug im Gewerbesteuerrecht (zur Frage, ob es für Zwecke der Unternehmeridentität auf die Gesellschafter oder die Gesellschaft als Unternehmer ankommt)[70] und die Qualifikation von Einkünften aus Grundstückshandel (zur Frage, ob Umsätze der Gesellschafter in die Bestimmung der Einkunftsart einzubeziehen seien oder es nur auf die Umsätze der Personengesellschaft ankomme)[71]. Die Anwendung von Einzelregelungen zur Ermittlung des Steueranspruchs gegen den Mitunternehmer hing in einer erstaunlichen Häufigkeit davon ab, ob der Rechtsanwender aus dem Zweck der jeweiligen Vorschrift – sei sie Qualifikationsnorm, eine der bilanziellen oder außerbilanziellen Gewinnermittlungsregeln, Tarifvorschrift, eine Regelung des Außensteuerrechts oder eines DBA – in einem methodisch schwer greifbaren Verfahren ableitete, dass die jeweilige Vorschrift zur Ausfüllung ihrer Tatbestandsmerkmale auf die Person und das Verhalten des Mitunternehmers schaut oder auf die Personengesellschaft.[72]

Die gewerblich tätige Personengesellschaft wird mittlerweile von der Rechtsprechung und vielen Stimmen der Literatur nicht mehr als Einkünfteerzielungssubjekt bezeichnet.[73] Nach dieser Auffassung ist es nicht die Personengesellschaft, sondern sind es die Gesellschafter, die das Gewerbe betreiben und Einkünfte i.S.v. § 2 Abs. 1 S. 1 EStG erzielen. Die Wissenschaft hat mit einer Art steuerrechtlicher *Mittäterschaft* – also einer gegenseitigen Zurechnung von Handlungsbeiträgen – eine tatbestandsdogmatische Erklärung geschaffen, worauf diese unmittelbare Einkünfteerzielung zurückzuführen ist.[74]

Nach der mittlerweile wohl h.A. liegt in der Behandlung der gewerblich tätigen Personengesellschaft und ihrer Mitunternehmer kein Trennungstatbestand mehr vor, auch wenn der Personengesellschaft zumindest bei der Einkünftequalifikation weiterhin eine materiell bedeutsame Rolle zugesprochen wird. Zur Bilanzbündeltheorie besteht außerdem weiterhin der Unterschied, dass Veräußerungsgeschäfte zwischen Gesellschaft und Gesellschafter anerkannt werden. Die Unterschiede zwischen der Einheitstheorie, unter der ein Trennungstatbestand

---

[70]   BFH v. 3.5.1993, GrS 3/92, BStBl II 1993, 616;
[71]   BFH v. 3.7.1995, GrS 1/93, BStBl II 1995, 617.
[72]   Siehe *Wacker*, in: Schmidt, EStG, § 15 Rn. 163 a. E., der in den Rn. 164 und 165 Beispiele nennt, in denen die Subsumtion der Person der Gesellschaft (Rn. 164) bzw. der Person des Mitunternehmers (Rn. 165) dem Zweck der genannten Vorschriften entspreche.
[73]   Beginnend mit BFH v. 3.7.1995, GrS 1/93, BStBl II 1995, 617; oder BFH (v. 3.2.2010, IV R 26/07, BStBl II 2010, 751) äußert sich heute unzweideutig, die Personengesellschaft könne nicht Unternehmer eines Betriebs sein; und: „Nur der Mitunternehmer ist [...] Subjekt der Einkünfteerzielung". Aus der Literatur: von Beginn an kritisch *Fischer*, FS Beisse, S. 189 ff.; *Pinkernell*, Einkünftezurechnung bei Personengesellschaften, S. 128; *Reiß*, in: Kirchhof/Söhn, EStG, § 15 Rn. E 38 ff.
[74]   Ausführlich *Pinkernell*, Einkünftezurechnung bei Personengesellschaften, S. 85 ff.

vorlag, und den anderen vertretenen Auffassungen, unter denen dies nicht der Fall ist, sind aber für diese Untersuchung von besonderer Bedeutung, weil sie die Auswirkungen einer Trennung von Einkünfteerzielung und Steuerschuldnerschaft besonders plastisch zeigen können.

4. Besteuerung der KGaA und ihres persönlich haftenden Gesellschafters

a. Grundlagen

Über das Besteuerungskonzept der KGaA und ihres persönlich haftenden Gesellschafters[75] herrscht grundsätzliche Uneinigkeit; die h.M. verwendet ein Konzept, das sich an die Besteuerung der Mitunternehmerschaft anlehnt. Die KGaA verdient aber selbst besondere Aufmerksamkeit, erstens, weil sie gegenüber der Mitunternehmerschaft Besonderheiten zeigt, die hier von Bedeutung sind, und zweitens, weil ein konkurrierendes Besteuerungskonzept vertreten wird, das sich von der h.M. gerade hinsichtlich des Trennungsmechanismus unterscheidet.

Die KGaA ist privatrechtlich eine Kapitalgesellschaft, deren Rechtsverhältnisse im Aktiengesetz geregelt sind (§§ 278 ff. AktG). Ihre Besonderheit besteht darin, dass für zwei Gruppen von Gesellschaftern verschiedene gesellschaftsrechtliche Regime gelten: Die Verhältnisse der Kommanditaktionäre bestimmen sich nach aktienrechtlichen Regeln (§ 278 Abs. 3), die Verhältnisse des persönlich haftenden Gesellschafters nach den Regeln über die KG (§ 278 Abs. 2 AktG i.V.m. §§ 161 ff. HGB). Dieser gesellschaftsrechtlichen Unterscheidung zwischen den Gesellschaftern korrespondiert eine Unterscheidung in der Ertragsbesteuerung:

Die KGaA ist Körperschaftssteuersubjekt (§ 1 Abs. 1 Nr. 1 KStG). Die KGaA betreibt ein Gewerbe und erzielt gewerbliche Einkünfte gemäß § 8 Abs. 1 und 2 KStG i.V.m. § 2 Abs. 1 S. 1 Nr. 2 EStG, die gemäß § 8 Abs. 1, § 7 Abs. 1 und 2 KStG ihr Einkommen bilden. Ihr Einkommen unterliegt folglich der Körperschaftsteuer. Der persönlich haftende Gesellschafter einer KGaA (hier als natürliche Person unterstellt) erzielt aufgrund seiner Beteiligung als solcher gewerbliche Einkünfte gemäß § 2 Abs. 1 S. 1 Nr. 2, § 15 Abs. 1 S. 1 Nr. 3 EStG; diese zweite Vorschrift lautet:

---

[75]   Im Folgenden wird einheitlich der Singular verwendet; selbstverständlich kann es mehr als einen persönlich haftenden Gesellschafter geben.

> Einkünfte aus Gewerbebetrieb sind die Gewinnanteile der persönlich haftenden Gesellschafter einer Kommanditgesellschaft auf Aktien, soweit sie nicht auf Anteile am Grundkapital entfallen, [...].[76]

Dieser Regelungszusammenhang hat offensichtlich eine wirtschaftliche Doppelbesteuerung zur Folge: Der gleiche Erzielungssachverhalt führt zu einer Steuerschuld der KGaA (Körperschaftsteuer) und zu einer Steuerschuld des persönlich haftenden Gesellschafters (Einkommen- oder Körperschaftsteuer), soweit der persönlich haftende Gesellschafter als solcher am Gewinn der KGaA beteiligt ist. Die Vorschrift, die diese Doppelbesteuerung beseitigen soll, ist § 9 Abs. 1 Nr. 1 KStG (Abziehbare Aufwendungen):

> Abziehbare Aufwendungen sind auch: bei Kommanditgesellschaften auf Aktien [...] der Teil des Gewinns, der an persönlich haftende Gesellschafter auf ihre nicht auf das Grundkapital gemachten Einlagen [...] verteilt wird.

Nach dieser Vorschrift – jedenfalls dem Wortlaut nach – ermittelt die KGaA einen Gewinn und zieht von diesem Gewinn den Teil ab, der auf ihren persönlich haftenden Gesellschafter entfällt. Dieser Teil des Gewinns geht als gewerbliche Einkünfte nach § 15 Abs. 1 S. 1 Nr. 3 EStG in eine Steuerschuld des persönlich haftenden Gesellschafters ein. Hierdurch wird der gleiche Erzielungssachverhalt nur einmal einer Ertragsteuer unterworfen.

Der auf den ersten Blick einfache Regelungszusammenhang ist in grundsätzlicher Weise umstritten. Es können (mindestens) drei unterschiedliche Besteuerungskonzepte unterschieden werden: das Trennungskonzept, das Mitunternehmerkonzept sowie ein Konzept mitunternehmerähnlicher Besteuerung.[77]

b.   Trennungskonzept

Es wird die Auffassung vertreten, die Vorschrift in § 9 Abs. 1 Nr. 1 KStG habe – dem Wortlaut nach naheliegend – nur den Charakter, den Gewinnanteil des persönlich haftenden Gesellschafters als Betriebsausgabe von einem bereits ermittelten Gewinn der KGaA zuzulassen.[78] Nicht hingegen seien – nach *Ebling* – Erträge

---

[76]   Sondervergütungen, Sonderausgaben und Sonderbetriebsvermögen werden für die folgende Untersuchung ausgeblendet.

[77]   Es sei hier angemerkt, dass es nicht um die Ermittlung des *richtigen* Besteuerungskonzepts geht. Es sollen vielmehr Trennungskonzepte miteinander verglichen werden, um gemeinsame Problemfelder und abstrakte Grundprobleme offen zu legen.

[78]   *Ebling*, FS Jakob, S. 67, 68 ff. („Gewinnanteile der phG haben lediglich Ausgabencharakter").

von vornherein überhaupt nicht bei der Bemessung (des Gewinns der KGaA) zu berücksichtigen. Es würden auch nicht bspw. Dividenden dem persönlich haftenden Gesellschafter unmittelbar zugerechnet, da es an einer *Zurechnungsvorschrift* fehle. § 15 Abs. 1 S. 1 Nr. 3 EStG sei keine Zurechnungsvorschrift, sie qualifiziere lediglich Gewinnanteile als Einkünfte aus Gewerbebetrieb.[79]

Nach dieser Auffassung also erzielt allein die KGaA durch Betrieb eines Gewerbes Einkünfte, erfüllt also sie den Ertragsteuertatbestand dem Grunde nach; der Gewinnanteil des persönlich haftenden Gesellschafters wird lediglich im Rahmen der Steuerquantifizierung auf der zweiten Gewinnermittlungsstufe (außerbilanziell) um den handelsrechtlichen Gewinnanteil gemindert. Dieser handelsrechtliche Gewinnanteil wird beim persönlich haftenden Gesellschafter als dessen Einkünfte konzeptionell wie eine Dividende, aber umqualifiziert in gewerbliche Einkünfte erfasst. Diese Auffassung in ihrer Reinform führt insb. zu schwer akzeptablen Besteuerungsergebnissen im Fall von spezifisch steuerlichen Gewinnermittlungstatbeständen, insb. Steuerbefreiungen: Denn vom Bilanzergebnis würden sowohl die befreiten Beträge abgezogen wie auch der – diese Beträge ein zweites Mal enthaltene – handelsrechtliche Gewinnanteil des persönlich haftenden Gesellschafters.[80]

Im Grundsatz ebenso von einer Trennung gehen *Bielinis*[81] und *Wassermeyer*[82] aus. *Wassermeyer* schlägt jedoch vor, den Gewinnanteil i.S.v. § 9 Abs. 1 Nr. 1 KStG bzw. § 15 Abs. 1 S. 1 Nr. 3 KStG nicht als handelsrechtlichen Gewinn zu verstehen, sondern als *steuerpflichtigen* Gewinn der KGaA. Konzeptionell handele es sich nicht um eine Ausschüttung, sondern um eine steuerliche Zurechnung eines ermittelten Ergebnisses, wie es die Organschaft oder die Familienstiftung (§ 15 AStG) kennen.[83] Hiernach ist also ebenfalls die KGaA selbst die das Gewerbe betreibende und damit tatbestandsverwirklichende Person. Dem persönlich haftenden Gesellschafter werden die Einkünfte nur zugerechnet, ohne dass dieser selbst einen Gewerbebetrieb unterhält. Hierdurch wird das Problem der doppelten Berücksichtigung von Steuerbefreiungen (bzw. nicht abzugsfähigen Betriebsausgaben) gelöst, dafür das Problem geschaffen, dass eine natürliche Person im Ergebnis in den Genuss der Befreiung nach § 8b Abs. 1 und 2 KStG gelangt. *Bielinis*

---

[79]   *Ebling*, FS Jakob, S. 69; ähnlich wohl *Kramer*, IStR 2010, 57, 58.
[80]   Vgl. das Zahlenbeispiel bei *Drüen/van Heek*, DStR 2012, 541, 544.
[81]   *Bielinis*, Besteuerung der KGaA, S. 135 ff., insb. 139 f.
[82]   *Wassermeyer*, FS Streck 259, 268 ff.
[83]   *Wassermeyer*, FS Streck 259, 268.; ebenso auf den steuerlichen Gewinn nach außerbilanziellen Korrekturen, d. h. den steuerpflichtigen Gewinn, also die Einkünfte aus Gewerbebetrieb abstellend: *Bielinis*, Besteuerung der KGaA, S. 147.

versucht diese Problematik über eine analoge Anwendung von § 8b Abs. 6 KStG zu mildern.[84]

c. Mitunternehmerkonzept

Von einigen wird vertreten, zwischen der KGaA – bzw. der Gesamtheit der Kommanditaktionäre – und dem persönlich haftenden Gesellschafter sei eine Mitunternehmerschaft anzunehmen bzw. für Zwecke der Gewinnermittlung zu fingieren.[85] Sie erzielen danach gemeinschaftlich Einkünfte aus Gewerbebetrieb. Unter dieser Auffassung werden die persönlich haftenden Gesellschafter nicht nur *wie* Mitunternehmer, sondern *als* Mitunternehmer behandelt. Insofern bestünde zu dem oben dargestellten Konzept der Mitunternehmerbesteuerung selbst kein Unterschied, der hier von Bedeutung wäre. Daher soll diese Auffassung nicht weiter verfolgt werden.

d. Mitunternehmerähnliche Besteuerung nach der Rspr. und Teilen der Literatur

Nach der von der Rechtsprechung geprägten und von wesentlichen Teilen der Literatur aufgenommenen Formel ist der persönlich haftende Gesellschafter nicht *als*, aber *wie* ein Mitunternehmer zu behandeln.[86] Im sog. *Herstatt*-Urteil äußerte der BFH im ersten Leitsatz:[87]

> Der persönlich haftende Gesellschafter einer Kommanditgesellschaft auf Aktien (KGaA) ist gemäß § 15 Abs. 1 Nr. 3 EStG in jeder Beziehung als Gewerbetreibender zu behandeln. Der von ihm im Rahmen der KGaA erzielte anteilige Gewinn ist ihm einkommensteuerrechtlich unmittelbar zuzurechnen.

In der Interpretation des Urteils ist nicht klar geworden, *wie weit* die Gleichstellung des persönlich haftenden Gesellschafters einer KGaA mit der Behandlung eines Mitunternehmers reicht. Die Rechtsfrage, in deren Kontext der BFH die hier

---

[84]   *Bielinis*, Besteuerung der KGaA, S. 167; vgl. zu dieser Thematik noch unten III.2.b.cc. (S. 54 ff.).

[85]   U. a. *Kessler*, in: FS Korn, S. 307, 331 f. („fiktive Innen-KG" zwischen der „Gesamtheit der Kommanditaktionäre" und den persönlich haftenden Gesellschaftern).

[86]   BFH v. 21.6.1989, X R 14/88, BFHE 157, 382 (juris Rn. 22); *Hageböke*, KGaA-Modell, S. 86 f. m.w.N.

[87]   BFH v. 21.6.1989, X R 14/88, BFHE 157, 382.

bedeutsamen Rechtsaussagen getroffen hat, betraf vor allem den Aspekt, in welchem *Zeitpunkt* die Gewinnanteile beim persönlich haftenden Gesellschafter zu erfassen waren, was davon abhing, ob der persönlich haftende Gesellschafter einen Betriebsvermögensvergleich nach § 4 Abs. 1, § 5 Abs. 1 EStG durchführen musste oder ihm auch eine Überschussrechnung nach § 4 Abs. 3 EStG offenstand. Die Ausführungen grenzten die Rechtsauffassung des BFH insb. zur Rechtsprechung des RFH ab, nach der der Gesellschafter dem Grunde nach – diese Ansicht legen die Ausführungen jedenfalls nah – eigentlich Gewinnausschüttungen erziele, die lediglich nach § 7 Nr. 2 EStG a.f. zu gewerblichen Einkünften umqualifiziert würden; diese gewerblichen Einkünfte würden anders als beim Einzelkaufmann erst mit Beschluss der Generalversammlung als Gewinnausschüttungsanspruch zufließen.[88] Die Ausführungen zur Gleichstellung mit dem Mitunternehmer zielen also darauf, zu begründen, dass der Gewinn der KGaA phasengleich beim Gesellschafter in Form des Gewinnanteils zu gewerblichen Einkünften führt. Die Rechtsprechung betrifft somit vor allem die Gleichstellung des persönlich haftenden Gesellschafters mit dem Mitunternehmer in Bezug auf die *Rechtsfolgen*, nicht in Bezug auf die *Tatbestandsverwirklichung* als Betreiber des Gewerbes.[89] Nicht soll der persönlich haftende Gesellschafter insofern mit dem Mitunternehmer gleichgestellt werden, als dieser (Mit-)Unternehmer des Unternehmens der KGaA ist.[90] Dies ergibt sich auch aus der gewerbesteuerlichen Rechtsprechung, auf die sich der BFH in seinem *Herstatt*-Urteil bezieht; dort äußert der BFH ausdrücklich, dass der persönlich haftende Gesellschafter selbst nicht Unternehmer des Gewerbebetriebs der KGaA ist.[91]

Auch die dem BFH – aus eigener Sicht – folgende gewerbesteuerliche Rechtsprechung des BFH,[92] die Instanzrechtsprechung und Literatur haben bisher nicht

---

88   RFH v. 12.12.1923, III A 362/23, RFHE 13, 166.
89   BFH v. 21.6.1989, X R 14/88, BFHE 157, 382 (juris Rn. 30): „Dies lässt die Schlussfolgerung zu, daß die *Rechtsfolgen* der Einkommensbesteuerung des persönlich haftenden Gesellschafters einer KGaA [...] mit denjenigen der Einkommensbesteuerung der Mitunternehmer übereinstimmen sollen." [Hervorhebung durch Verf.].
90   BFH v. 21.6.1989, X R 14/88, BFHE 157, 382 (juris Rn. 22): „Die persönlich haftenden Gesellschafter einer KGaA sind allerdings – anders als die persönlich haftenden Gesellschafter einer KG – im Gesetz nicht als Mitunternehmer bezeichnet. Sie sind aber „wie Mitunternehmer zu behandeln"."
91   BFH v. 8.2.1984, I R 11/80, BFHE 140, 465; BFH v. 23.10.1985, I R 235/81, BFHE 145, 76 (zur Kürzung nach § 9 Nr. 2 GewStG, die versagt wurde, weil der persönlich haftende Gesellschafter eben nicht Mitunternehmer sei, nur in Bezug auf seine Einkünfte wie ein solcher behandelt werde).
92   BFH v. 28.11.2007, X R 6/05, BFHE 219, 329: „Klarstellend ist zunächst darauf hinzuweisen, dass nach der ständigen, auch vom erkennenden Senat befürworteten Rechtsprechung des BFH zwischen der KGaA und deren persönlich haftenden Gesellschaftern

angenommen, dass der persönlich haftende Gesellschafter selbst das Gewerbe betreibt, aus dem die Einkünfte stammen, die in eine Steuerschuld gegen ihn eingehen. Die Instanzrechtsprechung hat insbesondere die einheitliche und gesonderte Feststellung des Gewinns der KGaA mit Wirkung für die persönlich haftenden Gesellschafter bisher nach § 180 Abs. 1 Nr. 2 Buchst. a AO abgelehnt; zur Begründung wurde angeführt: der persönlich haftende Gesellschafter erziele Einkünfte aus einer anderen Einkunftsquelle als die KGaA, der Gesellschafter werde nicht als Mitunternehmer bezeichnet, beide bezögen nicht gemeinschaftlich Einkünfte[93]; der Betrieb der KGaA werde im Namen und für Rechnung der KGaA geführt.[94] Auch die dem BFH folgende Literatur – soweit sie sich dazu äußert – ist wohl überwiegend der Auffassung, dass Gewerbetreibender die KGaA ist, und dass die Einkünfte dem persönlich haftenden Gesellschafter nur zugerechnet werden.[95]

Die mitunternehmerähnliche Betrachtung richtet sich also vor allem auf die Rechtsfolge; die Besteuerung der KGaA und ihres persönlich haftenden Gesellschafters soll – obwohl die KGaA allein Unternehmerin des Betriebs ist – so erfolgen, als sei die Besteuerung des persönlich haftenden Gesellschafters von vornherein „an der Wurzel abgespalten".[96] Daraus wiederum folgt bspw., dass steuerrechtliche Einkünfteermittlungsvorschriften und sämtliche weiteren die Steuerquantifizierung betreffenden Vorschriften mit Blick auf die Eigenschaften des persönlich haftenden Gesellschafters angewendet werden, soweit diesem ein Anteil am Gewinn der KGaA zuzurechnen ist.[97] Steuerrechtlich folgt eine getrennte Gewinnermittlung für die KGaA als Körperschaftsteuer- und den persönlich haftenden Gesellschafter (als natürliche Person unterstellt) als Einkommen-

---

keine Mitunternehmerschaft besteht. [...]. Insbesondere in gewerbesteuerrechtlicher Sicht stehen sich die KGaA und deren persönliche haftende Gesellschafter --anders als eine Personengesellschaft (Mitunternehmerschaft) und deren Gesellschafter (Mitunternehmer)-- als eigenständige Steuerrechtssubjekte gegenüber." Ähnlich FG Münster v. 6.4.2011, 9 K 1046/09 G,F, EFG 2011, 2000.

[93] FG München v. 16.1.2003, 7 K 5340/01, EFG 2003, 670; FG Schleswig-Holstein v. 12.4.2011, 5 K 136/07, EFG 2011, 2038.

[94] FG Hamburg v. 14.11.2002, V 231/99, EFG 2003, 711; FG Schleswig-Holstein v. 12.4.2011, 5 K 136/07, EFG 2011, 2038.

[95] So wohl *Hageböke*, KGaA-Modell, S. 112 ff.; *Kollruss*, BB 2007, 1988, 1989 (Fn. 4): „Dem KGaA-Komplementär werden die Einkünfte der KGaA bzw. Einkommensbestandteile (wie bei einem atypischen Stillen) – **nicht aber die Einkunftsquelle** – der KGaA unmittelbar zugerechnet, [...]."; *ders.* BB 2012, 3178, 3179 f.; *Reiss*, in: Kirchhof, EStG, § 15 Rn. 404: „Denn steuerlich werden die Einkünfte aus dem einen, **einheitlich v. der KGaA betriebenen Unternehmen** (nur) teilweise der KGaA und teilweise dem persönlich haftenden Gesellschafter zugerechnet, [...]." (Hervorhebung durch Verf.).

[96] Nach einer Formulierung des BFH v. 21.6.1989, X R 14/88, BFHE 157, 382 (juris Rn. 26); sich anschließend *Hageböke*, KGaA-Modell, S. 71; *Kusterer*, DStR 2008, 484, 485.

[97] BFH v. 21.6.1989, X R 14/88, BFHE 157, 382 (juris Rn. 26).

steuersubjekt.[98] Ausgehend vom handelsbilanziellen Gewinn der KGaA dürften die steuerlichen Gewinnermittlungsvorschriften hiernach wohl entsprechend der Mitunternehmerschaft so angewendet werden, als würde der persönlich haftende Gesellschafter den Gewinn selbst erzielen.[99] Das bedeutet etwa für das – zentral diskutierte – Problem der Schachtelprivilegien, dass je nach Rechtsform des persönlich haftenden Gesellschafters entweder § 3 Nr. 40 EStG oder § 8b KStG zur Anwendung gelangt.[100]

Für die Zwecke dieser Untersuchung wird unter mitunternehmerähnlicher Besteuerung von KGaA und persönlich haftendem Gesellschafter Folgendes verstanden: Die KGaA betreibt das Gewerbe und verwirklicht so dem Grunde nach den Ertragsteuertatbestand. Der persönlich haftende Gesellschafter betreibt selbst das Gewerbe nicht; ihm werden die Einkünfte aus diesem Gewerbebetrieb aber entsprechend seinem Gewinnanteil zugerechnet. Die Besteuerung entspricht insofern dem Konzept der *Einheitstheorie* zur Mitunternehmerbesteuerung und hat Ähnlichkeiten mit der Einkommenszurechnung der Organschaft. Die gesamte Steuerquantifizierung – von der Einkünfteermittlung bis zu Tarifvorschriften – soll aber so erfolgen, als wäre der persönlich haftende Gesellschafter Mitunternehmer, also als *hätte* er die Einkünfte erzielt.

5. Hinzurechnungsbesteuerung nach §§ 7 ff. AStG

a. Allgemeines

In grenzüberschreitenden Konstellationen kann die Entstehung eines (deutschen) Steueranspruchs aufgeschoben werden, indem Besteuerungssubstrat von Steuerpflichtigen mittels der Abschirmwirkung im Ausland ansässiger Körperschaften ferngehalten wird – tatbestandlich gesprochen: von den inländischen Steuerpflichtigen nicht i.S.v. § 2 Abs. 1 S. 1 EStG erzielt wird. Um diese Abschirm-

---

98 *Hageböke*, KGaA-Modell, S. 74.
99 *Mai*, in: Frotscher/Maas, § 9 KStG Rn. 17 (zur Anwendung der rechtsformabhängigen Befreiung von Kapitalerträgen); *Rödder/Hageböke/Stangl*, DB 2009, 1561, 1564; *Witt*, in: HHR, § 15 EStG, Rn. 901 (unter „Stellungnahme"): „Unseres Erachtens verdeutlicht das Bild einer Abspaltung an der Wurzel, dass von Beginn an, d. h. direkt nach Übernahme der handelsbilanziellen Gewinnanteile der phG als Grundlage für deren stl. Einkommensermittlung, zwischen der kapitalistischen Sphäre der Kommanditaktionäre/KGaA und der transparenten Sphäre der phG zu unterscheiden ist."
100 *Kollruss*, BB 2011, 3178, 3180 unten f.

wirkung in bestimmten Konstellationen zu beseitigen, sind Tatbestände entwickelt worden, die sich ebenfalls als Trennungstatbestände verstehen lassen, also Einkünfteerzielung und Steuerschuldnerschaft trennen. Hier sollen betrachtet werden die sog. Hinzurechnungsbesteuerung, also die Besteuerung von Gesellschaftern einer sog. Zwischengesellschaft nach §§ 7 ff. AStG und die Besteuerung des Stifters einer Familienstiftung (oder gleichgestellte Personen) nach § 15 AStG (unter 6.).

Die Hinzurechnungsbesteuerung zeigt allerdings eine Besonderheit im Unterschied zur Organschaft, der Mitunternehmerschafts- und KGaA-Besteuerung. Ihr Tatbestand ist so strukturiert, dass eine nur im Ausland ansässige Körperschaft (o.ä.) Einkünfte oder Einkommen erzielt, diese Tatbestandsverwirklichung aber aufgrund einer besonderen Anordnung (§ 7 Abs. 1 S. 1 AStG) in einen Steueranspruch gegen den beteiligten Gesellschafter eingeht. Das Erzielen von Einkünften durch die nur im Ausland ansässige Körperschaft ist nach allgemeinen Regeln aber nur beschränkt tatbestandsmäßig, nämlich nur insoweit, als diese Körperschaft *inländische* Einkünfte erzielt (§ 1 Abs. 4 EStG, § 2 Nr. 1 KStG, jeweils i.V.m. § 49 EStG). Da der Tatbestand von §§ 7 ff. AStG aber ersichtlich darauf abzielt, gerade alle nicht-inländischen Einkünfte im Inland der Besteuerung zu unterwerfen, muss die Hinzurechnungsbesteuerung bezüglich der nicht-inländischen Einkünfte der nur im Ausland ansässigen Körperschaft einen eigenen Tatbestand erzeugen. Anders gesagt: Die Hinzurechnungsbesteuerung schafft implizit erst einen neuen Tatbestand – nämlich: nur-auslandsansässige Körperschaft erzielt nicht-inländische Einkünfte –, damit dieser durch eine besondere Anordnung in eine Steuerschuld des inländischen Beteiligten überführt werden kann. Dieser neue Tatbestand wird gewissermaßen nur als Trennungstatbestand erzeugt. Die gleiche Besonderheit gilt auch für die Einkünfte- bzw. Einkommenserzielung der Familienstiftung nach § 15 AStG (vgl. unter 6.).[101]

---

[101] Diesen Zusammenhang für die Familienstiftung unter § 15 AStG a.F. deutet BFH v. 5.11.1992, I R 39/92, BFHE 170, 62, juris Rn. 13 an: „Unter Einkommen i.S. des § 15 Abs. 1 AStG ist […] dasjenige zu verstehen, das sich bei unterstellter unbeschränkter Steuerpflicht der Familienstiftung ergeben würde."

b. Anteilseigner und Zwischengesellschaft in der Hinzurechnungsbesteuerung (§§ 7 ff. AStG)

Das Hinzurechnungsbesteuerungsregime der §§ 7 ff. AStG zielt auf die Beseitigung der Abschirmwirkung im Ausland ansässiger Körperschaften.[102] Erzielt eine in einem nur niedrig besteuernden Ausland ansässige Kapitalgesellschaft, an der zu mehr als der Hälfte unbeschränkt steuerpflichtige Personen beteiligt sind, sog. passive Einkünfte (§ 8 AStG), sind diese Einkünfte als Hinzurechnungsbetrag – in der Formulierung von § 7 Abs. 1 AStG – bei den unbeschränkt steuerpflichtigen Personen steuerpflichtig.

Die nur im Ausland ansässige Körperschaft ist als solche Körperschaftsteuersubjekt und beschränkt steuerpflichtig gemäß § 2 Nr. 1 KStG; eine Tatbestandsverwirklichung kommt also prinzipiell nur durch Erzielung inländischer Einkünfte in Betracht. Die Vorschriften gehen aber erkennbar davon aus, dass alle Einkünfte – auch die nicht-inländischen – der nur im Ausland ansässigen Körperschaft von ihr i.S.v. § 2 Abs. 1 S. 1 EStG erzielt werden, von denen dann solche beim Gesellschafter steuerpflichtig sind, die von § 8 AStG näher umschrieben sind.[103]

Die von der Körperschaft erzielten Einkünfte sind, soweit die Körperschaft für diese Einkünfte Zwischengesellschaft ist, im Wortlaut von § 7 Abs. 1 AStG bei den Gesellschaftern der Höhe nach entsprechend ihrer Beteiligungshöhe steuerpflichtig. Die Einkünfteerzielung der im Ausland ansässigen Körperschaft geht also durch diese Rechtsfolgenanordnung in einen Steueranspruch einer anderen Person, den Gesellschafter, ein. Die Einkünfte der Körperschaft gehoren beim Anteilseigner zu den Einkünften im Sinne des § 20 Abs. 1 Nr. 1 EStG und gelten unmittelbar nach Ablauf des maßgebenden Wirtschaftsjahrs der ausländischen Gesellschaft als zugeflossen (§ 10 Abs. 2 S. 1 AStG). In gewisser Weise überraschend ist allerdings anzumerken, dass die Zwischengesellschaft nach h.A. selbst auch der beschränkten Steuerpflicht unterliegen kann;[104] die Einkünfteerzielung geht demnach als Tatbestandsverwirklichung in zwei Steueransprüche ein: in den Steueranspruch gegen den Gesellschafter aufgrund von §§ 7 ff. AStG sowie gegen die Zwischengesellschaft nach § 2 Nr. 1 KStG i.V.m. § 49 EStG. Diese besondere

---

[102]   Zum Zweck der Hinzurechnungsbesteuerung *Schaumburg*, IntStR, Rn. 10.1 ff.

[103]   *Schaumburg*, IntStR, Rn. 10.72: „Für die Zurechnung von Tätigkeiten und damit zugleich auch von Einkünften zu ausländischen Gesellschaften gelten auch für den Anwendungsbereich des § 8 Abs. 1 AStG die allgemeinen ertragsteuerrechtlichen Grundsätze."

[104]   BMF v. 2.12.1994, Tz. 7.0.4; *Köhler*, in: Strunk/Kaminski/Köhler, AStG, § 7 Rn. 19; *Protzen*, in: Kraft, AStG, § 7 Rn. 35; *Wassermeyer*, in: F/W/B/S, AStG, § 7 AStG Rn. 8.3.

Form der Doppelbesteuerung wird vor allem durch die Möglichkeit der Anrechnung nach § 12 Abs. 1 AStG im Rahmen der Steuerquantifizierung des Gesellschafters vermieden (bzw. durch den Abzug nach § 10 Abs. 1 S. 1 AStG gemildert).

Schüttet die Körperschaft die Gewinne, die der Einkünfteerzielung zugrunde lagen, an den im Inland ansässigen Anteilseigner aus, dann bestünde die Gefahr der erneuten Besteuerung als Kapitaleinkünfte des gleichen Besteuerungssubstrats. Um dies zu verhindern, ist in § 3 Nr. 41 EStG die Befreiung solcher Erwerbseinnahmen beim Anteilseigner angeordnet (allerdings nur, wenn sie im gleichen oder in den sieben vorangegangenen Kalender- oder Wirtschaftsjahr(en) als Hinzurechnungsbeträge der Einkommen- bzw. Körperschaftsteuer unterlegen haben).

Für die Zwecke dieser Untersuchung ist wichtig, dass die ausländische Zwischengesellschaft die einkünfteerzielende Tätigkeit i.S.v. § 2 Abs. 1 S. 1 EStG ausübt, also Einkünfte erzielt und so den ertragsteuerlichen Tatbestand erfüllt. Diese Tatbestandsverwirklichung geht in eine Steuerschuld ihrer Gesellschafter ein sowie in eine eigene Steuerschuld, soweit die Einkünfte der beschränkten Steuerpflicht unterliegen.

6. Stifter (oder anderer Zurechnungsempfänger) und die Familienstiftung (§ 15 AStG)

a. Allgemeines

In der teleologischen Zielrichtung ähnlich der Hinzurechnungsbesteuerung, aber in der rechtstechnischen Umsetzung unterschiedlich ist die Besteuerung der sog. Familienstiftung i.S.v. § 15 Abs. 2 AStG bzw. ihrer Stifter und anderer Zurechnungsempfänger.[105] Eine Stiftung ist ein Körperschaftsteuersubjekt (§ 1 Abs. 1 Nr. 5 KStG) und verwirklicht als solches den Körperschaftsteuertatbestand, wenn sie Einkünfte erzielt i.S.v. § 8 Abs. 1 KStG i.V.m. § 2 Abs. 1 S. 1 Nr. 1–7 EStG; sie ist dann auch Schuldner des aus dieser Tatbestandsverwirklichung folgenden Körperschaftsteueranspruchs. Hiervon wird abgewichen, wenn eine Stiftung oder ein ähnliches Zweckvermögen (vgl. § 15 Abs. 2 und 4 AStG) nur im Ausland ansässig ist und ein unbeschränkt steuerpflichtiger Stifter, seine Angehörigen und

---

[105] Im Folgenden wird einheitlich von Stifter gesprochen, obwohl auch andere Personen als Zurechnungsempfänger in Betracht kommen, vgl. § 15 Abs. 1 AStG.

deren Abkömmlinge zu mehr als der Hälfte bezugsberechtigt oder anfallsberechtigt sind. In diesem Fall geht eine Einkünfteerzielung der Stiftung (die wie bei der Hinzurechnung die Schaffung eines neuen Tatbestands implizit voraussetzt[106]) in eine Steuerschuld des Stifters ein. Entsprechend der Situation bei der Zwischengesellschaft bezieht auch § 15 AStG alle Einkünfte, nicht bloß die der beschränkten Steuerpflicht unterliegenden Einkünfte in die Summe der Einkünfte bzw. das Einkommen der Familienstiftung vor Zurechnung ein. Der BFH formulierte, die Vorschrift müsse unterstellen, dass die Stiftung unbeschränkt steuerpflichtig sei, weil sonst ein Einkommen nicht ermittelt bzw. nur bezüglich beschränkt steuerpflichtigen Einkünften ermittelt werden könnte.[107] Die Regelung des § 15 AStG ist darüber hinaus besonders interessant, weil die Ungereimtheiten aus der Trennung von Einkünfteerzielung und Steuerschuldnerschaft mittels Einkommenszurechnung zu einer Gesetzesänderung Anlass gegeben haben.[108] Nach alter Fassung sah die Rechtsfolge der Regelung vor, dem Stifter das Einkommen[109] der Familienstiftung zuzurechnen, nach § 15 Abs. 1 S. 1 AStG n. F. werden nun Einkünfte zugerechnet und diese Einkünftezurechnung mit weiterer Begleitregelung versehen.

b. Alte Fassung: Zurechnung von Einkommen

Das Einkommen wurde gemäß § 15 Abs. 7 AStG a.f. nach den Vorschriften des deutschen Steuerrechts ermittelt. Hinsichtlich der alten Fassung wurde überwiegend die Auffassung vertreten, dass das originäre Einkommen des Zurechnungsempfängers i.s.v. § 2 Abs. 4 EStG in dem Umfang erhöht wird, in dem die Stiftung ein Einkommen i.s.v. § 8 Abs. 1 KStG i.V.m. § 2 Abs. 4 EStG erzielt hat, wie es bei unterstellter unbeschränkter Steuerpflicht der Stiftung zu ermitteln wäre.[110] Die h.M. ging also – wie oben schon unterstellt – von der Einkünfteerzielung durch die Familienstiftung aus.[111] Andere Stimmen, die sich nicht durchsetzen konnten, interpretierten die Rechtsfolge so, dass es der Stifter sei, der die Einkünfte der

---

106   Vgl. oben 5.a. (S. 31).
107   BFH v. 5.11.1992, I R 39/92, BFHE 170, 62; so auch *Wassermeyer*, IStR 2009, 191.
108   Amtshilfe-Richtlinie-Umsetzungsgesetz v. 26.6.2013, BGBl. I 2013, 1809.
109   Die Vermögenszurechnung wird hier nicht berücksichtigt.
110   BFH v. 5.11.1992, I R 39/92, BFHE 170, 62; FG Hessen v. 14.11.2012, 10 K 625/08, DStR 2013, 1011; *Edelmann*, in: Kraft, AStG, § 15 Rn. 171; *Wassermeyer*, in: F/W/B/S, AStG, § 15 AStG Rn. 34.
111   Ausdrücklich so auch *Habammer*, DStR 2002, 425, 428: „Den Besteuerungstatbestand verwirklicht ausschließlich die Familienstiftung. Die Besteuerungsfolgen greifen allein bei den in der Vorschrift bestimmten Steuerinländern."

Familienstiftung erzielte; das Einkommen sei folglich nach den Verhältnissen des Stifters zu ermitteln.[112] Diese Differenz hat offenkundig eine Sachverwandtschaft mit den Differenzen der verschiedenen Ansätze der Mitunternehmerbesteuerung zwischen Einheit und Vielheit sowie der Unterschiede zwischen Trennungstheorie und mitunternehmerähnlicher Besteuerung der KGaA und ihres persönlich haftenden Gesellschafters (vgl. oben unter 3. und 4.). Sie hat insbesondere Bedeutung für die Anwendung besonderer personenbezogener Vorschriften sowie die Frage der beschränkten Steuerpflicht der Familienstiftung (vgl. noch unten in Kapitel III., S. 39 ff.).

Im Unterschied zu allen anderen hier vorgestellten Trennungstatbeständen fehlte eine Regelung, die den tatsächlichen Transfer des Besteuerungssubstrats, das als Einkommen der Zurechnung unterlegen hat, von der Besteuerung beim Stifter ausnimmt.[113] Bei der Hinzurechnungsbesteuerung übernimmt diese Funktion § 3 Nr. 41 EStG, die zwar dem Grunde nach die Tatbestandsverwirklichung durch die Gewinnausschüttung unberührt lässt, aber den Steueranspruch der Höhe nach durch eine Steuerbefreiung mindert (bei der Organschaft die nicht steuerbare Gewinnabführung, bei Personengesellschaft und KGaA die nicht steuerbare Entnahme). Es lägen dem Grunde nach Einkünfte nach § 20 Abs. 1 Nr. 9 EStG vor, die entweder zu Gewinneinkünften (§ 20 Abs. 8 EStG) oder subsidiär zu den Kapitaleinkünften gehören. Als solche wären sie je nach Eigenschaften des Stifters entweder Gegenstand von § 3 Nr. 40 lit. d EStG, § 8 Abs. 1 KStG oder § 32d EStG. Diese Regelungslage bedeutete offenbar eine ungerechtfertigte, unsystematische Mehrfachbelastung des gleichen Steuersubstrats, so dass von einer Regelungslücke ausgegangen wurde. Diese Regelungslücke wurde von der Rechtspraxis geschlossen und die Zuwendungen von der Besteuerung ausgenommen.[114]

c.   Neue Fassung: Zurechnung von Einkünften

Die Fassung der Vorschrift warf eine Reihe von Problemen auf. Diese betrafen insbesondere teleologisch unzutreffende Besteuerungsergebnisse bei Kapitaleinkünften der Stiftung.[115] Die Gesetzesbegründung formuliert zum Zweck der Änderung, dass aufgrund der Zurechnung des Einkommens nach der vormaligen

---

[112]   *Runge*, in: Brezing (1991), AStG, § 15 Rn. 2, 10 f.; *ders.*, DB 1977, 514, 516.
[113]   *Wassermeyer*, in: F/B/W/S, AStG, § 15 Rn. 27.
[114]   Tz. 15.1.1 AEAStG, 14.5.2004; vgl. auch *Kraft*, in: Kraft, AStG, § 15 Rn. 250; *Wassermeyer*, in: F/W/B/S, AStG, § 15 AStG Rn. 206.
[115]   Dazu etwa *Wassermeyer*, IStR 2009, 191, 193 f.

Regelung der Zurechnungsempfänger nicht so besteuert werden könne, als hätte er die Einkünfte unmittelbar bezogen; insb. körperschaftsteuerspezifische Steuerbefreiungen wie § 8b Abs. 1 und 2 KStG sollten nicht mehr über die Zurechnung des Einkommens der Familienstiftung dem Zurechnungsempfänger zugute kommen.[116]

Und so spricht die Vorschrift in § 15 Abs. 1 S. 1 AStG n. F. jetzt von der Zurechnung der Einkünfte und enthält detailliertere Regelungen (insb. in Abs. 7 S. 2 i.V.m. § 10 Abs. 3, Abs. 8 AStG) zur Ermittlung der Einkünfte der Stiftung, zur Tatbestandsmäßigkeit beim Zurechnungsempfänger und zur Höhe der Einkünfte, die dem Zurechnungsempfänger zugerechnet werden. Die zugerechneten Einkünfte werden als Einkünfte nach § 20 Abs. 1 Nr. 9 bzw. als Gewinneinkünfte nach § 20 Abs. 8 EStG qualifiziert. Die Regelungen zur Ermittlung der Höhe der zuzurechnenden Einkünfte enthalten insbesondere Vorschriften, die sicherstellen sollen, dass Kapitaleinkünfte entsprechend den Verhältnissen des Zurechnungsempfängers besteuert werden. Die neue Regelung in § 15 Abs. 11 EStG gibt der bis dahin geübten Rechtsanwendungspraxis der Verwaltung eine Grundlage, indem die Zuwendungen der Familienstiftung nicht mehr der Steuer unterliegen, wenn die diesen Zuwendungen zugrundeliegenden Einkünfte bereits nach § 15 Abs. 1 AStG zugerechnet worden sind.

7. Zusammenfassung (zugleich: Strukturelle Gemeinsamkeiten und Unterschiede der Trennungstatbestände)

Alle der dargestellten Trennungstatbestände zeigen gemeinsame Merkmale:
- Eine Person erzielt nach allgemeinen Regeln Einkünfte im Sinne von § 2 Abs. 1 S. 1 EStG: die Organgesellschaft, die gewerblich tätige Personengesellschaft unter der *Einheitstheorie*, die KGaA unter allen Konzeptionen abgesehen von der echten Mitunternehmerkonzeption, die Zwischengesellschaft und die Familienstiftung. Diese Einkünfteerzielung, d. h. Tatbestandsverwirklichung dem Grunde nach, mündet aber (i.d.R.) nicht in eine Steuerschuld dieser Person. Eine Ausnahme bilden die Tatbestände des AStG, unter denen Zwischengesellschaft bzw. Stiftung aufgrund beschränkter Steuerpflicht selbst Steuerschuldner werden können. Die einkünfteerzielende Person soll in der Folge als *Vordermann* bezeichnet werden.

---

[116] BT-Drs. 17/13033, S. 87 f.

- Ein Steueranspruch aus der Einkünfteerzielung des Vordermanns richtet sich (teilweise) gegen eine andere Person (Organträger, Mitunternehmer, persönlich haftender Gesellschafter der KGaA, Gesellschafter der Zwischengesellschaft, Zurechnungsempfänger der Familienstiftung). Diese Person soll in der Folge als *Hintermann* bezeichnet werden.

- Allen Trennungstatbeständen ist gemein, dass das Besteuerungssubstrat, das als fremde Einkünfte in die Steuerschuld des Hintermanns eingeht, durch besondere Regelungen ohne eine erneute Besteuerung übertragen werden kann bzw. muss: richterrechtliche Eliminierung der Gewinnabführung der Organschaft in der Gewinnermittlung[117], gewinnneutrale Entnahme bzw. Einlage bei Personengesellschaft und KGaA nach § 4 Abs. 1 S. 1 EStG, Steuerbefreiung nach § 3 Nr. 41 EStG bezüglich der hinzugerechneten Einkünfte der Zwischengesellschaft und § 15 Abs. 11 AStG für die Familienstiftung (vormals kraft Verwaltungsübung).

Die dargestellten Tatbestände zeigen hinsichtlich der Rechtstechnik, durch die die Tatbestandsverwirklichung von der Steuerschuldnerschaft getrennt wird, folgende Unterschiede:

- Bei der Organschaft und § 15 AStG a.F. ist das rechtstechnische Mittel die *Zurechnung von Einkommen*.

- Bei der KGaA (sowohl im Rahmen von Trennungskonzepten als auch im mitunternehmerähnlichen Konzept[118]) und § 15 Abs. 1 AStG n. F. wird die Formulierung der *Zurechnung der Einkünfte* verwendet.

- Im Rahmen der Mitunternehmerschaft ist es abhängig von der jeweils vertretenen Konzeption: Nach der sog. *Einheitstheorie* erzielt die Personengesellschaft Einkünfte, die den Mitunternehmern *zugerechnet* werden; nach derzeitiger Auffassung der Rspr. und der h. Lit. erzielen die Mitunternehmer selbst Einkünfte.

- In der Hinzurechnungsbesteuerung ordnet § 7 Abs. 1 AStG die *Steuerpflicht der Einkünfte beim unbeschränkt steuerpflichtigen Gesellschafter* an; die Zwischengesellschaft ist hinsichtlich nicht-inländischer Einkünfte von vornherein nicht steuerpflichtig, hinsichtlich inländischer Einkünfte wird der Steueranspruch gegen die Zwischengesellschaft nicht beseitigt (die Doppelbesteuerung wird

---

[117]   Zu den Defiziten in der Übereinstimmung zwischen Gewinnabführung und zugerechnetem Einkommen schon oben unter 2. (S. 13).

[118]   Als Vertreter einer mitunternehmerähnlichen Besteuerung *Hageböke*, KGaA-Modell, S. 71 (Bezeichnung von § 15 Abs. 1 S. 1 Nr. 3 EStG als Zurechnungsnorm); als Vertreter eines Trennungskonzepts *Wasssermeyer*, FS Streck, S. 259, 269: „[...] Gewinnanteil [...] wird [...] zugerechnet".

durch Anrechnungsmechanismen, § 12 AStG, oder durch einen besonderen
Betriebsausgabenabzug, § 10 Abs. 1 S. 1 AStG, beseitigt bzw. gemildert).

III. Gemeinsame Problemfelder der Trennungstatbestände

Nachfolgend werden einzelne Themen angesprochen, die sich in den dargestellten Regelungszusammenhängen als problematisch erweisen. Die Kennzeichnung
als problematisch meint in einem weiten Sinn unerwünschte Phänomene des
aktuellen Rechtszustands, bezieht sich also nicht nur auf Rechtsanwendungsprobleme. So verstanden können sich diese Probleme innerhalb der einzelnen Tatbestände auf ganz verschiedene Weise äußern: als dogmatische Unsicherheit in
der Findung bestimmter, akzeptierter rechtspraktischer Ergebnisse, als komplexe
Sonderregelungen, als lückenhaft empfundene Regelungen, als Rechtsanwen-
dungsschwierigkeiten oder als teleologisch oder rechtspolitisch unbefriedigende
Rechtsanwendungsergebnisse. Die Darstellung gliedert sich nach dem oben
zugrunde gelegten Tatbestandsmodell, also der Tatbestandsverwirklichung *dem
Grunde nach* (unter 1.) und Fragen der Steuerquantifizierung (Steueranspruch *der
Höhe nach*, unter 2., S. 51 ff.).[119]

1. Tatbestandsverwirklichung *dem Grunde nach* durch den Hintermann

Mit Aspekten der Tatbestandsverwirklichung sind solche Fragen gemeint, die nur
die Erfüllung der Voraussetzungen eines Ertragsteueranspruchs betreffen, welche
nach dem hier verwendeten Tatbestandsmodell insb. die tatbestandsmäßige
Tätigkeit und die dadurch veranlasste Einkünfteerzielung umfassen, aber auch
besondere Tatbestandsmerkmale des Steueranspruchs wie die Betriebsstätte nach
§ 49 Abs. 1 Nr. 2 Buchst. a EStG.

---

[119] Vgl. zu dem zugrundeliegenden Tatbestandsmodell und diesen Begriffen oben B.I.
(S. 7 ff., insb. S. 17 f.).

a.   Im Allgemeinen: Einkünfteerzielung durch Zurechnung von Einkünften und Einkommen?

aa.   Ausgangspunkt der Problemlage

Das Erzielen von Einkünften ist tatbestandliche Voraussetzung für die Entstehung eines Ertragsteueranspruchs (vgl. § 2 Abs. 1 S. 1 EStG ggf. i.V.m. § 8 Abs. 1 KStG). Das Erzielensverhalten ist in den § 2 Abs. 1 S. 1 Nr. 1–7 i.V.m. einzelnen Regelungen der §§ 13–23 EStG näher umschrieben. Die Handlungskomponente – das Erzielen – wird ergänzt um eine Erfolgskomponente – die Einkünfte.[120] Einkünfte sind – etwas untechnisch gesprochen – solche Vermögensmehrungen, die durch diese Verhaltensweisen veranlasst sind. Diese tatbestandlichen Umschreibungen sind abschließend, d. h.: Einkünfte, die sich nicht auf solche Handlungen zurückführen lassen, erfüllen prinzipiell keinen Steuertatbestand (sind nicht steuerbar).

Bei genauer Betrachtung fehlt es deshalb im Ausgangspunkt an einer Rechtsgrundlage für die Besteuerung *zugerechneter* Einkünfte oder *zugerechneten* Einkommens beim Hintermann (bzw. durch einen anderen Mechanismus beim Hintermann zu erfassende Einkünfte des Vordermanns). Denn der Steueranspruch richtet sich auf Einkünfte oder Einkommen, die bzw. das nicht durch Verhalten des Hintermanns im Sinne von § 2 Abs. 1 S. 1 Nr. 1–7 EStG, sondern nur durch Verhalten des Vordermanns veranlasst ist; auf gesetzlicher Ebene formuliert: Einkünfte oder Einkommen aus Zurechnung sind im Katalog des § 2 Abs. 1 S. 1 Nr. 1–7 EStG nicht enthalten.

bb.   Fehlende Beschreibung bei Zurechnung von *Einkommen*

Weder umfasst von der Beschreibung in § 2 Abs. 1 S. 1 EStG noch spezialgesetzlich angeordnet ist das zugerechnete Einkommen der Organgesellschaft beim Organträger und das – nach § 15 Abs. 1 AStG a. F. – zugerechnete Einkommen der Familienstiftung beim jeweiligen Stifter. Es müsste streng genommen an irgendeiner Stelle, etwa in § 2 EStG eine Regelung vorgesehen sein, nach der dieser Betrag des zugerechneten Einkommens (der Organgesellschaft, der Familienstiftung) zu den Einkünften im Sinne des § 2 Abs. 1 S. 1 EStG (etwa als Einkünfteart Nr. 8) zählt oder etwa das originär eigene Einkommen i.S.v. § 2 Abs. 4 EStG erhöht.

---

[120]   *P. Fischer*, FR 2001, 1, 2.

Hinsichtlich der Tatbestandsverwirklichung des Stifters einer Familienstiftung i.S.v. § 15 AStG a.F. hat der BFH diese grundsätzliche Frage tatsächlich aufgeworfen und die Steuerbarkeit des Einkommens der Familienstiftung beim Stifter nur deshalb bejaht, weil man den offensichtlichen Willen des Gesetzgebers respektieren müsse.[121] Der BFH addierte in richterlicher Rechtsfortbildung den Betrag des zuzurechnenden Einkommens der Familienstiftung dem originären Einkommen des Zurechnungsempfängers i.S.v. § 2 Abs. 4 EStG. Für die Organschaft stellt sich die Frage gleich. Im Rahmen der Organschaft wurde sie im Grundsätzlichen zwar nicht ausdrücklich angesprochen, sie äußerte sich aber zumindest symptomatisch in der Frage, auf welcher Stufe des Einkommenstatbestands die Einkommenszurechnung vorzunehmen ist. Diskutiert wurde, ob das zugerechnete Einkommen den *Gewinn* des Organträgers erhöht[122] oder das Einkommen i.S.v. § 2 Abs. 4 EStG[123]. Die Entscheidung hat Bedeutung für die gewerbesteuerliche Erfassung des Organeinkommens und die Frage, wie bei einer Personengesellschaft, die selbst kein eigenes Einkommen ermittelt, die Zurechnung vorzunehmen ist.[124] Die Frage ist symptomatisch für die Problematik; denn sie stellt sich, weil das Ertragsteuerrecht die Einkommenszurechnung tatbestandlich beim Organträger nicht ausdrücklich erfasst.

cc. Im Besonderen: Zugerechnetes Einkommen unter § 14 Abs. 1 S. 1 Nr. 2 S. 6 KStG als inländische Einkünfte

Eine sachverwandte Ausprägung der unter bb. geschilderten Problematik besteht in der Regelung in § 14 Abs. 1 S. 1 Nr. 2 S. 6 KStG: Die Vorschrift präzisiert die Rechtsfolge der Organschaft dahingehend, dass das Einkommen der inländischen Betriebsstätte zugerechnet wird, der die Beteiligung des Organträgers an der Organgesellschaft zugeordnet wird. Das rechtspolitische Ziel der Vorschrift ist es, das Einkommen der Organgesellschaft einem Ertragsteueranspruch auch dann zu unterwerfen, wenn der Organträger nicht im Inland ansässig ist. Dieses Ziel soll ersichtlich dadurch erreicht werden, dass der Organträger mit diesem Einkommen aufgrund der Betriebsstätte der beschränkten Steuerpflicht gemäß § 2 Nr. 1 KStG oder § 1 Abs. 4 EStG i.V.m. § 49 Abs. 1 Nr. 2 Buchst. a EStG unterliegt.

---

[121] BFH v. 5.11.1992, I R 39/92, BFHE 170, 62 (juris Rn. 20).
[122] So bspw. *Wassermeyer*, DStR 2004, 214.
[123] So bspw. *von Groll*, DStR 2004, 1193, 1194; *Frotscher*, in: Frotscher/Maas, KStG, § 14 Rn. 639.
[124] *Frotscher*, in: Frotscher/Maas, KStG, § 14 Rn. 641.

Die hier interessierende Problematik ergibt sich daraus, dass die beschränkte Steuerpflicht nur bezüglich inländischer *Einkünfte* – hier des Organträgers – entsteht (vgl. § 1 Abs. 4 EStG und § 2 Nr. 1 KStG). Inländische Einkünfte i.S.v. § 49 Abs. 1 Nr. 2 Buchst. a EStG sind Einkünfte aus Gewerbebetrieb, für den im Inland eine Betriebsstätte unterhalten wird oder ein ständiger Vertreter bestellt ist. Der Organträger erzielt aber solche Einkünfte nicht; ihm wird vielmehr Einkommen zugerechnet, das sich aus Einkünften speist, die – so die allgemeine Rechtsauffassung – ausschließlich von der Organgesellschaft erzielt werden.[125] Die Zurechnung des Einkommens lässt sich § 49 Abs. 1 Nr. 2 Buchst. a EStG im Rahmen dieser Rechtsauffassung nicht subsumieren, wenn man nicht dem rechtspolitischen Ziel so viel methodische Kraft zuerkennt, dass es den Wortlaut zu überwinden vermag. Dagegen spricht aber eine bisher geübte Rechtspraxis, die ganz eindeutig und ausdrücklich zwischen der Zurechnung von Einkommen und der Zurechnung von Einkünften unterscheidet.[126] Hier soll nicht daran gezweifelt werden, dass in einer Auslegung, die alle Auslegungsaspekte mit einbezieht, das Ergebnis naheliegend ist, das zugerechnete Einkommen i.S.v. § 14 Abs. 1 S. 1 Nr. 2 S. 6 KStG als inländische Einkünfte i.S.v. § 49 Abs. 1 Nr. 2 Buchst. a EStG zu bewerten. Es soll nur aufgezeigt werden, dass der Tatbestand *dem Grunde nach* in Bezug auf die Einkommenszurechnung beim Hintermann zumindest dogmatisch lückenhaft ist.

dd. Besondere Anordnung der Steuerbarkeit beim Hintermann

Das rechtspraktische Problem der Begründung der Tatbestandsmäßigkeit[127] der Einkünfte, die eine andere Person durch eine tatbestandsverwirklichende Handlung erzielt hat, lässt sich schlicht durch besondere Anordnung lösen: Das geschieht etwa bei den Mitunternehmern einer Personengesellschaft und den persönlich haftenden Gesellschaftern einer KGaA, denn insoweit sind die Gewinnanteile i.S.v. § 15 Abs. 1 S. 1 Nr. 2 und Nr. 3 EStG von der Beschreibung der Einkünfte i.S.v. § 2 Abs. 1 S. 1 Nr. 2 EStG eben durch diese Vorschriften konstitutiv umfasst. Ähnliches gilt für die Neuregelung der Zurechnung bei der Familienstiftung nach der neuen Fassung von § 15 AStG: Die Tatbestandsmäßigkeit ergäbe

---

[125] Statt vieler *Brink*, in: Schnitger/Fehrenbacher, KStG, § 14 Rn. 620.
[126] BFH v. 8.4.2009, I B 223/08, BFH/NV 2009, 1437 (nach juris Rn. 18): „Die in § 15 Abs. 1 Satz 1 AStG (Anm.: a.F.) vorgesehene Zurechnung findet mithin erst im Anschluss an die Ermittlung des Einkommens der Stiftung statt und bezieht sich nur auf jenes Einkommen, nicht aber auf die in ihm enthaltenen Einkünfte."; ebenso FG Hessen v. 14.11.2012, 10 K 625/08, DStR 2013, 1011 (nach juris Rn. 97).
[127] Ein anderer geläufiger Ausdruck wäre *Steuerbarkeit*.

sich nicht ohne Weiteres, denn „Einkünfte aus Zurechnung" kennt § 2 Abs. 1 S. 1 EStG nicht; sie ergibt sich aber aus der Anordnung in § 15 Abs. 8 AStG n. F., die die zugerechneten Einkünfte ebenfalls als Einkünfte aus Kapitalvermögen bzw. speziell als Einkünfte aus Gewinneinkünften beschreibt. Die Beschreibung der Einkünfte der Zwischengesellschaft nach § 7 Abs. 1 S. 1 AStG als *beim unbeschränkt Steuerpflichtigen steuerpflichtig* bricht zwar aus der allgemeinen Terminologie aus, ist aber inhaltlich mit der Formulierung der Zurechnung gleichzusetzen; der Hinzurechnungsbetrag wird in § 10 Abs. 2 S. 1 AStG ebenfalls konstitutiv zu Einkünften nach § 20 Abs. 1 S. 1 Nr. 1 EStG (nach Satz 2 zu den jeweiligen Gewinneinkünften) qualifiziert und mit einem Zuflusszeitpunkt versehen. Festzuhalten bleibt, dass all diese Sonderregelungen nicht nur sonst einer anderen Einkunftsart zuzuordnende Einkünfte umqualifizieren. Sie sind *erforderlich* zur Begründung der Tatbestandsverwirklichung durch den Hintermann, um gegen diesen einen Steueranspruch zu richten.[128]

ee. Sonderbare Gesetzestechnik der doppelten Tatbestandsverwirklichung

Der Tatbestand eines Anspruchs enthält in typisierter Form eine Sachverhaltsbeschreibung, in der die Wertung repräsentiert ist, die den Anspruchsinhaber zu seinem Anspruch berechtigt. So enthalten Straftatbestände Sachverhaltsbeschreibungen, in denen die handelnde Person schweres Unrecht verwirklicht, weil dieses schwere Unrecht und die damit verbundene Schuld der rechtfertigende Grund für den Strafanspruch gegen diese Person ist.[129] Der Erzielenstatbestand des Ertragsteuerrecht beschreibt in § 2 Abs. 1 S. 1 EStG i.V.m. §§ 13–23 EStG Sachverhalte, die die Wertungen enthalten, aufgrund derer der Steueranspruch erhoben wird: die Steigerung der wirtschaftlichen Leistungsfähigkeit mittels eines Erwerbseinkommens.[130]

Auch wenn die Tatbestandsmäßigkeit der zugerechneten Einkünfte bzw. des Einkommens beim Hintermann gesichert ist, also zu einem Steueranspruch führen kann – sei es durch korrigierende Auslegung oder spezialgesetzliche Anordnung –, fällt doch auf, dass die Regelungstechnik insofern sonderbar ist, als sie zwei Personen hinsichtlich des gleichen Erzielungssachverhalts *auf Tatbestands-*

---

128 Zur Hinzurechnungsbesteuerung wohl so *Wassermeyer/Schönfeld*, in: F/W/B/S, AStG, § 10 AStG Rn. 143 f.
129 BGH v. 27.4.2006, 4 StR 572/05, NJW 2006, 2169.
130 Vgl. näher unten IV.1.a. (S. 74).

ebene als tatbestandsverwirklichende Personen behandelt: Der Vordermann erzielt durch seine Handlungen Einkünfte und ist deshalb nach der allgemeinen Regel in § 2 Abs. 1 S. 1 EStG *dem Grunde nach* Steuerschuldner des resultierenden Steueranspruchs. Der Hintermann handelt zwar selbst nicht, aber das Gesetz (bzw. dessen korrigierende Auslegung) behandelt ihn aufgrund einer Fiktion, die in dem Merkmal der *Einkünfte-* bzw. *Einkommenszurechnung* und den spezialgesetzlichen Anordnungen enthalten ist, als habe er in Bezug auf den jeweiligen Sachverhalt tatbestandsverwirklichend gehandelt.

Diese doppelte Tatbestandsverwirklichung *dem Grunde nach* im Rahmen der Organschaft, der Personengesellschaft (unter der Einheitstheorie) und der KGaA führt nur deshalb nicht zu einem doppelten Steueranspruch aufgrund des gleichen Erzielungssachverhalts, weil *auf Rechtsfolgenebene* der Vordermann im Rahmen der Steuerquantifizierung von seiner Steuerschuld entlastet wird. Die Einkünfte, die er erzielt hat, werden als Rechtsfolge der Zurechnung einfach von der Bemessungsgrundlage abgezogen.[131] Im Rahmen der Hinzurechnungsbesteuerung und der Besteuerung der Familienstiftung entsteht – jedenfalls nach h.A. – nicht nur dem Grunde nach ein zweiter Steueranspruch, dieser zweite Steueranspruch wird sogar effektiv geltend gemacht. Damit der gleiche Sachverhalt nicht zweifach in vollem Umfang in eine Steuerschuld eingeht, wird lediglich im letzten Schritt der Steuerquantifizierung durch Anrechnung nach § 12 Abs. 1 AStG (bzw. durch Abzug von den nach § 7 Abs. 1 S. 1 AStG steuerpflichtigen Einkünften nach § 10 Abs. 1 S. 1 AStG; jeweils ggf. i.V.m. § 15 Abs. 5 S. 1 AStG) gemildert.

Es ist dem Gesetzgeber unbenommen, die Gesetzestechnik anzuwenden, die zu den gewünschten Ergebnissen führt; aber von einem dogmatischen Standpunkt aus ist diese Form der doppelten Tatbestandsverwirklichung zumindest sonderbar. Es läge offenkundig nahe, in den hier behandelten Trennungsregimen eine Entscheidung zu treffen, dass ausnahmsweise eine andere als die nach allgemeinen Regeln tatbestandsverwirklichende Person die den Steueranspruch rechtfertigenden Wertungen verwirklicht, also der Hintermann aufgrund des jeweils zu beurteilenden Sachverhalts Einkünfte erzielt und so mittels eines Erwerbseinkommens seine wirtschaftliche Leistungsfähigkeit erhöht. Der Gesetzgeber aber äußert in seiner Tatbestandsbildung, dass aufgrund des gleichen Sachverhalts zwei Personen mittels eines Erwerbseinkommens ihre wirtschaftliche Leistungs-

---

[131]   Bei der KGaA ergibt sich dies sogar eindeutig aus § 9 Abs. 1 Nr. 1 KStG. Bei der Personengesellschaft ergibt sich eine Steuerschuld der Personengesellschaft schon wegen deren fehlender Steuersubjekteigenschaft nicht; es ist aber wichtig zu sehen, dass – auch wenn sie Steuersubjekt wäre – wie die Einheitstheorie ja partiell annimmt – sich die Entlastung von der Steuerschuld *auch* aus der Fremdzurechnung ihrer Einkünfte ergibt.

fähigkeit erhöht haben, obwohl – jedenfalls bei unvoreingenommenem Blick – auf Wertungsebene der gleiche Sachverhalt nur bei einer Person zu einer Steigerung der wirtschaftlichen Leistungsfähigkeit führen kann.[132] Es wird lediglich davon abgesehen beide Ansprüche in voller Höhe geltend zu machen.

b. Unterhalten von Betriebsstätten für die Erzielung inländischer Einkünfte (§ 49 Abs. 1 Nr. 2 Buchst. a EStG)

aa. Äußerungen der Problematik

Im innerstaatlichen Recht – also im Steuerrecht außerhalb von DBA – sind Betriebsstätten insbesondere von Bedeutung für die Frage, ob eine beschränkt steuerpflichtige Person gewerbliche Einkünfte im Inland bezieht (§ 49 Abs. 1 Nr. 2 Buchst. a EStG) oder ob eine Person ausländische Einkünfte erzielt und also ausländische Steuern auf die inländische Steuer anrechnen kann (§ 34c EStG i.V.m. § 34d Nr. 2 Buchst. a Alt. 1 EStG). Auch wenn in beiden Funktionen der Betriebsstättenbegriff und die Kriterien der persönlichen Zuordnung gleich sind, soll es hier um die tatbestandsbegründende Funktion im Rahmen der beschränkten Steuerpflicht gehen.

Im Rahmen der Trennungstatbestände ist teilweise unklar, ob Betriebsstätten, die nach allgemeinen Regeln dem Vordermann zuzuordnen sind, in den Fällen der Trennungstatbestände ausnahmsweise der Person zuzuordnen sind, der die Einkünfte oder das Einkommen dieser anderen Person zugerechnet werden (dazu bb.). Das hat praktische Bedeutung dafür, ob der Hintermann hinsichtlich der Tatbestandsverwirklichung der anderen Person in Deutschland – ohne weitere Regelung – beschränkt steuerpflichtig ist. Im Zusammenhang mit der Organschaft ist zwar anerkannt, dass Betriebsstätten der Organgesellschaft nicht solche des Organträgers sind; dies führt aber zu einer eigenartigen Rechtslage, die eine Verwandtschaft zur oben skizzierten doppelten Tatbestandsverwirklichung zeigt (dazu cc., S. 50 f.).

---

[132] Zur Ausnahme der Tatbestandsverdopplung in Gestalt einer Ausschüttungsfiktion unten IV.2.c. (S. 86 f.).

bb. Betriebstätten der Mitunternehmer und des persönlich haftenden Gesellschafters einer KGaA

Im Rahmen einer Mitunternehmerschaft sind nach allgemeiner Ansicht Betriebsstätten anteilig den Mitunternehmern zuzurechnen.[133] Die Begründung ist aber teilweise zweifelhaft. Unter der Bilanzbündeltheorie lag sie auf der Hand; da nur die Gesellschafter jeweils ein eigenes Gewerbe betrieben, stand auch nur ihnen die Betriebsstätte zu. Auch aus der neueren Auffassung, nach der die Gesellschafter in gemeinschaftlichem Zusammenwirken *originär eigene* Einkünfte erzielen, lässt sie sich ableiten. Vertreter der strengen Einheitstheorie, die die Personengesellschaft als tatbestandsverwirklichende Person erkennen und folglich im hier verstandenen Sinn einen Trennungstatbestand konstruieren, haben erheblich größere Probleme, da eine Betriebsstätte grundsätzlich eine solche (nur) der Personengesellschaft und nicht eine (anteilige) Betriebsstätte der Mitunternehmer ist, der Mitunternehmer mithin nicht die Voraussetzungen von § 49 Abs. 1 Nr. 2 Buchst. a EStG allein durch seine Beteiligung erfüllen kann. Denn wenn es die Personengesellschaft selbst ist, die das Gewerbe betreibt, dann liegen auch Betriebsstätten der Personengesellschaft vor, nicht solche der Gesellschafter. Der BFH hat das tatsächlich so entschieden, allerdings nicht für Zwecke von § 49 Abs. 1 Nr. 2 Buchst. a EStG, sondern für die Anwendung von § 2 Abs. 1 S. 3 AuslInvG.[134] Die Entscheidung hat aber niemand zum Anlass genommen, die beschränkte Steuerpflicht eines Mitunternehmers durch Beteiligung an einer inlandsansässigen Personengesellschaft zu bezweifeln. Schon vorher – aber bereits nach Etablierung der Einheitstheorie – ging der BFH begründungslos davon aus, dass die Mitunternehmer an den Betriebsstätten der Personengesellschaft für Zwecke von § 49 Abs. 1 Nr. 2 Buchst. a EStG partizipieren.[135]

Nach *Knobbe-Keuk* sollte sich das Ergebnis – Mitunternehmer seien an den Betriebsstätten der Personengesellschaft beteiligt – aus einer internationalen Übung ergeben.[136] *Raupach* sah die Zuordnung der Betriebsstätte zu den Gesellschaftern als schlichte Notwendigkeit an, weil aufgrund der fehlenden Steuersubjektivität der Personengesellschaft „nichts anderes übrig blieb", als die Tatbestandsverwirklichung (und damit auch die Betriebsstätten) der Personengesellschaft den

---

[133] Statt vieler *Schaumburg*, IntStR, Rn. 5.151 m.w.N.
[134] BFH v. 30.4.1992, VIII R 68/86, BStBl II 1991, 873.
[135] BFH v. 24.2.1988, I R 95/84, BStBl 1988, 663.
[136] *Knobbe-Keuk*, Bilanz- und Unternehmensteuerrecht, S. 333, vor Fn. 120: Die Fußnote verweist auf Ausführungen auf S. 543 f. über das abkommensrechtliche Verständnis einer Beteiligung an einer Personengesellschaft als Betriebsstätte.

Gesellschaftern zuzurechnen.[137] Diese Auffassung wirft natürlich sofort die Frage auf, wieso die Personengesellschaft (mit großem argumentativen Aufwand) in die tatbestandsverwirklichende Rolle gedrängt wird, wenn man neben den Einkünften als steuerquantifizierenden Betrag auch die Tatbestandsverwirklichung doch wieder den Gesellschaftern zuweist.

Offen in der Rechtsanwendung ist die Frage, ob der persönlich haftende Gesellschafter teil hat an den Betriebsstätten der KGaA. Folgt man einer der Trennungstheorien, wird man dies wohl verneinen müssen.[138] Denn das Gewerbe wird allein von der KGaA betrieben, der persönlich haftende Gesellschafter partizipiert nur mittelbar am Ergebnis ähnlich wie im Fall der Organschaft. Es würde dann an einem Steuertatbestand fehlen, der eine Steuerschuld des auslandsansässigen persönlich haftenden Gesellschafters zur Folge hätte.

Folgt man dem mitunternehmerähnlichen Konzept, ist das Ergebnis nicht eindeutig. Dass es nicht eindeutig ist, liegt an zwei Unklarheiten: Die erste ist die beschriebene Unsicherheit in der Dogmatik der Mitunternehmerschaft. Die zweite, spezifisch die KGaA betreffende Unsicherheit liegt darin, dass diese – darüber herrscht wohl weitgehend Einigkeit – Betreiberin des Gewerbes ist, was sie in einem beachtlichen Punkt von der Personengesellschaft unterscheidet. Daraus müsste folgen, dass Betriebsstätten der KGaA nicht auch solche des persönlich haftenden Gesellschafters sind und etwa die beschränkte Steuerpflicht eines nur auslandsansässigen Gesellschafters nach § 49 Abs. 1 Nr. 2 Buchst. a i.V.m. § 15 Abs. 1 S. 1 Nr. 3 EStG nicht begründen könnten.[139] Es ist aber zu bezweifeln, dass die Vertreter dieses Konzepts diesen Schluss ziehen würden. Der BFH ging davon aus, dass Sondervergütungen eines beschränkt steuerpflichtigen persönlich haftenden Gesellschafters dessen Betriebsstätte zuzuordnen sind, die ihm die KGaA für Zwecke von § 49 Abs. 1 Nr. 2 Buchst. a EStG und die DBA-Anwendung vermittelte.[140] Eine Auseinandersetzung mit der fehlenden gewerblichen Tätigkeit blieb jedoch aus. Tatsächlich vertritt sogar *Bielinis* – selbst Vertreter eines Trennungskonzepts – in der bisher umfangreichsten Untersuchung der Besteuerung der KGaA die These, dass der Gewinnanteil eines im Ausland ansässigen persönlich haftenden Gesellschafters am Gewinn einer inländischen KGaA Einkünfte aus

---

137 *Raupach*, FS Beisse, S. 403, 420 f.
138 *Wassermeyer*, FS Streck, S. 259, 271.
139 So ausdrücklich *Wassermeyer*, FS Streck, S. 259, 268.
140 BFH v. 17.10.1990, I R 16/89, BStBl II 1991, 211.

einer inländischen Betriebsstätte sind.[141] Die Begründung sei hier in Teilen wörtlich wiedergegeben[142]:

> [Es] verwirklicht ausschließlich die KGaA den Tatbestand der gewerblichen Betätigung
> und „erzielt" mithin die Einkünfte aus dem Gewerbebetrieb.[143]

> Eine Abweichung [von der Mitunternehmerbesteuerung] besteht allerdings insoweit,
> als die Tatbestandsverwirklichung selbst bzw. einzelne Merkmale des Besteuerungstat-
> bestandes nicht zugerechnet werden. Insofern ist es daher nicht fernliegend, wenn in
> der Literatur auf die Parallelen zur Zurechnung des bereits vollständig ermittelten Ein-
> kommens – nicht der Einkünfteerzielung selbst – im Rahmen der Organschaft gem. § 14
> Abs. 1 S. 1 bzw. im Zusammenhang mit ausländischen Familienstiftungen gem. § 15
> Abs. 1 S. 1 AStG hingewiesen wird.[144]

> [Es] ist entscheidend, ob die KGaA ihren Gewinn aus Gewerbebetrieb durch eine [...]
> inländische Betriebsstätte erzielt hat. Ist dies der Fall, dann liegen beim phG Einkünfte
> aus Gewerbebetrieb in Form seiner Gewinnanteile vor, die durch eine [...] inländische
> Betriebsstätte – namentlich diejenigen der KGaA – erzielt wurden. [...]. Dass die Be-
> triebsstätte letztlich auch diejenige des Steuerpflichtigen sein muss, wird ausweislich
> des klaren Wortlauts des Gesetzes nicht gefordert.[145]

Die Argumentation zur Begründung inländischer Einkünfte beruht allein auf einer ungewöhnlichen Auslegung von § 49 Abs. 1 Nr. 2 Buchst. a EStG, nämlich der
Annahme, dass die Betriebsstätte nicht eine solche der Person sein muss, die mit
inländischen Einkünften beschränkt steuerpflichtig wird. Abgesehen davon, dass
diese Argumentation den Anschein erweckt, vom Ergebnis motiviert zu sein,[146]
muss man sehen, dass sie genauso für andere Tatbestände gelten könnte: So
würden Betriebsstätten der Organgesellschaft zwar solche der Organgesellschaft

---

141 *Bielinis*, Besteuerung der KGaA, S. 164 ff.
142 Dabei sei hier am Rande angemerkt, dass *Bielinis* ein unvollständiges Verständnis der
     aktuellen Mitunternehmerbesteuerung zugrunde legt, welches auf alle Einzelaspekte
     der KGaA und insb. die Betriebsstättenfrage ausstrahlt. Dies besteht darin, dass die Per-
     sonengesellschaft vom BFH für die einkünfteerzielende Person gehalten wird (vgl.
     Bielinis, S. 138, teilweise belegt mit Judikaten, in denen ausdrücklich das Gegenteil steht,
     etwa BFH v. 29.3.2007, IV R 72/02, BStBl II 2008, 420). Das Ausstrahlen dieses Verständ-
     nisses zeigt sich unmittelbar anschließend in der Aussage, dass dies, also die Ein-
     künfteerzielung durch die Personengesellschaft, *erst recht* für die KGaA als vollständig
     der Besteuerung unterliegendes Körperschaftsteuersubjekt gelten müsse (vgl. aaO,
     S. 138 f.).
143 *Bielinis*, Besteuerung der KGaA, S. 138.
144 *Bielinis*, Besteuerung der KGaA, S. 168.
145 *Bielinis*, Besteuerung der KGaA, S. 166 f.
146 Vgl. *Bielinis*, Besteuerung der KGaA, S. 164: „Gerade dieser Umstand [scil.: die Unmög-
     lichkeit der Zurechnung von Betriebsstätten an den persönlich haftenden Gesellschaf-
     ter] würde allerdings zu höchst fragwürdigen Ergebnissen führen."

bleiben – nur das Ergebnis, nicht einzelne Elemente des Tatbestands werden zugerechnet –, aber es läge nah, in dem zuzurechnenden Einkommen auch inländische Einkünfte des *Organträgers* gem. § 49 Abs. 1 Nr. 2 Buchst. a EStG zu sehen, die in einer fremden Betriebsstätte erzielt worden sind (vgl. dazu auch den Hinweis im Zitat oben auf die Parallele der Besteuerung der KGaA zur Organschaft und zur Familienstiftung). Diese Position lässt sich in Wissenschaft und Praxis bisher nicht finden, was natürlich nicht bedeutet, dass sie unzutreffend ist. Es bedürfte unter dieser Auffassung etwa der oben diskutierten Sonderregelung in § 14 Abs. 1 S. 1 Nr. 2 S. 4–7 KStG nicht, weil sich die beschränkte Steuerpflicht von selbst ergeben würde, allerdings nur in Bezug auf die Einkünfte der inländischen Betriebsstätten der Organgesellschaft.

Die Position würde auch Überlegungen zu Zwischengesellschaften i.S.v. §§ 7 ff. AStG und Familienstiftungen herausfordern. Müssten nicht deren inländische Betriebsstätteneinkünfte aufgrund der geschilderten Position beim jeweiligen Hintermann als Einkünfte aus einer inländischen Betriebsstätte gelten? Müssten sie dann nicht konsequenterweise unmittelbar von der unbeschränkten Steuerpflicht des Hintermanns umfasst sein? Auch das BFH-Urteil veranlasst zu solchen Fragen.[147] Da offenkundig ignoriert wurde, dass der persönlich haftende Gesellschafter einer KGaA in eigener Person keine Betriebsstätte unterhält, dies offenbar nur aufgrund der Einkünftezurechnung fingiert wurde, stellt sich zumindest konzeptionell die Frage, ob dieses Rechtsanwendungsergebnis nicht konsequenterweise für alle anderen Regime gelten müsste, in denen Einkünfte oder Einkommen einer anderen Person zugerechnet werden.[148]

Es soll an dieser Stelle nicht vorrangig um das richtige Auslegungsergebnis gehen, sondern um die Darstellung vergleichbarer Probleme. Das Betriebsstättenproblem zeigt die Unsicherheit über das Verhältnis von Tatbestandsverwirklichung und Steuerschuldnerschaft. Die grundlegende Frage ist, nach welchen Kriterien es sich richtet – oder aus gesetzgeberischer Sicht: sollte es sich richten –, ob eine Person, die aufgrund der Tatbestandsverwirklichung einer anderen Person hinsichtlich dieser Tatbestandsverwirklichung zum Steuerschuldner wird, selbst in die Tatbestandsverwirklichung eingebunden ist. Die Betriebsstättenproblematik ist nur ein Symptom dieser grundsätzlichen Frage.

---

147   BFH v. 17.10.1990, I R 16/89, BStBl II 1991, 211.
148   So denn auch tatsächlich und m.E. nicht zutreffend BFH v. 11.03.2015, I R 10/14, DStR 2015, 995 in seiner Begründung, der Hinzurechnungsbetrag nach § 7 Abs. 1 AStG sei vom Gewerbeertrag nach § 9 Nr. 3 GewStG als Einkünfte einer ausländischen Betriebsstätte zu kürzen (vgl. dazu unten V.4.b. [S. 119 f.]).

cc.   **Das Erfordernis des doppelten Inlandsbezugs im Rahmen der Organschaft**

Die Betriebsstättenthematik kann um einen rechtspolitischen Aspekt erweitert werden. Die Betriebsstätte typisiert einen verdichteten Inlandsbezug der gewerblichen Tätigkeit, welcher aufgrund des in § 49 EStG rechtspolitisch zugrunde gelegten Territorialitätsprinzip den Gesetzgeber veranlasste, eine Steuerschuld an die gewerbliche Tätigkeit zu knüpfen, wenn der Steuerpflichtige nur im Ausland ansässig ist.[149] Unter geltendem Recht wird unbestritten angenommen, die Betriebsstätten einer Organgesellschaft seien nur der Organgesellschaft zuzuordnen, nicht auch (oder nur) dem Organträger. Deshalb ist es zur Begründung der beschränkten Steuerpflicht und einer daraus resultierenden Steuerschuld des Organträgers erforderlich, dass dieser einen eigenen Bezug zum Inland herstellt, wie er beispielsweise in § 49 Abs. 1 Nr. 2 Buchst. a EStG im Begriff der Betriebsstätte besteht (vgl. § 14 Abs. 1 S. 1 Nr. 2 S. 4 KStG). Aus rechtspolitischer Perspektive scheint es aber seltsam redundant, dass im Fall der Organschaft zur Begründung einer Steuerschuld einer auslandsansässigen Person ein Inlandsbezug zweifach hergestellt werden muss: einmal in Gestalt der Geschäftsleitungsbetriebsstätte der Organgesellschaft (§ 14 Abs. 1 S. 1 KStG) und ein zweites Mal in einer eigenen Betriebsstätte des Organträgers (§ 14 Abs. 1 S. 1 Nr. 2 S. 4 KStG). Der doppelte Inlandsbezug besteht im Rahmen der Organschaft auch nicht nur in zwei gewöhnlichen Betriebsstätten, sondern verlangt darüber hinaus, dass die Betriebsstätte der Organgesellschaft eine Geschäftsleitungsbetriebsstätte ist, was eine Verbindung zum Inland typisiert, die der Gesetzgeber für so eng erachtet, dass er die unbeschränkte Steuerpflicht an sie knüpft (vgl. § 1 Abs. 1 KStG). Letzteres ist zwar der tragende Grund dafür, dass die beschränkte Steuerpflicht des Organträgers sich auf das Welteinkommen der Organgesellschaft, also nicht nur auf deren inländischen Betriebsstätteneinkünfte erstreckt; das Erfordernis einer eigenen Betriebsstätte des Organträgers scheint dennoch überflüssig, da der Bezug der Einkünfteerzielung zum Inland, wenn auch in der Person der Organgesellschaft, hergestellt ist.

Diese Überlegung lässt sich auch auf die Personengesellschaft und die KGaA übertragen: Selbst wenn man annähme, dass aufgrund deren Tätigkeit Betriebsstätten eigentlich der Personengesellschaft bzw. der KGaA allein zuzuordnen wären und deshalb eine beschränkte Steuerpflicht des ausländischen Gesellschafters aufgrund einer Betriebsstätte nicht bestünde, erschiene dieses Ergebnis zumindest

---

149   Näher dazu *Hey*, IWB Fach 3 Gruppe 1, S. 2003, 2004.; *Lüdicke*, DStR 2008 Beihefter zu Heft 17, 25, 26.

rechtspolitisch falsch. Denn das tatbestandsverwirklichende Verhalten, das letztlich in eine Steuerschuld gegen den auslandsansässigen Gesellschafter eingehen könnte, wird ja mit hinreichendem Bezug zum Inland, nämlich in einer Betriebsstätte im Inland ausgeübt.

c.　Zusammenfassung

Die Tatbestandsverwirklichung dem Grunde nach wirft im Rahmen der Trennungstatbestände vergleichbare Fragen auf. Diese betreffen:

- Die Tatbestandsmäßigkeit der zugerechneten Einkünfte bzw. des zugerechneten Einkommens beim Hintermann: Gesetzestechnisch ist insbesondere ungewöhnlich, eine zweifache Tatbestandsverwirklichung anzuordnen, deren Folgen – nämlich zwei Steueransprüche in Bezug auf den gleichen Einkünfteerzielungssachverhalt – lediglich auf Rechtsfolgenebene wieder beseitigt werden bzw. bei den Tatbeständen des AStG sogar erst bei der Steuerquantifizierung der Steuerschuld des Hintermanns.
- Die Begründung einer Betriebsstätte: Soweit der Vordermann Einkünfte insb. durch Betrieb eines Gewerbes erzielt, sind ihm Betriebsstätten für Zwecke von § 49 Abs. 1 Nr. 2 Buchst. a EStG zuzuordnen. Das hat zur Folge, dass die dort erzielten Einkünfte nicht ohne Weiteres in eine Steuerschuld gegen einen nur beschränkt steuerpflichtigen Hintermann eingehen, obwohl die Einkünfte inländische Einkünfte nach § 49 Abs. 1 Nr. 2 Buchst. a EStG sind und entsprechend dem Territorialitätsprinzip grundsätzlich Gegenstand eines Steueranspruchs sein könnten. Im Rahmen der KGaA und ansatzweise der Personengesellschaft (unter der Einheitstheorie) ist es auch tatsächlich rechtlich problematisch, ob der auslandsansässige, persönlich haftende Gesellschafter bzw. Mitunternehmer aufgrund einer Betriebsstätte jener Rechtsträger Steuerschuldner im Rahmen einer beschränkten Steuerpflicht werden.

2.　Steuerquantifizierung (Steueranspruch *der Höhe nach*)

a.　Überblick

Unter Steuerquantifizierung wird die Konkretisierung der Rechtsfolge verstanden, also die Bestimmung der Höhe des – dem Grunde nach entstandenen –

Steueranspruchs.[150] Das betrifft die Einkünfteermittlung, insb. bilanzielle Ansatz- und Bewertungsvorschriften sowie Steuerbefreiungen bzw. Abzugsverbote für Betriebsausgaben, Steuersatz- und Anrechnungsvorschriften. In allen diesen Aspekten werfen die Trennungstatbestände Besonderheiten auf: komplexe Sonderregeln, Rechtsanwendungsprobleme oder dogmatische Unsicherheiten. In besonders plakativer Weise gilt dies für die Behandlung von Kapitalerträgen, weshalb diese gesondert vorab behandelt werden (unter b.); dies gilt aber auch für weitere Regelungen der Steuerquantifizierung, unter anderem bestimmte Bilanzierungsvorschriften, Steuerbefreiungen, besondere Tarifvorschriften sowie Steueranrechnungen wie diejenige nach § 34c EStG (zu all diesen unter c.–f.).

b. Besteuerung von Einkünften aus der Beteiligung an Körperschaften

Einkommenssubstrat, das mit Körperschaftsteuer belastet worden ist, soll nicht wirtschaftlich doppelbesteuert werden, indem bei Realisierung durch Ausschüttung, Anteilsveräußerung oder ähnliche Vorgänge erneut Ertragsteuer erhoben wird.[151] Die Entlastung wird durch (teilweise) Freistellung oder Gewährung eines geminderten Steuersatzes gewährt. Gewinnausschüttungen an eine Körperschaft werden in voller Höhe freigestellt (§ 8b Abs. 1 S. 1 KStG)[152], bei Realisierung durch eine natürliche Person im Tatbestand von gewerblichen oder anderen Gewinneinkünften zu 40 % (verschiedene Tatbestände in § 3 Nr. 40 EStG i.V.m. § 3c EStG), ferner bei Realisierung durch eine natürliche Person in den übrigen Fällen einem Sondersteuersatz unterworfen (§ 32d Abs. 1 EStG). In allen Regelungsregimen macht sich die Besteuerung von Beteiligungseinkünften durch komplexe Sonderregelungen oder durch Probleme in der Rechtsanwendung bemerkbar.

aa. Organgesellschaft und Organträger (§ 15 S. 1 Nr. 2 KStG)

Die Organgesellschaft hat immer die persönliche Eigenschaft, die Rechtsform einer Kapitalgesellschaft zu haben (§ 14 Abs. 1 S. 1, § 17 S. 1 KStG). Vereinnahmt die Organgesellschaft also Gewinnausschüttungen, dann sind diese grundsätzlich

---

[150] Vgl. oben B.I.2.c. (S. 16 ff.).
[151] Die Darstellung wird in der Folge zur besseren Lesbarkeit auf Gewinnausschüttungen beschränkt.
[152] Die Vorschriften in § 8b Abs. 4 und Abs. 5 S. 1 KStG werden hier nicht berücksichtigt.

– von Sondervorschriften in § 8b Abs. 4 und 7, 8 KStG abgesehen – gem. § 8b Abs. 1 S. 1 KStG von der Besteuerung freizustellen. Die Gewinnausschüttungen erhöhen also weder Einkünfte noch das Einkommen, das dem Organträger zugerechnet wird. Da die Gewinnausschüttungen im Wege der Gewinnabführung dem Organträger aber zufließen, ohne dass er diese selbst im Rahmen der Gewinnabführung versteuern müsste, käme der Organträger so endgültig in den Genuss der Freistellung nach § 8b Abs. 1 S. 1 KStG. Weist der Organträger die Eigenschaft als Körperschaft nicht auf, dann ist diese Begünstigung teleologisch nicht gerechtfertigt, da die Gewinnausschüttung nicht mehr mit Körperschaftsteuer belastet wird. Zutreffend wäre eine Befreiung von 40 % gemäß § 3 Nr. 40 Buchst. d EStG (eine Besteuerung aufgrund des Sondertarifs nach § 32d Abs. 1 EStG kommt nicht in Betracht, weil der Organträger zwingend gewerbliche, also unter § 20 Abs. 8 EStG fallende Einkünfte erzielt, vgl. § 14 Abs. 1 S. 1 KStG).

Zur Herstellung dieses Ergebnisses bedarf es der Sonderregelung in § 15 S. 1 Nr. 2 KStG. Die Vorschrift hat in Satz 1 zur Rechtsfolge, dass (u.a.) § 8b Abs. 1 KStG bei der Ermittlung des Einkommens der Organgesellschaft nicht zur Anwendung kommt. Sie hat in Satz 2 zur Rechtsfolge, dass die genannten Vorschriften (u.a. § 8b Abs. 1 S. 1 KStG und § 3 Nr. 40 Buchst. d EStG) zur Ermittlung des Einkommens des Organträgers zur Anwendung kommen, wenn Gewinnausschüttungen im zuzurechnenden Einkommen *enthalten* sind. Tatbestandstechnisch ersetzt § 15 S. 1 Nr. 2 S. 2 KStG das Erfordernis des *Beziehens* der Gewinnausschüttungen durch die begünstigte Person, um die Rechtsfolgen von § 8b Abs. 1 S. 1 KStG bzw. § 3 Nr. 40 Buchst. d EStG auszulösen.

bb. Mitunternehmer und gewerblich tätige Personengesellschaft

Im Ausgangspunkt hängt die Frage, inwieweit die Mitunternehmer einer Personengesellschaft die sog. Schachtelprivilegien aus § 8b Abs. 1 KStG bzw. § 3 Nr. 40 Buchst. d EStG im Rahmen der Steuerquantifizierung ihrer Steuerschuld geltend machen können, wenn die Personengesellschaft Gewinnausschüttungen erhält, davon ab, ob die Gewinnausschüttungen *Bezüge* i.S.d. Vorschriften der Mitunternehmer sind.[153] Dies wird so sein, wenn man eine Konzeption zugrunde legt, die die Mitunternehmer als die einkünfteerzielenden Personen ansieht. Hält man hingegen – wie die Einheitstheorie – die Personengesellschaft für die einkünfte-

---

[153] *Seitz*, GmbHR 2004, 476, 481: „[Die Bezüge bzw. Einnahmen i.S.d. § 20 EStG] werden aber nicht von der beteiligten Mitunternehmerkapitalgesellschaft erzielt, sondern [...] nur von der Personengesellschaft."

erzielende Person, müsste streng genommen zumindest die Freistellung nach § 8b Abs. 1 KStG auch insoweit verwehrt bleiben, als Körperschaften an der Personengesellschaft beteiligt sind. Dies entsprach vor Einführung von § 8b Abs. 6 S. 1 KStG wohl der Auffassung der Finanzverwaltung.[154] Eine andere Auffassung konnte jedenfalls unter der Einheitstheorie nur vertreten werden, wenn man die Vorschriften teleologisch erweiterte, um sie auf die in dem zugerechneten Gewinnanteil *enthaltenen* Gewinnausschüttungen (also entsprechend § 15 S. 1 Nr. 2 KStG) anzuwenden.[155]

Heute ist die Frage mittels der Sonderregel in § 8b Abs. 6 S. 1 KStG zumindest hinsichtlich Körperschaften als Mitunternehmer beantwortet. Nur noch die Bedeutung dieser Vorschrift hängt von der jeweils vertretenen Konzeption ab. Die Vorschrift hat nur deklaratorische Bedeutung, wenn man der Auffassung ist, es seien die Mitunternehmer, die die Einkünfte, mithin die enthaltenen Gewinnausschüttungen erzielen.[156] Sie hat konstitutive Bedeutung für die Anwendung von § 8b Abs. 1 KStG, wenn man – wie die Einheitstheorie – der Auffassung ist, es sei die Personengesellschaft, die die Einkünfte erzielt.[157] Denn unter dieser Auffassung fehlt es an einem Bezug im Sinne von § 8b Abs. 1 KStG. Für die teilweise Freistellung aus § 3 Nr. 40 Buchst. d EStG fehlt eine entsprechende Vorschrift. Die Vorschrift würde – je nach Auffassung – entweder vollständig nach der strengen Einheitstheorie auf Ebene der Personengesellschaft oder teilweise auf Ebene der natürlichen Personen als Mitunternehmer angewandt.

cc. Der persönlich haftende Gesellschafter und die KGaA

(1) Ausgangspunkt der Problematik

Bezieht die KGaA Gewinnausschüttungen, dann ist fraglich, in welchem Umfang die Voraussetzungen von § 8b Abs. 1 S. 1 KStG bzw. § 3 Nr. 40 Buchst. d EStG für die Besteuerung des persönlich haftenden Gesellschafters (als natürliche Person unterstellt) erfüllt sind. Zunächst ist klar, dass die KGaA als Körperschaft ihre Einkünfte nach EStG vorbehaltlich besonderer Vorschriften des KStG (vgl. § 8 Abs. 1 KStG) ermittelt. Folglich findet § 8b Abs. 1 KStG jedenfalls insoweit bei der

---

[154] FinMin. Bayern, Erlass v. 9.5.2000, DB 2000, 1305.
[155] So wohl *Engel*, DB 2003, 1811, 1812.
[156] *Schnitger*, in: Schnitger/Fehrenbacher, KStG, § 8b Rn. 637; *Töben*, FR 2002, 361, 364.
[157] *Pung*, in: D/P/M, KStG, § 8b Rn. 396.

Gewinnermittlung Anwendung, als der Gewinn der KGaA zur Verteilung an die Kommanditaktionäre zur Verfügung steht. Umstritten ist hingegen die Frage, inwieweit es für die Anwendung von § 8b Abs. 1 KStG eine Rolle spielt, dass § 9 Abs. 1 Nr. 1 KStG einen Teil des Gewinns der KGaA zum Betriebsausgabenabzug zulässt und § 15 Abs. 1 S. 1 Nr. 3 EStG einen Gewinnanteil des persönlich haftenden Gesellschafters diesem als Einkünfte aus Gewerbebetrieb zurechnet. Die Unterschiede in den Auffassungen hierzu liegen in Unterschieden der verschiedenen Besteuerungskonzeptionen.[158]

(2) Trennungskonzepte

Soweit man die Auffassung vertritt, dass nach § 9 Abs. 1 Nr. 1 KStG – je nach Auffassung – eine Gewinnausschüttung zum Betriebsausgabenabzug zugelassen wird[159] oder ein Teil des vollständig ermittelten Gewinns der KGaA dem persönlich haftenden Gesellschafter ähnlich § 14 Abs. 1 S. 1 KStG zugerechnet wird[160], findet auf Ebene der KGaA § 8b Abs. 1 S. 1 KStG auf sämtliche Gewinnausschüttungen Anwendung. Danach besteht prinzipiell das Problem, dass im handelsrechtlichen Gewinnanteil enthaltene Gewinnausschüttungen ein zweites Mal aufgrund § 9 Abs. 1 Nr. 1 KStG den Gewinn der KGaA mindern könnten,[161] was ersichtlich nicht sachgerecht ist.[162]

Dieses Ergebnis verhindert in grundsätzlich anderer Weise aber das Konzept *Wasssermeyers*, nach dem der Gewinnanteil in § 9 Abs. 1 Nr. 1 KStG und § 15 Abs. 1 S. 1 Nr. 3 EStG sich nur auf den *steuerpflichtigen Gewinn* der KGaA bezieht.[163] Die Gewinnausschüttungen werden also im Gewinn der KGaA vollständig befreit. Der Anteil am verbleibenden Gewinn wird dem persönlich haftenden Gesellschafter zugerechnet.

Nach keiner der beiden Auffassungen käme man zur Anwendung von § 3 Nr. 40 Buchst. d EStG für die im Gewinnanteil enthaltenen Gewinnausschüttungen bei Ermittlung der Einkünfte des persönlich haftenden Gesellschafters. Nach dem Konzept der „Ausschüttung" würde sich dies nicht ergeben, weil schlicht keine Einkünfte im Sinne von § 3 Nr. 40 Buchst. d EStG vorliegen.[164] Nach der

---

158 Vgl. oben B.II.4. (S. 25 ff.)
159 RFH v. 12.12.1923, III A 362/23, RFHE 13, 166; ähnlich wohl *Ebling*, FS Jakob, S. 67, 69.
160 So *Wassermeyer*, FS Streck, S. 259, 269.
161 Vgl. darstellend *Rohrer/Orth*, BB 2007, 1594, 1596.
162 *Wassermeyer*, FS Streck, S. 259, 264 („Widerspruch in sich").
163 *Wassermeyer*, FS Streck, S. 259, 266 (Lösung 4), 269.
164 So wohl auch *Mai* in: Frotscher/Maas, § 9 KStG Rn. 17

Lösung *Wassermeyers* kommt dem persönlich haftenden Gesellschafter letztlich durch die nicht steuerbare Entnahme seines Gewinnanteils (mit den darin enthaltenen Gewinnausschüttungen) die Vollbefreiung nach § 8b Abs. 1 S. 1 KStG zugute, auch dann, wenn er natürliche Person ist, was teleologisch nicht gerechtfertigt ist.[165] *Bielinis* versucht dies zu verhindern, indem er eine analoge Anwendung von § 8b Abs. 6 KStG für die KGaA vorschlägt.[166] Für diese Untersuchung von besonderem Interesse ist die vergleichbare Interessenlage als Analogievoraussetzung, die *Bielinis* beschreibt: Ähnlich wie bei der Personengesellschaft sei der Gewinn der KGaA teilweise nicht bei ihr, sondern vom persönlich haftenden Gesellschafter zu versteuern.[167] Das ist nun genau der Aspekt, der alle hier behandelten Regime kennzeichnet. Diese vergleichbare Interessenlage besteht also häufig und die Begründung wirft eine Reihe von Fragen auf: Hätte man nicht das Problem von § 15 AStG a.f. hinsichtlich der Kapitalertragsfreistellung mittels § 8b Abs. 6 KStG lösen können? Bedarf man insoweit § 15 S. 1 Nr. 2 KStG für die Organschaft, wenn § 8b Abs. 6 KStG das Ergebnis ohnehin herbeiführt? Ist das im gebildeten Vergleichspaar angelegte Grundproblem nicht auch auf andere Vorschriften übertragbar – etwa den Freibetrag nach § 16 Abs. 4 EStG[168] –, so dass auch insoweit eine analoge Anwendung in Betracht kommt? Abgesehen von der Frage, ob die Bedingungen für eine Analogie tatsächlich erfüllt sind, ist dies letztlich doch nur ein Notbehelf, der sich im Übrigen auf die Anwendung von § 3 Nr. 40 Buchst. d EStG nicht ohne Weiteres übertragen lässt, weil die Vorschrift eine Entsprechung zu § 8b Abs. 6 KStG nicht kennt.

(3)   Mitunternehmerähnliche Besteuerung des BFH und von Teilen der Literatur

Das mitunternehmerähnliche Besteuerungskonzept, das zwar keine Mitunternehmerschaft annimmt, aber die Besteuerungsfolgen der Mitunternehmerschaft angleichen will, steht – neben seiner grundsätzlichen Begründung aus dem Wortlaut der Vorschriften – vor dem methodisch gleichen Problem wie die Einheitstheorie der Besteuerung von Personengesellschaften.[169] § 8b Abs. 6 S. 1 KStG wäre unmittelbar anwendbar, wenn man in der Aussage der Besteuerung *wie ein Mitunterneh-*

---

[165]   *Drüen/van Heeck*, DStR 2012, 541, 546.
[166]   *Bielinis*, Besteuerung der KGaA, S. 160 ff. (m.w.N. in Fn. 735); i. E. im Wege „verfassungskonformer Auslegung" auch *Frotscher*, in: Frotscher/Maas, KStG, § 8b Rn. 546a.
[167]   *Bielinis*, Besteuerung der KGaA, S. 162.
[168]   Vgl. noch unten d. (S. 63f.).
[169]   Vgl. oben unter bb. (S. 53).

mer eine Gleichstellung auch für Zwecke von § 8b Abs. 6 S. 1 KStG sehen will, obwohl der Wortlaut vom Gewinnanteil *aus einer Mitunternehmerschaft* spricht, die ja ausdrücklich nicht vorhanden ist. Die Anwendung von § 3 Nr. 40 Buchst. d EStG für die Gewinnermittlung hinsichtlich des Gewinnanteils des persönlich haftenden Gesellschafters ist – da die Vorschrift keine § 8b Abs. 6 S. 1 KStG entsprechende Regelung enthält – nur aufgrund der Besonderheiten der Dogmatik mitunternehmerschaftlicher Gewinnermittlung zu begründen. Die Literatur, die sich der mitunternehmerähnlichen Besteuerung anschließt, nimmt jedenfalls die anteilige Anwendung von § 3 Nr. 40 Buchst. d EStG an, soweit Dividenden im Gewinnanteil des persönlich haftenden Gesellschafters enthalten sind.[170]

dd. Anteilseigener und Zwischengesellschaft in der Hinzurechnungsbesteuerung (§§ 7 ff. AStG)

Die Vorschrift § 10 Abs. 3 S. 4 Hs. 1 AStG schließt aus, dass Beteiligungseinkünfte der Zwischengesellschaft aufgrund von § 8b Abs. 1 KStG entlastet werden. Da aber Gewinnausschüttungen von Kapitalgesellschaften sowie die Einkünfte aus der Veräußerung (und gleichgestellte Vorgänge) eines Gesellschaftsanteils nicht von § 8 AStG erfasst sind (vgl. § 8 Abs. 1 Nr. 8 und 9 AStG), also auch nicht in den Hinzurechnungsbetrag eingehen, ist der Wirkbereich dieses Ausschlusses stark eingeschränkt.[171] Für die verbleibenden Fälle allerdings, die weiterhin unter § 8b Abs. 1 oder 2 KStG fallen – Auskehrungen anderer Körperschaften als Kapitalgesellschaften,[172] Bezüge i.S.v. § 20 Abs. 1 Nr. 9 EStG[173] sowie Veräußerungen, die unter die Ausnahmen in Nr. 9 fallen –, ist die Steuerbefreiung ausgeschlossen. Dies wird auch nicht bei der Ermittlung des Hinzurechnungsbetrags korrigiert.

---

[170] *Kollruss* BB 2012, 3178, 3183: „Ein Rückgriff auf § 8b Abs. 6 KStG ist nicht erforderlich, da die von der KGaA realisierten Besteuerungstatbestände dem KGaA-Komplementär im Rahmen der Gewinnermittlung „unmittelbar" zugerechnet werden."; *Mai* in: Frotscher/Maas, KStG, § 9 Rn. 17; *Rohrer/Orth*, BB 2007, 1594, 1601 (unter (5)); *Witt*, in: HHR, EStG/KStG, § 15 EStG, Rn. 905; *Hageböke*, KGaA-Modell, S. 89, leitet das Ergebnis daraus her, dass das in § 8b Abs. 6 KStG – vermeintlich – zum Ausdruck kommende Transparenzprinzip für die KGaA anzuwenden sei, und gleiche Überlegungen für die Anwendung von § 3 Nr. 40 EStG gelten würden. Diese mehrfach analogiehafte, prinzipiendeduzierende Inanspruchnahme von § 8b Abs. 6 KStG geht methodisch sehr weit.

[171] *Wassermeyer/Schönfeld*, in: FWB, AStG, § 10 Rn. 346: „Über die Sinnhaftigkeit der Regelung kann man streiten." (Hintergrund ist, dass die Regelung in § 14 AStG den Effekt der Hinzurechnungsbesteuerung nur dann eintreten lässt, wenn auch die ausschüttende Gesellschaft selbst Zwischengesellschaft ist.)

[172] *Wassermeyer/Schönfeld*, in: FWB, AStG, § 8 Rn. 286.

[173] *Wassermeyer/Schönfeld*, in: FWB, AStG, § 8 Rn. 283.

Dort wird nicht das jeweilige Schachtelprivileg insoweit angewandt, wie es bestünde, wenn die Zurechnung des Hinzurechnungsbetrags als Gewinnausschüttung qualifiziert würde, oder – wie bei der Familienstiftung nach § 15 Abs. 8 AStG
n. F. – wie es bestünde, wenn der Anteilseigner die Zwischeneinkünfte unmittelbar erzielt hätte. Das ist insofern problematisch, als dies zu keinem der möglichen
Konzepte der Hinzurechnungsbesteuerung passt.[174] Soll der Gesellschafter so behandelt werden, als hätte die Zwischengesellschaft ihren Gewinn ausgeschüttet,
dann müsste der Hinzurechnungsbetrag insgesamt dem jeweils rechtsform-
passenden Schachtelprivileg unterliegen. Soll der Gesellschafter so behandelt werden, als hätte er die Einkünfte selbst erzielt, dann müssten die Schachtelprivilegien entsprechend der Rechtsform des Gesellschafters Anwendung finden und
zwar nicht auf den gesamten Hinzurechnungsbetrag, sondern nur insoweit, als
die Zwischengesellschaft selbst Gewinnausschüttungen erzielt.

ee. Stifter (oder anderer Zurechnungsempfänger) und die Familienstiftung (§ 15 AStG)

(1) Alte Fassung: Zurechnung von Einkommen

Die Einkünfte der auslandsansässigen Familienstiftung ermitteln sich sowohl
nach alter wie neuer Fassung nach deutschem Steuerrecht (§ 15 Abs. 7 S. 1 AStG
a. und n. F.). Gemäß § 8b Abs. 1 S. 1 KStG sind die dort genannten Bezüge bereits
auf der Ebene der Einnahmen zu befreien; das um diese Bezüge geminderte Einkommen ist dem Stifters zuzurechnen.[175] Im Grundsatz ging man davon aus, dass
nachträgliche Auskehrungen der Stiftung an den Zurechnungsempfänger nicht
mehr steuerbar sein sollten;[176] so wäre dem Stifter also die Vollbefreiung zugute
gekommen, obwohl dies bei einem unmittelbaren Bezug nicht der Fall gewesen
wäre. *Kraft* scheint sich dafür auszusprechen, dass nur solche Auskehrungen von
der (nochmaligen) Besteuerung ausgenommen sind, die bereits im zugerechneten
Einkommen enthalten waren. Eine Besteuerung wäre bei tatsächlicher Auskehrung also dann möglich, wenn Steuerbefreiungen, die nur die Stiftung in
Anspruch nehmen kann (bspw. § 8b Abs. 1 KStG), auf Ebene des Zurechnungs-

---

174 Vgl. dazu näher unten V.4. (S. 118 f.).
175 *Schulz*, Familienstiftung, S. 53 ff. (m.w.N. Fn. 201); *Vogt*, in: Blümich, § 15 AStG, Rn. 91;
     Wassermeyer, in: F/W/B/S, AStG, § 15 AStG Rn. 203 f.
176 Vgl. oben unter II.6.b. (S. 35).

empfängers nicht anwendbar sind.[177] Auf diesem Weg käme es zu einer nachgelagerten Korrektur.

Nach einer grundsätzlich abweichenden Auffassung sollte dagegen das zugerechnete Einkommen die Verhältnisse des Zurechnungsempfängers deshalb berücksichtigen, weil § 15 AStG auf den Zurechnungsempfänger steuerlich durchgreife.[178] Auch nach dieser Auffassung wäre also bspw. bei der Ermittlung des Einkommens § 3 Nr. 40 Buchst. d EStG anwendbar, soweit die Stiftung Gewinnausschüttungen erzielt, der Zurechnungsempfänger eine natürliche Person ist (mit Gewinneinkünften, vgl. § 20 Abs. 8 EStG).

(2)   Neue Fassung: Zurechnung von Einkünften

§ 15 Abs. 1 S. 1 AStG n. F. spricht von der Zurechnung *der Einkünfte* der Familienstiftung. Ohne weitere Sondervorschriften, die die Ermittlung dieser Einkünfte betreffen, bliebe hinsichtlich der Anwendung der Vorschriften in § 8b Abs. 1 und 2 KStG das Ergebnis gleich. Denn diese Vorschriften behandeln die Befreiung von Erwerbseinnahmen bzw. in Abs. 2 die Befreiung der Nettogröße Veräußerungsgewinn, die bereits Erwerbseinnahmen und Erwerbsausgaben saldiert, aber ebenfalls nur einen Bestandteil der Einkünfte bildet. Die Einkünfte, die zugerechnet werden, sind aber als steuerpflichtige Einkünfte zu verstehen, ebenso wie der Begriff in § 2 Abs. 1 S. 1 EStG verwendet wird.[179] Die eigentlich erstrebte Änderung wird durch die Regelungen in § 15 Abs. 7 S. 2 i.V.m. § 10 Abs. 3 S. 4 Hs. 1 AStG und § 15 Abs. 8 S. 2 Hs. 2 und S. 3 Hs. 2 AStG erreicht:

Bei der Ermittlung der Einkünfte der Stiftung nach § 8 Abs. 1 KStG i.V.m. § 2 Abs. 1 und 2 EStG hebt § 15 Abs. 7 S. 2 i.V.m. § 10 Abs. 3 S. 4 Hs. 1 AStG die Steuerfreiheit nach § 8b KStG auf; die Einkünfte der Stiftung enthalten als Zwischenergebnis also die Erwerbseinnahmen im Sinne von § 8b Abs. 1 KStG. Würden diese Einkünfte zugerechnet, unterlägen die Erwerbseinnahmen voll der Besteuerung beim Zurechnungsempfänger.

Diese Einkünfte sind aber nicht identisch mit dem Zurechnungsobjekt: Zu dessen Ermittlung werden § 8b Abs. 1 KStG, § 3 Nr. 40 Buchst. d EStG oder § 32d

---

177   *Kraft*, in; Kraft, AStG, § 15 Rn. 254.
178   *Runge*, in: Brezing et al., AStG, § 15 Rn. 2, 10.
179   Der häufig verwendete Ausdruck der *steuerfreien Einkünfte* ist eine ungenaue Verkürzung: Genaugenommen gibt es keine steuerfreien Einkünfte, sondern nur steuerfreie Erwerbseinnahmen, die in wirtschaftlichem Zusammenhang mit nicht abzugsfähigen Erwerbsausgaben stehen (§ 3c EStG), und als solche nicht in die Größe der Einkünfte i.S.v. § 2 Abs. 1 EStG eingehen.

EStG insoweit angewandt, als die Vorschriften bei unmittelbarem Bezug der zuzurechnenden Einkünfte durch die Zurechnungsempfänger anzuwenden wären
(vgl. § 15 Abs. 8 AStG). Der Regelungskomplex entspricht in seiner Zielsetzung
§ 15 S. 1 Nr. 2 KStG. Durch diese Regelungen wird erreicht, dass die Eigenschaften
der Zurechnungsempfänger (Rechtsform, Einkünfteart) für die Ermittlung des
Steueranspruchs bezüglich der Bezüge nach § 8b Abs. 1 KStG zutreffend berücksichtigt werden.

c.   Steuerbilanzregelungen

In der Gewinnermittlung durch Betriebsvermögensvergleich gemäß § 2 Abs. 2
Nr. 1 i.V.m. § 4 Abs. 1 S. 1, ggf. § 5 EStG ist das Betriebsvermögen i.S.v. § 4 Abs. 1
S. 1 EStG zu den maßgeblichen Zeitpunkten durch Ansatz und Bewertung der
einzelnen Wirtschaftsgüter zu bemessen. Ansatz und Bewertung richten sich dabei zum Teil nach (steuerlichen) Vorschriften, die im Rahmen von Trennungstatbeständen Anwendungsfragen aufwerfen. Dabei geht es grundsätzlich darum, ob
es für die Subsumtion der Tatbestandsvoraussetzungen auf persönliche Eigenschaften des Vorder- oder des Hintermanns ankommen soll. Beispielhaft sollen
hier die Fragen zur Bildung einer Rücklage nach § 6b Abs. 3 EStG[180] dargestellt
werden.[181] Dort betrifft die Frage insbesondere, ob es hinsichtlich der Haltefristen
bzgl. des veräußerten Gegenstands nach § 6b Abs. 4 S. 1 Nr. 2 EStG (bzw. Abs. 10
S. 1) auf den Vorder- oder den Hintermann ankommt.

Bei der Besteuerung der Personengesellschaften geht die Einheitstheorie im
Grundsatz davon aus, dass es für die Bemessung der Haltefrist auf das wirtschaftliche Eigentum der Personengesellschaft am Gegenstand ankommt.[182] Die Gesellschaft erziele durch den Gewerbebetrieb einen Gewinn und habe ihn deshalb auch
zu ermitteln, so dass die Vorschrift auf Ebene der Personengesellschaft anzuwenden sei.[183] Die überwiegende Meinung geht davon aus, dass für die Beurteilung,
ob die Voraussetzungen dieser Vorschriften erfüllt sind, auf die Person des Ge-

---

[180]   Der Sofortabzug nach Abs. 1 wird hier nicht berücksichtigt.
[181]   Ähnliche Fragen stellen sich zum Beispiel zu den besonderen Abschreibungsvorschrif-
        ten in § 7 Abs. 5, § 7d, § 7h EStG (dazu im Zusammenhang mit Personengesellschaften
        Wacker, in: Schmidt, EStG, § 15 Rn. 411 f.). § 7g Abs. 7 EStG enthält eine klarstellende
        Regelung für die Gesellschaftsbezogenheit der Vorschrift.
[182]   *Knobbe-Keuk*, Bilanz- und Unternehmensteuerrecht, S. 417 ff.; *Schön*, Gewinnermittlung
        bei Personengesellschaften nach § 6b EStG, S. 11 ff.; *Selbmann*, Übertragung stiller
        Reserven bei Personengesellschaften und § 6b EStG, S. 82.
[183]   *Knobbe-Keuk*, Bilanz- und Unternehmensteuerrecht, S. 417 f.

sellschafters zu blicken ist, nicht auf die Personengesellschaft.[184] Bei dieser gesellschafterbezogenen Betrachtungsweise kommt es auf die mittelbare Beteiligung des jeweiligen Gesellschafters an diesem Gegenstand an. Während die gesellschafterbezogene Betrachtungsweise naheliegend ist, wenn man die Gesellschafter als die einkünfteerzielenden, also tatbestandsverwirklichenden Personen ansieht, dürfte es unter der Einheitstheorie naheliegend sein, die Personengesellschaft als die begünstigte Person anzusehen, da diese den Gewinn, der teilweise begünstigt werden soll, nach dieser Auffassung erzielt. Interessanterweise wurde die gesellschafterbezogene Betrachtungsweise aber auch unter der Einheitstheorie vertreten, teilweise mit der Begründung, dass *Steuerpflichtiger* i.S.v. § 6b Abs. 1 EStG nicht die Gesellschaft, sondern der Mitunternehmer sei, was sich u.a. daraus ergebe, dass dieser den Gewinn aus den stillen Reserven zu versteuern hätte.[185] Nähme man diesen letzten Aspekt so ernst, dass man mit dem *Steuerpflichtigen* die Person meint, die die Steuerschuld in Bezug auf eine Gewinnerzielung trägt, müsste § 6b EStG in allen hier behandelten Trennungstatbeständen auf den Hintermann schauen. Auch der BFH bezeichnete – abgeleitet aus dem Merkmal des *Steuerpflichtigen* – die Regelung in § 6b EStG sowie andere steuerbilanzielle Regelungen wie § 7d EStG und § 7h EStG als *personenbezogen* und meinte damit, dass nicht die Personengesellschaft als die für die Merkmale der Vorschriften maßgebliche Person zu betrachten sei, sondern die einzelnen Mitunternehmer.[186]

Hinsichtlich der KGaA stellt sich die Frage, ob all die zur Personengesellschaft entfalteten Auffassungen in dem Sinne zu übertragen sind, dass die Entscheidung für oder gegen eine gesellschafterbezogene Auffassung – hier nur in Bezug auf den persönlich haftenden Gesellschafter – sich nach den gleichen Kriterien richtet. Zur Anwendung von § 6b EStG und ähnlichen steuerbilanziellen Vorschriften gibt es bisher soweit ersichtlich keine Stellungnahmen. Die Trennungstheorien werden durchweg auf die KGaA blicken, um die Tatbestandsvoraussetzungen von § 6b EStG und ähnlichen Vorschriften auszufüllen, wenn sie nicht eine oben angedeutete weite Auslegung des *Steuerpflichtigen* als Steuerschuldner befürworteten. Aber auch die Vertreter einer mitunternehmerähnlichen Besteuerung müssen fragen, ob für die Anwendung dieser Vorschriften aufgrund der Unterschiede

---

[184] BFH v. 26.5.1994, IV R 77/92, BFH/NV 1995, 214; v. 7.11.2000, VIII R 27/98, BFHE 193, 549; *Jachmann*, in: Kirchhof, EStG, § 6b Rn. 3; *Loschelder*, in: Schmidt, EStG, § 6b Rn. 4; *Marchal*, in: HHR, EStG/KStG, § 6b EStG Rn. 24.

[185] *Bordewin*, FS L. Schmidt, 421 (434); *Marchal*, in: HHR, EStG, § 6b Rn. 25; *Schulze zur Wiesche*, FR 1996, 237, 244; ähnlich wohl *Loschelder*, in: Schmidt, EStG, § 6b Rn. 4,

[186] BFH v. 17.7.2001, IX R 50/98, BStBl II 2001, 760 (zu § 7h EStG); BFH v. 13.7.1993, VIII R 85/91, BStBl II 1994, 243 (zu § 7d EStG a.F.); BFH v. 26.5.1994, IV R 77/92, BFH/NV 1995, 214 (zu § 6b EStG).

zwischen beiden Besteuerungssystemen eine entsprechende Anwendung möglich ist. Hier besteht nämlich ein erheblicher Unterschied insofern, als mit der KGaA im Unterschied zur Personengesellschaft ein *Steuerpflichtiger* vorhanden ist, der mit dem Merkmal in § 6b Abs. 1 S. 1 EStG angesprochen sein könnte, so dass die Folgen aus der vermeintlichen Personenbezogenheit der Vorschriften weniger eindeutig gezogen werden können.

Hinsichtlich der Organschaft besteht die einhellige Auffassung, dass aufgrund der steuerlichen Selbständigkeit der Organgesellschaft diese ihr Einkommen nach allgemeinen Regeln ermittelt, wenn nichts Abweichendes geregelt ist (vgl. auch § 15 S. 1 KStG).[187] Folglich sind auch die Voraussetzungen der o.g. Vorschriften nur in Bezug auf die Organgesellschaft zu prüfen.[188] Dies soll als Ergebnis der Rechtsanwendung auch nicht in Zweifel gezogen werden; insb. der einleitende Halbsatz von § 15 S. 1 KStG geht von der Anwendung der *allgemeinen Vorschriften* aus, wenn nicht in nämlicher Vorschrift etwas anderes angeordnet ist. Es soll nur auf mögliche Inkonsistenzen hingewiesen werden: § 8b Abs. 1 KStG bzw. § 3 Nr. 40 Buchst. d EStG knüpfen ihrem Zweck nach an persönliche Eigenschaften des Begünstigten an; wenn das aber für andere, hier innerbilanzielle Vorschriften – wie für § 6b EStG oder Sonderabschreibungen angenommen – auch gilt, dann müssten diese konsequenterweise entsprechend § 15 S. 1 Nr. 2 KStG ebenfalls auf Ebene des Organträgers zu prüfen sein. Die zweite Inkonsistenz besteht im Verhältnis zur Besteuerung der Personengesellschaft nach der Einheitstheorie sowie zur (vermutlichen) Besteuerung der KGaA nach der mitunternehmerähnlichen Besteuerung. In beiden Fällen scheint der konzeptionelle Hintergrund der Organschaft sehr ähnlich: Der Vordermann betreibt ein Gewerbe und erzielt dadurch *Einkünfte*, die einem Hintermann zugerechnet werden. Der Unterschied liegt in der Formulierung, nicht Einkünfte, sondern *Einkommen* werde zugerechnet. Nun besteht aber das Einkommen der Organgesellschaft, die immer Kapitalgesellschaft ist, nur aus dem Gewinn, nämlich den Einkünften aus Gewerbebetrieb (vgl. § 8 Abs. 1 und 2 KStG i.V.m. § 2 Abs. 4 EStG), so dass sich kaum ein Unterschied zwischen zugerechneten Einkünften und dem zugerechneten Einkommen ergeben kann. Es scheint nicht klar, worin der wertungsmäßige Unterschied liegt, der bei der Organschaft die Anwendung von Bilanzvorschriften, die – vermeintlich – einen Personenbezug haben, mit Bezug auf den Hintermann hindert.

Für die Einkommenszurechnung nach § 15 Abs. 1 AStG a.F. und für die Einkünftezurechnung nach § 15 Abs. 1 AStG n. F. sowie die Hinzurechnungsbesteu-

---

[187] *Herlinghaus*, in: Herzig, Organschaft, S. 131 f.; *Müller/Stöcker*, Organschaft, Rn. 536.
[188] Zu § 6b EStG bspw. *Müller/Stöcker*, Organschaft, Rn. 536.

erung können diese Fragen entsprechend gestellt werden. Auch hier ist konzeptionell zu fragen, ob Bilanzvorschriften wie die oben Genannten mit Blick auf den jeweiligen Hintermann anzuwenden sind.[189] Insbesondere *Edelmann* scheint einem Urteil des BFH[190] sowie den Gesetzgebungsmaterialien zur Hinzurechnungsbesteuerung eine Art Grundsatz zu entnehmen, nach dem die Hinzurechnungsbesteuerung teleologisch nicht eine *Strafbesteuerung* auslösen soll, der Hinzurechnungsbetrag also nur solche Einkünfte enthalten soll, die auch bei originärem Bezug des Steuerinländers besteuert würden.[191] Dies würde wohl für eine Anwendung solcher Vorschriften sprechen, wenn man ihnen einen besonderen Personenbezug zuspricht. Gegen eine solche Auslegungsmaxime spricht aber zumindest in der neuen Fassung die Vorschrift in § 15 Abs. 8 S. 2 f. AStG; die Vorschrift enthält speziell für die sog. Schachtelprivilegien die Anordnung, dass diese bei der Ermittlung der Einkünfte der Familienstiftung so anzuwenden sind, als hätte der Zurechnungsempfänger sie selbst bezogen. Wenn eine allgemeine Regel dieser Art für alle steuerquantifizierenden Vorschriften ohnehin gelten würde, bedürfte es dieser speziellen Vorschrift nicht. Im Übrigen scheint ein so tiefgreifender Eingriff in die Steuerquantifizierung nur auf der Grundlage eines teleologischen Gedankens – selbst wenn dieser richtig sein sollte, was nicht zweifelsfrei ist[192] – sehr weitgehend.

d. Freibetrag nach § 16 Abs. 4 EStG

§ 16 Abs. 4 EStG gewährt natürlichen Personen unter bestimmten Bedingungen einen Freibetrag auf gewerbliche Einkünfte aus Veräußerung (o.ä.) des Gewerbebetriebs i.S.v. § 16 Abs. 1 EStG. Verglichen werden soll hier der Fall, in dem der Vordermann einen Betrieb oder Teilbetrieb veräußert, nicht hingegen die Veräußerung der Beteiligung des Hintermanns am Vordermann (vgl. § 16 Abs. 1 S. 1 Nr. 2 und 3 EStG). Veräußert eine Personengesellschaft einen Betrieb oder Teilbetrieb, kann jedenfalls nach der Einheitstheorie, die die Personengesellschaft als

---

189   § 6b EStG dürfte in den genannten Fällen trotz § 10 Abs. 3 S. 4 AStG ggf. i.V.m. § 15 Abs. 7 S. 2 AStG jedenfalls insoweit anwendbar sein, als die Zwischengesellschaft bzw. die Familienstiftung eine inländische Betriebsstätte unterhält; vgl. dazu *Wassermeyer*, in: F/W/B/S, AStG, § 10 AStG Rn. 345.
190   BFH v. 21.1.1998, I R 3/96, BStBl II 1998, 468.
191   *Edelmann*, in: Kraft, § 10 AStG, Rn. 282 ff., 342 ff.
192   Vgl. unten V.4. (S. 118 f.).

die einkünfteerzielende Person ansieht,[193] der Veräußerer, also die Personengesellschaft, den Freibetrag bei der Gewinnermittlung nicht nutzen, da sie nicht natürliche Person ist. Diese Konsequenz wird aber wohl nicht gezogen; stattdessen kann der Freibetrag auf Ebene des Gesellschafters, zumindest ein dem Gewinnanteil entsprechender Freibetrag, genutzt werden, wenn der Gesellschafter die Voraussetzungen erfüllt.[194]

Ob der persönlich haftende Gesellschafter einer KGaA den Freibetrag in Anspruch nehmen kann, wenn die KGaA einen Betrieb oder Teilbetrieb veräußert, wurde bisher – soweit ersichtlich – nicht diskutiert. Überträgt man ohne weitere Überlegung die Besteuerung nach Mitunternehmergrundsätzen, könnte man zu diesem Ergebnis kommen. Man muss auch beachten, dass in § 16 Abs. 1 Nr. 3 EStG zumindest die Veräußerung des Anteils des persönlich haftenden Gesellschafters einer Betriebsveräußerung gleichgestellt wird. Bezieht man aber die Besonderheiten der KGaA mit ein, insb. dass der veräußerte Betrieb nach der gesetzlichen Konzeption allein ein solcher der KGaA ist und es nur die KGaA ist, die den Betrieb veräußert, könnte man die Übertragbarkeit der Mitunternehmerbesteuerung insoweit anzweifeln.

Für die Organgesellschaft wird die Gewährung des Freibetrags nach § 16 Abs. 4 EStG nach allgemeiner Auffassung ausgeschlossen.[195] Auch hier kann zumindest auf die konzeptionellen Inkonsistenzen wie oben hingewiesen werden: Die Befreiung nach § 16 Abs. 4 EStG knüpft – wie § 8b Abs. 1 KStG bzw. § 3 Nr. 40 EstG – offenkundig tatbestandlich und teleologisch in besonderer Weise an die persönlichen Eigenschaften des Betriebsveräußerers an; dennoch wird er bei Veräußerung durch die Organgesellschaft einer natürlichen Person als Organträger nicht gewährt. Wenn bei der Personengesellschaft nach der Einheitstheorie und bei der KGaA der Freibetrag gewährt würde, wäre nicht klar, worin der Unterschied läge, der die Verweigerung des Freibetrags bei der Organgesellschaft konzeptionell begründet. Die Verweigerung des Freibetrags entspricht auch nicht dem Zweck, die Progressionsbelastung der natürlichen Person aufgrund der geballten Aufdeckung der stillen Reserven zu mindern,[196] denn dies trifft den ein-

---

[193]   Vgl. im Kontext zu § 16: *Patt*, in: HHR, § 16 EStG, Rn. 275, aber die Konsequenzen hinsichtlich des Freibetrags im gleichen Kommentar nicht ziehend, vgl. *Kobor*, in: HHR, § 16 EStG, Rn. 702.

[194]   BFH v. 17.4.1980, IV R 58/78, BStBl II 1980, 721; wohl auch BFH v. 30.3.1989, IV R 81/87, BStBl II 1989, 558, dort allerdings nur zur tatbestandsmäßig gleichen Tarifvergünstigung nach § 34 Abs. 3 EStG.

[195]   *Brink*, in: Schnitger/Fehrenbacher, KStG, § 14 Rn. 620; *Müller/Stöcker*, Rn. 536; *Herlinghaus*, in: Herzig, Organschaft, S. 131.

[196]   Zu dem Zweck etwa *Kobor*, in: HHR, EStG/KStG, § 16 EStG Rn. 700.

kommensteuerpflichtigen Gesellschafter einer betriebsveräußernden Personengesellschaft ebenso wie den einkommensteuerpflichtigen Organträger. Bei der Hinzurechnungsbesteuerung und folglich wohl auch bei der Besteuerung des Stifters einer Familienstiftung nach § 15 Abs. 1 AStG n. F. könnte aufgrund der (nicht zweifelsfreien) Erwägung, den Hintermann nicht schlechter zu stellen als bei unmittelbarem Bezug im Inlandssachverhalt, trotz Betriebsveräußerung durch die Zwischengesellschaft der Freibetrag nach § 16 Abs. 4 EStG dem Hintermann gewährt werden, wenn dieser die persönlichen Voraussetzungen erfüllt.[197] Hinsichtlich der *Einkommenszurechnung* nach § 15 Abs. 1 AStG a.F. würde dies wohl verneint werden, wenn man nicht der älteren Auffassung folgt, nach der es auf die Verhältnisse des Stifters ankommen sollte.[198]

e. Besondere Steuertarife (§ 34 EStG, § 32b EStG)

In den Vorschriften § 34 EStG und § 32b EStG sind steuerquantifizierende Regelungen zur Bestimmung des Steuersatzes enthalten; während § 34 EStG seiner *Ratio* nach in den zu unterscheidenden Regelungen in Abs. 1 und Abs. 3 die Progression des Steuersatzes abmildern soll in Fällen, in denen außerordentlich hohe Einkünfte erzielt werden, die wirtschaftlich in mehreren Veranlagungszeiträumen entstanden sind, soll § 32a EStG im Gegenteil die Progression verstärken, indem bestimmte steuerfreie Einkünfte (§ 32b Abs. 1 EStG) bei der Bestimmung des Steuersatzes einbezogen werden (§ 32b Abs. 2 EStG). Trotz ihrer gegenläufigen Wirkung stellen sie hier das gleiche Problem, nämlich ob diese Vorschriften auch dann ihre Wirkung entfalten, wenn eine andere Person die mit dem Steuersatz zu quantifizierende Steuer schuldet als die Person, die die Einkünfte, bezüglich der die Sonderregelung angeordnet ist, erzielt.

Für die Organschaft bestand ursprünglich ein (rechtspolitisches) Problem, wenn die Organgesellschaft ausländische Einkünfte erzielte, die aufgrund eines DBA steuerfreigestellt sind. Ein einkommensteuerpflichtiger Organträger unterlag aufgrund von § 32b EStG nicht dem Progressionsvorbehalt für DBA-freigestellte Einkünfte (Abs. 1 Nr. 2). Dieses Problem löst § 32b Abs. 1a EStG, indem die Vorschrift für Zwecke des Progressionsvorbehalts den *unmittelbaren* Bezug – ähnlich § 15 S. 1 Nr. 2 EStG – von freigestellten Einkünften durch den Organträger fingiert. In Bezug auf § 34 Abs. 1 und 3 EStG stellt sich die gleiche Problematik, sie ist aber nicht spezialgesetzlich gelöst. Es ist strittig, ob die Anwendbarkeit bei

---

[197] So *Edelmann*, in: Kraft, AStG, § 10 Rn. 290, 344.
[198] *Runge*, in: Brezing et al., AStG, § 15 Rn. 2, 10.

der Quantifizierung der Steuerschuld des Organträgers zu berücksichtigen ist. Die herrschende Meinung lehnt dies ab.[199] Die Begründung insb. der Rechtsprechung verweist vor allem auf die sog. Zurechnungstheorie und die aus ihr folgende zivilrechtliche und steuerrechtliche Selbständigkeit der Organgesellschaft. Richtigerweise ergibt sich schon aus dem Wortlaut von § 34 EStG nicht, dass die enthaltenen Tarifbegünstigungen den *unmittelbaren* Bezug der privilegierte Einkünfte voraussetzen.[200] Die Vorschriften in § 34 Abs. 1 und 3 EStG verlangen, dass in dem zu versteuernden Einkommen – hier also des Organträgers – die privilegierten Einkünfte *enthalten* sein müssen.[201] Das entspricht der Formulierung in § 15 S. 1 Nr. 2 S. 2 KStG, eine Vorschrift, die das Schachtelprivileg in seinen Voraussetzungen auf den Organträger überleitet, wenn die Organgesellschaft Kapitalerträge o.Ä. erzielt. In diesem Sinn enthalten sind die privilegierten Einkünfte im zu versteuernden Einkommen des Organträgers aber in jedem Fall, auch wenn sie von der Organgesellschaft erzielt worden sind.[202] Aber selbst, wenn man dieses Wortlautargument nicht teilt, müsste man doch sehen, dass die Verweigerung der Anwendung zumindest teleologisch bzw. rechtspolitisch nicht stimmig ist. Denn die *Ratio* hinter § 34 Abs. 1 und 3 EStG, nämlich die Progressionsminderung bei Einkünften, die wirtschaftlich in mehreren Jahren verursacht sind, spricht dafür, die Regelung anzuwenden bzw. sondergesetzlich für anwendbar zu erklären, weil die außerordentlichen Einkünfte sich beim Organträger genauso auswirken wie bei jedem anderen Einkommensteuerpflichtigen.[203]

Ähnliches gilt für die Einkünfteerzielung mittels Personengesellschaften unter der Einheitstheorie, der KGaA und innerhalb der AStG-Tatbestände. In all diesen Fällen erzielt der letztliche Steuerschuldner die progressionssteigernden bzw. privilegierten Einkünfte nicht selbst, so dass – wenn man wie die h.M. dies als Voraussetzung der Vorschriften ansehen würde – die Vorschriften aus sich selbst heraus nicht anwendbar wären, obwohl der Zweck der Vorschriften grundsätzlich die Anwendung befürworten würde. Es ist davon auszugehen, dass die Rechts-

---

[199]   BFH v. 14.4.1992, VIII R 149/86, BStBl. II 1992, 817; v. 22.1.2004 - III R 19/02, BStBl. II 2004, 515; *Frotscher*, in: Frotscher/Maas, KStG, § 19 Rn. 7; anderer Ansicht *Knobbe-Keuk*, Bilanz- und Unternehmenssteuerrecht, S. 717; *Tiedtke/Wälzholz*, GmbHR 2001, 847.

[200]   *Tiedtke/Wälzholz*, GmbHR 2001, 847, 850.

[201]   *Tiedtke/Wälzholz*, GmbHR 2001, 847, 850.

[202]   Ähnliches gilt auch für § 32b EStG; § 32b Abs. 1a EStG hätte es nicht bedurft. Die Vorschrift verlangt in § 32b Abs. 1 S. 1 EStG, dass ein Steuerpflichtiger Einkünfte bezieht und knüpft hieran die Rechtsfolge, dass auf das nach § 32a Abs. 1 EStG zu versteuernde Einkommen ein besonderer Steuersatz anzuwenden ist. Von einem Erfordernis der *Subjektidentität* von Einkünfteerzieler und Steuerschuldner steht dort nichts.

[203]   *Tiedtke/Wälzholz*, GmbHR 2001, 847, 850 f., die darüber hinaus sogar einen Verstoß gegen Art. 3 Abs. 1 GG erwägen, wenn § 34 EStG in diesem Fall nicht gewährt würde.

praxis § 32b bzw. § 34 EStG auch bei der Einkünfteerzielung mittels Personengesellschaft auch unter der Einheitstheorie anwenden würde; ebenso dürfte sich die
mitunternehmerähnliche Konzeption der KGaA-Besteuerung hierfür entscheiden.
In beiden Fällen müsste aber unter der Prämisse, dass diese Vorschriften Identität
von Einkünfteerzieler und Steuerschuldner fordern, dies besonders begründet
werden. Vertritt man im Zusammenhang mit der KGaA ein Trennungskonzept,
ist die Anwendung mit den gleichen Gründen wie bei der Organschaft wohl
ausgeschlossen. Das gleiche dürfte auch für die Anwendung auf den Gesellschafter der Zwischengesellschaft unter §§ 7 ff. AStG bzw. den Zurechnungsempfänger
unter alter und neuer Fassung von § 15 AStG gelten. Allerdings vertritt *Edelmann*
im Zusammenhang der Hinzurechnungsbesteuerung eine weitgehende Gleichstellung mit dem Direktbezug, so dass er zur Anwendung von § 34 EStG
kommt.[204]

f.   Anrechnung ausländischer Steuern

aa.   Allgemeines

Die Anrechnung ausländischer Steuern bezweckt, die Doppelbesteuerung des
gleichen Vorgangs unilateral zu vermeiden.[205] Aufgrund der Rechtsfolge von
§ 34c Abs. 1 S. 1 EStG bzw. § 26 Abs. 1 KStG ist die ausländische Steuer auf die
deutsche Einkommensteuer anzurechnen, die auf die Einkünfte aus dem besteuernden Staat entfällt. Das setzt nach § 34c Abs. 1 S. 1 EStG bzw. § 26 Abs. 1 KStG
voraus, dass eine unbeschränkt oder in bestimmten Fällen eine beschränkt (§ 50
Abs. 3 EStG) steuerpflichtige Person[206] ausländische Einkünfte hat und ausländische Steuer – die der jeweiligen Ertragsteuer entspricht – festgesetzt und gezahlt
wurde. Hinzu treten weitere Voraussetzungen: Erstens muss der Anrechnende
überhaupt Ertragsteuer schulden, auf die angerechnet werden kann. Zweitens
muss nach ganz herrschender Meinung der Anrechnende identisch mit der Person
sein, die die ausländische Steuer getragen hat (sog. Subjektidentität)[207]. Das Merk-

---

204   *Edelmann*, in: Kraft, AStG, § 10 Rn. 291, 344; anders *Wassermeyer*, in: F/W/B/S, AStG, § 10
       AStG Rn. 155.
205   *Kuhn*, in: HHR, EStG/KStG, § 34c EStG Rn. 45.
206   Auch Körperschaften nach § 26 KStG.
207   Statt vieler *Kessler*, FS Frotscher, S. 317, 322. Eine Ausnahme macht die Praxis, wenn die
       Einkünfte über eine im Ausland ansässige Personengesellschaft bezogen wurden, die
       in ihrem Ansässigkeitsstaat mit nämlichen Einkünften selbst einer Ertragsteuer unter-

mal ergibt sich aus dem Wortlaut der Vorschrift, denn die ausländische Steuer ist *bei* den Steuerpflichtigen anzurechnen, *die* mit ausländischen Einkünften zu einer (ausländischen) Steuer herangezogen werden. Auf den vermeintlichen Zweck von § 34c EStG bzw. § 26 KStG, nur die sog. juristische, nicht aber auch die wirtschaftliche Doppelbesteuerung zu vermeiden, muss man nicht zurückgreifen.[208] Das Bild der Trennungstatbestände ist in Bezug auf die Anrechnung ausländischer Steuern vorwiegend geprägt durch Sonderregelungen. Wo Sonderregelungen fehlen – Personengesellschaft und KGaA – entstehen Probleme in der Rechtsanwendung.

bb.   Organgesellschaft und Organträger (§§ 14 ff. KStG)

Erzielt die Organgesellschaft ausländische Einkünfte, wird sie gegenüber dem Quellenstaat hinsichtlich dieser Einkünfteerzielung Steuerschuldner, da der Quellenstaat die Rechtsfolgen der Organschaft nicht nachvollzieht. Da die Organgesellschaft aber hinsichtlich der nämlichen Einkünfte nicht Schuldner der deutschen Ertragsteuer wird, kann sie die ausländische Steuer nicht anrechnen; erstens ist keine Anrechnungsschuld vorhanden (allenfalls in Höhe der Steuer, die auf Ausgleichszahlungen nach § 16 KStG beruht) und zweitens muss der Zweck der Vermeidung der Doppelbesteuerung gegenüber der Organgesellschaft auch nicht erfüllt werden, da diese nicht mit einer inländischen Steuerschuld belastet ist. Dieser Zweck müsste eigentlich gegenüber dem steuerschuldenden Organträger erfüllt werden. Dieser erfüllt aber die tatbestandlichen Voraussetzungen nicht; denn die ausländische Steuer kann nur *bei dem* Steuerpflichtigen angerechnet werden, der mit ausländischen Einkünften zu einer ausländischen Steuer herangezogen wird. Steuerpflichtiger in dem Sinn kann nur die Organgesellschaft sein, die nach allgemeiner Auffassung die ausländischen Einkünfte i.S.v. § 34d EStG erzielt und zur ausländischen Steuer herangezogen wird. Man könnte dieses Ergebnis für teleologisch zutreffend halten, zumal eine wirtschaftliche Doppelbesteuerung vorliegt, die von § 34c EStG i.V.m. § 26 KStG möglicherweise nicht adressiert wird. Man muss aber sehen, dass dies nur auf den rechtstechnischen Besonderheiten der Organschaft beruht. Die Organschaft ändert aber nichts an der von § 26 KStG

---

liegt. In diesem Fall soll die von der Personengesellschaft gezahlte Steuer auf die inländische Steuerschuld des Gesellschafters anrechenbar sein (für den DBA-Fall so BMF v. 26.9.2014, Tz. 4.1.4.1; für den Nicht-DBA-Fall bspw. *Geurts,* in: Frotscher/Geurts, EStG, § 34c Rn. 13).

[208]   So aber *Kessler,* FS Frotscher, S. 317, 322.

adressierten Schutzbedürftigkeit desjenigen, der die inländische Steuerschuld rechtlich und die ausländische Steuerschuld aufgrund der geminderten Gewinnabführung zumindest wirtschaftlich trägt.

Der Behebung (u.a.) dieser Problematik dienen die Vorschriften in § 19 Abs. 1 bis 4 KStG. Erfüllt die Organgesellschaft die Voraussetzungen besonderer Tarifvorschriften, zu denen auch § 26 KStG bzw. § 34c EStG zählen, weist § 19 KStG die Rechtsfolgen dem Organträger zu, als wären die Voraussetzung für die Anwendung bei ihm selbst erfüllt. § 19 Abs. 1 i.V.m. § 26 KStG enthält die Grundregelung: Die Anrechnungsvorschrift § 26 KStG ist bei dem Organträger anzuwenden, wenn bei der Organgesellschaft die Voraussetzungen für die Steueranrechnung erfüllt sind. Die Vorschrift verlangt vom Organträger zunächst nicht, weitere Voraussetzungen bspw. hinsichtlich Rechtsform oder Art der Steuerpflicht zu erfüllen. Erst die ergänzenden Regelungen in Abs. 2 bis 4 enthalten Beschränkungen der Grundregelung derart, dass sie die Anwendung von Abs. 1 und folglich der Steueranrechnung unter zusätzliche Bedingungen stellen, die von den persönlichen Eigenschaften des Organträgers abhängen. So kann eine natürliche Person als Organträger (Abs. 2) die Steueranrechnung nur dann in Anspruch nehmen, wenn für die Einkommensteuer gleichartige Tarifvorschriften bestehen, was mit den Regelungen in § 34c EStG der Fall ist. Ist eine Personengesellschaft Organträger (Abs. 3), ist für die Anwendung der Steueranrechnung auf ihre Gesellschafter (S. 1) und auf den Anteil am Gewinn, der dem jeweiligen Gesellschafter nach der Gewinnverteilung zusteht (S. 2), abzustellen.[209] Die wiederum einschränkende Regelung in Abs. 4 stellt die Anrechnung für ausländische Unternehmen i.S.v. § 18 KStG[210] unter den Vorbehalt, dass die Steueranrechnung auch für beschränkt Steuerpflichtige anwendbar ist. Dies ist für natürliche Personen gemäß § 50 Abs. 3 EStG und für Körperschaftsteuersubjekte gemäß § 26 Abs. 6 S. 1 KStG i.V.m. § 50 Abs. 3 EStG[211] der Fall für Einkünfte aus Gewerbebetrieb, für die im Inland ein Betrieb unterhalten wird, was für den im Ausland ansässigen Organträger immer der Fall ist (vgl. § 14 Abs. 1 S. 1 Nr. 2 S. 4 KStG). Der Zweck der Einschränkungen der Abs. 2 bis 4 besteht darin, eine Person nicht in den Genuss einer Tarifvorschrift zu bringen, die deren Voraussetzungen selbst nicht erfüllen würde.

---

209   *Frotscher*, in: Frotscher/Maas, KStG, § 19 Rn. 28.
210   Veralteter Verweis auf die weggefallene Vorschrift § 18 KStG a.F.; zutreffend müsste wohl auf beschränkt steuerpflichtige Organträger abgestellt werden.
211   Zum redaktionellen Versehen im Verweis auf § 50 Abs. 6 EStG vgl. *Lieber*, in: HHR, KStG, § 26 Rn. 110.

cc. Besteuerung der gewerblich tätigen Personengesellschaft und ihrer Gesellschafter

Mit der Situation der Organschaft vergleichbar ist die Lage der Personengesellschaft und ihrer Gesellschafter, wenn der Staat, aus dem die Einkünfte stammen, die Personengesellschaft zur Steuer heranzieht, die nach § 34c EStG bzw. § 26 KStG angerechnet werden soll. Nach dem Wortlaut der Vorschriften kann die Steuer nicht angerechnet werden; denn die im Ausland mit ausländischen Einkünften zur Steuer herangezogene Person ist nicht Schuldner der Steuer, auf die angerechnet werden müsste. Es ist dennoch einhellige Auffassung, die ausländische Steuer entgegen dem Wortlaut auf die Ertragsteuerschuld der Gesellschafter dennoch anzurechnen.[212] An einer rechtlichen Begründung für dieses praktisch gar nicht in Frage zu stellende Ergebnis fehlt es in der Regel. *Geurts* begründet das Ergebnis damit, dass die ausländische Steuer der Personengesellschaft nicht „zugerechnet" werden könne, weil sie als Steuersubjekt ignoriert wird; damit die Steuer nicht keinem Steuersubjekt zugerechnet werde, müsse sie bei den Gesellschaftern angerechnet werden.[213] Aus der derzeitigen Konzeption der Mitunternehmerbesteuerung mit dem Gesellschafter als tatbestandsverwirklichende Person ließe sich argumentieren, dass innerhalb dieser Konzeption für Zwecke des inländischen Steuerrechts die Gesellschafter als diejenigen gelten können, die i.S.v. § 34c EStG zur ausländischen Steuer herangezogen werden. Man muss aber sehen, dass beide rechtlichen Begründungen nicht mehr tragen, wenn man der Einheitstheorie folgt, nach der die Personengesellschaft das maßgebliche tatbestandsverwirklichende Steuersubjekt ist. Im Rahmen der Einheitstheorie entspricht die Situation der Organschaft, so dass ohne Sonderregelung letztlich die Vorschrift teleologisch erweitert werden muss[214] oder es zur ungemilderten Doppelbesteuerung kommt.

---

[212] *Geurts*, in: Frotscher/Geurts, EStG, § 34c Rn. 13; *Gosch*, in: Kirchhof, EStG, § 34c Rn. 2; *Jo. Lüdicke/Wassermeyer*, in: F/W/B/S, AStG, § 34c EStG Rn. 130; *Schaumburg*, IntStR, Rn. 15.59; *Wagner*, in: Blümich, § 34c EStG, Rn. 35. Für den DBA-Fall auch BMF v. 26.9.2014, Tz. 4.1.4.1.

[213] *Geurts*, in: Frotscher/Geurts, § 34c EStG, Rn. 13.

[214] So *Schaumburg*, IntStR, Rn. 15.59.

dd. Besteuerung der KGaA und ihres persönlich haftenden Gesellschafters

In ähnlicher Lage sind die KGaA und ihr persönlich haftender Gesellschafter. Erzielt die KGaA ausländische Einkünfte, wird sie im Quellenstaat einer Ertragsteuer unterliegen, wenn nicht ausnahmsweise der Quellenstaat die KGaA wie eine Personengesellschaft behandelt oder gar eine der deutschen Mitunternehmertheorie ähnlichen Konzeption hinsichtlich der KGaA anwendet. Die KGaA kann daher grundsätzlich diese ausländische Steuer auf die inländische Körperschaftsteuer unter den Voraussetzungen von § 26 KStG i.V.m. § 34c f. EStG anrechnen. Fraglich ist nur, ob ein Teil der ausländischen Steuer auf die Ertragsteuer des persönlich haftenden Gesellschafters angerechnet werden kann; denn der Gesellschafter versteuert teilweise die ausländischen Einkünfte, wenn der Weg zu dieser Versteuerung auch je nach Besteuerungskonzeption unterschiedlich verläuft.

(1) Trennungskonzepte

Ist man der Auffassung, der persönlich haftende Gesellschafter sei nicht wie ein Mitunternehmer zu besteuern, sondern sei Zurechnungsadressat eines nach den die KGaA betreffenden Vorschriften ermittelten Gewinns, dürfte die Anrechnung der ausländischen Steuer auf die tarifliche Steuer des persönlich haftenden Gesellschafters nicht ohne eine Vorschrift, die dies ausnahmsweise vorsieht, möglich sein. Offenkundig müsste das gelten, wenn man in der Zurechnung des Gewinnanteils eine konzeptionelle Nähe zur Gewinnausschüttung sieht. Denn diese Konzeption geht von der Besteuerung der KGaA wie jeder anderen Kapitalgesellschaft und ihrer Gesellschafter aus, so dass es keinen rechtlichen Grund gibt, die Steueranrechnung beim persönlich haftenden Gesellschafter zuzulassen. Vertritt man die Auffassung, die Zurechnung richte sich auf den steuerpflichtigen Gewinn der KGaA ähnlich der Zurechnung nach § 14 Abs. 1 S. 1 KStG bzw. § 15 Abs. 1 AStG[215], ist eine Anrechnung wohl ebenso ausgeschlossen, zumal es keine diesen Regimen entsprechende Sondervorschrift gibt.[216] *Bielinis*, Vertreter eines Trennungskonzepts, scheint hingegen eine Anrechnung beim persönlich haftenden Gesellschafter zu befürworten.[217]

---

215 *Wassermeyer*, Ubg 2011, 47, 48.
216 *Wassermeyer*, FS Streck, S. 259, 271.
217 *Bielinis*, Besteuerung der KGaA, S. 166, äußert sich zur Frage, ob der persönlich haftende Gesellschafter *ausländische Einkünfte* i.S.v. § 34c Nr. 2 Buchst. a EStG für Zwecke der Steueranrechnung erzielt. Dies bejaht er für Zwecke der Anrechnung, woraus zu

(2)   Mitunternehmerähnliche Besteuerung

Hinsichtlich der Konzepte, die den persönlich haftenden Gesellschafter *wie* einen Mitunternehmer behandeln wollen, stellt sich die Frage, ob die Gesichtspunkte, die die herrschende Auffassung zur Anrechnung beim Mitunternehmer bewegen, für das Verhältnis von persönlich haftendem Gesellschafter zur KGaA entsprechend gelten. Man kann mutmaßen, dass die Anrechnungsfrage praktisch entsprechend der Behandlung im Rahmen von Personengesellschaften gehandhabt würde. Die rechtliche Begründung würde aber noch schwerer fallen, denn anders als bei der Personengesellschaft wären etwa die Begründungsansätze *Geurts* nicht übertragbar, die auf den Mangel an Steuersubjektivität abstellen,[218] der im Fall der KGaA nicht vorhanden ist. Letztlich müsste man sich mit einer weitgehenden teleologischen Erweiterung oder sogar einer Analogie behelfen. Einer Analogie, nämlich der Voraussetzung der planwidrigen Regelungslücke, stünde aber vielleicht § 35 Abs. 1 S. 1 Nr. 2 Alt. 2 EStG entgegen; da der Gesetzgeber dort Regelungsbedarf gesehen hat in einem strukturell ähnlichen Problem, der Anrechnung von Gewerbesteuer, er das Problem also kennt, ist eine planwidrige Regelungslücke schwer zu begründen.

ee.   Hinzurechnungsbesteuerung (§§ 7 ff. AStG) und Familienstiftung (§ 15 AStG)

Erzielt eine Zwischengesellschaft Einkünfte und begründet so für ihren Gesellschafter die Steuerpflicht nach § 7 Abs. 1 S. 1, § 10 Abs. 2 AStG i.V.m. §§ 2 S. 1 Nr. 5 bzw. Nr. 2 EStG, dann entstehen auf den gleichen Vorgang mindestens zwei Steueransprüche, nämlich der inländische Steueranspruch und der Steueranspruch des Ansässigkeitsstaats der Zwischengesellschaft. Denkbar ist darüber hinaus, dass die Zwischengesellschaft auch noch einem Steueranspruch aus einem Drittstaat unterliegt, wenn ihre Einkünfte aus einem Drittstaat stammen. Diese mehrfache Belastung würde bei einer einheitlichen Tatbestandsverwirklichung durch den Gesellschafter von § 34c EStG ggf. i.V.m. § 26 KStG ausgeglichen. Da die Hinzurechnungsbesteuerung den Zurechnungsempfänger aber nicht schlechter stellen soll, als er stünde, wenn er den Tatbestand selbst verwirklicht hätte,[219] muss er

---

schließen ist, dass die Anrechnung für möglich gehalten wird, ohne dass *Bielinis* die Frage der Steuersubjektidentität anspricht.

218   *Geurts*, in: Frotscher/Geurts, § 34c EStG, Rn. 13.
219   *Wassermeyer*, in: F/W/B/S, AStG, § 12 AStG Rn. 15.

die ausländische Steuer anrechnen können. Da § 34c EStG bzw. § 26 EStG die Konstellation tatbestandlich nicht erfassen, insb. fehlt die Subjektidentität, sieht § 12 AStG eine Sondervorschrift vor, die die Anrechnung aller Steuern, die andernfalls vom Hinzurechnungsbetrag nach § 10 Abs. 1 S. 1 AStG abgezogen worden wären, beim Gesellschafter anteilig zur Anrechnung zulässt.

Für die Anrechnung beim Zurechnungsempfänger einer Familienstiftung gilt aufgrund der Verweisung in § 15 Abs. 5 AStG a. und n. F. auf § 12 AStG Entsprechendes.

g. Zusammenfassung

Im innerstaatlichen Kontext weisen die Trennungstatbestände viele – in einem weiten Sinn verstandene – Probleme auf, die die Steuerquantifizierung betreffen. Die Probleme treten vor allem dort auf, wo Regelungen ihrem Wortlaut oder ihrer – teils umstrittenen – *Ratio* nach an bestimmte persönliche Eigenschaften des Steuerschuldners anknüpfen. Rechtstechnisch knüpfen die Vorschriften aber regelmäßig nicht an den Steuerschuldner, sondern an die einkünfteerzielende Person. Es ist deshalb häufig entweder in der Rechtsanwendung oder zumindest rechtspolitisch fraglich, ob auf den Vorder- oder den Hintermann für die Anwendung dieser Vorschriften zu blicken ist.

IV. Trennung von Einkünfteerzielung und Steuerschuldnerschaft

Die folgende Untersuchung geht der These nach, dass die Ungereimtheiten in der Gestaltung des Tatbestands *dem Grunde nach* und die vielfältigen Probleme der Steuerquantifizierung in rechtstechnischen Defiziten der Methode liegt, die der Gesetzgeber in den behandelten Fällen verwendet, namentlich der *Einkünfte-* bzw. *Einkommenszurechnung* (i. F. auch *Ergebniszurechnung*). Um der These nachzugehen, dass die *Ergebniszurechnung* keine sinnvolle Rechtstechnik zur Trennung von Einkünfteerzielung, d. h. Tatbestandsverwirklichung, und Steuerschuldnerschaft ist, soll ein Referenzrahmen geschaffen werden, in den die Rechtstechnik der *Ergebniszurechnung* gestellt wird. Dieser Referenzrahmen besteht aus theoretisch denkbaren und in anderen Rechtsbereichen etablierten Rechtstechniken, die dem Gesetzgeber, dem rechtsfortbildenden Richter und der dogmatisch erklärenden Wissenschaft zur Trennung von Tatbestandsverwirklichung und Steuerschuldnerschaft zur Verfügung stehen: die Steuerschuldübernahme und die mittelbare Tatbestandsverwirklichung. Als spezifisch steuerrechtliche Möglichkeit besteht darüber hinaus die Tatbestandsverdopplung in Gestalt einer Ausschüttungsfiktion. Da die Trennung von Tatbestandsverwirklichung und Steuerschuldnerschaft Bedeutung für Grundentscheidungen des Ertragsteuerrechts, insb. das Leistungsfähigkeits- und Individualsteuerprinzips hat, die zentrale Bedeutung für die folgende Darstellung und Argumentation tragen, sollen diese Prinzipien knapp in Bezug zur Thematik gesetzt werden.

1. Grundentscheidungen des Zusammenfallens von Einkünfteerzielung und Steuerschuldnerschaft

a. Besteuerung nach der Leistungsfähigkeit in Gestalt eines Erwerbseinkommens

Jede Rechtspflicht – im positivistischen Sinn – muss das Ende einer gedanklich konsistenten Kette sein, die bei den rechtspolitischen Wertungen des Gesetzgebers beginnt, die der Anordnung der Rechtspflicht zugrunde liegen, und über die begriffliche Fassung dieser Wertungen in einem gesetzlichen Tatbestand zu der Person führt, die verpflichtet werden soll. Die Kette, an deren Ende die Steuerschuldnerschaft steht, beginnt im Ertragsteuerrecht mit der Wertung, dass die Steuerschuld eine erhöhte wirtschaftliche Leistungsfähigkeit abschöpfen soll;[220] sie führt über den Tatbestand, der diese Wertung in den Begriffen der *Einkünfteerzielung durch eine Erwerbstätigkeit* fasst; und sie endet bei der Person, die diesen Tatbestand verwirklicht. Bei aller Vielfältigkeit der denkbaren Umstände, die den Gesetzgeber dazu bewegen können, vom allgemeinen Tatbestand der Steuerschuldnerschaft kraft Einkünfteerzielung abzuweichen, und bei aller Vielfältigkeit der denkbaren Gestaltungen eines derart abweichenden Besteuerungsregimes, muss im Kern jeder Erklärung stehen, wie sich diese Abweichung zu dieser Grundwertung verhält.

Denn wenn dieser Grundsatz als Leitprinzip der Belastung mit einer Steuerschuld anerkannt wird und im allgemeinen Tatbestand des Ertragsteuerrechts seinen Niederschlag gefunden hat, dann muss eine gesetzliche Abweichung von diesem allgemeinen Tatbestand erklären, aufgrund welcher Umstände eine Stei-

---

[220] Bspw. *Hey*, in: T/L, § 3 Rn. 40 ff.

gerung der wirtschaftlichen Leistungsfähigkeit beim Hintermann zu erkennen ist bzw. aufgrund welcher konkurrierender Wertungen eine (vielleicht nur graduelle) Abweichung von diesem Prinzip für zulässig gehalten wird (bspw. die Abwehr missbräuchlicher Gestaltungen oder die Förderung von Konzernstrukturen oder die Sicherung des Steuereinzugs).[221] Gibt es eine solche Erklärung nicht, dann fügt sich die Regelung nicht in die Grundwertungen ein und ist, soweit diese Grundwertungen Verfassungsrang haben – wie anerkanntermaßen das Leistungsfähigkeitsprinzip aus Art. 3 Abs. 1 GG –, verfassungswidrig.

Der Steuertatbestand der Einkünfteerzielung durch eine Erwerbstätigkeit nach § 2 Abs. 1 S. 1 i.V.m. §§ 13 ff. EStG ist Ausdruck außerdem der Entscheidung, die wirtschaftliche Leistungsfähigkeit in Gestalt des sog. Erwerbseinkommens zu erfassen.[222] Die Entscheidung für die Typisierung der Leistungsfähigkeit im Erwerbseinkommen bzw. Markteinkommen zeigt sich gesetzlich darin, dass nicht jede die wirtschaftliche Leistungsfähigkeit steigernde Vermögensmehrung einer Person – etwa durch Schenkung, Fund oder Gewinn aus Glücksspiel – eine Steuerschuld dieser Person begründet, sondern nur solche, die durch eine (mit Erzielungsabsicht unternommene) Erwerbstätigkeit nach §§ 13 ff. EStG veranlasst sind.[223] Die Erwerbstätigkeit der tatbestandsverwirklichenden Person ist also für die Rechtfertigung der Ertragsteuern jedenfalls nach der Konzeption des Einkommensbegriffs nicht verzichtbar.

Das Prinzip der Besteuerung nach der Leistungsfähigkeit verhält sich zum Steueranspruch, wie das Schuldprinzip zum Strafanspruch[224] oder die Privatautonomie zum vertraglich begründeten Anspruch.[225] Der vertragliche Anspruch entsteht gegen eine vertragsschließende Person, *weil* dies der Wille dieser Person war; der strafrechtliche Anspruch entsteht gegen den Täter, *weil* dieser durch die Tatbestandsverwirklichung auszugleichende Schuld verwirklicht hat; der Steueranspruch entsteht gegen die einkünfteerzielende Person, *weil* diese Person ihre wirtschaftliche Leistungsfähigkeit durch eine Erwerbstätigkeit gesteigert hat. Dem Prinzip der Besteuerung nach der Leistungsfähigkeit wird ein Subprinzip zur

---

221 Vgl. auch *Raupach*, FS Beisse, S. 403, 426: „Unter dem Gesichtspunkt der Besteuerung nach der Leistungsfähigkeit bedürfen von der Grundregel des § 2 Abs. 1 EStG abweichende Zurechnungsvorschriften der sachlichen Rechtfertigung, denn Kern der Regelung ist in diesen Fällen ja, dass ein anderer als der, der den Tatbestand verwirklicht, die Rechtsfolgen tragen soll."
222 *Hey*, in: T/L, § 8 Rn. 52.
223 Ausführlich *Wittmann*, StuW 1993, 35, 36 ff.
224 BGH v. 27.4.2006, 4 StR 572/05, NJW 2006, 2169.
225 Zum Vergleich mit der Privatautonomie im Zivilrecht auch *Lang*, in: T/L, 19. Aufl. 2008, § 4 Rn. 83.

Seite gestellt, nach dem die Steuerschuld sich nur gegen die Person richten soll, die diese wirtschaftliche Leistungsfähigkeit erwirtschaftet hat.[226]

Aus beiden Grundentscheidungen – Besteuerung nach der individuellen Leistungsfähigkeit und ihrer Messung durch ein Erwerbseinkommen – lässt sich also *auf Wertungsebene* folgern, dass eine Person als Steuerschuldner in Anspruch genommen werden soll, weil eben diese Person durch eine Erwerbstätigkeit Einkommen erworben hat und so ihre wirtschaftliche Leistungsfähigkeit gesteigert hat.[227] Diese Wertung ist *auf Tatbestandsebene* in die Formulierung übersetzt, nach der eine Person Steuerschuldner ist, wenn sie Einkünfte durch eine Erwerbstätigkeit gem. §§ 13 ff. EStG erzielt. Ordnet der Gesetzgeber nun an, diese Person nicht, stattdessen eine andere Person mit der Steuerschuld zu belasten, dann stellt dies offenkundig einen drastischen Eingriff in die Wertungen des Steuertatbestands dar, der sich aus den Umständen – d. h. den tatbestandlichen Voraussetzungen – der Anordnung und ggf. unter Mithilfe bestimmter Begleitregelungen rechtfertigen müsste.

b. Beschränkte Steuerpflicht als Ausdruck des Territorialitätsprinzips

Das Völkerrecht verlangt, das zwischen dem Staat, der einen Steueranspruch geltend macht, und dem verwirklichten Sachverhalt eine persönliche oder sachliche Verbindung, d. h. ein Anknüpfungspunkt besteht.[228] Die unbeschränkte Steuerpflicht nach § 1 Abs. 1 EStG und § 1 Abs. 1 KStG knüpft an die persönliche Beziehung einer Person zum steuererhebenden Staat an; die beschränkte Steuerpflicht nach § 1 Abs. 4 EStG und § 2 Nr. 1 KStG knüpft dagegen an eine sachliche Verbindung zum Staatsgebiet an. Diese sachliche Verbindung ist typisiert in den Tatbeständen von § 49 EStG, die die allgemeinen tatbestandsverwirklichenden Handlungen nach §§ 13 ff. EStG um einen Inlandsbezug ergänzen. In dieser Ausgestaltung der Besteuerung von Ausländern nach dem sog. Territorialitätsprinzip enthalten ist die tragende Wertung, dass die Inanspruchnahme der innerstaatli-

---

226 *Hey*, GS Trzaskalik, S. 219, 221 ff.
227 Vgl. auch *J. Lang*, Bemessungsgrundlage der Einkommensteuer, S. 625, der äußert, dass die Tatbestandsvoraussetzungen der Einkommensteuerschuld […] dem Ziel dienten, eine auf die einzelne natürliche Person bezogene steuerliche Leistungsfähigkeit zu konkretisieren.
228 Etwa *Koblenzer*, BB 1996, 933 (934); *Schaumburg*, IntStR, Rn. 5.1 ff.

chen Infrastruktur und Volkswirtschaft abzugelten ist.[229] Es soll also eben die Person in Anspruch genommen werden, die durch Inanspruchnahme dieser innerstaatlichen Infrastruktur ihre Leistungsfähigkeit gesteigert hat. In tatbestandlichen Worten ausgedrückt muss diese Person selbst die jeweiligen Bezüge zum Inland wie beschrieben in § 49 EStG verwirklichen, um die Belastung mit einer Steuerschuld zu rechtfertigen.

2. Referenzmodelle der Trennung von Einkünfteerzielung und Steuerschuldnerschaft

Um die den Problemen der Trennungstatbestände zugrundeliegenden Ursachen besser zu verstehen, soll die *Ergebniszurechnung* als rechtstechnisches Mittel zur Trennung von Einkünfteerzielung in einen Zusammenhang gestellt werden mit Rechtstechniken, die ebenso zur Verfügung stünden, um die Schuldnerschaft von der tatbestandsverwirklichenden Person auf eine andere Person zu verlagern. Die Betrachtung soll auch den Blick daraufhin weiten, dass es sich bei den hier behandelten Fragen nicht nur um spezifisch steuerrechtliche Fragen handelt, sondern Fragen der Rechtstechnik im Allgemeinen betroffen sind; deshalb werden Vergleiche zum Straf- und Zivilrecht herangezogen.

a. Steuerschuldübernahme

aa. Darstellung und Folgen für Tatbestandsverwirklichung und Steuerquantifizierung

Ist es das gesetzgeberische Ziel, die Einkünfteerzielung von der Steuerschuld zu trennen, d. h. eine Person von ihrer Steuerschuld hinsichtlich einer Tatbestandsverwirklichung zu entlasten und eine andere Person mit einer Steuerschuld in Bezug auf die nämliche Tatbestandsverwirklichung zu belasten, ist es das naheliegendste Mittel, eine Schuldübernahme entsprechend der Rechtsfolge nach § 414 BGB anzuordnen. Das Steuerrecht kennt eine gesetzlich angeordnete Steuerschuldübernahme, allerdings nicht im Zusammenhang mit den Trennungstatbeständen, sondern gemäß § 45 AO als Teil der Gesamtrechtsnachfolge.

---

[229] Etwa *Frotscher*, in: Frotscher/Geurts, EStG, § 49 Rn. 1; *Hey*, IWB Fach 3 Gruppe 1, S. 2003, 2004.; *Lüdicke*, DStR 2008 Beihefter zu Heft 17, 25, 26.

Eine solche Anordnung lässt die Tatbestandsverwirklichung des Vordermanns *dem Grunde nach* unberührt. Allein er verwirklicht durch seine einkünfteerzielende Tätigkeit, etwa den Betrieb eines Gewerbes, den Steuertatbestand. Betriebsstätten des Vordermanns werden nicht (auch) solche des Hintermanns. Die Steuerquantifizierung richtet sich folglich allein nach den persönlichen Eigenschaften des Vordermanns, insb. auch die Steuerart und folgend der Steuertarif. Der Vordermann ist *originär* Steuerschuldner hinsichtlich dieser Tatbestandsverwirklichung, die Steuerschuld würde nur kraft gesetzlicher Anordnung *abgeleitet* auf den Hintermann. Eine solche Anordnung setzt regelungslogisch erst nach Entstehung der Steuerschuld an.

bb. Prinzipielle Konflikte

Die Anordnung einer Steuerschuldübernahme stünde – alle Umstände und jede Begleitregelung hinweggedacht – zunächst in einem krassen Widerspruch zur Grundwertung des Ertragsteuerrechts, nämlich zum Leistungsfähigkeitsprinzip. Das Ertragsteuerrecht belastet eine bestimmte Person mit der Pflicht zur Steuerzahlung in bestimmter Höhe, weil *diese* Person durch eine Erwerbstätigkeit ihre wirtschaftliche Leistungsfähigkeit erhöht hat. Liegen diese Voraussetzungen vor, ist nur diese Person für die Steuerzahlung verantwortlich, und diese Verantwortlichkeit kann nicht übertragen werden auf eine Person, in der diese Voraussetzungen nicht vorliegen. Aus diesem Grund gibt es auch keine Schuldübernahme im Strafrecht, aber ohne Probleme im Zivilrecht. Das Strafrecht richtet den Strafanspruch gegen eine bestimmte Person in bestimmter Höhe zum Ausgleich der Schuld und sekundär zur Beeinflussung dieser Person (vgl. § 46 Abs. 1 StGB); beides steht einer Übernahme des Strafanspruchs durch eine andere Person entgegen, weil die Schuld als Gegenstand gedacht nicht übertragbar ist und die Beeinflussung einer Person durch Strafe nur durch Bestrafung *dieser* Person denkbar ist. Die Grundwertung des Zivilrechts – die Privatautonomie – lässt eine Schuldübernahme zu unter der Bedingung, dass die Betroffenen – die übernehmende Person und der Gläubiger – ihren Willen dazu erklären (vgl. § 415 f. BGB).

cc. Zu erwartende Begleitregelungen

Anders als im Strafrecht, in dem die Schuld nicht auf eine andere Person übertragbar ist, wäre eine Schuldübernahme im Ertragsteuerrecht denkbar, wenn dies von einer Steuerausgleichszahlung vom Vorder- an den Hintermann abhängig wäre, dieser also, wenn auch nicht rechtlich im Außenverhältnis gegenüber dem Steuergläubiger, dann doch wirtschaftlich oder rechtlich im Innenverhältnis die Steuer trägt. Eine solche Pflicht müsste nicht steuerrechtlich angeordnet sein, sondern könnte sich auch aus dem Rechtsverhältnis zwischen Vorder- und Hintermann ergeben, das zum Anlass für die Anordnung einer Steuerschuldübernahme genommen wurde.

Nicht zu erwarten wäre hingegen eine Regelung, die die nicht steuerbare bzw. steuerfreie Übertragung des Einkünftesubstrats ermöglichte, das dem Steueranspruch zugrunde liegt. Denn da die Quantifizierung der übernommenen Steuerschuld sich nur nach den Eigenschaften des Vordermanns (bspw. ob Einkommensteuer oder Körperschaftsteuer erhoben wird) bestimmt, wäre die Besteuerung teleologisch völlig ungesteuert. Im Gegenteil wäre zu erwarten, dass Transfers zwischen Vorder- und Hintermann unter den Bedingungen des Steuertatbestands nach allgemeinen Regeln in eine zweite Tatbestandsverwirklichung und in die Bemessung einer daraus folgenden zweiten Steuerschuld eingingen. Ebenso dürften Geschäftsvorfälle zwischen Vorder- und Hintermann wie zwischen fremden Dritten bewertet werden.

dd.   § 5 Abs. 1 S. 3 GewStG als Beispiel für eine Steuerschuldübernahme

Ein Beispiel für eine derartige Schuldübernahme kennen das Einkommen- und Körperschaftsteuerrecht auf den ersten Blick nicht.[230] Die h.M. sieht allerdings wohl in § 5 Abs. 1 S. 3 GewStG die Anordnung einer solchen Schuldübernahme.[231] Nach ihr ist nicht die Personengesellschaft, sondern sind die Mitunternehmer die Betreiber des Gewerbes, verwirklichen also den Gewerbesteuertatbestand,[232] was sich einerseits daraus ergeben soll, dass, wäre die Personengesellschaft selbst

---

230 Einen Schuld*beitritt* kennt das Ertragsteuerrecht in der Gestalt des Quellensteuerabzugs, insb. wenn dieser mit abgeltender Wirkung ausgestaltet ist. Der Quellensteuerentrichtungspflichtige ist verpflichtet, einen Anteil einer Einnahme des Steuerpflichtigen (im Regelfall auch der Steuerschuldner) abzuführen; die Erfüllung dieser Pflicht bringt den aus der Einnahmeerzielung resultierenden Steueranspruch zum Erlöschen bzw. wird – abseits der Abgeltungswirkung – erfüllungshalber angerechnet.

231 In dieser Betrachtung ist – anders als bei der Betrachtung der Personengesellschaft unter der Einheitstheorie im Einkommensteuerrecht – der Mitunternehmer der Vordermann, die Personengesellschaft der Hintermann der Steuerschuldübernahme.

232 BFH v. 3.5.1993, GrS 3/92, BFHE 171, 246 (Rn. 75 nach juris); *M. Frotscher*, in: Frotscher, GewStG, § 5 Rn. 11; *Sarrazin*, in: Lenski/Steinberg, GewStG, § 5 Rn. 70.

Unternehmerin, § 5 Abs. 1 S. 3 GewStG überflüssig wäre (vgl. § 5 Abs. 1 S. 1 GewStG), und dass Verlustvorträge personenbezogen behandelt werden (vgl. § 10a S. 4 f. GewStG). Die Personengesellschaft sei *nur* Steuerschuldnerin. Die Steuerschuldübernahme sei konzeptionell gerechtfertigt, weil sie der effizienten Steuererhebung diene.[233] Sie wird in gewisser Weise auch durch eine Regelung begleitet, die die Mitunternehmer mit der Steuertragung im Innenverhältnis belastet, weil die Mitunternehmer gesamtschuldnerisch und im Ergebnis wirtschaftlich mit ihren verminderten Entnahmen bzw. der gemeinsamen Haftung für die Steuerschuld im Innenverhältnis aufkommen. Hinsichtlich des Zwecks scheint die Sicherung oder Erleichterung des Steuerzugriffs wohl eins der wenigen Motive zu sein, die eine Schuldübernahme rechtfertigen könnten.

b.   Mittelbare Tatbestandsverwirklichung

aa.   Darstellung und Folgen für Tatbestandsverwirklichung und Steuerquantifizierung

In Anlehnung an die mittelbare Täterschaft des Strafrechts nach § 25 Abs. 1 Alt. 2 StGB meint die mittelbare Tatbestandsverwirklichung eine Anordnung mit der Rechtsfolge, dass die tatbestandsverwirklichende, einkünfteerzielende Handlung einer Person – aufgrund außergewöhnlicher Umstände – ausnahmsweise so gewertet wird, als hätte eine andere Person diese Handlung vorgenommen und durch diese Handlung folglich Einkünfte erzielt.[234] In den Begriffen des Tatbestandsmodells würde diese andere Person, der Hintermann, den Tatbestand *dem Grunde nach* verwirklichen, also etwa ein Gewerbe betreiben, weshalb ihm auch Betriebsstätten des Vordermanns als eigene zugeordnet würden. Die Bemessung des Steueranspruchs *der Höhe nach* bestimmte sich ausschließlich nach seinen Eigenschaften, weil auch für die steuerquantifizierenden Vorschriften der Hinter-

---

[233] BFH v. 3.5.1993, GrS 3/92, BFHE 171, 246 (Rn. 75 nach juris); *M. Frotscher*, in: Frotscher, GewStG, § 5 Rn. 12; *Sarrazin*, in: Lenski/Steinberg, GewStG, § 5 Rn. 70.

[234] Die Figur der *mittelbaren Täterschaft* ins Steuerrecht einzuführen versuchte *v. Groll*, StuW 1995, 326; dort geht es aber um etwas anderes: *v. Groll* verwendet die Figur der mittelbaren Täterschaft, um Fälle befriedigend zu lösen, in denen scheinbar eine Person Einkünfte erzielt, tatsächlich aber eine andere Person „verdeckt" den Sachverhalt bzw. die Leistungsdisposition beherrscht. Dies sollte als Alternative zur Lösung derartiger Fälle mittels § 42 AO dienen. Hier dient die Anleihe bei der mittelbaren Täterschaft der konzeptionellen Erläuterung der Rechtsfolge von Tatbeständen, die vom Einheitstatbestand abweichen.

mann als einkünfteerzielende Person und bspw. auch als der Träger der ausländischen Steuerschuld für Zwecke der Anrechnung nach § 34c EStG gelten würde. Von einer Trennung der Tatbestandsverwirklichung und Steuerschuldnerschaft kann hier nur noch insofern gesprochen werden, als die Steuerschuldnerschaft von der Person getrennt wird, die nach *allgemeinen Regeln* selbst tätig geworden ist und deshalb *nach allgemeinen Regeln* als tatbestandsverwirklichende Person gelten müsste.

bb. Prinzipielle Konflikte

Auch hier liegt auf den ersten Blick – alle besonderen Umstände außer Acht lassend, die zu einer solchen Anordnung veranlassen könnten – ein Konflikt mit dem Leistungsfähigkeitsprinzip in Verbindung mit dem Individualsteuerprinzip vor; denn die Person, die Erwerbseinkommen durch ihre Tätigkeit erzielt, würde von einer Steuerschuld befreit, eine andere Person, die diese leistungsfähigkeitsindizierende Bedingung nicht erfüllt, würde mit einer Steuerschuld belastet. Dieser Konflikt würde dann nicht entstehen oder wäre in seiner Schärfe gemildert, wenn Umstände vorlägen, die die Wertung zuließen, die Erwerbstätigkeit und deren leistungsfähigkeitsindizierender Erfolg – die erzielten Einkünfte – seien solche des Hintermanns.

Schließt man sich dem Zurechnungskriterium der Markteinkommenstheorie an, nach dem die Einkünfte im Regelfall demjenigen zuzurechnen sind, der über die Leistungserbringung disponieren kann,[235] dann müssten Umstände vorliegen, unter denen nach allgemeinen Regeln eine Person als Leistungserbringer anzusehen ist, aber die Dispositionsfähigkeit aufgrund besonderer Umstände eher beim Hintermann liegt, etwa weil dieser zwar nicht über die Leistungen, aber über die Entscheidungen des Leistungserbringers disponieren kann. Andererseits dürften nicht alle Bedingungen des allgemeinen Zurechnungskriteriums erfüllt sein, da sonst nicht mehr von mittelbarer, sondern schlicht von unmittelbarer Tatbestandsverwirklichung auszugehen wäre, eine besondere Anordnung also verzichtbar wäre.[236]

Denkbar ist eine Vielzahl von Konstellationen, die eine solche Anordnung tragen könnten. So wäre es möglich, dass nur ein gegenüber dem vom Regeltatbestand erforderten Maß reduziertes Maß an Kontrolle vorhanden ist, hinzu aber

---

235 *Ruppe*, DStJG (1977), S. 7, 16 ff.
236 In diesem Sinn verwendet *v. Groll* die Figur der mittelbaren Täterschaft (*v. Groll*, StuW 1995, 326).

weitere Erwägungen treten wie die Herstellung eines anreiz- und wettbewerbs-
gerechten Konzernsteuerrechts oder die Abwehr von Gestaltungsmissbrauch.
Mehrere Aspekte zusammen würden dann die Aspekte, die im regulären Tatbestand die Steigerung der individuellen Leistungsfähigkeit durch Erwerbstätigkeit
repräsentieren, derart überwiegen, dass man zu dem Schluss käme, der Aspekt
der Leistungsfähigkeit in Verbindung mit anderen statthaften Erwägungen
erfüllte die rechtfertigenden Gründe, eine Steuerschuld in bestimmter Höhe von
einer bestimmten Person zu erheben, besser, wenn man die Steuerschuld gegen
eine andere, hier als Hintermann bezeichnete Person richtete.

cc. Parallelen zur mittelbaren Täterschaft im Strafrecht und dem Vertretungsrecht im Zivilrecht

Das Problem, eine Trennung des Regeltatbestands von der Rechtsfolge konsistent
mit den Grundwertungen eines Rechtsbereichs in Einklang zu bringen, zeigt sich
ganz ähnlich auch in andern Rechtsbereichen, namentlich im vom Schuldprinzip
geprägten Strafrecht und in dem von der Privatautonomie geprägten Zivilrecht:
    Das Strafrecht kennt eine solche Trennung von Regeltatbestand und Strafan-
spruch in der Form der mittelbaren Täterschaft (§ 25 Abs. 1 Alt. 2 StGB). Die Herausforderung ist es dort, Umstände zu entwickeln, die ausnahmsweise der (unmittelbar) tatbestandsverwirklichenden Person die Schuld für das bewirkte Hand-
lungs- und Erfolgsunrecht absprechen und einer anderen Person, dem Hintermann, zusprechen. Die Wertung besteht dort darin, dass der Hintermann den
Vordermann bspw. aufgrund eines Irrtums, Zwangs oder Schuldunfähigkeit wie
ein Werkzeug in der Hand hat, weshalb nicht der Vordermann (Tatmittler), sondern der Hintermann für die Tat verantwortlich ist.[237] Diese gesetzliche Wertung,
die Verantwortlichkeit für die Tat sei vom Regeltatbestand abweichend auf eine
andere Person, den Hintermann, übergegangen, hat zur Folge, dass alle Delikts-
voraussetzungen und rechtlichen Konsequenzen auf die Person des Hintermanns
zu beziehen sind.[238]
    Im von der Privatautonomie geprägten Zivilrecht kann man einen Fall der
mittelbaren Tatbestandsverwirklichung im Vertretungsrecht sehen (zu den
Rechtsfolgen insb. §§ 164 ff. BGB). Rechtsfolge des Handelns eines Stellvertreters
ist, dass die Rechtsfolge einer Tatbestandsverwirklichung (bspw. Vertragsschluss)
nicht den Handelnden – d. h. den Vertreter, der eine eigene Willenserklärung

---

[237]   *Kühl*, in: Lackner/Kühl, StGB, § 25 Rn. 2.
[238]   *Heine/Weißer*, in: Schönke/Schröder, StGB, § 25 Rn. 48.

abgibt – trifft, sondern eine andere Person, den Vertretenen (§ 164 Abs. 1 BGB).[239] Diese krasse Abweichung von Wertungen der Privatautonomie – der Grundsatz der Rechtsgestaltung aufgrund des eigenen Willens – beruht teils darauf, dass der Rechtsfolgenbetroffene gerade privatautonom durch eine Vollmacht (sog. gewillkürte Vertretungsmacht) diese Situation herbeigeführt hat (und sie jederzeit beenden kann), teils darauf, dass der Hintermann nicht in der Lage ist, privatautonom zu handeln (organschaftliche Vertretung von juristischen Personen und gesetzliche Vertretung von nicht geschäftsfähigen natürlichen Personen).[240]

Besonders instruktiv für das Problem, die Trennung des Regeltatbestands (bspw. Vertragsschluss durch *Vertreter*) von der Rechtsfolge (vertraglich Verpflichtung/Berechtigung des *Vertretenen*) konsistent mit den Grundwertungen eines Rechtsbereichs in Einklang zu bringen, zeigt der Grundsatzstreit um die Anerkennung der sog. Anscheinsvollmacht.[241] Die sog. Anscheinsvollmacht soll bewirken, dass das rechtsgeschäftliche Handeln einer Person auch dann Vertretungsfolgen gegen eine andere Person auslöst, wenn diese zwar nicht willentlich eine Vollmacht erteilt, aber durch fahrlässiges Verhalten den Rechtsschein gesetzt hat, eine Vollmacht erteilt zu haben.[242] Das Zivilrecht kennt grundsätzlich Vollmachten kraft Rechtsscheins,[243] d. h. also die Verdrängung der Wertung der Privatautonomie durch die Wertung des Vertrauensschutzes im Bereich der Vollmacht. Bei der Anscheinsvollmacht ist die Frage, ob ein Rechtsschein ausreicht, der lediglich fahrlässig durch eine Person verursacht worden ist, um ein Vertretungsverhältnis zu erzeugen, d. h. inwieweit die Anforderungen an die Zurechnung des Scheintatbestands abgeschwächt werden dürfen, damit die Wirkungen einer Vertretung noch eintreten.[244] Dahinter steht die wertungsmäßige Frage, ob sich die sog. Anscheinsvollmacht in die Wertungen des Vertretungsrechts einfügt, nämlich in die Konkurrenz von Privatautonomie (des Vertretenen) und Vertrauensschutz (des Geschäftsgegners), oder ob die Wertungen des Zivilrechts in den Fällen der Anscheinsvollmacht lediglich eine Haftung auf das negative Interesse (culpa in contrahendo) stützen können.[245]

---

[239] Diese Zurechnung wird im Übrigen auch umschrieben als „Zurechnung des rechtsgeschäftlichen *Handelns* eines Dritten" (Hervorhebung durch Verf.), nicht als Zurechnung eines Rechtsgeschäfts, vgl. *Schubert*, in: MüKo, BGB, § 164 Rn. 1.
[240] *Schubert*, in: MüKo, BGB, § 164 Rn. 2.
[241] *Schubert*, in: MüKo, BGB, § 164 Rn. 89 ff.
[242] *Schubert*, in: MüKo, BGB, § 164 Rn. 91.
[243] Umfangreich hierzu *Canaris*, Vertrauenshaftung, S. 32 ff.
[244] *Canaris*, Vertrauenshaftung, S. 48.
[245] Für Letzteres u.a. *Canaris*, Vertrauenshaftung, S. 50 f. mit dem Argument, dass die konkludente *Erteilung* einer Außenvollmacht ohne Erklärungsbewusstsein schon keine Willenserklärung oder zumindest als solche anfechtbar, also keine wirksame Voll-

Diese Ausführungen sollen verdeutlichen, dass die personelle Änderung der Rechtsfolge, d. h. der Austausch des strafrechtlichen, zivilrechtlichen oder steuerrechtlichen Schuldners besonderer Umstände bedarf, die sich in die Grundwertungen, die die Anknüpfung rechtlicher Pflichten im jeweiligen Rechtsbereich tragen, einfügen.

dd. Zu erwartende Begleitregelungen

Da immer eine andere Person die Einkünfte erzielt, hinsichtlich derer die Steuerschuld erhoben wird, wäre grundsätzlich zu erwarten, dass das wirtschaftliche Substrat, das dem steuerlichen *Einkünftetatbestand*, zugrunde liegt, dem Hintermann in irgendeiner Form wirtschaftlich zugute kommt bzw. – wenn negativ – er wirtschaftlich damit belastet wird. Im Zusammenhang mit einer Körperschaft als Vordermann wäre u.a. eine direkte Übertragung denkbar oder eine derart starke Kontrolle, dass verfügt werden kann wie über rechtlich eigenes Vermögen.

Weiterhin wäre zu erwarten, dass nach Erhebung der Steuerschuld, als habe der Hintermann die einkünfteerzielende Tätigkeit selbst ausgeführt, der Transfer des den Einkünften zugrundeliegenden wirtschaftlichen Substrats sich nicht mehr in einer Steuerschuld gegen den Hintermann niederschlägt, etwa indem die Einkünfte rechtstechnisch aus dem steuerbaren Bereich genommen würden oder als steuerfrei bzw. nicht abzugsfähig bestimmt werden. Denn wenn eine Person bereits so behandelt wurde, als hätte ein bestimmtes Steuersubstrat schon ihre Leistungsfähigkeit erhöht, kann dies nicht durch bloße Übertragung der entsprechenden Vermögenswerte ein zweites Mal als Erhöhung der Leistungsfähigkeit gewertet werden, die eine Steuerschuld rechtfertigen könnte.

ee. Geschäftsvorfälle zwischen Vorder- und Hintermann

Ein besonderer Aspekt ist die Frage, ob Geschäftsvorfälle des Vordermanns, d. h. einzelne Ausprägungen des tatbestandsverwirklichenden Verhaltens des Vordermanns (bspw. Kauf oder Verkauf von Wirtschaftsgütern, entgeltliche Überlassung oder Nutzung von Rechten oder Finanzmitteln) auch dann noch als Ausprägun-

---

machtserteilung wäre; dann könne die fahrlässige, konkludente *Mitteilung* einer erteilten Innenvollmacht nicht strenger bewertet werden. Ebendies sind Überlegungen zur konkreten Konkurrenz von Privatautonomie und Vertrauensschutz, also zur Rechtfertigung eines Trennungstatbestands aus den Wertungen des Zivilrechts.

gen des tatbestandsverwirklichenden Verhaltens gewertet werden können, wenn der Hintermann Gegner der jeweiligen Transaktion ist (also bspw. als Käufer oder Verkäufer, Darlehens- oder Lizenznehmer oder –geber). Die Frage stellt sich, weil aus der Prämisse der mittelbaren Tatbestandsverwirklichung, dem Hintermann werde das tatbestandsverwirklichende Verhalten des Vordermanns als eigenes zugerechnet, auf den ersten Blick folgen müsste, dass der Hintermann mit sich selbst kontrahiert. Die Einkünftebestandteile, d. h. die Erwerbseinnahmen bzw. –ausgaben, die aus solchen Ausprägungen des tatbestandsverwirklichenden Verhaltens resultieren, müssten wohl von dem Bereich der Tatbestandsverwirklichung *dem Grunde nach* und folglich auch von der Bemessung des Steueranspruchs *der Höhe nach* abgeschieden werden.

Aber zwingend scheint das – eingedenk der Vielgestaltigkeit von Umständen und Begleitregelung einer Anordnung mittelbarer Tatbestandsverwirklichung – nicht. Ob man solche Geschäftsvorfälle von der Quantifizierung der Steuerschuld gegen den Hintermann ausnimmt oder nicht, wirkt sich nicht auf die Steuerschuld des Hintermanns aus, wenn der Geschäftsvorfall den Betrag der Einkünfte des Hintermanns in korrespondierender Weise erhöht oder vermindert wie den Betrag der Einkünfte des Vordermanns (unterstellt dieser erzielte selbst Einkünfte).[246] Die Entscheidung dieser Frage wirkt sich aus, wenn die Einkünfteauswirkungen nicht korrespondieren, was bspw. bei der Veräußerung von Wirtschaftsgütern zu einem Veräußerungspreis bzw. Anschaffungskosten abweichend vom Buchwert erfolgt. Beim Veräußerer fällt ein Ertrag bzw. Aufwand an, beim Erwerber wirkt sich der Vorgang zunächst nicht aus, da dieser – Gewinnermittlung vorausgesetzt[247] – einkünfteneutral die Anschaffungskosten ansetzt. Die Steuerschuld des Jahres der Veräußerung bzw. folgender Jahre wird jedoch beeinflusst durch höhere bzw. niedrigere Abschreibungen und letztlich durch einen niedrigeren bzw. höheren Veräußerungsgewinn. Denn eliminierte man bei einer Veräußerung Erträge bzw. Verluste, müsste dies mit einem Buchwertansatz beim Erwerber einhergehen. Die Entscheidung für oder wider die Abscheidung von Geschäftsvorfällen zwischen Vorder- und Hintermann wirkt sich also weitgehend nur auf die zeitliche Zuordnung der Steuerschulden aus. Je nach Anlass für die Anordnung der mittelbaren Tatbestandsverwirklichung sind also Abweichungen vom Regeltatbestand möglicherweise akzeptabel, bspw. wenn nach der jeweiligen Konzeption Gründe bestehen, den Vordermann in gewissem Maße weiterhin als eigenständig handelnde Person anzusehen. Es könnten auch abzuwägende

---

[246] *Witt*, Konzernbesteuerung, S. 25.
[247] Dies kann man jedenfalls weitgehend für die hier behandelten Regime voraussetzen.

Gesichtspunkte gegen eine Abscheidung bestehen, bspw. Schwierigkeiten der Umsetzung technischer Natur.[248]

c. Tatbestandsverdopplung

aa. Darstellung und Folgen für Tatbestandsverwirklichung und Steuerquantifizierung

Was im Folgenden Tatbestandsverdopplung genannt werden wird, passt nicht ohne weitere Erläuterung unter den Titel *Trennung von Tatbestandsverwirklichung und Steuerschuld*. Es handelt sich um die Anordnung der Rechtsfolge, dass die Tatbestandsverwirklichung der einen Person *reflexartig* die Tatbestandsverwirklichung *auch* einer anderen Person bedeutet. Eine solche Konstellation kann eigentlich nur in einer Ausschüttungsfiktion liegen, die im Verhältnis einer Körperschaft zu ihren Beteiligten immer dann greift, wenn die Körperschaft selbst durch eine einkünfteerzielende Tätigkeit den Tatbestand erfüllt. Eine solche Anordnung trennt Tatbestandsverwirklichung und Steuerschuld nicht voneinander, sondern fügt einer Tatbestandsverwirklichung eine zweite hinzu. Daraus folgt, dass grundsätzlich auch zwei Steueransprüche entstünden, sowohl gegen den Vorder- als auch gegen den Hintermann. Die Tatbestandsverdopplung in Gestalt einer Ausschüttungsfiktion muss hier dennoch einbezogen werden, weil sie in verschiedenen Konstellationen in Betracht zu kommen scheint, insb. in einem Begründungsmodell der Trennungstheorien zur KGaA und Begründungsansätzen der Hinzurechnungsbesteuerung bzw. der Familienstiftungsbesteuerung.

Die Folge einer solchen Tatbestandsverdopplung in Gestalt einer Ausschüttungsfiktion wäre schlicht die Herstellung der Rechtsfolgen einer Ausschüttungsbesteuerung. Das würde für die hier thematisierten Problembereiche bedeuten, dass die einkünfteerzielende Tätigkeit des Vordermanns nicht als eine solche des Hintermanns anzusehen wäre, also bspw. Betriebsstätten nur dem Vordermann zuzuordnen wären. Der gegen den Vordermann resultierende Steueranspruch müsste prinzipiell nach allgemeinen Regeln dem Grunde nach entstehen und der Höhe nach quantifiziert werden. Der Hintermann würde, ohne selbst Einkünfte etwa aufgrund einer Kapitalüberlassung zu erzielen, mit einem Steueranspruch belastet, der so quantifiziert würde, als hätte eine Ausschüttung stattgefunden.

---

[248] Dazu etwa v. *Lishaut*, FR 2011, 1030, 1034, im Zusammenhang mit der Forderung nach Zwischengewinneliminierung im Rahmen einer reformierten Gruppenbesteuerung.

bb. Prinzipielle Konflikte, zu erwartende Begleitregelungen und potenzielle Zwecke

Betrachtet man den Fall einer Ausschüttungsfiktion, so entsteht nicht notwendig ein Konflikt mit dem Leistungsfähigkeitsprinzip, wenn man die Trennungsbesteuerung unter diesem Prinzip nicht für zwingend hält, sondern ein Gleichbehandlungsproblem derart, dass zu rechtfertigen wäre, warum im Regelfall die Besteuerung aufgrund der Abschirmwirkung aufgeschoben werden kann, aber in diesem Fall aufgrund der Ausschüttungsfiktion sofort bewirkt wird. Blickt man beispielsweise auf die Hinzurechnungsbesteuerung – sollte diese eine Ausgestaltung einer Ausschüttungsfiktion sein – könnte ein solcher rechtfertigender Zweck möglicherweise die Abwehr von als missbräuchlich erkannten Gestaltungen sein.[249]

Läge eine Ausschüttungsfiktion vor, wäre wohl zu erwarten, dass insb. negative Ergebnisse des Vordermanns nicht in die Quantifizierung des Steueranspruchs gegen den Hintermann eingingen, da diese nicht ausgeschüttet werden können. Es wäre weiterhin zu erwarten, dass sich der zuzurechnende Betrag an einem theoretisch zur Ausschüttung zur Verfügung stehenden Betrag orientieren würde. Außerdem dürfte die tatsächliche spätere Ausschüttung nicht erneut eine Tatbestandsverwirklichung bedeuten, weil sonst zweimal der gleiche Vorgang besteuert würde. Zudem wäre zu erwarten, dass hinsichtlich des gleichen Sachverhalts zwei Steueransprüche entstehen.

d. Zusammenfassung

Jedes der dargestellten Modelle, insb. die Steuerschuldübernahme und die mittelbare Tatbestandsverwirklichung, stellt im Ausgangspunkt einen erheblichen Eingriff in Grundentscheidungen des Ertragsteuerrechts dar, da es – zumindest die Steuerschuldübernahme und die mittelbare Tatbestandsverwirklichung – die Steuerschuld gegen eine Person richten, die selbst die tatbestandlichen Voraussetzungen der Steigerung der Leistungsfähigkeit durch ein Erwerbseinkommen nicht erfüllt. Es sind aber Umstände und Begleitregelungen denkbar, unter denen diese Verlagerung gerechtfertigt sein kann. Für die Steuerschuldübernahme kann dies die Effektivierung der Steuereinziehung sein i.V.m. einer Steuertragungspflicht des Vordermanns im Innenverhältnis. Für die mittelbare Tatbestandsver-

---

[249] Vgl. unten zur Hinzurechnungsbesteuerung V.4. (S. 118 ff.).

wirklichung müsste eine Situation vorliegen, in der der Hintermann zwar ein gewisses Maß an Kontrolle über die Einkünfteerzielung des Vordermanns ausübt, das nicht ausreicht, um von eigener Einkünfteerzielung zu sprechen, aber in der weitere Aspekte hinzutreten (bspw. die Förderung von Konzernstrukturen, Missbrauchsabwehr), die den Gesetzgeber dazu bewegen, von seiner Grundwertung in § 2 Abs. 1 S. 1 EStG abzuweichen und eine andere Person – als den Einkünfteerzieler – zur tatbestandsverwirklichenden Person zu bestimmen. Eine solche Anordnung würde wohl begleitet von einer Regelung, die den Transfer des Besteuerungssubstrats von Vorder- zu Hintermann von der Steuerbarkeit ausnimmt. Ebenso wäre eine Eliminierung von sog. Zwischengewinnen zu erwarten, was aber nicht zwingend erscheint. Die Tatbestandsverdopplung ist nur als Sonderfall einer Ausschüttungsfiktion denkbar, die in einem Trennungssystem die Besteuerung des Anteilseigners der einkünfteerzielenden Körperschaft vorzieht, bspw. für Zwecke der Gestaltungsabwehr.

In der Folge soll die These geprüft werden, dass die *Ergebniszurechnung* ebenfalls einen solchen Eingriff in Grundentscheidungen darstellt, aber diese – im Unterschied zu den Referenzmodellen – als Rechtstechnik unter keinen Umständen geeignet ist, sich konsistent in die Grundentscheidungen einzufügen, was an ihrer Unfähigkeit liegt, Wertungen zu tragen, die in den Grundentscheidungen enthalten sind. Dieses Problem zeigt sich in vielfältigen praktischen Ungereimtheiten des Rechtszustands und der Rechtsanwendung.

3. Die *Ergebniszurechnung* als Mittel zur Trennung von Tatbestandsverwirklichung und Schuldnerschaft

Das Ertragsteuerrecht verwendet in den hier behandelten Regimen jedenfalls auf den ersten Blick nicht einen der dargestellten Referenztypen zur Trennung von Einkünfteerzielung und Steuerschuldnerschaft, sondern verwendet die *Ergebniszurechnung*. Das gilt für die Organschaft (§ 14 Abs. 1 S. 1 KStG) und für die Besteuerung der Familienstiftung alter und neuer Fassung von § 15 AStG. Es gilt auch für die Besteuerung der KGaA und innerhalb der Personengesellschaftsbesteuerung gilt dies unter der Einheitstheorie. In der Hinzurechnungsbesteuerung verwendet das Gesetz selbst nicht den Ausdruck der *Einkünftezurechnung*; die Formulierung in § 7 Abs. 1 AStG, nach der Einkünfte der einen Person (Zwischengesellschaft) *bei einer Person steuerpflichtig sind,* ist aber für diese Zwecke ähnlich; denn der Tatbestand geht offenbar davon aus, dass die Zwischengesellschaft als Vordermann Einkünfte erzielt und nur diese Einkünfte, nicht auch die tatbestandsverwirklichende Einkünfteerzielung als solche des Gesellschafters als Hintermann behandelt werden sollen.

a. Darstellung und Folgen für Tatbestandsverwirklichung und Steuerquantifizierung

In den Begriffen des hier verwendeten Tatbestandsmodells[250] wirkt sich die Ergebniszurechnung nur auf die beiden Steueransprüche *der Höhe nach* aus, Fragen der Tatbestandsverwirklichung *dem Grunde nach* lässt sie hingegen unberührt. Der Vordermann bleibt die einkünfteerzielende, d. h. tatbestandsverwirklichende Person.[251] Er betreibt beispielsweise ein Gewerbe, nur ihm sind Betriebsstätten beispielsweise für die Begründung der beschränkten Steuerpflicht zuzuordnen. Die Bemessung des Steueranspruchs *der Höhe nach* bemisst sich – wenn man korrigierende Sonderregelungen außer Acht lässt – zum Teil nach den persönlichen Verhältnissen des Vordermanns, nämlich soweit, wie die steuerquantifizierenden Vorschriften an die einkünfteerzielende Person anknüpfen. Insbesondere die Steuerart und der daraus folgende Steuersatz bestimmen sich aber weiterhin nach dem Hintermann.

Stellt man diese Überlegungen in den Referenzrahmen der oben dargestellten Modelle der Trennung von Tatbestandsverwirklichung und Steuerschuldnerschaft, dann zeigt die *Ergebniszurechnung* zunächst Ähnlichkeiten mit einer Steuerschuldübernahme, bei der die Tatbestandsverwirklichung *dem Grunde nach* ebenfalls beim Vordermann verbleibt und die Steuerschuld nach den Eigenschaften des Vordermanns quantifiziert wird.[252] Aber es ist jedenfalls konzeptionell keine Schuldübernahme, weil die Steuerschuld nicht der Höhe nach übernommen wird; die wesentliche Quantifizierungsentscheidung, nämlich Steuerart und damit der Steuersatz, bestimmen sich nach der Person des Hintermanns. Auch kann das zugerechnete Ergebnis mit dem eigenen Ergebnis verrechnet werden, was bei einer Schuldübernahme ebenfalls ausscheidet. Zudem quantifizieren häufig

---

250 Vgl. zusammengefasst oben B.I.3. (S. 17).

251 Mglw. Abweichungen in bestimmten Erklärungsmodellen zur Personengesellschafts- und KGaA-Besteuerung. Sich einer Zuordnung entziehend erläutert *Raupach* zwar, die Personengesellschaft erziele die Einkünfte, die dem Gesellschafter zuzurechnen seien, fügt aber hinzu, dass auch die Tatbestandsverwirklichung zuzurechnen sei, weil die Personengesellschaft eben kein Steuersubjekt sei (*Raupach*, StuW 1991, 278, 280, dort unter V.).

252 Auf diese Ähnlichkeit im Zusammenhang mit der Organschaft weist *Lüdicke*, IStR 2011, 741, 745 hin: letztlich werde durch die Einkommenszurechnung nur die Steuerschuldnerschaft auf den Organträger übertragen.

Sondervorschriften oder das Richterrecht den Steueranspruch in wesentlichen Aspekten (insb. hinsichtlich der Besteuerung von Kapitalerträgen oder der Steueranrechnung nach § 34c EStG) so, als hätte der Hintermann die Einkünfte erzielt. All dies passt nicht zu einer Steuerschuldübernahme. Es entsteht nicht eine Steuerschuld gegen den Vordermann, hinsichtlich derer die Übernahme durch den Hintermann angeordnet würde.

Die Anordnung einer *Ergebniszurechnung* kann aber – jedenfalls auf den ersten Blick – auch nicht als Anordnung einer mittelbaren Tatbestandsverwirklichung gewertet werden, weil es ja das Ergebnis *des* Vordermanns ist, das zugerechnet wird, sich die Zurechnung also auf *durch diesen erzielte* Einkünfte bzw. das resultierende Einkommen bezieht. Der Vordermann bleibt also die *dem Grunde nach* tatbestandsverwirklichende Person.

b.   Kritik auf Wertungsebene

Die Anordnung einer Ergebniszurechnung zur Trennung von Steuerschuld und Tatbestandsverwirklichung ist wertungsmäßig problematisch, weil diese Anordnung keine Wertung tragen kann, die eine solche Trennung rechtfertigen könnte. Man kann dies sogar als allgemeine Regel formulieren: Es ist keine sinnvolle Rechtstechnik, in Abweichung vom allgemeinen Anspruchstatbestand den Schuldner dieses Anspruchs auszutauschen, indem man die Zurechnung eines Tatbestandserfolgs anordnet.

aa.   Tatbestand als Repräsentant einer Wertung

Ein Tatbestand ist keine zufällige Ansammlung von Merkmalen. Der Tatbestand enthält in der Komposition der Merkmale die Wertungen, die den Gesetzgeber zur Verpflichtung einer bestimmten Person veranlassen. Einen Steueranspruch gegen eine bestimmte Person zu richten, ist – nicht auf der Ebene des positiven Rechts, sondern auf dieser Wertungsebene – gerechtfertigt, wenn diese Person durch eine Erwerbstätigkeit ihre Leistungsfähigkeit erhöht hat. Diese Wertung ist tatbestandlich gefasst als das Erzielen von Einkünften durch eine Erwerbstätigkeit i.S.v. § 2 Abs. 1 S. 1 Nr. 1–7 EStG i.V.m. §§ 13 ff. EStG. Für die beschränkt Steuerpflichtigen kommt wertungsmäßig die weitere Bedingung hinzu, dass sie mit ihrer Erwerbstätigkeit die innerstaatliche Infrastruktur in Anspruch nehmen, was sich tatbestandlich in die Inlandsbezüge wie typisiert in § 49 EStG übersetzt.[253]

Es ist kein Ausdruck einer konsistenten Wertung, nur einen Teil dieses Tatbestands, nämlich den Erfolgsteil, mit einer Person in einen rechtlichen Zusammenhang zu bringen, d. h. zuzurechnen, weil nur im Zusammenhang mit den anderen Bedingungen – die Ausübung einer Erwerbstätigkeit, das *Erzielen der Einkünfte* durch diese Tätigkeit – die Grundwertungen des Ertragsteuerrechts, die die Belastung mit einer Steuerschuld rechtfertigen, in einer Person vorliegen. Die Ausübung einer Erwerbstätigkeit repräsentiert die Grundentscheidung für das Konzept des Erwerbseinkommens, die Herrschaft über die einkünfteerzielende Leistung und über das Einkünftesubstrat,[254] das *Erzielen* von Einkünften im Rahmen dieser Tätigkeiten repräsentieren das Prinzip der Besteuerung nach der Leistungsfähigkeit. Das Merkmal der *Einkünfte* bzw. des *Einkommens* selbst repräsentiert ohne die sie erzielende Tätigkeit und die diese Tätigkeit ausübende bzw. beherrschende Person überhaupt keine Wertungen, die für die Zuordnung der wirtschaftlichen Leistungsfähigkeit von Bedeutung wäre. Diese Erfolgsmerkmale sind nur Bezugspunkt der Person und ihres Verhaltens, das letztlich für die Besteuerung *dem Grunde nach* maßgeblich ist.

Ordnet der Gesetzgeber nun an, dass die Person, die das für die Besteuerung maßgebliche, weil die Wertungen der Steuerschuld repräsentierende Verhalten zeigt, vom Bezugspunkt dieses Verhaltens getrennt wird, und eine andere Person mit diesem Bezugspunkt durch *Zurechnung* in Verbindung gebracht wird, die aber ihrerseits nicht diese wertungstragenden Merkmale in sich verwirklicht, dann ist – sowohl auf Wertungs- als auch auf Tatbestandsebene – eigentlich nicht mehr klar, ob überhaupt eine Person mit einer Steuerschuld belastet werden kann, weil keine der beiden Personen durch eine Erwerbstätigkeit ein die wirtschaftliche Leistungsfähigkeit erhöhendes Einkommen erwirtschaftet hat.

Zur Illustration sei erneut die strafrechtliche Tatbestandsgestaltung herangezogen: Der Strafgesetzgeber verwendet für die mittelbare Täterschaft, d. h. die Trennung von (unmittelbarer) Tatbestandsverwirklichung und Strafanspruch, in § 25 Abs. 1 Alt. 2 StGB die Formulierung *Begehung der Tat durch einen anderen*, was man gemeinhin versteht als die *Zurechnung der tatbestandsverwirklichenden Hand-*

---

[253] Vgl. zum Ganzen oben IV.1. (S. 74 ff.).

[254] Vgl. zur Frage, ob die Herrschaft über die Leistung oder die Herrschaft über das Einkünftesubstrat von vorrangiger Bedeutung ist: *Hey*, in: Schön, Kernfragen des UntStR, S. 1, 8 f.

lung einer anderen Person.[255] Die Zurechnung bezieht sich hier also auf die tatbestandsverwirklichende Handlung, nicht auf die Zurechnung eines Taterfolgs. Man stelle sich vor, statt dieser Formulierung ordnete das StGB an, dem Hintermann sei *das den Taterfolg beschreibende Merkmal* – d. h. die fremde Sache (z.B. § 242 Abs. 1 StGB) oder die andere Person (z.B. § 223 Abs. 1 StGB) – zuzurechnen. Das entspricht der Regelungsrealität in den hier behandelten steuerrechtlichen Regimen. Die Formulierung ist schon sprachlich offenkundig sinnlos; ein rechtliches Merkmal kann nicht zugerechnet werden, allenfalls der vom Merkmal typisierte Sachverhalt.[256] Der wertungsmäßige Grund für die sprachliche Sinnlosigkeit ist, dass der Strafanspruch nicht an *irgendeine* Beziehung zwischen Person und fremder Sache bzw. anderer Person anknüpft, sondern nur an die durch ein bestimmtes Verhalten und dessen Ursächlichkeit für das Hervorbringen des Tatobjekts, nämlich die Wegnahme der fremden Sache und die Misshandlung der Person; man müsste sogar sagen, dass das Tatobjekt ohne diese Handlungen gar nicht vorhanden ist, weil ein Gegenstand durch diese Handlungen erst zum Tatobjekt wird. Es wäre auf Wertungsebene völlig unklar, wie damit umzugehen wäre – nähme man die Formulierung beim Wort –, dass eine Person zwar die wertungstragenden Merkmale des Straftatbestands verwirklicht hat, aber die Verbindung zum Bezugspunkt des Tatobjekts durch rechtliche Anordnung gekappt wurde.

Obwohl der strafrechtliche Tatbestand natürlich anders strukturiert ist, so ist der Vergleich mit dem ertragsteuerlichen Tatbestand dennoch valide; das vergleichende Dritte besteht darin, dass der Tatbestand nicht mehr die Wertung, aufgrund derer der Staat einen Anspruch gegen eine Person richtet, trägt – sei es der Ausgleich von Schuld aus einer Straftat[257] oder die Abschöpfung von Leistungsfähigkeit aus einer Erwerbstätigkeit –, wenn eine Sondervorschrift anordnet, dass der Handlungserfolg – seien es die Tatobjekte oder Einkünfte – mit einer anderen Person als der des Handelnden in eine *Zurechnungszusammenhang* stellt, um gegen diese andere Person den jeweiligen Anspruch zu richten. Was im Strafrecht Fiktion ist und in der Realität vermutlich durch eine korrigierende Auslegung geheilt würde, ist im Steuerrecht Realität und ist m.E. der tiefliegende Grund für die oben skizzierten Problemlagen.

In der Auseinandersetzung um den Begriff des *Steuerpflichtigen* in § 6b EStG im Zusammenhang mit Personengesellschaften vertrat *Schön* die Auffassung, der

---

[255]   Vgl. etwa *Joecks*, in: MüKo, StGB, § 25 Rn. 54 f.; *Kudlich*, in: BeckOK, StGB, § 25 Rn. 19; *Heine/Weißer*, in: Schönke/Schröder, StGB, § 25 Rn. 8.
[256]   Vgl. dazu im Detail noch unten c. (S. 101 ff.).
[257]   Zu dieser Wertung BGH v. 27.4.2006, 4 StR 572/05, NJW 2006, 2169; *Kühl*, in: Lackner/Kühl, StGB, § 46 Rn. 1.

Steuerpflichtige im Sinne der Vorschrift müsse nicht der Steuerschuldner in Bezug auf eine Tatbestandsverwirklichung sein; Steuerpflichtiger könne auch die Person sein, die den Tatbestand verwirkliche. Diese Personen seien in der Regel identisch, es gebe aber auch Fälle, in denen sie auseinanderfielen, wie – nach seiner Auffassung – im Fall von gewerblich tätigen Personengesellschaften. In diesem Fall erfülle eine Person den Steuertatbestand, eine andere trage die Steuerschuld.[258] Aber wenn es die rechtspolitische Wertung ist, dass der Gesellschafter einer Personengesellschaft bereits dann seine wirtschaftliche Leistungsfähigkeit steigert, sobald die Personengesellschaft einen Gewinn erwirtschaftet hat, dann ist – unabhängig von der Frage, ob diese Wertung richtig oder falsch ist – die einzige tatbestandliche Übersetzung dieser Wertung, dass der Gesellschafter Einkünfte erzielt hat. Denn die Funktion des Tatbestands erschöpft sich in der sprachlichen Umsetzung von Wertungen, die der Rechtsfolge zugrunde liegen. Er hat keinerlei deskriptive Funktion, die es erfordern würde, bspw. aufgrund der zivilrechtlichen Verselbständigung der Personengesellschaft „wahrheitsgetreu" die Personengesellschaft als einkünfteerzielende Person zu beschreiben. Erst wenn bspw. diese privatrechtliche Verselbständigung den Gesetzgeber zu der Wertung veranlassen würde, dass die Steigerung der wirtschaftlichen Leistungsfähigkeit primär bei der Personengesellschaft zu verorten ist und der Gesellschafter bspw. erst bei tatsächlicher Entnahme der Gewinn seine wirtschaftliche Leistungsfähigkeit steigert, ließe sich dies tatbestandlich übersetzen mit dem Erzielen von Einkünften durch die Personengesellschaft. Doch auch wenn man hierzu käme, bliebe immer noch im Dunkeln, warum dieses, die wirtschaftliche Leistungsfähigkeit indizierende Merkmal einer anderen Person zugerechnet wird.

Es ist kein Zufall, dass die oben skizzierten, theoretisch zur Verfügung stehenden Rechtstechniken – zur Trennung von Tatbestandsverwirklichung *dem Grunde nach* und Steuerschuldnerschaft – gemein haben, dass alle Tatbestandselemente in *nur einer Person* vorliegen: bei der Steuerschuldübernahme im Vordermann, bei der mittelbaren Tatbestandsverwirklichung im Hintermann, bei der Tatbestandsverdopplung hinsichtlich zweier verschiedener Tatbestandsverwirklichungen in beiden. Bei genauer Betrachtung trennen solche Regime auch die Tatbestandsverwirklichung gar nicht von der Steuerschuldnerschaft; bei der Steuerschuldübernahme wird der Vordermann logisch zunächst (originärer) Steuerschuldner, dem Hintermann wird die Steuerschuld nur übergeleitet; bei der mittelbaren Tatbestandsverwirklichung gilt der steuerschuldende Hintermann kraft Anordnung als tatbestandsverwirklichende Person, der Vordermann nicht. Das

---

[258] *Schön*, Gewinnübertragungen bei Personengesellschaften, S. 14.

Zusammenfallen von (ganzer) Tatbestandsverwirklichung und Steuerschuld in einer Person ist zwingend, weil andernfalls die Rechtslage kein Ausdruck einer konsistenten, sinnvollen Wertung wäre. Deshalb sind die oben skizzierten Regelungstechniken abschließend, wenn das Regelungsziel ist, die Person, die nach allgemeinen Regeln Steuerschuldner wird, von ihrer Steuerschuld zu entlasten, und eine andere Person mit einer Steuerschuld in Bezug auf die gleiche Tatbestandsverwirklichung zu belasten.[259] Die konkrete Ausgestaltung kann natürlich je nach Zusammenhang und Zweck einer solchen Anordnung sehr unterschiedlich sein. Es wird sich auch zeigen, dass die Problematiken, die hier als konkrete Ausprägungen der dargestellten Grunddefizite der *Ergebniszurechnung* dargestellt werden, sich in diesen Referenzmodellen grundsätzlich nicht stellen, was auf ihre Fähigkeit zurückzuführen ist, sich in die Grundwertungen – entsprechende Umstände und Begleitregelungen vorausgesetzt – einzupassen.

bb.　Konkrete Ausprägungen der Unfähigkeit, Wertungen zu tragen

(1)　Allgemeines

Nun sind die Wertungen hinter dem Ertragsteuerrecht nicht selbst das anwendbare Recht. Man könnte also zu dem Schluss kommen, ob sich die *Ergebniszurechnung* in diese Grundwertungen einpasst oder nicht, ist letztlich unerheblich, wenn der Gesetzgeber mit Sonderregelungen ein Regelungsergebnis herbeiführt, das durch besondere Umstände und Begleitregelungen in Anbetracht der Grundwertungen gerechtfertigt ist. Es ist ausreichend, die Grundwertungen in einer sinnvollen Weise umzusetzen; auf die Rechtstechnik, mittels derer dies geschieht, kommt es letztlich nicht an.

Die Wertungen, die im Regeltatbestand ihren Ausdruck finden, sind aber so tief im gesamten Ertragsteuerrecht verwurzelt, dass die Heilung der Unfähigkeit, sich in die Wertungen einzupassen, einen enormen Apparat an Sonderregelungen erfordert, um eine *Ergebniszurechnung* in eine akzeptable Steuerschuld münden zu lassen. Diese Bemühungen, soweit sie überhaupt unternommen werden, mildern die praktischen Folgen in einigen wichtigen Aspekten. Aber sie sind nie ausrei-

---

[259]　Es mag eine vierte Möglichkeit geben, den Schuldner einer steuerlichen Tatbestandsverwirklichung auszutauschen, nämlich die Schaffung eines neuen Steuersubjekts. Dies ist bspw. in Ansätzen zu erkennen in der Zusammenveranlagung von Ehegatten nach § 26b EStG.

chend, weil nicht das gesamte Ertragsteuerrecht – insb. die Steuerquantifizierung – qua Sonderregelung in sinnvoller Weise in die Trennungstatbestände inte-
griert werden kann. Die anderen Trennungsmodelle – Steuerschuldübernahme,
mittelbare Tatbestandsverwirklichung und Ausschüttungsfiktion – weisen die
folgenden Probleme nicht auf; denn sie können – unter rechtfertigenden Umständen – ein Ausdruck der Wertungen des Ertragsteuerrechts sein.

(2) Tatbestandsmäßigkeit der *Ergebniszurechnung*

Schon die erste rechtsystematische Hürde, die Tatbestandsmäßigkeit beim Hintermann anzuordnen, wird teilweise nicht überzeugend überwunden: Soweit ein po-
sitiver Tatbestand für die Erfassung der *Ergebniszurechnung* vorhanden ist, liegt in
der doppelten Anordnung einer Einkünfteerzielung (Personengesellschaft unter
der Einheitstheorie, KGaA sowie die Hinzurechnungsbesteuerung und § 15 AStG
n. F.) möglicherweise nur eine Kuriosität ohne praktische Folgen.[260] Betrachtet
man aber aus unvoreingenommener Perspektive diese Regelungssituation der
doppelten Einkünfteerzielung, also der doppelten Tatbestandsverwirklichung,
liegt eigentlich die Vermutung nah, der Gesetzgeber wollte ein Konzept der Tatbestandsverdopplung umsetzen, welches wohl nur in der Gestalt einer Ausschüttungsfiktion denkbar ist.[261] Der gleiche Sachverhalt kann dann aus rechtlichen
Gründen, namentlich dem Trennungsprinzip, tatsächlich die Leistungsfähigkeit
zweier Personen steigern, die der Körperschaft und der an ihr beteiligten Person,
und so tatbestandlich eine zweifache Einkünfteerzielung bedeuten. Das ist aber
jedenfalls für die Organschaft, die Personengesellschafts- und KGaA-Besteuerung
sicher nicht gewollt, zumal diese ja hinsichtlich des zugerechneten Ergebnisses
nicht selbst einer Steuerschuld unterliegen, was in diesem Modell aber zu erwarten wäre. Hinsichtlich der Tatbestände des AStG besteht diesbezüglich gerade Unsicherheit, was auch daran liegt, dass der Gesetzgeber sich des Regelungsmecha-
nismus der *Ergebniszurechnung* bedient hat. Es ist nicht klar, ob eine *Ergebniszurechnung* etwa wie im Rahmen der Organschaft gewollt ist, oder eine Ausschüttungsfiktion.[262] Gegen die erste Alternative spricht u.a. die beschränkte Steuerpflicht der Zwischengesellschaft bzw. Familienstiftung.

Bei den Regimen der *Einkommenszurechnung* (Organschaft und die Besteuerung der Familienstiftung nach § 15 AStG a.F.) zeigt sich, dass die Einpassung in

---

[260] Vgl. III.1.a.ee. (S. 43 ff.).
[261] Vgl. 2.c. (S. 86 f.).
[262] Vgl. noch unten V.4. (S. 118 f.).

das Ertragsteuerrecht nicht problemfrei gelingt.[263] Bei der Familienstiftung ist die fehlende Tatbestandsmäßigkeit tatsächlich vom BFH bemängelt worden, bei der Organschaft stellt sich die durchaus rechtspraktische Frage, ob das zugerechnete Einkommen inländische Einkünfte für Zwecke von § 49 Abs. 1 Nr. 2 Buchst. a EStG sein kann. Auch die Frage, auf welcher „Stufe" das Einkommen der Organgesellschaft in die Steuerquantifizierung einbezogen wird, ist letztlich ein Ausdruck dieser Problematik. Weil nach dem Tatbestand *dem Grunde nach* unklar bleibt, warum der Organträger das durch die Tätigkeit der Organgesellschaft erzielte Einkommen in seine Steuerschuld aufnehmen muss, gibt es keine Leitlinien für die Entscheidung in der Frage, außer praktischen Erwägungen wie die Integration in den Gewinn einer Personengesellschaft oder bezüglich gewerbesteuerlichen Folgen.[264] Eine methodisch nachvollziehbare Begründung fehlt bisher.[265] Keins dieser Probleme würde sich stellen in den oben skizzierten Referenzmodellen wie bspw. der mittelbaren Tatbestandsverwirklichung.

(3)   Zusammenhang mit dem Territorialitätsprinzip (Betriebsstätten)

Die Frage der Zuordnung von Betriebsstätten ist deshalb von Bedeutung für diese Untersuchung, weil auch sie die Unfähigkeit der *Ergebniszurechnung* in besonders prägnanter Weise zeigt, sich in die Wertungen der Grundentscheidungen des Ertragsteuerrechts einzupassen. Das Territorialitätsprinzip verlangt wertungsmäßig, dass der Steuerschuldner die innerstaatliche Infrastruktur in Anspruch nimmt, da dies der rechtfertigende Grund ist, warum er für die inländischen Einkünfteerzielung zur Steuerschuld herangezogen wird.[266] Im Regeltatbestand wird dies tatbestandlich dadurch abgebildet, dass der Einkünfteerzieler mit einem besonderen, in § 49 EStG typisierten Bezug zum Inland tätig werden muss.

---

[263]   Vgl. III.1.a.aa.–cc. (S. 40 ff.).

[264]   *Wassermeyer*, DStR 2004, 214, 215.

[265]   Die Schwierigkeiten werden besonders deutlich bei *v. Groll*, DStR 2004, 1193, 1194, der versucht zu begründen, warum das Einkommen der Organgesellschaft dem Einkommen des Organträgers nach § 2 Abs. 4 EStG zu addieren ist: „Der Normzusammenhang spricht dafür, dass das, was bei der Organgesellschaft als Einkommen ermittelt wurde, auch in gleicher Qualität und Quantität beim Organträger „ankommt", zumal das KStG nirgendwo erkennen lässt, dass, warum und auf welche Weise der Gegenstand der kraft Gesetzes („automatisch") bewirkten Zurechnung in der „logischen Sekunde" zwischen dem Ausscheiden aus dem Steuerschuldverhältnis der Organgesellschaft und der Aufnahme in dasjenige des Organträgers eine Veränderung erfahren sollte."

[266]   Vgl. oben IV.1.b. (S. 76 f.).

In den Regimen der Ergebniszurechnung – insb. der Organschaft, der Personengesellschaft unter der Einheitstheorie sowie der KGaA – ist offenkundig gewollt, dass der Hintermann beschränkt steuerpflichtig wird aufgrund der Tätigkeit in Betriebsstätten des Vordermanns. Dies ist auch gerechtfertigt, weil der Hintermann in den Genuss der Einkünfteerzielung – durch die nicht steuerbare Gewinnabführung bzw. die Entnahme – gelangt, indem er, wenn auch vermittelt durch den Vordermann, die innerstaatliche Infrastruktur in Anspruch nimmt. Dies wäre durch die Anordnung einer mittelbaren Tatbestandsverwirklichung, unter der die Handlungen des Vordermanns als solche des Hintermanns zu werten wären, ohne Weiters abgebildet. Denn der Hintermann würde – aufgrund besonderer Umstände – so behandelt, als hätte er im Sinne von § 2 Abs. 1 S. 1 EStG durch Ausübung der dort genannten Tätigkeiten Einkünfte erzielt, also bspw. auch ein Gewerbe durch Betriebsstätten i.S.v. § 49 Abs. 1 Nr. 2 Buchst. a EStG betrieben.

In der Realität der *Ergebniszurechnung* muss das gewünschte Ergebnis entweder durch problematische Auslegungsmethoden hergestellt werden, wie im Fall der Personengesellschaft unter der Einheitstheorie oder der KGaA.[267] Oder wo dies nicht möglich scheint, wie im Fall der Organschaft, wird das Problem gelöst durch die Anordnung eines doppelten Inlandsbezugs, konkret in der Geschäftsleitungsbetriebsstätte der Organgesellschaft (§ 14 Abs. 1 S. 1 KStG) und der (einfachen) Betriebsstätte des Organträgers (§ 14 Abs. 1 S. 1 Nr. 2 S. 4 KStG), was auf Wertungsebene, also rechtspolitisch eigentlich keinen Sinn ergibt.[268]

Käme man zu dem Ergebnis, dass in der Hinzurechnungsbesteuerung und der Besteuerung der Familienstiftung eine Tatbestandsverdopplung durch Ausschüttungsfiktion verwirklicht ist, wäre die Betriebsstättenzuordnung zum Vordermann und dessen beschränkte Steuerpflicht wertungsmäßig konsistent. Man muss allerdings sehen, dass dann die *Ergebniszurechnung* als gesetzliche Anordnung bspw. in § 15 Abs. 1 AStG n. F. etwas völlig anderes bedeutet als die Einkommenszurechnung bspw. der Organgesellschaft nach § 14 Abs. 1 S. 1 EStG.

(4)   Steuerquantifizierung

Plakativer ist der Satz an Problemen in der Steuerquantifizierung. Das Ertragsteuerrecht knüpft mit seinen Regelungen zur Steuerquantifizierung regelmäßig an den Einkünfteerzieler an, also an die Person, die durch eine Erwerbstätigkeit

---

[267]   Vgl. dazu oben III.1.b.bb. (S. 46 ff.).
[268]   Vgl. dazu unten V.1.c. (S. 114).

ihre Leistungsfähigkeit steigert. Dass der Einkünfteerzieler als Adressat der steuerquantifizierenden Vorschriften angesprochen wird, ist von Bedeutung, weil diese Vorschriften nicht nur sachlicher Natur sind, sondern in einem weiten Sinn persönliche Eigenschaften des Einkünfteerzielers berücksichtigen. So soll beispielsweise jemand von dem Freibetrag nach § 16 Abs. 4 EStG begünstigt werden, der durch Veräußerung seines Betriebs stille Reserven in einem Veranlagungszeitraum aufdeckt, die er durch seine gewerbliche Tätigkeit gebildet hat. Entsprechendes gilt für die Personenbezogenheit der anderen oben diskutierten Regelungen[269] wie beispielsweise die Begünstigungen für Kapitalerträge, die Bilanzvorschriften (hinsichtlich derer teilweise fraglich ist, ob sie einen besonderen Personenbezug haben) sowie der Steuersatzregelungen und der Anrechnungsvorschriften wie beispielsweise § 34c EStG, bei der der Personenbezug in der Steuerschuldnerschaft im Ausland besteht.

An dieser technischen Grundentscheidung ist nichts auszusetzen; sie würde bei Umsetzung eines der Referenzmodelle zu sinnvollen und konsistenten Ergebnissen führen. So würde bei der Anordnung, der Hintermann gelte als die Person, die Einkünfte i.S.v. § 2 Abs. 1 S. 1 EStG erziele, also einer mittelbaren Tatbestandsverwirklichung, die Steuerschuld nach den persönlichen Eigenschaften des Hintermanns quantifiziert. Bei Anordnung einer Steuerschuldübernahme würde sich nichts ändern; der Hintermann übernähme eine Steuerschuld, die konsequent nach den Eigenschaften des Vordermanns quantifiziert würde. Bei einer Tatbestandsverdopplung durch Ausschüttungsfiktion würden die Steuerschuld des Vordermanns und die Steuerschuld des Hintermanns (aufgrund der fingierten Ausschüttung) jeweils nach ihren persönlichen Eigenschaften quantifiziert.

Im Zusammenspiel mit der Ergebniszurechnung aber führt der Blick auf den Vordermann zu inkonsistenten Ergebnissen. Denn die wesentliche quantifizierende Weichenstellung, die Steuerart und ihr Tarif, bestimmt sich letztlich nach der Person, der das Ergebnis zugerechnet wird. Nahezu alle anderen quantifizierenden Merkmale bestimmen sich aber aufgrund der oben skizzierten Grundentscheidung nach der Person, die die Einkünfte erzielt hat.

Das Problem ließe sich innerhalb der Ergebniszurechnung durch eine allgemeine Anordnung lösen, nach der in Fällen, denen konzeptionell eine Steuerschuldübernahme zugrunde liegt – was hier in keinem Fall in Frage kommt – die Anwendung steuerquantifizierender Vorschriften an die Eigenschaften des Vordermanns anknüpft, in den Fällen der Trennungstatbestände, die ein Konzept der mittelbaren Tatbestandsverwirklichung umsetzen, sich die Anwendung der steu-

---

[269] Vgl. dazu oben III.2. (S. 51 ff.).

erquantifizierenden Vorschriften nach den Eigenschaften des Hintermanns richtet. Eine solche Regelung würde also den Gedanken verallgemeinern, der beispielsweise im Organschaftsrecht in § 15 S. 1 Nr. 2 KStG und § 19 KStG sowie in der Diskussion um die Spannung zwischen Einheit und Vielheit der Personengesellschaftsbesteuerung unter der Einheitstheorie (und konsequenterweise auch in der mitunternehmerähnlichen KGaA-Besteuerung) enthalten ist. Letztlich läge in einer solchen Anordnung eine sondergesetzliche Annäherung an das Modell der mittelbaren Tatbestandsverwirklichung. Eine solche Anordnung müsste aber dogmatische Klarheit darüber voraussetzen, welches Konzept in den einzelnen Trennungstatbeständen umgesetzt ist. Das ist aber nicht der Fall.

Besonders deutlich ist diese Unklarheit in den Tatbeständen des AStG ausgeprägt, in denen sowohl Elemente einer mittelbaren Tatbestandsverwirklichung als auch Elemente einer Tatbestandsverdopplung durch Ausschüttungsfiktion enthalten sind. Deshalb hängt der Versuch einer Art Auslegungsmaxime, wie *Edelmann* sie scheinbar vorschlägt,[270] die den Hintermann bei der Steuerquantifizierung nicht anders behandeln will wie bei Direktbezug der Einkünfte, d. h. wie bei mittelbarer Tatbestandsverwirklichung, in der Luft. Erstens ist dies im Gesetz nicht angeordnet – eher im Gegenteil[271] – und zweitens würde eine solche Maxime voraussetzen, dass das umgesetzte Modell ein solches der mittelbaren Tatbestandsverwirklichung wäre, was angesichts der Regelungen, die für eine Tatbestandsverdopplung durch Ausschüttungsfiktion sprechen,[272] wohl nicht anzunehmen ist.

(5) Fehlende Orientierung bei der Rechtsanwendung

Zuletzt geben wertungsmäßig konsistente Erklärungen für eine Regelung Orientierung bei ihrer Anwendung in Zweifelsfällen. Der Bedarf danach ist umso größer, je geringer die Regelungsdichte ist. Selbst wenn man außer Acht lässt, dass die Besteuerungskonzeption für die KGaA völlig ungeklärt ist, und man sich für eins der hier diskutierten Modelle – mitunternehmerähnliche oder trennungskonzeptionelle Besteuerung – entschiede, bliebe weiterhin eine enorme Rechtsunsicherheit in vielen Bereichen, für deren Bewältigung das Konzept einer *Ergebnis-*

---

270 *Edelmann*, in: Kraft, AStG, § 10 Rn. 291, 344.
271 So fehlt beispielsweise für die Hinzurechnungsbesteuerung eine Vorschrift, die § 15 Abs. 8 AStG n. F. entspricht, die zumindest für Kapitalerträge die Steuerquantifizierung einer mittelbaren Tatbestandsverwirklichung annähern würde.
272 Vgl. dazu noch unten V.4. (S. 118).

zurechnung keine Orientierung geben kann, weil es nicht offenlegt, warum der Hintermann zur Steuerschuld herangezogen wird, für die die wertungsmäßigen Voraussetzungen in seiner Person laut Tatbestand nicht vorliegen.

Nichts belegt dies klarer als die Mitunternehmerbesteuerung unter der Einheitstheorie, bei der die mitunternehmerähnliche Konzeption der KGaA Anleihen nimmt. Der Rechtsanwender sah sich gezwungen in einer Vielzahl von Fällen zu fragen, ob die *Ratio* einer Vorschrift es verlangte, auf den Mitunternehmer oder auf die Personengesellschaft für die Ausfüllung der Merkmale der Vorschrift zu schauen. In Teilen gelang die Anwendung des Ertragsteuerrechts unter dieser Theorie eigentlich nur durch methodisch extensive Erweiterungen bestimmter Vorschriften wie bspw. § 49 Abs. 1 Nr. 2 Buchst. a EStG oder § 34c EStG. Bezeichnend für die Orientierungslosigkeit ist folgende Äußerung des BFH:[273]

> Der Grundsatz der Einheit der Personengesellschaft muß jedoch gegenüber dem Gedanken der Vielheit der Gesellschafter zurücktreten, wenn andernfalls eine sachlich zutreffende Besteuerung des Gesellschafters nicht möglich wäre. […]. [Der] „Durchgriff" auf einzelne in der „Einheit der Gesellschaft" verwirklichte Sachverhaltsmerkmale ist stets notwendig, wenn nur so die sachlich richtige Besteuerung des Beteiligten einer Personengesellschaft […] sichergestellt werden kann.

Das bedeutet ja letztlich, dass der Rechtsanwender das richtige Rechtsanwendungsergebnis schon vor Anwendung des Gesetzes kennen muss, sonst könnte er sich an der „sachlich richtigen Besteuerung" nicht orientieren.

Die KGaA kann zur Orientierung in der Rechtsanwendung aber auch nicht auf die Trennungskonzeptionen hoffen, die in der Einkünftezurechnung etwas Ähnliches sehen wie die Zurechnung im Rahmen der Organschaft oder § 15 Abs. 1 AStG a.F. Die Organschaft ist zwar nicht so sehr von Rechtsunsicherheit betroffen wie Personengesellschaft und KGaA, da viele Aspekte der Trennung von Einkünfteerzielung und Steuerschuldnerschaft positiv geregelt sind. Aber dort, wo Regelungslücken gefüllt werden müssen, lässt sich aus dem der *Einkommenszurechnung* zugrundeliegenden Konzept keinerlei Orientierung gewinnen. Im Gegenteil: Die sog. *Zurechnungstheorie* als das erklärende Konzept hinter den gesetzlichen Regelungen der Organschaft[274] trägt nicht nur nichts zur Lösung von Rechtsfragen bei, sondern kann auch zu falschen Entscheidungen führen, wie die Urteile des BFH zur (Nicht-)Anwendbarkeit von § 34 Abs. 3 EStG bei Veräußerung eines Betriebs durch die Organgesellschaft zeigen.[275] Die Entscheidungen

---

273 BFH v. 3.7.1995, GrS 1/93, BStBl. II 1995, 617.
274 Vgl. dazu noch V.1.a. (S. 107 f.).
275 BFH v. 14.4.1992, VIII R 149/86, BStBl. II 1992, 817; v. 22.1.2004 - III R 19/02, BStBl. II 2004, 515.

setzen sich jeweils nicht mit dem Wortlaut und dem Zweck von § 34 EStG aus-
einander,[276] sondern begründen ihr Ergebnis mit dem Hinweis auf die sog. *Zu-*
rechnungstheorie:

> Ausschlaggebend dafür ist, daß die gesetzliche Regelung der körperschaftsteuerrecht-
> lichen Organschaft von der sog. Zurechnungstheorie ausgeht […]. Organgesellschaft
> und Organträger bleiben also zivilrechtlich und steuerrechtlich selbständige Rechtsträ-
> ger.[277]

Die zivilrechtliche „Selbständigkeit" kann eigentlich keine Bedeutung haben,
denn Personengesellschaften sind zivilrechtlich auch selbständig und dort besteht
kein Zweifel, dass die Vorschrift anzuwenden ist. Aber auch die Behauptung der
steuerlichen Selbständigkeit ist nicht verständlich. Denn damit kann nur gemeint
sein, dass die Organgesellschaft weiterhin Einkünfte nach § 2 Abs. 1 S. 1 EStG bezieht. Aber diese *Einkünfteerzielung* ist wertungsmäßig – und um diese Ebene geht
es bei der Berufung auf die *Zurechnungstheorie* – leer, denn die Steuerschuld trägt
der Organträger weitgehend nach seinen persönlichen Verhältnissen. Es ist also
unklar, worin die *Selbständigkeit* der Organgesellschaft – auf Wertungsebene – genau besteht und wieso dies Bedeutung für die Entscheidung von Zweifelsfragen
hat.

Bereits hingewiesen wurde auf die dort besonders deutlich auftretenden Unsicherheiten insb. in der Steuerquantifizierung in der Hinzurechnungsbesteuerung und § 15 AStG, je nachdem, ob man eine Ausschüttungsfiktion, einen Direktbezug oder eine Zurechnung fremder Einkünfte als das zugrundeliegende Konzept unterstellt.[278]

c.   Kritik am Ausdruck: Zurechnung von Einkünften bzw. Einkommen

Der Kritik des Konzepts der *Ergebniszurechnung* auf Wertungsebene korrespondieren bei genauer Betrachtung Aspekte auf sprachlicher Ebene. Dass das Merkmal der *Einkünfte*[279] isoliert keine die Steuerschuld tragende Wertung trägt, also

---

[276]   Dazu *Tiedtke/Wälzholz*, GmbHR 2001, 847.
[277]   BFH v. 14.4.1992, VIII R 149/86, BStBl. II 1992, 817.
[278]   Vgl. oben unter (4) und insb. *Edelmann*, in: Kraft, AStG, § 10 Rn. 291, 344 zur Fiktion
        eines Direktbezugs bei der Anwendung steuerquantifizierender Vorschriften.
[279]   Im Folgenden wird auf die Nennung des *Einkommens* als Zurechnungsobjekt verzichtet;
        das dient der besseren Lesbarkeit. Grundsätzlich gilt das Gesagte für die Einkommens-
        zurechnung entsprechend, wenn nicht ausdrücklich etwas anderes geäußert wird.

wertungsmäßig unvollständig ist, entspricht die Feststellung, dass der Ausdruck als Rechtsbegriff keine vollständige Beschreibung eines Sachverhalts enthält, der sinnvollerweise Gegenstand einer Zurechnung sein könnte (dazu bb., vorweg unter aa. zur herkömmlichen Bedeutung, die dem Ausdruck zugemessen wird.).

aa. Herkömmliche Bedeutung

Die Formulierung, Einkünfte einer Person werden einer anderen Person zugerechnet, kann prinzipiell zwei Bedeutungen haben, nämlich die Bedeutung als reine Rechenoperation in dem Sinn, dass innerhalb der Bemessungsgrundlage des Vordermanns der *Betrag* der Einkünfte subtrahiert und der identische *Betrag* der Einkünfte der Bemessungsgrundlage des Hintermanns addiert wird. Das entspricht auch der praktischen Handhabung; aber diese praktische Handhabung ist das Ergebnis eines – wenn auch selten ausdrücklich präzisierten – anderen Verständnisses, dass nämlich der Ausdruck *Zurechnung der Einkünfte* meint, dass die Verantwortlichkeit für die *Einkünfte* in der rechtlichen Form einer Steuerschuld auf den Hintermann übergeht. Denn das ist es ja auch, was unter *Zurechnung* im Rahmen des Tatbestandsmodells der klassischen Tatbestandslehre bzw. in der gängigen Verwendung im Zusammenhang mit problematischen Sachverhalten – etwa der Verlagerung von Einkünften zwischen Familienangehörigen – entspricht: es geht um die rechtliche Verbindung von *Einkünften* mit einer Person für Zwecke des Steuertatbestands.[280] Im Gesetz zeigt sich dieses Verständnis besonders deutlich in § 26b EStG: dort werden Einkünfte der Ehegatten, die diese erzielt haben, erst *zusammengerechnet*, und den Ehegatten dann gemeinsam *zugerechnet*, also zwischen der bloßen Rechenoperation und der rechtlichen Verantwortung für die Einkünfte unterschieden.

---

[280]   Vgl. etwa *Hey*, in: T/L, § 8 Rn. 22: „[Es] stellt sich in der Person eines jeden Einkommensteuersubjekts die Frage, welche Einkünfte diese Person erwirtschaftet hat. Dies ist eine Frage der *persönlichen Zurechnung* von Einkünften." (Hervorhebung im Original).

bb. *Einkünfte* als unvollständige Sachverhaltsbeschreibung

(1) Fehlende Unterscheidung zwischen Rechtsbegriffen und typisierten Sachverhalten

Einkünfte können aber schon deshalb nicht der Gegenstand der Zurechnung sein, weil der Ausdruck *Einkünfte* nur die sprachliche Bezeichnung eines rechtlichen Urteils über einen Sachverhalt ist (eben ein Rechtsbegriff). Ein rechtliches (Subsumtions-)Urteil kann aber nicht zugerechnet werden. Spricht man davon, *Einkünfte* einer Person *zuzurechnen*, ist das die grundsätzlich zulässige, sprachliche Verkürzung dafür, dass der typisierte Sachverhalt, der dem Ausdruck *Einkünfte* zugrunde liegt, zugerechnet wird, d. h. in der für die jeweiligen Zwecke bedeutsamen Verbindung mit dem Zurechnungsempfänger steht. Dass die fehlende Unterscheidung zwischen Rechtsbegriff, d. h. der Begriff eines rechtlichen Urteils über einen Sachverhalt, und den Sachverhalten, die von diesem Rechtsbegriff beurteilt werden, praktisch in der Rechtsanwendung zu Problemen führen kann, zeigen Beispiele aus ganz anderem Kontext, die hier knapp dargestellt werden sollen:

(2) Beispiele: *Negative Einkünfte* i.S.v. § 14 Abs. 1 S. 1 Nr. 5 KStG und *ausländische Einkünfte* i.S.v. § 34c Abs. 1 EStG

Gemäß § 14 Abs. 1 S. 1 Nr. 5 KStG dürfen weder Organgesellschaft noch Organträger negative Einkünfte von ihrer Bemessungsgrundlage abziehen, wenn die negativen Einkünfte in einem ausländischen Staat im Rahmen der Besteuerung einer Person berücksichtigt werden.[281] Beim Wort genommen ergibt diese Formulierung sprachlich keinen Sinn, weil sie die Ebene des Rechtsbegriffs und die Ebene des von diesem Rechtsbegriff typisierten Sachverhalts verwechselt. Das betrifft konkret die Formulierung:

> [...], soweit [die negativen Einkünfte] in einem ausländischen Staat im Rahmen der Besteuerung [...] berücksichtigt werden.

Negative Einkünfte ist ein deutscher Rechtsbegriff, ein Urteil über einen Sachverhalt, das aufgrund deutschen Rechts gefunden wird. Dieses rechtliche Urteil kann

---

[281] Nach dem Wortlaut ist die Person, die die negativen Einkünfte im Ausland nutzt, nicht von Bedeutung.

logischerweise nicht in einem ausländischen Staat im Rahmen der Besteuerung berücksichtigt werden, jedenfalls nicht in dem hier gemeinten Zusammenhang. Was die Norm meint, ist, dass *der Sachverhalt*, der von einem deutschen Rechtsanwender als *negative Einkünfte* beurteilt wird, sich wie nach deutschem Recht mindernd auf die Quantifizierung eines Steueranspruchs eines ausländischen Steuergläubigers auswirken müsse, wenn ein ausländischer Rechtsanwender *denselben Sachverhalt* nach seinem Ertragsteuerrecht beurteilt.[282] Diese Differenzierung kann für die Diskussion von Rechtsfragen von Bedeutung sein.

Unklar ist etwa, inwieweit negative Einkünfte den Tatbestand erfüllen, wenn nur bestimmte Betriebsausgaben, die in die negativen Einkünfte eingehen, doppelt Berücksichtigung finden, d. h. sowohl den inländischen als auch einen ausländischen Steueranspruch mindern.[283] Da die Rechtsfolge durch ein *soweit* beschränkt wird, kann man wohl davon ausgehen, dass das Abzugsverbot auch dann eingreifen soll, wenn im Ausland nur die Tätigung bestimmter Betriebsausgaben berücksichtigt wird, auch wenn es sich dabei nach deutschem Recht nicht um *negative Einkünfte* handelt. Die richtige Begründung für dieses Ergebnis ist, dass es sich bei dem Ausdruck *negative Einkünfte* um eine sprachliche Verkürzung handelt, die den gesamten Sachverhalt meint, d. h. die gesamte einkünfteerzielende Tätigkeit des Organschaftsbeteiligten, die rechtlich beurteilt zu *negativen Einkünften* führt. Der Formulierung „[...] *soweit [die negativen Einkünfte] [...]* berücksichtigt *werden"* lässt sich also übersetzen als „[...] *soweit der Sachverhalt, der der Erzielung negativer Einkünfte i.S.v. § 2 Abs. 1 S. 1 EStG zugrunde liegt, auch im Ausland die Bemessungsgrundlage einer Ertragsteuer mindernd berücksichtigt wird."* Durch die Wendung *soweit* wird deutlich, dass auch einzelne Teile dieses Sachverhalts, also die Tätigung bestimmter Betriebsausgaben im Rahmen der einkünfteerzielenden Tätigkeit, berücksichtigt werden.

Das gleiche Phänomen zeigt sich im Rahmen von § 34c Abs. 1 EStG. Die Rechtsfolge der Vorschrift ordnet die Anrechnung einer ausländischen Steuer auf *ausländische Einkünfte* i.S.v. § 34d EStG an. Ausländische *Einkünfte* i.S.v. § 34d EStG können aber nicht zu einer ausländischen Steuerschuld führen, weil es sich um einen Rechtsbegriff des deutschen Steuerrechts handelt. Gemeint kann nur sein, dass ein Steuerpflichtiger die ausländische Steuer anrechnen kann, die sich aus dem gleichen Sachverhalt ergibt, d. h. aus seiner Tätigkeit, die eine Vermögensmehrung veranlasste, die für deutsche Steuerzwecke als *Einkünfte* beurteilt wird.

---

282 So ähnlich *Frotscher*, in: Frotscher/Maas, § 14 KStG, Rn. 512a.
283 Beispielsweise denkbar im Zusammenhang mit konfligierender Zuordnung von Sonderbetriebsausgaben eines Gesellschafters einer Organträger-Personengesellschaft.

(3)   Unvollständigkeit der Sachverhaltsbeschreibung *Einkünfte*

Für die Zwecke dieser Untersuchung ist die Erkenntnis essentiell, dass beide Vorschriften nur funktionieren, weil jeder Rechtsanwender stillschweigend diese Substitution vornimmt: Er ersetzt den Rechtsbegriff mit dem zugrundeliegenden Sachverhalt. Der Sachverhalt, den er zugrunde legt, wird aber durch das Merkmal der *Einkünfte* nicht hinreichend bezeichnet, weil *Einkünfte* selbst keinen Sachverhalt vollständig beschreiben. Wie schon oben in der Kritik der klassischen Tatbestandslehre angemerkt wurde:[284] *Einkünfte* bzw. *Einkommen* lassen sich selbst nicht ohne eine Person und die veranlassende Erzielenstätigkeit denken. Sachverhaltstechnisch isolierte Vermögensmehrungen einer Person sind nur deshalb *Einkünfte*, *weil* sie von dieser Person durch eine erzielende Tätigkeit veranlasst wurden. Der Sachverhalt, auf den mit dem Rechtsbegriff *Einkünfte* verwiesen wird, besteht aus der Tätigkeit einer Person i.S.v. § 2 Abs. 1 S. 1 Nr. 1–7 EStG i.V.m. §§ 13 ff. EStG und einer durch sie veranlassten Vermögensmehrung, die aufgrund ihrer Verbindung mit dieser Tätigkeit, dem sog. Veranlassungszusammenhang, als *Einkünfte* bezeichnet wird, in Verbindung mit den auslandsbezogenen Kriterien in § 34d EStG auch als *ausländische Einkünfte*. Man legt die Vorschriften korrigierend aus, indem man den Rechtsbegriff gedanklich durch diesen typisierten Sachverhalt ersetzt, der Gegenstand der Zurechnung sein kann.

Um dem Ausdruck *Einkünfte zurechnen* einen Sinn zu verleihen, könnte man ihn – ganz ähnlich der Regelungen in § 14 Abs. 1 S. 1 Nr. 5 KStG und § 34c Abs. 1 S. 1 EStG – korrigierend dahin auslegen, dass mit *Einkünften* in diesem Zusammenhang der *gesamte Sachverhalt* gemeint ist, der *Einkünfte* als Tatbestandserfolg hervorbringt, was vor allem die einkünfteerzielende Tätigkeit einer Person einschließen würde. Würde man die Formulierung derart auslegen, wäre das Resultat die Anordnung einer mittelbaren Tatbestandsverwirklichung. Das ist aber offenkundig nicht gewollt, wie sich bspw. in der Organschaft an dem Erfordernis der inländischen Betriebsstätte des Organträgers oder den Korrekturvorschriften in § 15 S. 1 Nr. 2 KStG und § 19 KStG zeigt, derer es unter Anordnung einer mittelbaren Tatbestandsverwirklichung nicht bedürfte.

Die sprachliche Analyse findet nur die Entsprechung der bereits oben dargestellten wertungsmäßigen Defizite. Die Unvollständigkeit der Beschreibung eines sinnvoll zurechenbaren Sachverhalts im Ausdruck *Einkünfte* entspricht der Unvollständigkeit einer Wertung im Tatbestandsmerkmal *Einkünfte*, die sich sinnvoll von einer Person auf eine andere übertragen ließe.

---

[284]   Vgl. oben I.1.c. (S. 10 ff.).

d.   Ergebnis

Die vorstehenden Erwägungen lassen sich in der Zusammenschau mit den in
Kapitel III. dargestellten Problemlagen wie folgt zusammenfassen:

- Die *Ergebniszurechnung* als Methode zur Entlastung des Vordermanns von
  und Belastung des Hintermanns mit einer Steuerschuld fügt sich nicht in die
  Grundwertungen ein, die im Regeltatbestand der Einkünfteerzielung durch
  eine Erwerbstätigkeit (§ 2 Abs. 1 S. 1 EStG) repräsentiert sind. Da das Ertragsteuerrecht aber auf diesen Grundwertungen und damit dem Regeltatbestand, der diese Wertungen repräsentiert, aufbaut, prägt sich dieses grundsätzliche Defizit in vielfältiger Weise im Steuertatbestand und der Steuerquantifizierung aus. Zur Korrektur sind Sonderregelungen erforderlich, und
  wo diese fehlen, können die Lücken nicht anhand eines Orientierung geben-
  den wertungskonsistenten Konzepts, das im *Trennungsmechanismus* enthalten
  sein könnte, gefüllt werden.
- Die wertungsmäßigen Defizite finden eine Entsprechung in sprachlichen
  Defiziten des Ausdrucks der *Zurechnung von Einkünften* bzw. *Einkommen*, weil
  diese Ausdrücke einen Sachverhalt nur in Zusammenhang mit anderen Elementen vollständig bezeichnen. *Einkünfte* sind Vermögensmehrungen, die
  durch eine Erwerbstätigkeit hervorgebracht werden. Diese Erwerbstätigkeit
  ist ein notwendiges Definitionselement des Begriffs, d. h. die Zurechnung von
  Einkünften müsste grundsätzlich auch diese Erwerbstätigkeit mit einbeziehen,
  was aber angesichts der vielen Sonderregelungen, die dieses Ergebnis auf
  Umwegen zu erreichen versuchen, offenbar nicht gewollt ist.
- Wertungskonsistente Konzepte müssen den Regeltatbestand und die Steuerschuldnerschaft in einer Person zusammenfallen lassen. Dies gelingt nur
  durch die unter 2. dargestellten Referenzmodelle. Deren Fähigkeit, sich in die
  Grundwertungen einzufügen, zeigt sich darin, dass unter diesen Modellen
  sich die Probleme der *Ergebniszurechnung* nicht ergeben.

V.   Blick auf die einzelnen Trennungstatbestände

1.   Organschaft

Es ist in diesem Zusammenhang von Interesse, auf die rechtspolitischen Überlegungen zu blicken, die hinter der Anordnung der *Einkommenszurechnung* stehen,

da diese hier ja als wertungswidrig kritisiert werden. Darauf soll deshalb in Bezug auf die Organschaft eingegangen werden (dazu a.), bevor die konkreten Differenzen zwischen dem geltenden Recht und einer möglicherweise wertungskonsistenteren Anordnung einer mittelbaren Tatbestandsverwirklichung des Organträgers durch die Organgesellschaft angesprochen werden.

a. Defizite der Zurechnungstheorie als Erklärung der Verlagerung der Steuerschuld von der Organgesellschaft auf den Organträger

Zur grundsätzlichen Erklärung des Auseinanderfallens von Einkünfteerzielung und Steuerschuldnerschaft in der Organschaft vertritt die Rechtsprechung die sog. Zurechnungstheorie,[285] die heute Ausdruck in der gesetzlichen Regelung der §§ 14 ff. KStG gefunden hat. In seiner Begründung für diese Entscheidung stellte der RFH weitgehend darauf ab, dass die Organgesellschaft *zivilrechtlich* bestehen bleibe, dass weiter Forderungen und Schulden aus Geschäften zwischen Organgesellschaft und Organträger bestünden; dem müsse das Steuerrecht – wenn keine abweichenden Gesichtspunkte eine andere Entscheidung erzwingen – folgen.[286] Wie bereits oben angedeutet, scheint die Eliminierung von Zwischengewinnen eine technische Frage zu sein, die kaum die Kraft hat, in grundsätzlicher Hinsicht darüber zu entscheiden, worin der Grund für die Übertragung der Steuerschuldnerschaft liegt. Es soll hier aber nicht so sehr um die Stichhaltigkeit einzelner Argumente gehen, sondern um die Natur dieser Theorie selbst. Das Problem an der Zurechnungstheorie ist, dass sie überhaupt keine erklärende Aussage über die grundsätzliche Wertung trifft, die zu der Übertragung der Steuerschuldnerschaft führt; sie beschreibt nur die Rechtsfolge. Eine Beschreibung von Rechtsfolgen ist aber nicht in der Lage, Wertungen abzubilden;[287] dieses Phänomen findet sich entsprechend auch in den Diskussionen um die Grundlagen anderer hier in den Vergleich gestellten Besteuerungsregime.

---

[285] Gutachten v. 26.7.1932, RStBl. 1933, 136, 138; aus neuerer Rechtsprechung BFH v. 14.4.1992, VIII R 149/86, BStBl II 1992, 817. Zur Entwicklung dieser und konkurrierender Theorien ausführlich *Jurkat*, Organschaft, Rn. 1-102.
[286] Gutachten v. 26.7.1932, RStBl. 1933, 136, 138.
[287] So auch *Neumann*, in: Gosch, KStG, § 14 Rn. 6. Hier sei noch angemerkt, dass die sich deshalb auch nicht eignet, eine Orientierung bei Anwendungsfragen zu geben, weshalb sie auch von niemandem ernsthaft zu Rate gezogen werden bzw. wenn dies – meist mit dem Hinweis auf die „Selbständigkeit" der Organgesellschaft – geschieht, der Anschein eines unbefriedigenden Scheinarguments entsteht, insb. zu § 34 Abs. 3 EStG: BFH v. 14.4.1992, VIII R 149/86, BStBl II 1992, 817.

In der neueren Literatur finden sich bessere, wertungsbezogene Erklärungen: *Neumann* bspw. nimmt die Abweichung vom Steuersubjektprinzip (letztlich also vom Leistungsfähigkeitsprinzip) zum Anlass, nach einer Rechtfertigung zu fragen, und sieht diese in der durch die Gewinnabführung gesteigerten Leistungsfähigkeit des Organträgers (und korrespondierend hinsichtlich der Entlastung der Organgesellschaft deren hierdurch geminderte Leistungsfähigkeit).[288] Das scheint aber als Rechtfertigung nicht vollständig, da die weitere Entscheidung, *nur* die Person zu besteuern, die das Einkommen erwirtschaftet hat, nicht berücksichtigt wird, bzw. es nicht klar ist, warum nicht in allen Fällen, in denen das Substrat erzielter Einkünfte an eine andere Person abgeführt wird, diese Schlussfolgerung gezogen wird. *Ismer* ergänzt diesen Gedanken in einer Verteidigung des Gewinnabführungsvertrags, indem er in der Organschaft das dogmatische Konzept des Wirtschaftens auf fremde Rechnung sieht: Der Organträger kontrolliere in gewissem Umfang die Organgesellschaft über die Stimmmehrheit und trage Chancen und Risiken des Wirtschaftens.[289] Eine solche Erklärung für die Übertragung der Steuerschuldnerschaft geht in die richtige Richtung, weil sie nun auch ein – wenn auch gegenüber dem Regeltatbestand deutlich abgeschwächtes – Element der Kontrolle über die Leistungsdisposition enthält, also einen Anknüpfungspunkt bietet, die einküfteerzielende Erwerbstätigkeit der Organgesellschaft als solche des Organträgers zu werten. Damit bliebe nur noch zu klären, warum im Konzernfall wie typisiert in den tatbestandlichen Organschaftsvoraussetzungen ein derart abgeschwächtes Kontrollelement über die Leistungsdisposition bzw. die Erwerbstätigkeit ausreichen soll, um die Steuerschuld gegen den Organträger zu richten. Dies könnte nur erklärt werden, wenn im Fall der Organschaft weitere Besonderheiten bestünden, die es rechtfertigen, die Grundentscheidung der Abschöpfung von Leistungsfähigkeit aus einer Erwerbstätigkeit aufzuweichen. Einen solchen Aspekt nennt *Frotscher*: Die Anordnung der Organschaft sei Sozialzwecknorm, die bezwecke, wirtschaftlich sinnvolle Konzernstrukturen steuerlich nicht zu behindern.[290]

So ergäbe sich eine formal – hier wird nicht untersucht, ob diese materiell richtig ist – vollständige Erklärung für den Übergang der Steuerschuldnerschaft: Der Organträger wird Steuerschuldner für die Einkünfteerzielung der Organgesellschaft, weil er durch die Stimmmehrheit – wenn auch im Vergleich zum Regelfall der Einkünfteerzielung in abgeschwächter Form – über die Leistungs-

---

[288] *Neumann*, in: Gosch, KStG, § 14 Rn. 6.
[289] *Ismer*, DStR 2012, 821, 822 f. (zur „dogmatischen Konzeption" der Organschaft); ähnlich *Hüttemann*, Kernfragen des Unternehmensteuerrechts, S. 127, 132 f.
[290] *Frotscher*, in: Frotscher/Maas, KStG, § 14 Rn. 17.

erbringung der Organgesellschaft disponieren kann und er wirtschaftlich in den Genuss des Einkünftesubstrats kommt (bzw. Verluste trägt). Dass eine schwächere Kontrolle über die Leistungsdisposition als im Regelfall des *Erzielens* ausreicht, ist ein Kompromiss aus der Abwägung zwischen den Grundentscheidungen der Besteuerung nach der Leistungsfähigkeit mit dem wirtschaftspolitischen Zweck, wirtschaftlich sinnvolle Konzernstrukturen steuerlich zu begünstigen.

Es scheint offenkundig, dass jede Gruppenbesteuerung, die nicht durch besondere Anordnung ein neues Rechtssubjekt „Gruppe" zum Bezugspunkt von Leistungsfähigkeit und damit zum Steuerschuldner erhebt, in dieser oder jedenfalls sehr ähnlicher Weise wertungsmäßig erklärt werden wird. Diese Begründung würde sich in der Umsetzung einer mittelbaren Tatbestandsverwirklichung, nicht dagegen in einer Steuerschuldübernahme tatbestandlich passend fassen lassen. Der aktuelle Rechtszustand zeigt auch bereits deutliche Tendenzen, eine mittelbare Tatbestandsverwirklichung nachzubilden.

b. Die *Einkommenszurechnung* als unvollständige Nachbildung einer mittelbaren Tatbestandsverwirklichung

aa. Anzeichen für den Willen zu einer mittelbaren Tatbestandsverwirklichung

Die Organschaft verkörpert den Typus der *Ergebniszurechnung* besonders klar. Das Einkommen der Organgesellschaft wird dem Organträger als *fremdes* Einkommen zugerechnet. Nach allgemeiner Auffassung ist es die Organgesellschaft, die die Einkünfte erzielt;[291] der Organgesellschaft sind folglich auch Betriebsstätten zuzuordnen. Der resultierende Steueranspruch, der den Organträger trifft, bemisst sich – vorbehaltlich Sonderregelungen – insoweit nach den Verhältnissen der Organgesellschaft, als die Regelungen an den Einkünfteerzieler anknüpfen, was alle Vorschriften, die zur Bildung des Einkommens erforderlich sind, betrifft sowie die Anrechnung ausländischer Steuerschulden und weiterer Ermäßigungstatbestände, die ebenfalls an die Einkünfteerzielung anknüpfen und häufig ins Leere gehen, weil es an einem Steueranspruch fehlt, auf den angerechnet werden könnte. Insofern steht die *Einkommenszurechnung* – was die Tatbestandsverwirklichung *dem Grunde nach* durch den Vordermann angeht – einer *Steuerschuldüber-*

---

[291] Statt vieler *Frotscher*, in: Frotscher/Maas, KStG, § 14 Rn. 538.

nahme nah.[292] Eine *Steuerschuldübernahme* ist aber nicht gewollt: Zunächst bestimmt sich die Steuerart und damit der Tarif nach der Person des Organträgers, was mit dem Konzept der *Steuerschuldübernahme* nicht in Übereinstimmung zu bringen ist. Aber vor allem die Sonderregelungen in § 15 S. 1 Nr. 2, 3 und S. 2 KStG und § 19 KStG zielen darauf, das Besteuerungsergebnis hinsichtlich des Anspruchs *der Höhe nach* darzustellen, das sich unter einer *mittelbaren Tatbestandsverwirklichung* ergäbe, wenn die Regelungen diesbezüglich auch unvollständig sind. Auch die Begleitregelungen, insbesondere der nicht steuerbare Transfer des Einkünftesubstrats im Rahmen der Gewinnabführung, bzw. das Fehlen einer Begleitregelung, die eine Ausgleichszahlung für die Steuerübernahme vorsieht, sprechen gegen eine Steuerschuldübernahme und für den Willen zu einer mittelbaren Tatbestandsverwirklichung. Was im Besteuerungsergebnis vom Konzept der *Einkommenszurechnung* bleibt, ist letztlich die Verortung von Betriebsstätten bei der Organgesellschaft (dazu folgend bb.), die Existenz von sog. *Zwischengewinnen* (dazu unten cc.) und Inkonsistenzen in der Steuerquantifizierung (dazu unten dd.). Die Nennung der ersten beiden Aspekte wird häufig als bedeutsamer Ausdruck der *Zurechnungstheorie* bzw. der *Selbständigkeit der Organgesellschaft* angesehen; in Wirklichkeit handelt es sich selbst im geltenden Recht um wertungsmäßige Inkonsistenzen bzw. allenfalls um pragmatische Kompromisse.

bb. Betriebsstätten der Organgesellschaft für Zwecke der Tatbestandsverwirklichung

Im Rahmen der *Einkommenszurechnung* bleiben Betriebsstätten solche der Organgesellschaft. Das hat, im Gegensatz zu einer konsequent ausgestalteten mittelbaren Tatbestandsverwirklichung, im Ausgangspunkt zur Folge, dass – obwohl die innerstaatliche Infrastruktur durch eine Erwerbstätigkeit in Anspruch genommen wird – keine Steuerschuld gegen einen nur beschränkt steuerpflichtigen Organträger gerichtet werden kann aufgrund dieser inländischen Erwerbstätigkeit, da diese im Konzept der *Einkommenszurechnung* von der Organgesellschaft ausgeübt wird. Dies führt zu der oben skizzierten,[293] dort als redundant bezeichneten Regelungssituation, unter der der Organträger zur Begründung einer Betriebsstätte gezwungen wird, um einen Anknüpfungspunkt für die Steuerschuld herzustellen, die tatbestandsmäßig bereits in einer inländischen (Geschäftsleitungs-)Betriebsstätte begründet wurde.

---

292   *Lüdicke*, IStR 2011, 740, 745.
293   Vgl. oben III.1.b.cc. (S. 50 f.).

Eine besondere Kuriosität auf Wertungsebene besteht darin, dass das Erfordernis des doppelten Inlandsbezugs dazu führt, dass ein potenzieller Organträger eine inländische Betriebsstätte begründen *muss*, also auf Wertungsebene gesprochen: die inländische Infrastruktur in Anspruch nehmen *muss*, um die Steuerschuld tragen zu dürfen, die durch die Tatbestandsverwirklichung einer anderen Person begründet wird, die ihrerseits eine hinreichende *persönliche* Beziehung zum Inland hat, die ihre unbeschränkte Steuerpflicht begründet.

Diese Regelungssituation ließe sich im geltenden System der *Einkommenszurechnung* einfach beheben, indem statt des Betriebsstättenerfordernisses das zuzurechnende Einkommen – bspw. in § 49 Abs. 1 Nr. 2 EstG – als inländische Einkünfte qualifiziert wird. Diese *inländischen Einkünfte* zeigten dann die Besonderheit, dass sie auch ausländische Einkünfte enthielten, was aber rechtspolitisch konsistent ist, weil ein entsprechendes Ansässigkeitsmerkmal in der Person der Organgesellschaft verwirklicht wäre.[294] Eine solche Anordnung – die zu einem besseren Rechtszustand beitragen würde[295] – wäre letztlich nur eine weitere sondergesetzliche Annäherung an das Besteuerungsergebnis einer mittelbaren Tatbestandsverwirklichung ähnlich den Vorschriften in § 15 S. 1 Nr. 2 KStG und § 19 KStG. Denn die Anordnung, das zugerechnete Einkommen sei *inländische Einkünfte* des Organträgers für Zwecke von § 49 EStG, wäre nichts anderes als die Anordnung, dass dem Organträger die Begründung der unbeschränkten Steuerpflicht und die Ausführung der tatbestandsverwirklichenden Erzielungshandlungen der Organgesellschaft zuzurechnen wären. In der Anordnung einer mittelbaren Tatbestandsverwirklichung müsste folglich auch die Begründung der unbeschränkten Steuerpflicht der Organgesellschaft einbezogen sein, was zu der bisher unbekannten Situation führen würde, dass ein Rechtsträger, nämlich der Organträger, sowohl (in eigener Person) beschränkt steuerpflichtig als auch (mittelbar durch die Organgesellschaft) unbeschränkt steuerpflichtig wäre.[296] Nur dann wären Ergebnisse ausländischer Betriebsstätten der Organgesellschaft mit in die inländischen Einkünfte des Organträgers mit einzubeziehen, die andernfalls von der beschränkten Steuerpflicht nach § 49 Abs. 1 Nr. 2 Buchst. a EStG nicht erfasst wären.

---

[294] Zu dieser Besonderheit der beschränkten Steuerpflicht des Organträgers: Schnitger/Berliner, IStR 2011, 753, 757 f.

[295] Zu den vermeintlichen abkommensrechtlichen Problemen, die der BFH zu sehen scheint, vgl. unten C.IV.1.b. (S. 184 ff.).

[296] Vgl. zu der korrespondierenden Überlegung zur abkommensrechtlichen Ansässigkeit eines auslandsansässigen Organträgers unten C.IV.1.d. (S. 188).

cc. Insbesondere: Zwischengewinne

Wesentliches Merkmal der in § 14 Abs. 1 S. 1 KStG umgesetzten *Zurechnungstheorie* bzw. der „Steuersubjektfähigkeit" der Organgesellschaft ist es, so wird es häufig geschildert, dass Geschäftsvorfälle, an denen Organgesellschaft und Organträger beteiligt sind, für die Besteuerung so behandelt werden, als würden sie zwischen Fremden stattfinden.[297] Doch lässt sich wie im Fall der Betriebsstätten nicht recht erkennen, was der rechtspolitische, d. h. wertungsmäßige Hintergrund hierfür sein soll. Soweit der Geschäftsvorfall auf beiden Seiten wertmäßig korrespondiert, ergibt sich ohnehin kein quantitativer Unterschied. Aber auch wenn er wie im Fall einer Wirtschaftsgutsveräußerung nicht korrespondiert, ist eigentlich nicht einsichtig, wieso der Organträger diesbezüglich zu einer Steuerschuld herangezogen wird. Veräußert bspw. die Organgesellschaft ein Wirtschaftsgut ertragbringend an den Organträger, dann fließt der Ertrag vom Organträger an die Organgesellschaft im Rahmen des Veräußerungsgeschäfts und zurück an den Organträger als Bestandteil des Jahresüberschusses im Rahmen des Gewinnabführungsvertrags.[298] Der Effekt des ganzen Vorgangs ist, dass ein nicht die wirtschaftliche Leistungsfähigkeit steigernder Vorgang im Veräußerungsjahr die Steuerschuld erhöht, was prinzipienwidrig ist,[299] und dieser Effekt erst in Folgeperioden durch erhöhte Abschreibungen und verringerte Veräußerungsgewinne ausgeglichen wird. Die prinzipiell richtige Lösung wäre es, die Erträge der Organgesellschaft nicht in das zuzurechnende Ergebnis aufzunehmen und eine Buchwertfortführung anzuordnen.

Eine Rechtfertigung kann sich daraus ergeben, dass eine Zwischengewinneliminierung eine technische Herausforderung darstellt,[300] die die rechtspolitische Bewertung zulässt, sie nicht umzusetzen, bzw. näherungsweise den Handelsbilanzgewinn als Rohgröße für die Steuerschuld des Organträgers heranzuziehen. Man muss dann aber offenlegen, dass es sich um eine Abweichung von den Grundwertungen des Ertragsteuerrechts handelt, die aus pragmatischen Gründen gerechtfertigt ist. Die fehlende Zwischengewinneliminierung ist jedenfalls keine Ausprägung eines wertungsmäßig prinzipientreuen Konzepts, sondern allenfalls ein pragmatischer Kompromiss. Es ist denkbar, dass eine Zwischengewinne-

---

[297] *Frotscher,* in: Frotscher/Maas, KStG, § 14 Rn. 538.
[298] Die erhöhten Abschreibungen bzw. ein verminderter Veräußerungsgewinn des Organträgers gleichen diese Sofortbesteuerung im Vergleich zur Zwischengewinneliminierung mit Buchwertübertragung in späteren Perioden aus.
[299] *Herzig,* in: Herzig, Organschaft, S. 28.
[300] Dazu etwa *v. Lishaut,* FR 2011, 1030, 1034, in Antwort auf die Forderung nach Zwischengewinneliminierung im Rahmen einer reformierten Gruppenbesteuerung.

liminierung als solcher Kompromiss auch unter der Anordnung einer mittelbaren Tatbestandsverwirklichung nicht umgesetzt würde. Durch die Sonderanordnung wäre im Gesetz dieses Regel-Ausnahme-Verhältnis zutreffend abgebildet.

dd. Fragen der Steuerquantifizierung

§ 15 S. 1 Nr. 2 und S. 2 KStG sowie § 19 KStG und § 32b Abs. 1a EStG sind erforderlich, um personenbezogene Vorschriften der Steuerquantifizierung an die persönlichen Eigenschaften des Organträgers anknüpfen zu lassen, um sich dem erkennbar gewollten Ergebnis einer mittelbaren Tatbestandsverwirklichung anzunähern. Dies müsste m.E. konsequent auch schon im geltenden Konzept der *Einkommenszurechnung* umgesetzt werden, d. h. es ist nicht ersichtlich, warum andere Vorschriften, die – vermeintlich[301] – an persönliche Merkmale anknüpfen, derzeit nicht auch auf Ebene des Organträgers angewendet werden. Das betrifft bspw. den Freibetrag nach § 16 Abs. 4 EStG i.V.m. dem Sondertarif aus § 34 Abs. 3 EStG für den Fall, dass Organträger eine natürliche Person ist. Unter geltendem Recht ist klar, dass in diesem Fall die genannten Begünstigungen keine Anwendung finden. Das ist aber inkonsistent: Erstens ist der *Share-Deal* des Organträgers bereits begünstigt, wenn die Beteiligung das gesamte Nennkapital der Organgesellschaft umfasst (§ 16 Abs. 1 S. 1 Nr. 1 S. 2 EStG); es ist also nicht einzusehen, wieso der *Asset-Deal* nicht erfasst ist, wenn aufgrund der Organschaft der Veräußerungserlös die Steuerschuld des Organträgers ebenso erhöht wie die Veräußerung der Beteiligung. Das ist ja auch der Zweck der genannten Begünstigungen: Wenn diese die zusammengeballte Aufdeckung stiller Reserven abmildern sollen[302], dann besteht ebenso ein Bedürfnis, diesen Zweck zu verfolgen, wenn im Organschaftsfall die Organgesellschaft ihren Betrieb[303] oder einen Teilbetrieb veräußert.

---

[301] Hinsichtlich § 6b EStG ist beispielsweise umstritten, ob die Vorschrift personen- oder betriebsbezogen ist.

[302] Zu dem Zweck etwa *Kobor*, in: HHR, EStG/KStG, § 16 EStG Rn. 700.

[303] Nach H 61 KStR soll ein Veräußerungsgewinn aus der Veräußerung des gesamten Betriebs nicht von der Abführungspflicht unter dem Gewinnabführungsvertrag und der Einkommenszurechnung erfasst sein. Unter dieser Auffassung ist die Diskussion praktisch nur für die Teilbetriebsveräußerung relevant (anderer Auffassung bspw. *Hierstetter*, BB 2015, 859).

c.   Zusammenfassung

Die Organschaft basiert auf der sog. Zurechnungstheorie, die in der *Einkommens-zurechnung* nach § 14 Abs. 1 S. 1 KStG ihren Ausdruck gefunden hat. Die Zurech-nungstheorie trägt zur Erklärung, wie sich die Trennung von Einkünfteerzielung und Steuerschuldnerschaft in die Grundwertungen einpasst, nichts bei, was sich in dem Konzept der *Einkommenszurechnung* niederschlägt. Die Organschaft ist ih-rem Zweck nach auf eine mittelbare Tatbestandsverwirklichung ausgerichtet; die Begleitregelung, insb. die nicht steuerbare Übertragung des Einkünftesubstrats und die punktuelle Anpassung der Steuerquantifizierung an den Hintermann, machen dies auch bereits im geltenden Recht deutlich. Die Aspekte, in denen sich die geltende *Einkommenszurechnung* von einer konsequent umgesetzten mittelba-ren Tatbestandsverwirklichung unterscheidet, sind allesamt nicht Ausdruck eines wertungsmäßig geschlossenen Konzepts, das von der Zurechnungstheorie bzw. der „Selbständigkeit" der Organgesellschaft umschrieben wird, sondern eine Reihe von – unter Umständen teilweise als Kompromiss akzeptablen – Inkonsis-tenzen und rechtspolitischen Ungereimtheiten.

2.   Besteuerung der Mitunternehmer einer gewerblich tätigen Personengesellschaft

Die Besteuerung der gewerblich tätigen Personengesellschaft und ihrer Gesell-schafter ist für die Zwecke dieser Untersuchung von spezifischer Bedeutung, weil sie – trotz im Grundsatz gleich gebliebener gesetzlicher Regelung – teils als einheitlicher Tatbestand in der Person der Gesellschafter, teils als Trennungs-tatbestand zwischen Gesellschaft und Gesellschafter konstruiert wird.[304] Dieser Wechsel zeigt besonders plastisch, welche Problembereiche durch die Trennung im Wege der *Ergebniszurechnung* entstehen. Im Rahmen der sog. Einheitstheorie, unter der die Personengesellschaft Einkünfte bzw. Gewinn erzielt, die dann den Gesellschaftern zugerechnet werden, gibt es keine gute Begründung für die Zu-ordnung von Betriebsstätten zum Gesellschafter, was als Ergebnis aber rechts-politisch zwingend ist. Sämtliche Problembereiche der Steuerquantifizierung müssen mit Hilfe methodisch schwer greifbarer Verfahren zu vertretbaren Lösun-gen gebracht werden und sind entsprechend streitanfällig (vgl. bspw. den Streit um die Anwendung von § 6b EStG[305]). Durch die Rückkehr zum steuerschulden-

---

[304]   Vgl. dazu oben II.3. (S. 21 ff.).
[305]   Vgl. dazu oben III.2.c. (S. 60 ff.).

den Gesellschafter als einkünfteerzielende Person erledigen sich viele dieser Probleme. Der tiefere Grund liegt erneut in der Unfähigkeit der *Ergebniszurechnung* sich in die Grundwertungen des Ertragsteuerrechts einzupassen und mit den Regeln der Steuerquantifizierung zu harmonieren. Die Einheitstheorie erklärt nicht, *warum* eine Person – die Personengesellschaft – tatbestandlich ihre wirtschaftliche Leistungsfähigkeit durch die Erzielung eines Erwerbseinkommens erhöht, aber von der Steuer entlastet wird, eine andere Person aber mit (einem Teil) der entstehenden Steuerschuld belastet wird, in der diese tatbestandlichen Voraussetzungen nicht vorliegen.

Eine formal und auch inhaltlich überzeugende Erklärung für die Steuerschuldnerschaft der Gesellschafter hat *Pinkernell* mit einem an die strafrechtliche Mittäterschaft angelehnten Konzept entwickelt. Nach diesem Konzept disponieren die Gesellschafter in gemeinschaftlichem Zusammenwirken über die Leistungserbringung im Rahmen der personengesellschaftlichen Binnenordnung, sie erzielen also jeweils Einkünfte durch eine Erwerbstätigkeit.[306] Der einzelne Gesellschafter sei an der einkünfteerzielenden Tätigkeit dann als „Mittäter" beteiligt, wenn er hinreichende Initiative entfalten kann und am wirtschaftlichen Erfolg teilhat bzw. das entsprechende Risiko trägt.[307] Beides sind eben jene Kriterien, die die Grundwertungen des Ertragsteuerrechts – die Besteuerung nach der Leistungsfähigkeit aufgrund der Ausübung einer Erwerbstätigkeit – abbilden, nur in der besonderen Form der gemeinschaftlichen Ausübung. Die Betrachtung als mittelbare Tatbestandsverwirklichung ist nicht erforderlich; sie könnte, soweit man dies für sinnvoll erachtet, aber die Formulierung in § 15 Abs. 1 S. 1 Nr. 2 EStG erklären, die als Wortlautargument für die Einheitstheorie angeführt werden kann. Die Vorschrift spricht von *Gewinnanteilen der Gesellschafter*, was denknotwendig voraussetzt, dass es einen (erzielten) Gewinn der Gesellschaft gibt. Dies ließe sich im Rahmen einer mittelbaren Tatbestandsverwirklichung (in gemeinschaftlichem Zusammenwirken) erklären, wenn man der Formulierung nur eine Aussage zur *unmittelbaren* Gewinnerzielung entnimmt, dem ganzen Kontext – der Unfähigkeit der Personengesellschaft Steuerschuldner zu sein und sämtliche Quantifizie-

---

[306] *Pinkernell*, Einkünftezurechnung bei Personengesellschaften, S. 85 ff. (zusammengefasst auf S. 98 f.).
[307] *Pinkernell*, Einkünftezurechnung bei Personengesellschaften, S. 91 unten: „Der Schlüssel zur horizontalen Zurechnung von Erwerbshandlungen liegt […] darin, dass ein Mitglied einer Personenmehrheit über das Ob und Wie der Marktteilnahme (mit-)bestimmen kann und am wirtschaftlichen Erfolg der gemeinsam ausgeübten Erwerbstätigkeit beteiligt ist."

rungsvorschriften – aber systematisch zu entnehmen ist, dass diese Gewinnerzielung als solche der Gesellschafter in gemeinsamer Betätigung zu werten ist.[308]

3. KGaA und ihr persönlich haftender Gesellschafter

Die Besteuerung der KGaA und ihres persönlich haftenden Gesellschafters trägt
ebenfalls einen spezifischen Aspekt zu dieser Untersuchung bei, was an der
Eigenart des Diskussionsstands liegt: Ohne dass dies so benannt würde, liegen
den vertretenen Konzeptionen vollkommen verschiedene Trennungskonzepte
zugrunde,[309] die jeweils von spezifischen Problemen begleitet sind:

Eine Spielart der Trennungstheorie geht wohl davon aus, dass es sich bei den
von § 15 Abs. 1 S. 1 Nr. 3 EStG erfassten Einkünften um eine Art umqualifizierter
Gewinnausschüttungen handelt. Die die KGaA betreffenden Regelungen könnten
danach eine konkrete Ausprägung des abstrakten Modells einer Tatbestandsverdopplung in Gestalt einer Ausschüttungsfiktion sein. Darauf würde hindeuten,
dass die zugerechneten Gewinne sich – unter dieser Auffassung – nach Handelsrecht bestimmten, also der Gewinnanteil i.s.v. § 9 Nr. 1 KStG und § 15 Abs. 1 S. 1
Nr. 3 EStG ein Anteil am Handelsgewinn wäre, der auch für Ausschüttungen zur
Verfügung steht. Dass dies so wohl nicht gedacht ist, lässt sich daran erkennen,
dass nicht ein einziges Element der Steuerquantifizierung auf diese Konzeption
ausgerichtet ist. Handelte es sich um eine Ausschüttungsfiktion, wäre zu erwarten, dass bspw. Schachtelprivilegien griffen oder Verluste nicht zurechenbar
wären, weil diese nicht ausschüttbar sind.

Die andere Spielart – unter geltendem Recht von *Wassermeyer*[310] und *Bielinis*[311]
vertreten – will eine Ausgestaltung der *Ergebniszurechnung* ähnlich der Organschaft oder Familienstiftung annehmen, was alle oben diskutierten Problemfelder
eröffnet. Da aber nicht einmal die größte Not im Bereich der Steuerquantifizierung
durch Sondervorschriften wie im Recht der Organschaft oder der Hinzurechnungsbesteuerung gelindert wird, führt diese Auffassung zu untragbaren Ergebnissen, die nur mit methodischen Verrenkungen punktuell erträglich werden
(etwa durch die analoge Anwendung von § 8b Abs. 6 EStG oder die Begründung
einer beschränkten Steuerpflicht mittels fremder Betriebsstätten). Die Auslegung

---

[308]   In der strafrechtlichen Entsprechung läge eine mittelbare Täterschaft in Mittäterschaft
vor.
[309]   Vgl. zu den verschiedenen Konzepten oben unter II.4. (S. 25 ff.).
[310]   *Wassermeyer*, FS Streck 259, 268 ff.
[311]   *Bielinis*, Besteuerung der KGaA, S. 135 ff., insb. 139 f.

Wassermeyers des Ausdrucks des *Gewinns* (in § 9 S. 1 Nr. 1 KStG und § 15 Abs. 1 S. 1 Nr. 3 EStG) als *steuerpflichtigen* Gewinn[312] rückt diese *Ergebniszurechnung* im Übrigen näher in Richtung einer Schuldübernahme, da der persönlich haftende Gesellschafter mit einer Steuerschuld belastet wird, die – mangels Sonderregelungen – weitgehend nach den Eigenschaften der KGaA quantifiziert wird. Für diese gibt es aber – wie für eine mögliche Ausschüttungsfiktion – teleologisch überhaupt keinen Hinweis.

Die Vertreter der herrschenden mitunternehmerähnlichen Besteuerung sind eigentlich – mit etwas Distanz betrachtet – mit den ungeklärten Fragen der Einheitstheorie der Personengesellschaftsbesteuerung konfrontiert. Weil die KGaA (anders als die Personengesellschaft) von den meisten anerkannt die Person ist, die das Gewerbe betreibt, also in eigener Person tatbestandsverwirklichend durch eine Erwerbstätigkeit Einkünfte erzielt, entspricht die Lage der Personengesellschaftsbesteuerung unter der Einheitstheorie mit dem Unterschied, dass es kaum möglich ist, sich in die weniger problembehaftete *originäre Einkünfteerzielung* der Gesellschafter bzw. des persönlich haftenden Gesellschafters zu flüchten. Letztlich gibt es keine zufriedenstellende Antwort auf die Frage, wieso ein nur auslandsansässiger persönlich haftender Gesellschafter aufgrund einer Betriebsstätte beschränkt steuerpflichtig ist und wieso steuerquantifizierende Vorschriften die persönlichen Eigenschaften des persönlich haftenden Gesellschafters in den Blick nehmen sollten, wenn dieser nicht derjenige ist, der die Einkünfte erzielt. Die Probleme würden sich nicht ergeben, wenn – wie unter der Einheitstheorie der Personengesellschaft – die *unmittelbare* Einkünfteerzielung der KGaA anerkannt würde, aber im Gesellschaftsverhältnis besondere Umstände zu sehen wären, die den Gesetzgeber veranlasst haben, dem persönlich haftenden Gesellschafter die Einkünfteerzielung der KGaA anteilig mittelbar zuzurechnen. Da die Figur dogmatisch nicht erforscht und folglich nicht anerkannt ist, lässt sich aber kaum annehmen, dass den Vorschriften ein solcher Wille entnommen werden kann.

---

[312] *Wassermeyer*, FS Streck 259, 268 ff.

4. Die Hinzurechnungsbesteuerung

a. Ausschüttungsfiktion versus mittelbare Tatbestandsverwirklichung

Die Hinzurechnungsbesteuerung ist bekannt für ihre inkonsistente Ausgestaltung und die daraus resultierende Grundlagendiskussion über das ihr zugrunde-liegende Regelungskonzept.[313] Einerseits sind Regelungen enthalten, die für eine Tatbestandsverdopplung durch Ausschüttungsfiktion sprechen; andererseits spricht die Ausgestaltung zum Teil für eine mittelbare Tatbestandsverwirkli-chung. Die *Ratio*, die Abschirmwirkung von Körperschaften zu beseitigen, erlaubt beide Methoden. Die tatbestandlichen Voraussetzungen der Hinzurechnungs-besteuerung bzw. der Besteuerung nach § 15 AStG sprechen eher für eine Aus-schüttungsfiktion, weil eine mittelbare Tatbestandsverwirklichung eigentlich nur eingesetzt werden kann, wenn der Hintermann zumindest in einem gewissen Maß über die Leistungsdisposition, also die einkünfteerzielende Tätigkeit des Vordermanns bestimmen kann.

Ein solches Konzept ist dort aber weder ausdrücklich angeordnet noch kon-sequent umgesetzt.[314] Hinsichtlich der Hinzurechnungsbesteuerung scheint das AStG teilweise davon auszugehen, dass der Gesellschafter wertungsmäßig die Einkünfte selbst erzielt, wie sich beispielsweise darin zeigt, dass sich der Hinzu-rechnungsbetrag nach deutschem Ertragsteuerrecht ermittelt, statt wie für eine Ausschüttungsfiktion naheliegend nach ausländischem Handelsrecht, sowie da-rin, dass die Schachtelprivilegien nicht gewährt werden (§ 10 Abs. 2 S. 3 AStG).[315] Für das Konzept einer Tatbestandsverdopplung durch Ausschüttungsfiktion hin-gegen spricht bspw. der Ausschluss der Zurechnung negativer Einkünfte, § 10 Abs. 1 S. 4 AStG, die Anordnung der Steuerbarkeit des Hinzurechnungsbetrags als Einkünfte aus Kapitalvermögen oder der Zuflusszeitpunkt nach Ablauf des Wirtschaftsjahrs, § 10 Abs. 2 S. 1 AStG.[316] Mit besonderem Gewicht für eine Tatbe-standsverdopplung in der – etwas verfremdeten – Gestalt einer Ausschüttungs-fiktion spricht, dass die Zwischengesellschaft mit ihren inländischen Einkünften

313 Im Einzelnen zu den verschiedenen Positionen bspw. *Wassermeyer*, in: Wassermeyer, DBA, Art. 1 Rn. 76.
314 Vgl. zu den verschiedenen sich widersprechenden Aspekten *Rust*, Die Hinzurech-nungsbesteuerung, S. 28 ff.; *Schaumburg*, IntStR, Rn. 10.4 f.
315 *Schaumburg*, IntStR, Rn. 10.4 f.
316 *Rust*, Die Hinzurechnungsbesteuerung, S. 28 ff.

nach § 2 Nr. 1 KStG, § 49 EStG beschränkt steuerpflichtig ist.[317] Die Hinzurechnungsbesteuerung baut also offenbar auf dem Gedanken eines in einem Trennungsprinzip bereits versteuerten Einkommens auf.

b. Hinzurechnungsbetrag und Gewerbeertrag (BFH v. 11.03.2015, I R 10/14)

Die Rechtsprechung hat sich kürzlich zur Frage geäußert, ob der Hinzurechnungsbetrag als Einkünfte aus einer ausländischen Betriebsstätte gemäß § 9 Nr. 3 GewStG oder nach § 9 Nr. 7 GewStG als Gewinne aus Anteilen an auslandsansässigen Kapitalgesellschaften zu kürzen ist. Diese Rechtsfrage ist hier von besonderer Bedeutung, weil sich an der Beantwortung der Frage zeigen kann, ob man die Hinzurechnungsbesteuerung als mittelbare Tatbestandsverwirklichung oder als Ausschüttungsfiktion betrachtet.

Die Vorinstanz ging unausgesprochen wohl von einer Ausschüttungsfiktion aus und schloss die Kürzung nach § 9 Nr. 3 GewStG aus, weil es sich bei der ausländischen Betriebsstätte nicht um eine solche des Steuerpflichtigen handele.[318] Die Begründung des Finanzgerichts lässt erkennen, dass es die Kürzung nach § 9 Nr. 7 GewStG in Bezug auf den Hinzurechnungsbetrag für grundsätzlich einschlägig hielt, im konkreten Fall dies jedoch nicht zur Kürzung führte, da u.a. die Einkünfte nicht aus einer unter § 8 Abs. 1 Nr. 1 bis 6 AStG fallenden Tätigkeit stammte.

Der BFH entschied hingegen, der Hinzurechnungsbetrag sei als ausländischer Betriebsstättenertrag gemäß § 9 Nr. 3 GewStG aus dem Gewerbeertrag des Gesellschafters der Zwischengesellschaft zu kürzen.[319] Das tragende Argument war allerdings nicht, dass die Zwischeneinkünfte aufgrund der Hinzurechnungsbesteuerung so zu behandeln seien, als wären sie vom Gesellschafter erzielt und als sei folglich auch die Betriebsstätte als solche des Gesellschafters zu betrachten. Auch der BFH scheint vielmehr grundsätzlich von einer Ausschüttungsfiktion auszugehen, also von einer Tatbestandsverwirklichung durch die ausländische Zwischengesellschaft und einer sich als gesetzlicher Reflex anschließenden Tatbestandsverwirklichung des Gesellschafters in Gestalt eines Ausschüttungsbezugs.

---

[317] *Lüdicke*, IStR 2011, 740, 743: „Das deutsche Steuerrecht erkennt die Einkünfteerzielung durch die Zwischengesellschaft an; sie kann insoweit beschränkt steuerpflichtiges Steuersubjekt sein. Daneben erzielt der inländische Gesellschafter die ihm zugerechneten Zwischeneinkünfte; sie sind ein aliud."

[318] FG Düsseldorf v. 28.11.2013, 16 K 2513/12 G, DStRE 2015, 102.

[319] BFH v. 11.03.2015, I R 10/14, DStR 2015, 995.

Hierfür führt der BFH auch den Wortlaut der Vorschrift an: Es genüge, wenn die Einkünfte auf *eine* nicht im Inland belegene Betriebsstätte entfallen, d. h. es ist nach Auffassung des BFH nicht erforderlich, dass die Betriebsstätte eine Betriebsstätte des Gewerbesteuerpflichtigen ist. Diese Argumentation ist in der Literatur bereits für die Begründung der beschränkten Steuerpflicht des persönlich haftenden Gesellschafters einer KGaA vorgebracht worden, der zwar keine eigene Betriebsstätte unterhalte, was aber nach § 49 Abs. 1 Nr. 2 lit. a EStG auch nicht zwingend erforderlich sei.[320] Wie dort ist auch hier sofort die Frage aufgeworfen, ob diese Argumentation sich dann nicht auf weitere Anwendungsbereiche erstrecken müsste. So müsste eigentlich gefolgert werden, dass *jede* Dividende einer Kapitalgesellschaft, die sich aus Gewinnen speist, die in einer ausländischen Betriebsstätte erworben worden sind, nach § 9 Nr. 3 GewStG gekürzt werden könnte, was sicher nach keiner Auffassung in Betracht kommt; u.a. deshalb nicht, weil der Gesetzgeber für Dividenden von ausländischen Kapitalgesellschaften eigene Kürzungsvorschriften vorgesehen hat (§ 9 Nr. 7 und 8 GewStG).

Der grundlegendere Punkt ist hier aber, dass die Einkünfte der Zwischengesellschaft jedenfalls nach der gesetzlichen Konzeption eben nicht von dem Gesellschafter erzielt werden, also auch nicht Teil des Gewerbeertrags eines inländischen Unternehmens sind (vgl. § 9 Nr. 3 S. 1 GewStG); d. h. die Einkünfte, die der Betriebsstätte der Zwischengesellschaft zuzuordnen sind, sind nicht Teil des Gewerbeertrags und können folglich auch nicht aus dem Gewerbeertrag gekürzt werden (dies wäre nur möglich unter der Konzeption einer mittelbaren Tatbestandsverwirklichung). Vom Gesellschafter erzielt ist nur der Hinzurechnungsbetrag, und dieser ist – wie eine Dividende – allenfalls der inländischen Betriebsstätte des Gesellschafters zuzuordnen.[321]

5.   Besteuerung von Familienstiftungen und ihrem Stifter

Die Besteuerung nach § 15 AStG a.F. zeigte in gewisser Weise alle Problematiken der Organschaft mit dem Unterschied, dass keine Sondervorschriften zur Verfügung standen, die entsprechend § 15 S. 1 Nr. 2 KStG wenigstens einigen wichtigen quantifizierenden Vorschriften den Blick auf den Stifter erlaubten. Versuche, unmittelbar auf den Hintermann in der Art einer mittelbaren Tatbestandsverwirklichung zu schauen, haben sich nicht durchgesetzt, so dass es zur Gesetzesänderung kam. Statt eine konzeptionell klare mittelbare Tatbestandsverwirklichung

---

[320]   *Bielinis*, Besteuerung der KGaA, S. 164 ff.; vgl. dazu oben III.1.b.bb. (S. 46 ff.).
[321]   So wohl auch *Schnitger*, IStR 2011, 328, 330.

oder Tatbestandsverdopplung durch Ausschüttungsfiktion anzuordnen, besteht die Neuregelung im Wesentlich darin, weiter eine *Ergebniszurechnung* anzuordnen. Die Probleme werden nun dadurch geglättet, dass auf die Sonderregelungen der Hinzurechnungsbesteuerung verwiesen wird bzw. entsprechende Regelungen aufgenommen wurden; die Besteuerung der Familienstiftung nimmt also viele der konzeptionellen Unzulänglichkeiten der Hinzurechnungsbesteuerung in sich auf.

Hinsichtlich der Besteuerung der Zurechnungsempfänger der Familienstiftung nach § 15 AStG n. F. wird das Bild einer Tatbestandsverdopplung durch Ausschüttungsfiktion aber noch dadurch verwirrt, dass nach § 15 Abs. 8 S. 2 und S. 3 Hs. 2 AStG die Schachtelprivilegien (nur, aber immerhin) insoweit anwendbar sind, als sie anwendbar wären, wenn der Zurechnungsempfänger die Einkünfte selbst bezogen hätte; dies stellt offenkundig eine Regelung dar, die man nicht im Rahmen einer Tatbestandsverdopplung durch Ausschüttungsfiktion, sondern im Rahmen eines Konzepts einer mittelbaren Tatbestandsverwirklichung erwarten würde.

Anzumerken ist außerdem, dass, wenn man von einer Ausschüttungsfiktion ausginge, was aufgrund der beschränkten Steuerpflicht der Familienstiftung naheliegend ist, der Ausdruck *Einkünftezurechnung* in § 15 Abs. 1 AStG n. F. bzw. der Ausdruck *Einkommenszurechnung* in § 15 Abs. 1 AStG a.F. eine völlig andere Bedeutung hat, als bspw. im Recht der Organschaft nach § 14 Abs. 1 S. 1 KStG. Denn unter der hypothetischen Annahme, das Einkommen einer beschränkt steuerpflichtigen Organgesellschaft aus inländischen Betriebsstätten würde dem Organträger zugerechnet, wäre nicht davon auszugehen, dass gegen die Organgesellschaft eine eigene Steuerschuld aufgrund ihrer beschränkten Steuerpflicht entstünde. Der Grund ist das materiell zugrundeliegende Konzept einer mittelbaren Tatbestandsverwirklichung.

VI. Besteuerung von Investmentfonds[322] und ihrer Anleger

In vielerlei Hinsicht den Tatbeständen ähnlich, die Einkünfteerzielung mittels *Ergebniszurechnung* von der Steuerschuldnerschaft trennen, ist die Besteuerung des inländischen Investmentfonds und dessen Anleger nach dem InvStG i.V.m.

---

[322] Betrachtet wird hier nur ein Investmentfonds, der die Publikationspflichten nach § 5 InvStG erfüllt.

den Ertragsteuergesetzen. Ein Unterschied besteht hinsichtlich der Rechtstechnik eigentlich nur äußerlich, da diese nicht von *Ergebniszurechnung* spricht, sondern – im Regelfall der Ertragserzielung eines Investmentfonds – von ausschüttungsgleichen Erträgen, die beim Anleger als Einkünfte i.S.v. § 2 Abs. 1 S. 1 EStG qualifiziert werden. Die Investmentfondsbesteuerung wird hier einerseits einbezogen, um die Ähnlichkeiten aufzuzeigen. Andererseits sollen die Regelungen dargestellt werden, um die Einbeziehung der Investmentfondsbesteuerung in die abkommensrechtliche Betrachtung in Teil C. vorzubereiten.

1. Besteuerung des Anlegers eines Investmentfonds nach dem InvStG

Das Rechtsinstitut des Investmentfonds räumt vor allem dem Privatanleger risikogestreute Anlagemöglichkeiten ein, die er bei einer Direktinvestition allein nicht hätte.[323] Rechtspolitisch ist aber gewollt, dass die Besteuerung im Ergebnis so erfolgt, als würde der Anleger direkt investieren.[324] Dieser Gleichstellung des Fondsanlegers mit dem Direktanlegers dient das aktuell geltende Investmentsteuergesetz.[325]

Der inländische Investmentfonds (§ 1 Abs. 1b S. 2, § 1 Abs. 2 S. 3 InvStG) ist Körperschaftsteuersubjekt[326] nach § 1 Abs. 1 Nr. 1 KStG (Investment-AG) oder nach § 1 Abs. 1 Nr. 5 KStG i.V.m. § 11 Abs. 1 S. 1 InvStG (Sondervermögen). Nach § 3 InvStG sind *Erträge* des Investmentfonds zu ermitteln. *Erträge ermitteln* ist wohl ein Synonym für Einkünfte erzielen i.S.v. § 2 Abs. 1 EStG.[327] Geht man hiervon aus, würde sich aus diesen Erträgen bzw. Einkünften ein zu versteuerndes Einkommen ergeben, das Grundlage eines Körperschaftsteueranspruchs wäre; dieses

[323] *Altfelder*, FR 2000, 299, 300.
[324] BT-Drs. 15/1553, 120 (zum Gesetzentwurf für das InvStG).
[325] BT-Drs. 15/1553, 120 (zum Gesetzentwurf für das InvStG); *Thiems*, Transparenzprinzip Investmentsteuerrecht, S. 14, m.w.N. Nach einem Entwurf eines Gesetzes zur Reform der Investmentbesteuerung der Bundesregierung vom 22.7.2015 (abrufbar unter http://www.bundesfinanzministerium.de/Web/DE/Themen/Steuern/Steuerarten/Invest mentsteuer/investmentsteuer.html) soll diese Besteuerung wie ein Direktanleger, die durch eine transparente Besteuerung umgesetzt wird (vgl. dazu im Folgenden), von einer Trennungsbesteuerung abgelöst werden, d. h. einer Besteuerung auf Fonds- und auf Anlegerebene im Grundsatz der Besteuerung von Körperschaften ähnlich. Unter einem solchen Besteuerungskonzept sind die folgenden Überlegungen gegenstandslos.
[326] Mit Ausnahme der Investment-KG, die im Folgenden nicht weiter betrachtet wird.
[327] So verwenden beispielsweise die Ausdrücke synonym: *Altfelder*, FR 2000, 299, 300 f. (unter (2)); *Berger*, in: B/S/L, § 1 InvStG, Rn. 363; *Petersen*, DStR 2006, 1674 (Überschrift 1.1 „Einkunftsermittlung"); W. *Wassermeyer*, DB 2003, 2085, 2087.

Ergebnis stünde dem Ziel der Gleichstellung der Direktanlage entgegen und wird vermieden, indem der inländische Investmentfonds gemäß § 11 Abs. 1 S. 2 InvStG von der Körperschaft- und Gewerbesteuer befreit wird.

Der Anleger eines Investmentfonds erzielt Einkünfte i.s.v. § 2 Abs. 1 S. 1 EStG (ggf. i.V.m. § 8 Abs. 1 KStG), wenn der Investmentfonds die Erträge zur Ausschüttung verwendet (§ 1 Abs. 3 S. 2 InvStG) oder wenn die Erträge zu den Erträgen gemäß § 1 Abs. 3 S. 3 InvStG (ausschüttungsgleiche Erträge) zählen.[328] Diese Einkünfte gehören gemäß § 2 Abs. 1 S. 1 InvStG zu den Einkünften aus Kapitalvermögen i.s.v. § 2 Abs. 1 S. 1 Nr. 5, § 20 Abs. 1 Nr. 1 EStG, wenn der Anleger den Investmentanteil nicht im Betriebsvermögen hält, und zu den jeweiligen Gewinneinkünften (§ 2 Abs. 1 S. 1 Nr. 1–3, §§ 13 bis 18 EStG), wenn der Anleger den Investmentanteil im Betriebsvermögen hält.[329]

Von Bedeutung für diese Untersuchung sind vor allem die sog. ausschüttungsgleichen Erträge. Dass Erträge des Fonds ausschüttungsgleich behandelt werden, ist der konzeptionelle Regelfall. Dass thesaurierte Erträge des Fonds nicht beim Anleger in einen Steueranspruch bis zu ihrer Ausschüttung eingehen, ist die systemfremde Ausnahme.[330] Wenn ein Ertrag des Fonds nun als ausschüttungsgleich behandelt wird, bedeutet das, dass der allgemeine Steuertatbestand in dem hier verstanden Sinne von der Steuerschuldnerschaft getrennt wird. Der Investmentfonds verwirklicht nach der gesetzgeberischen Konzeption hinsichtlich dieser Erträge den Steuertatbestand. Diese Tatbestandsverwirklichung geht nicht in einen Steueranspruch gegen den Fonds, stattdessen im Fall der ausschüttungsgleichen Erträge ohne weiteren Akt des Investmentfonds – namentlich einer Ausschüttung an den Anleger – zum Ende des Geschäftsjahrs des Investmentfonds (§ 2 Abs. 1 S. 2 InvStG) als erzielte Einkünfte des Anlegers in einen Steueranspruch gegen den Anleger ein.

Werden die ausschüttungsgleichen Erträge später tatsächlich an den Anleger ausgeschüttet, entstünde die Gefahr einer erneuten Besteuerung. Dem wird durch die Definition der Begriffe der *ausgeschütteten* und *ausschüttungsgleichen* Erträge entgegengewirkt: Da *Ausschüttungen* selbst nicht mehr besteuert werden und jeder Ertrag des Fonds einer dieser Kategorien zugeordnet wird, ist die einmalige Besteuerung sichergestellt. Sobald ein Ertrag als *ausschüttungsgleich* qualifiziert

---

[328] Zwischengewinne werden für diese Betrachtung ausgeblendet.
[329] Oder zu Leistungen nach § 22 Nr. 1 S. 3 lit. a. aa. EStG oder nach § 22 Nr. 5 EStG, die hier vernachlässigt werden.
[330] *Petersen*, DStR 2004, 1853, 1855.

wurde, kann er nicht mehr zum *ausgeschütteten* Ertrag werden und erneut der Besteuerung unterliegen.[331]

2. Aspekte der Tatbestandsverwirklichung *dem Grunde nach* und der Steuerquantifizierung

Da die Trennung von Einkünfteerzielung und Steuerschuldnerschaft sich letztlich durch eine *Einkünftezurechnung* vollzieht, zeigen sich die oben zu den anderen Trennungstatbeständen entfalteten Problembereiche ähnlich:

a. Tatbestandsverwirklichung des Anlegers *dem Grunde nach*

Für den Anleger des Investmentfonds ergibt sich die Steuerbarkeit insb. hinsichtlich der ausschüttungsgleichen Erträge aus der spezialgesetzlichen Anordnung als Einkünfte aus Kapitalvermögen (§ 2 Abs. 1 S. 1 InvStG) oder zu den Einkünften der Gewinneinkünfte, jeweils in Verbindung mit der Angabe des Zuflusszeitpunkts (§ 2 Abs. 1 S. 2 InvStG). Insoweit ergibt sich einerseits die oben bereits angesprochene Besonderheit der Anordnung einer doppelten Tatbestandsverwirklichung, die aufgrund des gleichen Sachverhalts wertungsmäßig eigentlich bedeutet, dass zwei Personen aufgrund des gleichen Sachverhalts ihre wirtschaftliche Leistungsfähigkeit erhöhen, was nur im Rahmen einer Tatbestandsverdopplung durch Ausschüttungsfiktion konsistent wäre. Eine solche scheinen die Ausdrücke der *Ausschüttung* und die Einbettung in das Trennungssystem mit dem Investmentfonds als persönlich körperschaftsteuerpflichte Person zwar äußerlich nahezulegen. Sie passt aber weder zur *Ratio* des InvStG – die Besteuerung der Direktanlage nachzuahmen – noch zeigt sich ein solches Konzept in der Steuerquantifizierung beim Anleger, dessen Steueranspruch sich weitgehend nach seinen persönlichen Eigenschaften bestimmt,[332] was einer mittelbaren Tatbestandsverwirklichung nahekommt und zum Ziel der Nachahmung der Direktanlage passt. Da der Investmentfonds als einkünfteerzielende Person gilt, sind bspw. Betriebsstätten eines inländischen Investmentfonds trotz des Versuchs der Gleichstellung mit dem Direktanleger nicht als Betriebsstätten des beschränkt steuerpflichtigen

---

[331]   *Petersen*, DStR 2004, 1853, 1856 (verweist auf Gesetzentwurf der Bundesregierung, BR-Drs. 609/03, S. 303).
[332]   Vgl. nachfolgend unter b.

Anlegers zu werten.[333] Der Anleger erzielt gem. § 49 Abs. 1 Nr. 5 Buchst. b EStG inländische Einkünfte aus Kapitalvermögen. Die Vorschrift muss mittels einer umständlichen Verweisungstechnik solche Kapitaleinkünfte des Anlegers als inländische Einkünfte erklären, die nach anderen Tatbeständen in § 49 EStG bei Direktbezug, also bei Anordnung einer mittelbaren Tatbestandsverwirklichung inländische Einkünfte gewesen wären.

b. Aspekte der Steuerquantifizierung beim Anleger

Der Investmentfonds erzielt als Körperschaftsteuersubjekt Erträge, die gemäß § 3 Abs. 1 InvStG i.V.m. § 2 Abs. 2 S. 1 Nr. 2 EStG durch den Überschuss der Einnahmen über die Werbungskosten ermittelt werden. Für die Anwendung steuerquantifizierender Vorschriften knüpft das Ertragsteuerrecht an den Einkünfteerzieler an,[334] hier also den Investmentfonds. Da die Gleichstellung mit dem Direktanleger beabsichtigt ist, muss das InvStG entweder einen enormen regelungstechnischen Aufwand betreiben oder Inkonsistenzen zulassen.

Aufgrund der Sonderregeln der Ertragsermittlung nach § 3 InvStG werden nur die steuerbaren Erträge auf Fondsebene ermittelt, sodass die Steuerbefreiungen nach § 3 Nr. 40 Buchst. d EStG bzw. § 8b Abs. 1 KStG keine Anwendung finden.[335] Die Regelung in § 2 Abs. 1 S. 1 Hs. 2, § 2 Abs. 2 InvStG verweigert hinsichtlich der ausgeschütteten und ausschüttungsgleichen Erträge gemäß § 2 Abs. 1 S. 1 Hs. 2 InvStG die Anwendung u.a. von § 3 Nr. 40 Buchst. d EStG und § 8b Abs. 1 KStG bei der Ermittlung der Einkünfte des Anlegers. Um dem Zweck dieser Vorschriften aber doch insoweit nachzukommen, wie dies bei Direktbezug gerechtfertigt ist, sind gemäß § 2 Abs. 2 InvStG diese Vorschriften insoweit anzuwenden, als Gewinnausschüttungen (S. 1; durch Verweis auf § 43 Abs. 1 S. 1 Nr. 1 EStG) zu den Fondserträgen zählen. § 8b Abs. 1 KStG kommt für Gewinnausschüttungen nicht mehr zur Anwendung, weil typisiert eine von § 8b Abs. 4 KStG in den Blick genommene Streubesitzbeteiligung angenommen wird. Durch diesen Regelungszusammenhang wird erreicht, dass die Besteuerung der Gewinnausschüttungen und Veräußerungsgewinne annäherungsweise so vollzogen wird, als würde der Anleger die Gewinnausschüttungen selbst – also nicht der Fonds – beziehen.

---

333   *Reiche/Frotscher*, in: Haase, InvStG, § 2 Rn. 20: die beschränkte Steuerpflicht (des Anlegers) richte sich nach den Vorschriften über Kapitaleinkünfte, nicht nach der Art des Investments.
334   Vgl. oben unter IV.3.b.bb.(4) (S. 97 ff.).
335   *Zeller*, DStR 2005, 899, 900.

Die oben angesprochenen Bilanzvorschriften – § 6b EStG und Sonderab-schreibungen – spielen für die Ertragsermittlung des Fonds keine Rolle, da dieser seine Erträge nicht als Gewinn ermittelt (vgl. § 3 Abs. 1 InvStG). Ebenso wenig finden der Freibetrag nach § 16 Abs. 4 EStG und die Sondertarife nach § 34 EStG Berücksichtigung beim Anleger, wenn der Investmentfonds bspw. einen Betrieb i.S.v. § 16 Abs. 1 EStG veräußert. Eine Sondervorschrift, § 4 Abs. 1 S. 2 f. InvStG, ordnet aber die Wirkung des Progressionsvorbehalts nach § 32b Abs. 1 S. 2 EStG für aufgrund DBA freigestellter Einkünfte an.

Erzielt der Investmentfonds ausländische Erträge und entsteht bezüglich dieser ausländischen Erträge ein Steueranspruch des Quellenstaats gegen den Invest-mentfonds, dann könnte der Investmentfonds nach allgemeinen Regeln (§ 26 KStG, § 34c EStG) – wenn er unbeschränkt steuerpflichtig wäre – die ausländische Steuerschuld auf seine tarifliche Einkommensteuer anrechnen, die auf die auslän-dischen Einkünfte entfiele. Da der inländische Investmentfonds (unbeschränkt steuerpflichtig) aber persönlich steuerbefreit ist (§ 11 Abs. 1 S. 2 InvStG), fehlt es bei dem Investmentfonds an einer tariflichen Steuer, die auf die ausländischen Einkünfte entfiele. Der Anleger selbst schuldet im Ausland unter Umständen selbst keine Steuer; er erzielt außerdem nicht selbst ausländische Einkünfte i.S.v. § 34d EStG, denn Einkünfte erzielt nach dem Konzept des Investmentsteuergeset-zes der Investmentfonds. § 4 Abs. 2 bis 4 InvStG enthalten eine § 34c EStG vor-gehende Sonderregelung, die das Auseinanderfallen der Steuerschuldnerschaft hinsichtlich der ausländischen und der inländischen Steuer sowie die fehlenden ausländischen Einkünfte des Anlegers selbst überwindet.[336] Danach können aus-ländische Steuern, die von einem in- oder ausländischen Investmentfonds ge-tragen werden (sog. Zuflusssteuern[337]), unter weiteren Voraussetzungen vom Anleger angerechnet werden.

c.   Zusammenfassung und Folgerungen mit Blick auf den Untersuchungsgegenstand

Das Konzept der ausschüttungsgleichen Erträge des Investmentfonds ist im Er-gebnis eine Art der *Ergebniszurechnung*. Der Investmentfonds als Vordermann erzielt Einkünfte, und diese Tatbestandsverwirklichung geht in eine Steuerschuld des Anlegers als Hintermann ein. Im Ausgangspunkt wird der Investmentfonds

---

[336] *Stock/Oberhofer*, in: B/S/L, § 4 InvStG, Rn. 44; anders offenbar *Haase*, in: ders., InvStG, § 4 Rn. 148.

[337] Vgl. *Stock/Oberhofer*, in: B/S/L, § 4 InvStG, Rn. 39.

sowohl für die Tatbestandsverwirklichung als auch für die Steuerquantifizierung als tatbestandsverwirklichende Person behandelt. Wegen der Unfähigkeit der *Ergebniszurechnung*, sich in den Ertragsteuertatbestand und die Steuerquantifizierung einzupassen, käme es – ohne Sonderregelungen – auch bei der Investmentbesteuerung zu vielen Unstimmigkeiten.

Die Regelungen des Investmentsteuerrechts zielen weitgehend darauf ab, das Ergebnis herzustellen, das unter der Anordnung einer mittelbaren Tatbestandsverwirklichung erzielt würde. Dem Zweck, die Direktanlage nachzuahmen, entspricht tatbestandlich – wie bei der Organschaft[338] – die Anordnung einer mittelbaren Tatbestandsverwirklichung. Denn wenn der Anleger so behandelt werden soll, als träfe er selbst die Anlageentscheidungen und investierte seine Mittel entsprechend diesen Entscheidungen, dann wäre es folgerichtig, ihn als Einkünfteerzieler zu behandeln, obwohl der Investmentfonds die Kontrolle über die Investition in die Anlagegenstände hat und dieser deshalb nach der allgemeinen Regel Einkünfteerzieler ist. Eine Steuerschuldübernahme oder eine Tatbestandsverdopplung durch Ausschüttungsfiktion kommen von vornherein nicht als Trennungsmechanismen in Betracht.

Das Investmentsteuerrecht ähnelt insofern der Organschaft, als auch diese ihrem Zweck und nach den die Einkommenszurechnung korrigierenden Sonderregelungen auf eine mittelbare Tatbestandsverwirklichung ausgerichtet ist. Die Abweichung des Investmentsteuerrechts vom Regeltatbestand ist aber in gewisser Hinsicht deutlich größer als bei der Organschaft. Denn bei der Organschaft hat der Hintermann ein gewisses Maß an Kontrolle über den Vordermann und so mittelbar auch auf dessen Leistungsdisposition. In Verbindung mit dem rechtspolitischen Zweck, Konzernstrukturen nicht zu behindern, entsteht so die Rechtfertigung für die Abweichung vom Regeltatbestand.[339] Beim Investmentfonds hat der Anleger keinerlei Möglichkeit, auf die Anlageentscheidungen Einfluss zu nehmen, so dass das Merkmal der Einkünfteerzielung überhaupt nicht ausgeprägt ist. Die mittelbare Tatbestandsverwirklichung, ob unmittelbar oder – wie derzeit – über den Umweg der *Ergebniszurechnung* in Verbindung mit Sonderregeln angeordnet, ist nur gerechtfertigt durch den Zweck der Gleichstellung mit der Direktanlage.

Das Investmentsteuerrecht muss das Ergebnis einer mittelbaren Tatbestandsverwirklichung aufgrund der im Ausgangspunkt angeordneten *Ergebniszurechnung* erst mit hochkomplexen Sonderregeln herstellen. Es scheint – wie bei der Organschaft – unklar, warum dieser Umweg gegangen wird, wenn die Anord-

---

[338] Vgl. oben V.1.b. (S. 109 ff.).
[339] Vgl. oben V.1. (S. 106 ff.).

nung der mittelbaren Tatbestandsverwirklichung wenigstens den Teil der Komplexität, der auf dem Trennungsmechanismus der *Ergebniszurechnung* beruht, von vornherein verzichtbar werden lässt. Auch wenn der Trennungsmechanismus der mittelbaren Tatbestandsverwirklichung gegebenenfalls Besonderheiten des Investmentrechts berücksichtigen müsste, wäre das Ergebnis ein weniger komplexer Rechtszustand, der den Zweck des Investmentsteuerrechts besser abbildete.

VII. Zusammenfassung und praktische Folgen

1. Ergebniszurechnung als problematische Rechtstechnik

Der Gesetzgeber hat die Voraussetzungen für die Abschöpfung von Zuwächsen wirtschaftlicher Leistungsfähigkeit im Ertragsteuerrecht tatbestandlich gefasst als das *Erzielen von Einkünften* mittels näher bestimmter Erwerbstätigkeiten natürlicher Personen bzw. Körperschaften. Die Funktion dieser Merkmale erschöpft sich in der Abbildung jener Wertung, aufgrund derer eine Person, nämlich der Einkünfteerzieler, mit einer Steuerschuld belastet wird. Einkünfteerzieler ist nach der sog. Markteinkommenstheorie derjenige, der über die Leistungen oder die Einkommensquelle disponiert.

Der Gesetzgeber weicht im Einzelfall von dieser Rechtstechnik, den Steuerschuldner zu finden, ab, indem er den nach diesem Regeltatbestand gefundenen Steuerschuldner von der Steuerschuld entlastet und diese einer anderen Person zuweist. Dies geschieht rechtstechnisch durch verschiedene Formen der *Ergebniszurechnung*. Der Einkünfteerzieler (der sog. Vordermann) bleibt Einkünfteerzieler, also wertungsmäßig die Person, die durch eine Erwerbstätigkeit ihre Leistungsfähigkeit erhöht hat; sie wird aber von der Steuerschuld entlastet. Der Empfänger der Zurechnung (der sog. Hintermann) wird hinsichtlich der Einkünfteerzielung durch den Vordermann Steuerschuldner.

Die vergleichende Betrachtung der Trennungstatbestände hat gezeigt, dass mit der sog. Ergebniszurechnung an verschiedenen Stellen völlig verschiedene Dinge gemeint sind. So bleibt die Familienstiftung sowohl nach alter wie nach neuer Fassung von § 15 AStG trotz der Zurechnung des Einkommens bzw. der Einkünfte an den Stifter selbst Steuerschuldner hinsichtlich der erzielten Einkünfte, soweit diese von ihrer beschränkten Steuerpflicht umfasst sind. Gleiches gilt für die Zwischengesellschaft im Rahmen der Hinzurechnungsbesteuerung. Die Organgesellschaft (ebenso wie die KGaA) wird aber aufgrund der Fremdzurechnung des Einkommens bzw. der Einkünfte von der Steuerschuld entlastet. Personengesellschaft und Investmentfonds sind auch Einkünfteerzieler, werden aber auch aufgrund anderer Mechanismen entlastet. Der Unterschied der Bedeutungen der *Ergebniszurechnung* entspricht verschiedenen Grundkonzepten, nämlich der Tatbestandsverdopplung in Gestalt einer Ausschüttungsfiktion auf der Seite der AStG-Tatbestände und der mittelbaren Tatbestandsverwirklichung auf der Seite von Organschaft, Personengesellschaft und KGaA sowie der Investmentfondsbesteuerung.

Bei den AStG-Tatbeständen werden sowohl Vorder- als auch Hintermann auf Wertungsebene als Personen betrachtet, die jeweils aufgrund des gleichen Sachverhalts ihre wirtschaftliche Leistungsfähigkeit erhöhen, sie sind also auf Tatbestandsebene beide Einkünfteerzieler. Möglich ist die doppelte Tatbestandsverwirklichung aufgrund des Trennungsprinzips zwischen Körperschaften und ihren Mitgliedern. In den anderen Regimen – Organschaft, Personengesellschaft und KGaA, Investmentfondsbesteuerung – hingegen wird auf Wertungsebene *nur* der Hintermann, nicht auch der Vordermann als Person betrachtet, die ihre wirtschaftliche Leistungsfähigkeit erhöht, was sich daran zeigt, dass der Vordermann vollständig von jeglicher Steuerschuld entlastet wird und die Steuerschuld sich ausschließlich nach den Verhältnissen des Hintermanns quantifiziert. Die einzige tatbestandliche Formulierung, die diese Wertung klar und eindeutig übersetzen würde, wäre die Anordnung, dass in den klar umrissenen Umständen der Trennungstatbestände *nur* der Hintermann – also der Organträger, die Gesellschafter von Personengesellschaft bzw. KGaA sowie der Anleger eines Investmentfonds – der Einkünfteerzieler ist. Eine solche Anordnung wurde hier als *mittelbare Tatbestandsverwirklichung* bezeichnet, wodurch kenntlich gemacht werden soll, dass der Vordermann zwar weiterhin den *Regeltatbestand* der Einkünfteerzielung erfüllt, aber aufgrund mit dem Leistungsfähigkeitsprinzip auf Wertungsebene konkurrierender Aspekte (der Förderung von Konzernstrukturen im Fall der Organschaft oder der Nicht-Besteuerung von Personengesellschaften und Investmentfonds) eine andere Person mit einer Steuerschuld belastet werden soll.

Die Ergebniszurechnung außerhalb der AStG-Tatbestände bleibt bei der Umsetzung dieser Wertung in den ertragsteuerlichen Tatbestand aber auf halbem Wege stehen. Sie belässt dem Vordermann die Regeltatbestandsverwirklichung (und damit beispielsweise die Zuordnung von Betriebsstätten) sowie einen Großteil der Einkünfte- bzw. Einkommensermittlung nach seinen Eigenschaften. Die Gründe hierfür sind auf Wertungsebene nicht nachvollziehbar. Teilweise scheint einer der Hintergründe zu sein, dass dem ertragsteuerlichen Tatbestand neben seiner wertungsübersetzenden Funktion eine Art deskriptive Funktion zur Seite gestellt wird, derzufolge etwa die zivilrechtliche „Selbständigkeit" der Organgesellschaft vom ertragsteuerlichen Tatbestand nicht einfach übergangen werden dürfe, wie die Begründung für die die Organschaft tragende sog. *Zurechnungstheorie* ausführt.[340] Im Ergebnis verursacht die Ergebniszurechnung als Rechtstechnik große Regelungskomplexität und das Bedürfnis nach korrigierender oder rechtsfortbildender Rechtsanwendung. Eben diese erschwert sie, da sie keine Leitlinien vorgeben kann, wie sie beispielsweise eine ausdrücklich angeordnete Ausschüttungsfiktion in den AStG-Tatbeständen oder eine mittelbare Tatbestandsverwirklichung vorgeben könnte.

2. Praktische Folgerungen für die Rechtsanwendung

Die hier behandelten Trennungstatbestände beruhen auf dem Konzept der Einkünftezurechnung, nach der der Vordermann den Tatbestand der Einkünfteerzielung verwirklicht, der Hintermann die Steuerschuld trägt und Ungereimtheiten aus dieser Trennung durch Sonderregelungen korrigiert werden müssen. Es kann deshalb nicht einfach unterstellt werden, dass bspw. die Organschaft ein Konzept der mittelbaren Tatbestandsverwirklichung umsetze und dass deshalb bei offenen Rechtsfragen grundsätzlich unterstellt werden könne, dass der Organträger so behandelt werden solle, als habe er die Einkünfte durch eine eigene Erwerbstätigkeit erzielt. Dagegen sprechen Sondervorschriften, die nur erforderlich sind, wenn das geltende Recht von einer mittelbaren Tatbestandsverwirklichung gerade nicht ausgeht (bspw. die Regelung der Betriebsstättenvoraussetzung in § 14 Abs. 1 S. 1 Nr. 1 S. 4–7 KStG sowie § 15 Abs. 1 S. 1 Nr. 2 und § 19 KStG). Andererseits kann aber angenommen werden, dass die Ergebniszurechnung (zur *Zurechnungstheorie* erhoben) jedenfalls *nicht* als Leitlinie für die Entscheidung von Zweifelsfragen dienen darf, weil sie selbst nicht wertungskonsistent ist. Dies hätte beispielsweise die Entscheidung zur Anwendung von § 16 Abs. 4, § 34 Abs. 3 EStG auf Ebene des Organträgers anders ausfallen lassen.[341] Möglicherweise ließe sich im Einzelfall sogar systematisch argumentieren, dass insbesondere die Vorschriften § 15 Abs. 1 S. 1 Nr. 2 und § 19 KStG den Willen zur Umsetzung einer mittelbaren Tatbestandsverwirklichung zeigen und dies in Zweifelsfragen der Steuerquantifizie-

---

340   Vgl. dazu oben V.1.a. (S. 107).
341   Vgl. dazu oben III.2.d. (S. 63 f.).

rung den Blick auf den Organträger erlaubt, obwohl dieser technisch nicht Einkünfteerzieler ist.[342]

Jedenfalls dort, wo die Regelungsdichte gering und daher der Bedarf nach Leitlinien zur Auslegung und Rechtsfortbildung entsprechend groß ist, nämlich bei der gewerblich tätigen Personengesellschaft und der KGaA, führt m.E. kein Weg daran vorbei, in Zweifelsfragen das Leitbild einer mittelbaren Tatbestandsverwirklichung als Aspekt der systematischen Auslegung einfließen zu lassen, d. h. jeder Mitunternehmer bzw. persönlich haftende Gesellschafter ist im Zweifel, d. h. in Abwägung mit allen anderen Auslegungskriterien, so zu behandeln, als hätte er die Einkünfte selbst bezogen. Dies ergibt sich nicht aus dem Gesetz, muss sich aber daraus ergeben, dass jedes andere wertungskonsistente Grundkonzept – Steuerschuldübernahme oder Ausschüttungsfiktion – offenkundig nicht gewollt ist.

Anders verhält es sich bei den Tatbeständen des Außensteuergesetzes. Dort zeigt sich, dass die Literatur ansatzweise bereits versucht, ein Grundkonzept, nämlich die mittelbare Tatbestandsverwirklichung zugrunde zu legen, und hieraus Schlüsse für Zweifelsfragen zu ziehen.[343] Nach hier vertretener Auffassung ist dies nicht zulässig, da das Grundkonzept der Tatbestände eine Ausschüttungsfiktion ist, also in Zweifelsfragen eher dazu zu tendieren wäre, welche Besteuerungsfolgen sich bei tatsächlicher Ausschüttung ergäben. Letztlich bedarf aber ein solches Vorgehen, auch wenn man eine Ausschüttungsfiktion zugrunde legt, großer Vorsicht, da das Grundkonzept der Hinzurechnungsbesteuerung bzw. der Besteuerung der Familienstiftung als systematisches Argument nur ein Auslegungsaspekt unter anderen sein kann.

3.   Praktische Folgerungen für die Rechtssetzung

Soweit in Zukunft neue Trennungstatbestände geschaffen oder bestehende Trennungstatbestände einer Neuregelung unterzogen werden sollen, wäre es nach den Ergebnissen dieser Arbeit zu empfehlen, von der Rechtstechnik der Ergebniszurechnung abzusehen und sich stattdessen an den oben dargestellten Referenzmodellen – der Steuerschuldübernahme, einer mittelbaren Tatbestandsverwirkli-

---

[342]   Vgl. zu dieser Möglichkeit bei der Frage, ob die Gewährung von Abkommensbegünstigungen sich nach der Organgesellschaft oder dem Organträger richten sollen (d. h. wer die Einkünfte für abkommensrechtliche Zwecke erzielt), unten C.IV.1.d. (S. 188 ff.).

[343]   *Edelmann*, in: Kraft, § 10 AStG, Rn. 282 ff., 342 ff.

chung oder einer Tatbestandsverdopplung durch Ausschüttungsfiktion – zu orientieren.

Insbesondere bei einer Neuregelung der Ertragsbesteuerung der KGaA und des persönlich haftenden Gesellschafters böte sich die Gelegenheit, konzeptionelle Klarheit zu schaffen, indem tatbestandlich eins der oben dargestellten Modelle umgesetzt würde. Wenn es die rechtspolitische Entscheidung ist, den von der KGaA erwirtschafteten Gewinn auch bereits vor Entnahme des persönlich haftenden Gesellschafters bei diesem als Zuwachs der wirtschaftlichen Leistungsfähigkeit zu werten, dann stellt sich die Frage, welches Modell dies tatbestandlich am passendsten umsetzt. Die Steuerschuldübernahme kommt erkennbar nicht in Betracht; denn es soll ja der persönlich haftende Gesellschafter letztlich besteuert und nicht eine originäre Steuerschuld der KGaA auf diesen übergewälzt werden. Auch die Ausschüttungsfiktion kommt nicht in Betracht; denn zwar könnte die rechtspolitische Entscheidung sein, den persönlich haftenden Gesellschafter zu besteuern wie den Kommanditaktionär.[344] Nur hätte diese Gleichstellung nicht zur Folge, dass unmittelbar mit Erwirtschaftung des Gewinns der KGaA (oder bspw. mit Ablauf des Wirtschaftsjahres), sondern analog zur Ausschüttung an den Kommanditaktionär der Gewinnanteil dem persönlich haftenden Gesellschafter erst zugerechnet würde, wenn er seinen Gewinnanteil entnehmen kann. Eine Gleichstellung mit dem Kommanditaktionär müsste eine konventionelle Trennung wie zwischen Gesellschafter bzw. Mitglied und Körperschaft umsetzen. Voraussetzung wäre hierzu die rechtspolitische Wertung, dass mit Erwirtschaftung des Gewinns der KGaA der persönlich haftende Gesellschafter seine wirtschaftliche Leistungsfähigkeit *nicht* steigert, sondern dies erst der Fall ist, wenn dieser seinen Gewinnanteil entnehmen kann. Da die Behandlung des persönlich haftenden Gesellschafters privatrechtlich auch hinsichtlich seiner Gewinnbeteiligung dem Komplementär einer Kommanditgesellschaft entspricht und eben nicht dem Aktionär einer Aktiengesellschaft, wäre zu rechtfertigen, weshalb der persönlich haftende Gesellschafter im Verhältnis zum Komplementär einer Kommanditgesellschaft ungleich behandelt würde.[345]

Wenn die rechtspolitische Wertung dagegen dahinginge, den persönlich haftenden Gesellschafter so zu behandeln, als wäre seine wirtschaftliche Leistungsfähigkeit bereits dann gesteigert, sobald die KGaA einen Gewinn erwirtschaftet hat (entsprechend der Mitunternehmerschaft), dann wäre die zutreffende tatbestandliche Übersetzung dieser Bewertung, dass der persönlich haftende Gesellschafter bereits durch seine Beteiligung als solche an der KGaA Einkünfte im Sinne von § 2

---

[344] Diese Möglichkeit der Neuregelung darstellend *Bielinis*, DStR 2014, 769, 771.
[345] Dazu und zu weiteren Unterschieden *Bielinis*, DStR 2014, 769, 772 a.E. f.

Abs. 1 S. 1 EStG erzielt und nicht ihm Einkünfte der KGaA zugerechnet werden. Eine derartige Formulierung würde Klarheit darüber schaffen, dass bspw. Betriebsstätten der Kommanditgesellschaften als solche des persönlich haftenden Gesellschafters zu werten und steuerquantifizierende Vorschriften – bspw. § 8b KStG und § 3 Nr. 40 EStG – mit Blick auf den persönlich haftenden Gesellschafter anzuwenden sind. Sollte vereinzelt der Bedarf bestehen, für eine steuerquantifizierende Regelung die Gesellschafts- und nicht die Gesellschafterverhältnisse für maßgeblich zu halten, wäre dies gesondert anzuordnen.

C Trennung von Einkünfteerzielung und Steuerschuldnerschaft im Abkommensrecht

I. Problemdarstellung

1. Der Zusammenhang der Abkommensproblematik mit den Problematiken des innerstaatlichen Ertragsteuerrechts

a. Abkommensregelungen als steuerquantifizierende Vorschrift

Doppelbesteuerungsabkommen, die auf dem OECD-Muster basieren[346], enthalten materiell nahezu ausschließlich Regelungen, die – in den Begriffen des hier verwendeten Tatbestandsmodells[347] – die Quantifizierung eines dem Grunde nach entstandenen Steueranspruchs betreffen. Die Rechtsfolge des Abkommenstatbestands zielt also nie auf die Tatbestandsverwirklichung *dem Grunde nach*. Die Abkommensvorschriften setzen voraus, dass ein Steueranspruch *dem Grunde nach* entstanden ist. Die Rechtsfolgen des Abkommenstatbestands sind Einwendungen gegen den Steueranspruch und wirken sich nur bei der Ermittlung des Steueranspruchs *der Höhe nach* aus. Diese Rechtsfolgen bestehen insbesondere in der Steuerbefreiung bestimmter Erwerbseinnahmen oder Einkünfte, der Verminderung eines Steuertarifs bezüglich bestimmter Erwerbseinnahmen oder Einkünfte und der Anrechnung im Ausland gezahlter Steuer (hinsichtlich bestimmter Einkünfte) auf den Steueranspruch.[348]

---

[346] OECD-Musterabkommen auf dem Gebiet der Steuern vom Einkommen und vom Vermögen 2014; nachfolgend OECD-MA.

[347] Vgl. zu diesen Begriffen oben B.I.2. (S. 13 ff.; zusammengefasst S. 17); nach dem Modell der klassischen Tatbestandslehre wären die DBA-Regelungen wohl negative Tatbestandsmerkmale eines Steueranspruchs.

[348] Zum Ganzen BFH v. 24.03.1998, I R 83/97, BStBl II 1998, 601; *Debatin*, BB 1989, Beilage 2 zu Heft 3, 1, 2; *Kluge*, IntStR, S. 656 und 673; *Vogel* in: Vogel/Lehner, Grundlagen des AbkR Rn. 80; *Wassermeyer*, DBA, Vor Art. 6-22 Rn. 1 und 6.

© Springer Fachmedien Wiesbaden GmbH, ein Teil von Springer Nature 2018
J. Grosch, *Die Trennung von Einkünfteerzielung und Steuerschuldnerschaft*, PwC-Studien zum Unternehmens- und Internationalen Steuerrecht 8, https://doi.org/10.1007/978-3-658-21373-2_3

b.   Persönliche Merkmale des Tatbestands der Abkommensregelungen

Die steuerquantifizierenden Rechtsfolgen regeln für den Ansässigkeitsstaat des Steuerschuldners als Steuergläubiger die Vorschriften in Art. 23A/B OECD-MA und teilweise bereits die sog. Verteilungsartikel (Art. 6–21 OECD-MA). Für den Quellenstaat als Steuergläubiger sind die steuermindernden Rechtsfolgen nur in den Verteilungsartikeln enthalten. In jedem Fall setzt der Eintritt steuermindernder Rechtsfolgen die Verwirklichung eines Verteilungstatbestands voraus. Diese Tatbestände in Art. 6–21 OECD-MA[349] verlangen abstrakt formuliert, dass eine Person mittels bestimmter Verhaltensweisen – auch als passive Überlassung von Kapital formuliert – bestimmte Vermögensmehrungen (Einkünfte, Gewinne, Zinsen, Lohn etc.) aus dem anderen Vertragsstaat erwirtschaftet (beschrieben als beziehen, an Person gezahlt werden etc.). Insofern sind die Voraussetzungen der steuerquantifizierenden Vorschrift sachlicher Natur; sie charakterisieren den Tatbestand nur durch die Handlungen, die die Einkünfte hervorbringen, bzw. die Einkunftsquelle, ohne die persönlichen Eigenschaften einer Person einzubeziehen.

Das Abkommen knüpft aber zumindest in zweierlei Hinsicht an persönliche Merkmale an: Erstens mit der *Ansässigkeit* i.S.v. Art. 4 Abs. 1 OECD-MA in einem der Vertragsstaaten als persönliches Merkmal aller Verteilungstatbestände. Vom Abkommen begünstigt sind nur Personen, die in den Vertragsstaaten *ansässig* sind. Die Voraussetzung der Ansässigkeit ergibt sich nicht nur aus den Formulierungen der Verteilungstatbestände selbst, sondern auch daraus, dass das Abkommen nur für solche Personen *gilt*, die in mindestens einem Vertragsstaat ansässig sind (Art. 1 OECD-MA). Die Ansässigkeit einer Person ist näher gekennzeichnet durch die Anknüpfung an einen Personenbegriff (Art. 3 Abs. 1 lit. a und b OECD-MA) und die Steuerpflicht aufgrund eines ortsbezogenen Merkmals in mind. einem der Vertragsstaaten (Art. 1, 4 Abs. 1 OECD-MA). Ein zweites persönliches Merkmal kann das Innehaben einer bestimmten Rechtsform sein (vgl. Art. 10 Abs. 2 OECD-MA „Gesellschaft").

---

[349]   Art. 9 OECD-MA bleibt hier und im Folgenden außen vor.

c.   Spezifische Abkommensfrage: Auf wen kommt es für die persönlichen *Merkmale* des Abkommens an?

Das Merkmal der *Ansässigkeit* soll seinem Zweck nach den Kreis der abkommensbegünstigten Personen auf solche Personen begrenzen, die eben diese näher definierte Beziehung zu (mind.) einem der Vertragsstaaten haben. Ist der Vordermann in einem Vertragsstaat ansässig, der Hintermann aber nicht, dann ist es fraglich, dem Hintermann, der das Abkommen gegen den Steueranspruch geltend macht, die Vorteile des Abkommens zugute kommen zu lassen, denn der Hintermann weist die erforderliche Nähebeziehung zu einem der Vertragsstaaten nicht auf. Ebenso verhält es sich mit einer Rechtsform, die zu einer weitgehenden Beschränkung des Steueranspruchs berechtigt, die zwar der Vordermann aufweist, der Hintermann aber nicht. Umgekehrt ist – nachteilig – denkbar, dass der Hintermann diese Merkmale in seiner Person aufweist, der Vordermann aber nicht, so dass die Gefahr besteht, dass dem Hintermann das Abkommen gegen seine Steuerschuld verweigert wird.

In dieser Hinsicht ist die Anwendung der Abkommensvorschriften nur eine Facette des oben geschilderten Grundproblems der personenbezogenen Steuerquantifizierungsvorschriften, bspw. § 8b Abs. 1 KStG.[350] Weil das Abkommen Teil der steuerquantifizierenden Vorschriften des Ertragsteuerrechts ist und weil die Abkommensregelungen ihrem Wortlaut und ihrer Ratio nach personenbezogen sind, stellt sich die Frage, wie damit umzugehen ist, dass die Vorschriften – jedenfalls auf den ersten Blick – auf den Einkünfteerzieler schauen, also bspw. denjenigen, dem Dividenden gezahlt werden, etwa die Organgesellschaft oder die KGaA, aber die Person, die die Begünstigungen gegen eine Steuerschuld einwenden kann, eine andere Person ist, bspw. der Organträger oder der persönlich haftende Gesellschafter.

Auf den zweiten Blick aber gibt es eine Besonderheit der Abkommensvorschriften in dieser Hinsicht gegenüber steuerquantifizierenden Vorschriften mit innerstaatlichem Ursprung; und diese Besonderheiten rechtfertigen eine genauere Betrachtung: Hinsichtlich beispielsweise § 8b Abs. 1 KStG ist eindeutig, dass es die *einkünfteerzielende* Person ist, die den Tatbestand von § 8b Abs. 1 KStG erfüllt, es also für die *persönlichen Merkmale* – im Beispiel: Rechtsform der Körperschaft – auf diese Person, bspw. die Organgesellschaft, nicht auf den Organträger ankommt. Damit ausnahmsweise nicht auf den Einkünfteerzieler, sondern auf den Steuerschuldner geschaut werden kann, benötigt man Sondervorschriften

---

350   Vgl. oben B.IV.3.b.bb.(4) (S. 97 ff.).

(bspw. § 15 S. 1 Nr. 2 KStG). Hinsichtlich beispielsweise § 34 EStG ist schon weniger eindeutig, ob der Steuerschuldner tatsächlich die dort privilegierten Einkünfte selbst im Sinne von § 2 Abs. 1 S. 1 EStG erzielt haben muss, damit er die Steuersatzermäßigung in Anspruch nehmen kann; die h.M. geht aber davon aus.[351] Jedenfalls gilt für die meisten steuerquantifizierenden Vorschriften: Knüpft eine steuerquantifizierende Vorschrift an persönliche Eigenschaften an, kommt es auf die Eigenschaften des Einkünfteerzielers, nicht auf die des Steuerschuldners an.

Die spezifisch abkommensrechtliche Fragestellung ist, ob diese Grundregel auch für die steuerquantifizierenden Regelungen des Abkommens gilt oder ob der Tatbestand der Abkommensregelungen bereits den Blick auf den letztlichen Steuerschuldner zulässt. Konkret ist von der Beantwortung der Frage abhängig, ob bspw. Vorder- oder Hintermann der Trennungstatbestände in einem der Vertragsstaaten ansässig sein müssen bzw. wer von beiden eine bestimmte Rechtsform aufweisen muss. Die Antwort hängt – als Rechtsfrage formuliert – davon ab, welche Person es ist, der bspw. Gewinne aus einem Unternehmen i.S.v. Art. 7 OECD-MA oder wem Dividenden i.S.v. Art. 10 OECD-MA *für Abkommenszwecke* zugerechnet werden. Die h.M. geht – dies sei hier vorweggenommen – davon aus, dass diese abkommensrechtliche Zurechnungsfrage sich parallel aus der Zurechnungsentscheidung nach § 2 Abs. 1 S. 1 EStG beantwortet, dass also der *Einkünfteerzieler* für Zwecke von § 2 Abs. 1 S. 1 EStG immer auch Zurechnungssubjekt der Einkünfte für Abkommenszwecke ist.[352] Unter dieser Auffassung blickte man also regelmäßig auf den Vordermann, so dass grundsätzlich das strukturell gleiche Problem besteht wie bei den anderen steuerquantifizierenden Vorschriften. Diese Auffassung soll hier überprüft werden.

2.   Konkrete Bedeutung der Problematik für die Trennungstatbestände

Erzielen eine inländische Organgesellschaft, KGaA oder ein Investmentfonds Einkünfte aus einem DBA-Staat, ist fraglich, ob die aus dieser Einkünfteerzielung resultierende Steuerschuld auch dann und soweit durch Rechtsfolgen des DBA mit diesem Staat begünstigt werden, als der jeweilige Hintermann, also der Organträger, der persönlich haftende Gesellschafter oder der Anleger *nicht* in einem der Vertragsstaaten ansässig sind. Dies wäre der Fall, wenn man zu dem Ergebnis

---

351   Vgl. oben B.III.2.e. (S. 65 ff.).
352   Vgl. näher unten III.3.a.aa. (S. 158 ff.).

käme, der jeweilige Vordermann verwirkliche den Abkommenstatbestand, beziehe also etwa Gewinne eines Unternehmens i.S.v. Art. 7 Abs. 1 OECD-MA oder empfange Dividenden gemäß Art. 10 Abs. 1 und 2 OECD-MA. Dies wäre *nicht* der Fall, wenn man zu dem Ergebnis käme, dass der auslandsansässige Organträger, persönlich haftende Gesellschafter oder Anleger den abkommensrechtlichen Verteilungstatbestand verwirklichten. Entsprechende Fragen stellen sich bei Deutschland als Quellenstaat: Rechnet Deutschland einem im DBA-Ausland ansässigen KGaA- oder investmentfondsähnlichen Rechtsträger inländische Einkünfte zu, ist zu klären, ob persönlich haftender Gesellschafter bzw. die Anleger in einem Vertragsstaat ansässig sein müssen, damit Abkommensbegünstigungen, insb. Freistellungen und reduzierte Steuersätze bzw. die korrespondierenden Erstattungen von Quellensteuer, gewährt werden. Da organschaftsähnliche Gruppenbesteuerungsregime des anderen DBA-Staats nicht in die Beurteilung der Zurechnungsentscheidung aufgenommen werden, stellt sich die Frage insofern nur, wenn die abkommensrechtliche Einkünftezurechnung einer Regel gehorchte, die den Quellenstaats an die Zurechnungsregeln des Ansässigkeitsstaats bindet.

Auch wenn man zu dem Ergebnis käme, es verwirkliche der Vordermann, bspw. eine inlandsansässige Organgesellschaft, einen Verteilungstatbestand hinsichtlich der ausländischen Einkünfte, dann bleibt weiterhin die Frage, ob der in einem Drittstaat ansässige Hintermann, bspw. ein beschränkt steuerpflichtiger Organträger, seinerseits aufgrund des gleichen Vorgangs *zusätzlich* einen eigenen Abkommenstatbestand erfüllt mit der Folge, dass der Steueranspruch bspw. gegen den Organträger aufgrund des zugerechneten Einkommens ein zweites Mal aufgrund eines Abkommens mit diesem Drittstaat gemindert wird. Ähnlich kann man diese Frage auch bei einem im Drittstaat ansässigen persönlich haftenden Gesellschafter einer KGaA oder eines Anlegers eines Investmentfonds stellen: bedeutet die Einkünfte- bzw. Einkommenszurechnung selbst die Verwirklichung eines Tatbestands der Verteilungsartikel?

Besondere Bedeutung aus deutscher Sicht hat diese Frage aber im Zusammenhang mit den Besteuerungsregimen des AStG: Während die Einkünfteerzielung durch die im Ausland ansässige Körperschaft selbst aus deutscher Sicht abkommensrechtlich möglicherweise irrelevant ist – wenn die Einkünfte nicht aus dem Inland stammen –, stellt sich die Frage, ob die Zurechnung aufgrund der genannten Regime durch einen Verteilungstatbestand begünstigt wird. So ist zu klären, ob etwa die Zurechnung des Hinzurechnungsbetrags aufgrund §§ 7 ff. AStG selbst einen Verteilungstatbestand des Abkommens zwischen dem Ansässigkeitsstaat der Zwischengesellschaft und ihrem im Inland ansässigen Gesellschafter verwirklicht. Die gleiche Frage stellt sich für den Zurechnungsempfänger einer Familienstiftung (§ 15 AStG nach a. und n. F.).

3. Abstrahierung der Fragen / Gang der Untersuchung

Ob die Rechtsfolge eines DBA einen Steueranspruch gegen den Hintermann eines Trennungstatbestands mindert, hängt davon ab, ob bezüglich der Einkünfteerzielung des Vordermanns ein Verteilungstatbestand eines Abkommens verwirklicht wurde von einer in einem Vertragsstaat ansässigen Person. Man kann die Fragen, die durch die grenzüberschreitende Erzielung von Einkünften im Rahmen eines Trennungstatbestands entstehen, wie folgt zusammenfassen:

- Ist das Abkommen so anzuwenden, als würde *nur der Vordermann* (bspw. Organgesellschaft, Investmentfonds, KGaA, Zwischengesellschaft oder Familienstiftung) den Verteilungstatbestand verwirklichen?
- Ist das Abkommen so anzuwenden, als würde *nur der Hintermann* (bspw. Organträger, persönlich haftender Gesellschafter, Anleger, Zwischengesellschafter oder Familienstifter) den Verteilungstatbestand verwirklichen?
- Ist das Abkommen so anzuwenden, als würde *sowohl der Vordermann als auch der Hintermann* einen Verteilungstatbestand (ggf. zweier unterschiedlicher DBA) verwirklichen?

Von der Beantwortung dieser Fragen hängt im Einzelfall ab, auf welche Person bezüglich der Ansässigkeit (oder anderer persönlicher Merkmale wie der Rechtsform) der Rechtsanwender schauen muss und ggf., ob überhaupt ein Abkommenstatbestand etwa aufgrund der Zurechnung innerhalb der Hinzurechnungsbesteuerung verwirklicht wird.

Im Kern all dieser Fragen steht die Interpretation der Begriffe, die den Zusammenhang einer Person mit dem Abkommenstatbestand beschreiben (sog. Zurechnungszusammenhang). Dieser Zurechnungszusammenhang wird deshalb in der Folge untersucht (unter III, S. 153 ff.). Innerhalb dieser Untersuchung wird auch auf die Qualifikation als Nutzungsberechtigter i.S.v. Art. 10–12 OECD-MA innerhalb der Trennungstatbestände geblickt (unter III.5., S. 179 ff.). Vorweg soll jedoch das persönliche Merkmal der *Ansässigkeit* betrachtet werden (unter II.), das wesentlicher Anlass dieser Untersuchung ist und eine besondere Frage aufwirft: Aufgrund der Aufspaltung des Tatbestands wird der Vordermann (teilweise) von der Steuerschuld entlastet, die seine Tatbestandsverwirklichung hervorbringt. Folgt aus dieser Entlastung etwas für die Frage, ob der Vordermann noch steuerpflichtig im Sinne von Art. 4 Abs. 1 S. 1 OECD-MA ist?

II. Ansässigkeit

Art. 1, 4 Abs. 1 S. 1 OECD-MA knüpft die persönliche Geltung des Abkommens unter anderem an die Steuerpflicht einer Person. Hier soll lediglich das Merkmal der Steuerpflicht betrachtet werden und zwar mit Blick auf den Vordermann. Denn die Lage des Vordermanns zeichnet sich dadurch aus, dass er zwar aufgrund seiner Erwerbstätigkeit und der hierdurch veranlassten Einkünfteerzielung rechtstechnisch an der Tatbestandsverwirklichung beteiligt ist, aber letztlich eine Steuerschuld (zumindest teilweise) nicht trägt, weil das Ergebnis dieser Tatbestandsverwirklichung einer anderen Person zugerechnet wird. Es ist daher insbesondere fraglich, ob die Entlastung von der Steuerschuld zur Folge hat, dass der Vordermann nicht steuerpflichtig im Sinne der Vorschrift ist.

1. Person (Art. 3 Abs. 1 Buchst. a und b OECD-MA)

Person im Sinne des Abkommens sind neben natürlichen Personen, die durchgängig nicht als Vorderleute in Trennungstatbeständen wirken, gemäß Art. 3 Abs. 1 Buchst. a OECD-MA alle Personenvereinigungen. Den Begriff konturiert die ausdrücklich genannte und weiter beschriebene Personenvereinigung, die Gesellschaft. Gesellschaft ist gemäß Art. 3 Abs. 1 Buchst. b OECD-MA jede juristische Person und jeder Rechtsträger, der für die Besteuerung wie eine juristische Person behandelt wird. Maßgeblich für die Beurteilung ist das Recht des Anwendestaats gem. Art. 3 Abs. 2 OECD-MA.[353]

Der Begriff der Gesellschaft („company"), und damit der juristischen Person („body corporate") hat seine spezifische regulatorische Bedeutung nicht für die Abkommensberechtigung, denn auch andere Personenvereinigungen können abkommensberechtigt sein, sondern für Art. 10 OECD-MA und zwar derart, dass Zahlungen nur dann Dividenden sein können, wenn sie von einer Gesellschaft stammen.[354] Gesellschaften sollen solche Gebilde sein, die getrennt von ihren Gesellschaftern besteuert werden, so dass die Zahlung auf das Kapital bei dem Gesellschafter erneut der Besteuerung unterliegt. Das konstitutive Kriterium für eine Gesellschaft ist danach also eine Besteuerung nach dem Trennungsprinzip, was die Steuersubjektivität des Gebildes nach der Rechtsordnung eines Vertragsstaats

---

[353] *Pohl*, in: Schönfeld/Ditz, Art. 3 Rn. 15; *Wassermeyer*, in: Wassermeyer, DBA, Art. 3 Rn. 18; a.A. bspw. *Vogel*, in: Vogel/Lehner, 5. Aufl. 2009, Art. 3 Rn. 13: „Jede nach dem Recht eines (beliebigen) Staates errichtete Person ist somit eine „Gesellschaft" [...]."
[354] MK Art. 3 Rz. 3 S. 2.

voraussetzt.[355] Von diesem Verständnis geht wohl auch der Musterkommentar aus, der bezüglich der Alternative davon spricht, dass sich der Begriff Gesellschaft auch auf „other taxable units" bezieht, die von den Steuergesetzen des Vertragsstaats, in dem sie errichtet worden sind, als juristische Personen behandelt werden. Die Formulierung in der englischen Sprachfassung lässt schließen, dass eine juristische Person als „taxable unit", also Steuersubjekt angesehen wird.[356] Die andere Auffassung, nach der es auf die außersteuerliche, etwa die privatrechtliche Rechtsfähigkeit des Gebildes ankäme,[357] ist damit m. E. entkräftet. Deren Argument aus dem Wortlaut der Alternative ist nämlich nicht zwingend. Das Argument weist darauf hin, dass die Alternative überflüssig wäre, wenn bereits der Begriff *juristische Person* jeden Rechtsträger erfasste, der Steuersubjekt ist.[358] Ebenso zulässig ist aber das Verständnis, nach dem der Fall der juristischen Person – privatrechtlich verstanden – als typisierter Normalfall des Steuersubjekts zu verstehen ist und die Alternative alle weiteren Steuersubjekte aufnimmt.[359] Danach ist in beiden Alternativen die Steuersubjektivität konstituierendes Merkmal der Gesellschaft. Dieses Verständnis ist vom Wortlaut gedeckt, und die obigen systematischen, teleologischen und historischen Aspekte drängen dazu, dieses Verständnis als das richtige anzuerkennen. Auch sind bspw. die Familienstiftung i.S.v. § 15 AStG und der Investmentfonds jeweils Gesellschaft, nämlich ein Rechtsträger, der für die Besteuerung wie eine juristische Person behandelt wird.[360]

Aus dem Verständnis, dass das konstitutive Merkmal der Person „Gesellschaft" die Steuersubjektivität ist, dürfte sich schließen lassen, dass die anderen Personenvereinigungen im Sinne von Art. 3 Abs. 1 Buchst. a OECD-MA solche Gebilde umfassen, die nicht notwendig Steuersubjekt sind, aber in irgendeinem anderen Sinne als Rechtssubjekt in einem Vertragsstaat anerkannt sind.[361] Dass der Begriff sehr weit gefasst ist, ergibt sich auch aus Art. 3 Abs. 1 Buchst. g) Doppelbuchst. ii) OECD-MA: Dort – im Rahmen der Definition der Staatsangehörigkeit – ergänzt der Ausdruck *andere Personenvereinigung* nicht nur die juristische Person, sondern auch die Klasse der Personengesellschaften. Aufgrund der Weite des Personenbegriffs[362] ist sicher, dass es der Personeneigenschaft eines Rechts-

---

355 Marchgraber, SWI 2011, 336, 342 (mit Hinweis auf die Erwägungen der verantwortlichen OECD Working Party 14 vor Fn. 26).
356 MK Art. 3 Rz. 3 S. 2 (engl. Sprachfassung); Lang, Hybride Finanzierungen, S. 116.
357 Vogel, IStR 1999, 5, 6 (linke Spalte).
358 Vogel, IStR 1999, 5, 6 (linke Spalte).
359 *Link*, Konsolidierte Besteuerung, S. 79; *Pohl*, in: Schönfeld/Ditz, DBA, Art. 3 Rn. 14; *Riemenschneider*, Abkommensberechtigung von Personengesellschaften, S. 69 unten f.
360 Zu letzterem *Sorgenfrei*, IStR 1994, 465, 468.
361 *Wassermeyer*, in: Wassermeyer, DBA, Art. 3 Rn. 20.
362 Vgl. auch MK Art. 3 Rz. 2 S. 1.

trägers nicht schadet, wenn die von ihm erzielten Einkünfte in eine Steuerschuld gegen eine andere Person eingehen.

2. Ansässigkeit in einem Vertragsstaat: Steuerpflicht aufgrund eines ortsbezogenen Merkmals (Art. 4 Abs. 1 OECD-MA)

Gemäß Art. 4 Abs. 1 S. 1 OECD-MA ist eine Person in einem Vertragsstaat ansässig, wenn sie nach dem Recht des Vertragsstaats in diesem Vertragsstaat aufgrund eines ortsbezogenen Merkmals steuerpflichtig ist. Die Person ist gemäß Art. 4 Abs. 1 S. 2 OECD-MA nicht ansässig, wenn sie nur mit Einkünften aus Quellen in diesem Staat steuerpflichtig ist.[363] Die Merkmale der Ortsbezogenheit der Rechtsträger sind hier nicht von Interesse, weil ihre maßgeblichen Eigenschaften für diese Merkmale durch die Ergebniszurechnung nicht verändert werden. Die folgende Betrachtung richtet sich auf das Merkmal der *Steuerpflicht*.

a. Grundlagen der Auslegung

Art. 4 Abs. 1 S. 1 OECD-MA formuliert, eine Person sei ansässig, wenn diese Person *nach dem Recht dieses Vertragsstaats* aufgrund eines ortsbezogenen Merkmals steuerpflichtig ist. Diese Verweisung auf das Recht eines Vertragsstaats bezieht sich nur darauf, dass der Subsumtionsstoff für das Merkmal der Steuerpflicht aus dem Steuerrecht der Vertragsstaaten zu gewinnen ist. Welche Charakteristika aber eine Person innerhalb des innerstaatlichen Rechts zeigen muss, um *steuerpflichtig* zu sein, ist letztlich eine eine aus dem Abkommen heraus zu beantwortende Frage. Es mag das Ergebnis sein, dass die *Steuerpflicht* i.S.v. Art. 4 Abs. 1 S. 1 OECD-MA bereits und immer dann erfüllt ist, wenn eine Person die Merkmale der (unbeschränkten) *Steuerpflicht* i.S.v. § 1 Abs. 1 S. 1 EStG oder § 1 Abs. 1 KStG

---

[363]   Art. 4 Abs. 1 in der englischen Sprachfassung: *For the purposes of this Convention, the term "resident of a Contracting State" means any person who, under the laws of that State, is liable to tax therein by reason of his domicile, residence, place of management or any other criterion of a similar nature, and also includes that State and any political subdivision or local authority thereof. This term, however, does not include any person who is liable to tax in that State in respect only of income from sources in that State or capital situated therein.*

erfüllt. Aber das kann nur das Ergebnis einer Auslegung sein, die am Merkmal der *Steuerpflicht* i.S.v. Art. 4 Abs. 1 S. 1 OECD-MA ansetzt.[364]

b.   *Steuerpflicht (liability to tax)* i.S.v. Art. 4 Abs. 1 S. 1 OECD-MA

aa.   Potenzielle Bedeutungen des Begriffs

Konkretisiert auf die Vorderleute der Trennungstatbestände lautet die Auslegungsfrage, ob der Ausdruck *Steuerpflicht* weit zu verstehen ist im Sinne einer bloß abstrakten Steuerpflicht oder ob zu dieser bloß abstrakten Steuerpflicht eine irgendwie geartete substanzielle Steuerpflicht (bspw. eine Steuerschuldnerschaft für bestimmte Einkünfte) hinzutreten muss. Die wohl herrschende Meinung neigt zur ersten weiten Auffassung, eine abstrakte Steuerpflicht genüge, welche im deutschen Ertragsteuerrecht durch die persönliche Steuerpflicht nach § 1 EStG und § 1 KStG[365] erfüllt ist.[366] Vertreter dieser Auffassungen beziehen insb. auch solche Personen ein, die unter den persönlichen Anwendungsbereichs eines Ertragsteuergesetzes fallen, aber – bspw. aufgrund Gemeinnützigkeit nach § 5 Abs. 1 Nr. 9 KStG – persönlich steuerbefreit sind.[367] In diesem Sinn verstanden sind die hier betrachteten Rechtsträger – von den definitionsgemäß nur im Ausland ansässigen Rechtsträgern der AStG-Tatbestände und von Personengesellschaften abgesehen – steuerpflichtig und damit potenziell ansässig. Denn Organgesellschaft, KGaA und Investmentfonds[368] sind allesamt – anders als die Personengesellschaft – Steuersubjekte des Körperschaftsteuerrechts. Ihre persönliche Steuerpflicht wird nur in sachlicher Hinsicht auf einer rechtstechnisch nachgelagerten Stufe (teilweise) ausgehöhlt.

Dieses Ergebnis ist alles andere als selbstverständlich, weil es den Begriff der Steuerpflicht für Abkommenszwecke nahezu bedeutungslos macht. Er kann sogar

---

[364] *Lang,* SWI 2000, 527, 529: „Der Ausdruck „steuerpflichtig" ist allerdings ein Abkommensausdruck und folglich aus dem Zusammenhang des Abkommens zu verstehen."

[365] Die abkommensrechtliche Ansässigkeit setzt dann natürlich noch ein auf einen Vertragsstaat ortsbezogenes Merkmal voraus wie bspw. den Wohnsitz wie in § 1 Abs. 1 EStG.

[366] Vgl. bspw. *Lehner,* in: Vogel/Lehner, DBA, Art. 4 Rn. 83; *Pohl,* in: Schönfeld/Ditz, DBA, Art. 4 Rn. 24 f.; *Wassermeyer,* DBA, Art. 4 Rn. 25.

[367] Bspw. *Lehner,* in: Vogel/Lehner, DBA, Art. 4 Rn. 83, vgl. auch MK Art. 4 Rn. 8.6.

[368] Mit Ausnahme des Investmentfonds in Gestalt einer Investmentkommanditgesellschaft.

Rechtsträger einbeziehen, die prinzipiell nicht in der Lage sind, Steuerschuldner zu werden, wie bspw. der inländische Investmentfonds. Wenn man sich aus den rechtstechnischen Besonderheiten des inländischen Steuerrechts nur ein wenig löst, ist es doch verwunderlich, eine Person für *steuerpflichtig* in irgendeinem bedeutungsvollen Sinn zu halten, wenn diese Person als Steuerschuldner von vornherein und bedingungslos ausgeschlossen ist, und sich folglich im Besteuerungsergebnis nicht von einer Personengesellschaft unterscheidet. Einige Autoren haben für Zwecke der Behandlung von Personengesellschaften aus ähnlichen Überlegungen den Schluss gezogen, das Merkmal der Steuerpflicht sei im Grunde zu ignorieren, es käme letztlich nur auf die Verbindung mit dem Inland an, wie sie in den ortsbezogenen Merkmalen in Art. 4 Abs. 1 S. 1 OECD-MA zum Ausdruck kommt.[369] Abgesehen davon, dass diese Interpretation gegen die Auslegungsregel verstößt, dass prinzipiell davon auszugehen ist, dass jeder Ausdruck eines Satzes Bedeutung hat, ist die Schlussfolgerung nicht zwingend: Dass der Begriff von der h.M. weitgehend ausgehöhlt wird, muss nicht zu dem Schluss verleiten, dass man ihn gänzlich streicht, sondern könnte ebenso gut dazu herausfordern, ihm *mehr* Substanz zu verleihen.

Der Ausdruck *Steuerpflicht* lässt sich aber auch enger verstehen, nämlich dahingehend, dass die Einkünfteerzielung durch diese Person in einer näher zu bestimmenden Art und Weise sachlich steuerpflichtig sein muss. Ergänzt man den Ausdruck um eine solche qualifizierende, sachliche Komponente, dann ist zu klären, wie diese sachliche Komponente aussehen muss, um schon bzw. noch von Steuerpflicht einer Person zu sprechen. Das ist deshalb und insb. in den hier näher betrachteten Fällen bedeutsam, weil zwischen dem bloßen Potential einer Steuerschuldnerschaft und der aktuellen Steuerschuldnerschaft bezüglich aller Einkünfte, die eine Person erzielt, ein Spektrum liegt, in denen zwar jenes überschritten, aber dieses nicht erreicht wird.

Die Organgesellschaft befindet sich auf dem Spektrum der sachlichen Steuerpflicht auf den ersten Blick in der Nähe der persönlichen Steuerbefreiung. Die Zurechnung ihres Einkommens wirkt bei ihr wie eine solche Steuerbefreiung. Der Vergleich der Rechtsfolgemechanismen oben hat gezeigt, dass insofern kaum Unterschiede bestehen. Ein in jedem Fall beachtenswerter, die Einkommenszurechnung von der persönlichen Steuerbefreiung abhebender Unterschied ist, dass die Organgesellschaft gemäß § 16 KStG ein eigenes Einkommen in Höhe von 20/17 der Ausgleichszahlungen an Minderheitsgesellschafter zu versteuern hat. Insofern verbleibt zumindest ein Rest an sachlicher Steuerpflicht, der allerdings dann

---

369   *M. Lang*, SWI 2000, 527, 530 f.; *Schuch/Willvonseder*, in: Lang et al., Einkünftezurechnung im internationalen Steuerrecht, S. 151.

doch wieder nicht verbleibt, wenn es keinen Minderheitsgesellschafter gibt. In dem Fall wird die Organgesellschaft nicht Steuerschuldner hinsichtlich ihrer Einkünfteerzielung; man könnte sich bspw. auch rechtstechnisch vorstellen, dass Personengesellschaften in § 1 Abs. 1 EStG als Steuersubjekte genannt würden, aber aufgrund der Zurechnung ihrer Einkünfte an die Mitunternehmer würde sich an der jetzigen Rechtslage im Ergebnis nichts ändern. Dennoch käme die überwiegende Auffassung wohl dazu, die Ansässigkeit der Personengesellschaft zu bejahen. Besonders offenkundig wird die Abhängigkeit von bloßer Rechtstechnik im Fall der offenen Investmentkommanditgesellschaft als eine Rechtsform des Investmentfonds nach § 1 Abs. 1f Nr. 3 InvStG: Deren Behandlung auf der Rechtsfolgenseite unterscheidet sich in nichts von den Investmentfonds in der Rechtsform der AG oder des Sondervermögens; trotzdem käme die h.M. zu verschiedenen Ergebnissen, weil die KG von vornherein kein Steuersubjekt ist, also auch nicht nach § 11 Abs. 1 S. 2 InvStG von der Steuerpflicht befreit werden muss (abgesehen von der Gewerbesteuerpflicht, vgl. § 11 Abs. 1 S. 3 InvStG).[370]

Die KGaA ist insofern besonders, als ihre Steuerpflicht in sachlicher Hinsicht davon abhängt, in welchem Umfang persönlich haftende Gesellschafter an ihr beteiligt sind. Ist diese Beteiligung überwältigend groß, könnte die KGaA auf dem Spektrum in die Nähe der persönlichen Steuerbefreiung rücken; ist sie verschwindend gering, steht die Steuerpflicht auch in sachlicher Hinsicht nicht in Frage. Letztlich bleibt aber immer ein Rest an auch substanzieller Steuerpflicht, soweit der Anteil der Kommanditaktionäre reicht.

Ein inländischer Investmentfonds[371] steht auf dem Spektrum eigentlich nicht mehr unterscheidbar auf dem Endpunkt der fehlenden persönlichen Steuerpflicht. Dessen Steuerbefreiung unterscheidet sich im Übrigen auch von gemeinnützigen Körperschaften, die nach § 5 Abs. 1 Nr. 9 KStG steuerbefreit sind; deren Steuerbefreiung ist von bestimmten Bedingungen im Verhalten der Körperschaften abhängig, und die materielle Steuerpflicht kann jederzeit wieder – abhängig vom Verhalten der Körperschaft – aufleben. Der inländische Investmentfonds zumindest in der Gestalt des Sondervermögens ist immer von Beginn bis zum Ende seiner Existenz als Körperschaftsteuersubjekt von jeglicher Steuerschuldnerschaft entlastet. Es unterscheidet ihn in materiell steuerrechtlicher Hinsicht nichts von einer Personengesellschaft, die das Merkmal der *Steuerpflicht* nach h.M. nicht erfüllt.[372]

---

370   *Eichhorn*, WM 2016, 110, 111.
371   Hier wird nur die Rechtsform eines Sondervermögens betrachtet.
372   Vgl. nur *Riemenschneider*, Abkommensberechtigung von Personengesellschaften, S. 71 m.w.N. in Fn. 219.

Das wirft Zweifel an der *Steuerpflicht* für Zwecke von Art. 4 Abs. 1 S. 1 OECD-MA allein hinsichtlich der Wortlautbedeutung auf.[373]

bb.   Weitere Auslegungsaspekte des Wortlauts und der inneren Systematik

Bezüglich des englischen Ausdrucks *liable to tax* wird vertreten, dieser sei weiter als der ebenfalls mögliche Ausdruck *subject to tax*.[374] Hätte der Abkommensgeber also eine sachliche Komponente der Steuerpflicht gemeint, wäre der zweite Ausdruck passender gewesen.

Ein grammatikalisch wichtiger Aspekt, der nahelegt, die sachliche Komponente als weniger wichtig zu bewerten, ist, dass der Ausdruck *Steuerpflicht* als Attribut einer Person verwendet wird, nicht als Attribut von Einkünften,[375] wie der Ausdruck der Steuerpflicht etwa in § 7 Abs. 1 AStG verwendet wird. Hätte der Abkommensgeber mit dem Ausdruck eine sachliche Komponente verbunden, hätte er dies wohl deutlicher hervorheben müssen.

Die *Steuerpflicht* ist ein Ausdruck zur Definition des Ausdrucks *eine in einem Vertragsstaat ansässige Person*.[376] Diese systematische Stellung legt nahe, dass in dem Begriff der Steuerpflicht eine örtliche Verwurzelung mit dem Vertragsstaat zu beschreiben versucht wird, es also auf die steuerrechtlich örtliche Verbindung zum Vertragsstaat ankommt, Aspekte einer materiellen Steuerpflicht oder einer effektiven Steuerschuldnerschaft aber keine vordringliche Rolle bei der Wahl dieses Ausdrucks gespielt haben. Es ist zwar methodisch heikel, aus dem *definierten* Ausdruck selbst Rückschlüsse für die Auslegung der *definierenden* Ausdrücke zu ziehen. Letztlich ist das Vorgehen aber ähnlich einer systematischen Betrachtung, in der ein Ausdruck mit Blick auf seinen Kontext ausgelegt wird.

---

[373]   Die Ansässigkeit eines französischen Fonds in der Rechtsform *SICAV* ablehnend FG Niedersachsen v. 29.3.2007, 6 K 514/03, EFG 2007, 1223; ebenso für Investmentfondsbesteuerung, wenn „totally and unconditionally exempt from income taxation", CIV-Report Rn. 29.; anderer Ansicht BFH v. 6.6.2012, I R 52/11, BStBl II 2014, 240; *Pohl*, in: Schönfeld/Ditz, DBA, Art. 4 Rn. 25; *Wassermeyer*, in: Wassermeyer, DBA, Art. 4 Rn. 25.
[374]   *de Graaf/Pötgens*, Intertax 2011, 169, 172 f.; *Ward et al.*, Canadian Tax Journal 1996, 408, 421.
[375]   *Couzin*, Corporate Residence and International Taxation, S. 109.
[376]   *M. Lang*, SWI 2000, 527, 529.

cc.   Funktion der Vorschrift

Auch wenn die exakte Funktion von Art. 1 OECD-MA und in diesem Kontext Art. 4 OECD-MA nicht einfach zu fassen ist, lässt die Entwicklung der Vorschrift erkennen, dass sie eine *wirtschaftliche* Verbindung einer Person mit einem Vertragsstaat als Anwendungsvoraussetzung etablieren wollte.[377] Diese wirtschaftliche – nicht rechtliche – Verbindung ist dadurch typisiert, dass eine Person aufgrund einer örtlichen Verbundenheit unter die Steuerrechtshoheit eines der Vertragsstaaten fällt. Versteht man die Funktion der Vorschrift also als Typisierung eines solchen wirtschaftlichen Nexus, dann scheint es nicht zu dieser Funktion zu passen, den Begriff der Steuerpflicht mit einer rechtlichen Komponente in Gestalt einer materiellen Steuerpflicht aufzuladen, weil diese an der wirtschaftlichen Beziehung nichts ändert.[378]

dd.   Systematik: Verhältnis zu den Verteilungstatbeständen[379]

Ein wichtiger systematischer Aspekt ist der Zusammenhang mit den Verteilungstatbeständen. Die Verteilungstatbestände verlangen eine in einem Vertragsstaat ansässige, also aufgrund ortsbezogener Merkmale steuerpflichtige Person. Diese Person muss in näher geschilderter Weise Einkünfte aus bestimmten Quellen beziehen; über dieses Beziehen der Einkünfte hinaus fordern die Verteilungstatbestände aber nichts weiter (abgesehen vielleicht von der Eigenschaft als Nutzungsberechtigter). Hätte der Abkommensgeber den Willen, über diese bloße Zurechnung hinaus die Abkommensbegünstigung von einer effektiven Besteuerung bei dieser Person abhängig zu machen, wäre es äußerst ungeschickt, diese zusätzliche Bedingung in der Legaldefinition der *ansässigen Person* zu verstecken. Man muss deshalb zumindest schließen, dass die Steuerpflicht im Sinne einer resultierenden Steuerschuld – vorbehaltlich entgegenstehender Verluste, Erwerbsausgaben etc. – *nicht* Voraussetzung der *Steuerpflicht* i.S.v. Art. 4 Abs. 1 S. 1 OECD-MA ist, oder andersherum, dass die Befreiung der ausländischen Einkünfte aufgrund besonderer Vorschriften des Ansässigkeitsstaats nicht insgesamt und auch nicht insoweit die Ansässigkeit hindert. Diese Überlegung schließt noch nicht aus, dass Steuerentlastungen, die nicht an einer bestimmten Art von Einkünften, sondern an

---

377   *Hattingh*, BIFD 2003, 215, 218 (rechte Spalte oben).
378   *de Graaf/Pötgens*, Intertax 2011, 169, 173.
379   Der folgende Gedanke findet sich bei *M. Lang*, IStR 2000, 129, 130 f., 133; ähnlich *Lehner*, in: Vogel/Lehner, Art. 4 Rn. 82; *Schnitger/Berliner*, IStR 2011, 753, 755.

einer persönlichen Eigenschaft einer Person ansetzen, die *Steuerpflicht* i.s.v. Art. 4 Abs. 1 S. 1 OECD-MA hindern. Aber es lässt sich aus dieser Überlegung doch die Tendenz entnehmen, dass der Begriff der *Steuerpflicht* nicht mit einer Komponente aufgeladen werden soll, die auf die Entstehung einer Steuerschuld blickt.

ee. *Partnership-Report*[380] zur *Steuerpflicht* von Personengesellschaften

Zur *Steuerpflicht* (*liability to tax*) einer Personengesellschaft führt der *Partnership-Report* aus, dass das Merkmal nicht erfüllt sei, wenn das Steuerrecht die Steuerquantifizierung bezüglich der Einkünfte, die die Personengesellschaft bezogen hat,[381] sich nach den persönlichen Eigenschaften der Gesellschafter richtet:[382]

> The Committee agreed that for purposes of determining whether a partnership is liable to tax, the real question is whether the amount of tax payable on the partnership income is determined in relation to the personal characteristics of the partner (whether the partners are taxable or not, what other income they have, what are the personal allowances to which they are entitled and what is the tax rate applicable to them). If the answer to that question is yes, then the partnership should not itself be considered to be liable to tax.

Diese Rechtsauffassung hat zur Folge, dass die Organgesellschaft (ohne Minderheitsgesellschafter) und der Investmentfonds nicht *steuerpflichtig* sind. Denn sowohl die Steuerart, der Tarif, die Anwendung der Schachtelprivilegien und weitere Merkmale der Steuerquantifizierung hängen nur von den persönlichen Eigenschaften des Organträgers bzw. des Anlegers ab.[383] Bei der Besteuerung der KGaA könnte man zu dem Ergebnis kommen, dass diese nur teilweise, nämlich nur bezüglich ihres kapitalistischen Teils *steuerpflichtig* ist, wenn man eine mitunternehmerähnliche Konzeption befürwortet. Die Personengesellschaft wäre sowohl unter der derzeit praktizierten Auffassung als auch unter der Einheitstheorie nicht steuerpflichtig.[384]

Das Kriterium des *Partnership-Reports* ist höchst interessant im Kontext dieser Arbeit, weil es mit einem Aspekt des nationalen Rechts korrespondiert, der oben herausgearbeitet wurde, nämlich den als abschließend beurteilten Rechtstechni-

---

380   OECD, The application of the OECD Model Tax Conventions to partnerships, 1999.
381   *Bezogen* ist hier in einem tatsächlich orientierten, untechnischen Sinn gemeint.
382   *Partnership-Report*, Rn. 40.
383   Dies für die Organgesellschaft befürwortend *Link*, Konsolidierte Besteuerung, S. 180.
384   Vgl. auch *Partnership-Report*, Rn. 38; die Ausführungen könnten ebenso für den inländischen Investmentfonds gelten.

ken zur Trennung von Tatbestandsverwirklichung und Steuerschuld.[385] Der *Partnership-Report* unterscheidet für die Frage, ob ein Vordermann in einem Trennungstatbestand steuerpflichtig für Zwecke von Art. 4 Abs. 1 S. 1 OECD-MA ist, danach, ob der Vordermann in eine Steuerschuldübernahme[386] oder in eine mittelbare Tatbestandsverwirklichung[387] eingebunden ist. Hat der Vordermann, dessen Steuerpflicht in Frage steht, die Rolle eines Tatmittlers, dessen Einkünfteerzielung in die Steuerschuld einer anderen Person eingeht, dann ist er *nicht* steuerpflichtig. Ist der Vordermann aber deshalb von einer Steuerschuld entlastet, weil eine Steuerschuldübernahme zulasten des Hintermanns angeordnet ist, dann bleibt er steuerpflichtig, obwohl er nicht Steuerschuldner wird. Das Kriterium der Steuerquantifizierung nach den persönlichen Eigenschaften ist ein Indiz dafür, wer vom Steuerrecht als *tatbestandsverwirklichende* Person bewertet wird. Wird die Steuerschuld mit Blick auf den Hintermann quantifiziert, indiziert das eine mittelbare Tatbestandsverwirklichung (keine Steuerpflicht des Vordermanns); wird die Steuerschuld mit Blick auf den Vordermann quantifiziert, indiziert das eine Steuerschuldübernahme (Steuerpflicht des Vordermanns verbleibt).

Für den Fall einer Steuerschuldübernahme sei ergänzt, dass der Hintermann als Steuerschuldner allein durch die Steuerschuld hinsichtlich der Tatbestandsverwirklichung des Vordermanns *nicht* steuerpflichtig im Sinne von Art. 4 Abs. 1 S. 1 OECD-MA würde (die Menge der Steuerschuldner ist also nicht gleich oder eine Teilmenge der Menge der Steuerpflichtigen im Sinne von Art. 4 Abs. 1 S. 1 OECD-MA). Das ist auch ein wesentliches Argument, warum die Steuerschuldnerschaft der Personengesellschaft nach § 5 Abs. 1 S. 3 GewStG nicht zu deren *Steuerpflicht* für Zwecke von Art. 4 Abs. 1 S. 1 OECD-MA führen kann.[388] Die Personengesellschaft ist nicht tatbestandsverwirklichende Person, dies sind ihre Gesellschafter. Ihre Steuerschuldnerschaft resultiert aus einer Steuerschuldübernahme, die nur die effektive Einziehung der – von den Gesellschaftern verursachten und wirtschaftlich getragenen – Steuerschuld gewährleistet[389].

Das Kriterium des Partnership-Reports – die Personenbezogenheit der Steuerquantifizierung – erfasst einen wichtigen Aspekt bei der rechtlichen Analyse der

---

[385]   Vgl. oben B.IV.2 (S. 77 ff.).
[386]   Vgl. oben B.IV.2.a. (S. 77 ff.).
[387]   Vgl. oben B.IV.2.b. (S. 80 ff.).
[388]   Die Gewerbesteuerpflicht begründet auch deshalb keine Ansässigkeit, weil diese Steuerpflicht nicht *aufgrund* eines ortsbezogenen Merkmals besteht, sondern *aufgrund* einer inländischen Betriebsstätte des Steuerpflichtigen (so *Lüdicke*, in: Festgabe Wassermeyer, DBA, Stichwort „Ansässigkeit", Rn. 14; a.A. *Jacob/Hagena*, IStR 2013, 485 und der *High Court of Juricature*, Mumbai, v. 8.1.2013, Income Tax Appeal No. 2273, 2010 für das DBA-Indien).
[389]   Vgl. oben B.IV.2.a.dd. (S. 79 f.).

Trennungstatbestände. Das Merkmal der Besteuerung nach den *personal character-istics* kann auch deshalb von besonderem Wert für die Abkommensauslegung sein, weil es generischen Charakter hat. Es ist nämlich nicht abhängig von der bloßen Rechtstechnik, sondern lässt sich in allen Steuerrechtsordnungen für die Beurteilung von Trennungstatbeständen verwenden. Das Kriterium ist auch vom Wortlaut umfasst, weil es eine materielle Steuerpflicht in einem allgemeinen Sinn von einer bloß formellen Ergebnisermittlungsfunktion abgrenzt.

Das Kriterium stößt allerdings an seine Grenzen in Fällen, in denen der jeweilige Rechtsträger innerhalb einer mittelbaren Tatbestandsverwirklichung Einkünfte bezieht *als auch* innerhalb einer eigenen unmittelbaren Tatbestandsverwirklichung. Das ist jedenfalls bei der Besteuerung der KGaA der Fall. Aber auch für die Organgesellschaft ist dies jedenfalls dann zu berücksichtigen, wenn an der Organgesellschaft Minderheitsgesellschafter beteiligt sind, so dass die Organgesellschaft eigenes Einkommen aufgrund von § 16 KStG hat, dass nach ihren *persönlichen Eigenschaften* ermittelt wird. Es wäre aber ein Widerspruch, würde man die Organgesellschaft ohne Minderheitsgesellschafter als nicht *steuerpflichtig* beurteilen und folglich von den Abkommensbegünstigungen von vornherein ausschließen, aber bei nur geringer Beteiligung von Minderheitsgesellschaftern die *Steuerpflicht* bejahen und so prinzipiell den Zugang zu Abkommensbegünstigungen eröffnen.[390] Man müsste – um zu konsistenten Ergebnissen zu kommen – die Abkommensbegünstigung verwehren, *insoweit* die Besteuerung aufgrund der *persönlichen Merkmale* des Hintermanns erfolgt. Ein solches graduelles Merkmal scheint aber in dem Begriff der *Steuerpflicht* nicht enthalten, denn dieses charakterisiert als Attribut die Person, nicht die Einkünfte dieser Person.[391]

Ein graduell wirkendes Merkmal dieser Art enthält die Einkünftezurechnung für Zwecke der Verteilungstatbestände. Wenn also die Steuerquantifizierung aufgrund *persönlicher Merkmale* als Kriterium für den Zugang zu Abkommensbegünstigungen Bedeutung haben soll, dann ist es näherliegend, zu untersuchen, ob dieses Kriterium in den Zurechnungsmerkmalen der Verteilungstatbestände enthalten ist.

---

[390] Die Steuerpflicht der Organgesellschaft unter anderem mit Hinweis auf das eigene Einkommen bei Ausgleichszahlungen an Minderheitsgesellschafter bejaht bspw. *Brink*, in: Schnitger/Fehrenbacher, KStG; § 14 Rn. 624 a.E.; im Ergebnis ebenso *Wassermeyer/Kaeser*, in: Wassermeyer, DBA, Art. 4 Rn. 30.
[391] *Couzin*, Corporate Residence and International Taxation, S. 109.

3. Zusammenfassung: Ansässigkeit im Rahmen der Trennungstatbestände

- Die Trennungstatbestände ändern nichts an der Personeneigenschaft der betroffenen Rechtsträger für Zwecke des Abkommens.
- Viele Auslegungsaspekte – insb. systematische Aspekte und die Funktion der Vorschrift als Typisierung einer *wirtschaftlichen* Verbundenheit – weisen darauf hin, den Ausdruck der *Steuerpflicht* möglichst weit zu verstehen, ohne ihn mit einer sachlichen Komponente zu ergänzen, aber auch, ohne ihm gänzlich seinen Sinn zu nehmen.
- Das im *Partnership-Report* in den Vordergrund gestellte Kriterium, nach dem die *Steuerpflicht* einer Person davon abhängt, ob das Steuerrecht des Ansässigkeitsstaats die Steuerschuld nach ihren persönlichen Merkmalen quantifiziert, ist prinzipiell ein sachgerechtes Kriterium, ist aber aufgrund seiner graduellen Natur für die Beurteilung des binär wirkenden Zugangsmerkmals der *Ansässigkeit* untauglich. Es kann jedoch für die Frage der Verwirklichung der Verteilungstatbestände von Bedeutung sein.[392]
- Im Ergebnis sind sowohl Organgesellschaft und KGaA *steuerpflichtige* Personen i.S.v. Art. 4 Abs. 1 S. 1 OECD-MA, was bei Vorliegen eines ortsbezogenen Merkmals zur Ansässigkeit führt. Es ist sehr zweifelhaft, ob inländische Investmentfonds in Gestalt von Sondervermögen *steuerpflichtig* i.S.d. Vorschrift und damit ansässig sind, wenn nicht ausnahmsweise Sondervorschriften ihre Ansässigkeit vorsehen. Ihre Behandlung unterscheidet sich in den für den Begriff der Steuerpflicht wesentlichen Aspekten nicht von Personengesellschaften, was sich deutlich im Vergleich mit der offenen Investmentkommanditgesellschaft zeigt. Sie werden nicht nur nie Steuerschuldner; die Steuerquantifizierung in Bezug auf ihre Einkünfteerzielung erfolgt auch *immer* mit Blick auf die persönlichen Eigenschaften ihrer Anleger.

---

[392] Vgl. dazu im Folgenden unter III.

III. Verwirklichung der Verteilungstatbestände

1. Systematische Verortung der Fragestellung

Aufgrund vieler missverständlicher, teils in andere Richtung zielender Ausführungen zum Komplex der Einkünftezurechnung im Abkommenskontext ist es erforderlich, die hier behandelte Frage nochmals gegen solche Ausführungen abzugrenzen und klarer herauszuarbeiten. Dazu werden beispielhaft zwei Literaturbeiträge betrachtet, die solche Ausführungen besonders deutlich repräsentieren. So formuliert *Klein* zum Thema *Internationale Einkünftezurechnung*:

> Allerdings bestimmen DBA in der Regel nicht, wer Einkünfte erzielt. Dies richtet sich vielmehr grundsätzlich nach dem innerstaatlichen Recht der Anwendestaaten.[393]

In der Folge untersucht *Klein*, ob DBA – im Verhältnis zur innerstaatlichen Zurechnung – besondere Zurechnungsregeln enthielten, und kommt zu dem Ergebnis, dass dies in der Regel nicht der Fall sei, sondern es etwa bei der Frage des Nutzungsberechtigten in den Art. 10–12 OECD-MA und Anti-Missbrauchsvorschriften der DBA nicht eigentlich um eine Regelung der Einkünftezurechnung gehe, sondern nur besondere Voraussetzungen für Abzugsteuerermäßigungen aufgestellt würden, die auf einer nur „gedanklichen Einkünftezurechnung" beruhten.[394] *Klein* fragt also, ob DBA sich auf die Einkünftezurechnung für Zwecke des innerstaatlichen Einkommenstatbestand auswirkten, und verneint dies. Ähnlich formuliert *Kinzl*:

> Aus deutscher Sicht richtet sich die Zurechnung von Einkünften nach nationalem Steuerrecht des jeweiligen Anwendestaates, d. h., wenn Deutschland der Anwendestaat ist, nach deutschem Recht. Insbesondere das OECD-MA regelt die Einkünftezurechnung nicht, da es von dem Steueranspruch ausgeht, wie er nach nationalem Steuerrecht ohne Anwendung des DBA entstanden wäre.[395]

Diese Ausführungen *Kinzls* dienten der Frage des *General Reporters* des IFA-Kongresses 2007 danach, wie in den einzelnen Ländern die Einkünftezurechnung *für*

---

[393] *Klein*, in: DStJG 33, S. 243 (245), stützt sich für diese Aussage auf den BFH BStBl. II 2000, 399, 402: „Nicht zum Regelungsgegenstand der DBA gehören grundsätzlich die Zurechnung der Einkünfte [...]."
[394] *Klein*, in: DStJG 33, S. 243 (264).
[395] *Kinzl*, IStR 2007, 561 (561 f.).

Abkommenszwecke (for treaty purposes) vorgenommen würde.[396] Die Frage zielte darauf, wie der Sinn der einzelnen Ausdrücke des Abkommens *in den Verteilungstatbeständen* über die Verbindung von Einkünften und Person zu interpretieren sind, einschließlich des Ausdrucks *beneficial owner*.[397] Die Aussagen *Kinzls* aber scheinen eine andere Frage zu beantworten, nämlich, ob das Abkommen mit seiner *Rechtsfolge* die Einkünftezurechnung für Zwecke des innerstaatlichen Steuertatbestands beeinflusst. Das ist nicht der Fall, weshalb es richtig ist, zu sagen: das OECD-MA *regele* nicht – also richtet seine Rechtsfolge nicht auf: – die Einkünftezurechnung innerhalb des innerstaatlichen Steuertatbestands. Die hier exemplarisch herangezogenen Aussagen von *Klein* und *Kinzl* befassen sich also mit der weitgehend selbstverständlichen, auch hier bereits dargestellten Funktion des Abkommens, in ihrer Rechtsfolge nur die Steuerquantifizierung entstandener Steueransprüche,[398] nicht jedoch den Steuertatbestand *dem Grunde nach* in seinen Voraussetzungen zu beeinflussen.

Die hier im Raum stehende Frage betrifft nicht die Rechtsfolge des Abkommens, sondern seinen Tatbestand, also die Bedingungen für den Eintritt der Abkommensrechtsfolge.[399] Zu diesen Bedingungen zählt, dass eine Person mit Einkünften in eine bestimmte Verbindung tritt, die durch verschiedene Ausdrücke beschrieben wird (sogleich unter 2. a.). Die Aufgabe lautet also, diese Ausdrücke mit Blick auf die Besonderheiten der aufgespaltenen Einkommentatbestände auszulegen.[400]

	Ertragsteuerrecht	Abkommensrecht
Tatbestand und Zurechnungs-zusammenhänge	Steuerpflichtige Person; erzielt durch Erwerbstätig-keit i.S.v. § 2 Abs. 1 S. 1 Nr. 1–7 EStG Einkünfte.	Ansässige Person; bezieht *aus dem anderen Vertragsstaat* Einkünfte i.S.v. Art. 6–21 OECD-MA.

---

[396]   *Wheeler,* IFA-Cahier 2007, vol. 2, S. 17 (22); vgl. *dies., General Reporter's Guidelines* zu IFA-Congress 2007, Subject II, Conflicts in the Attribution of Income to a Person: "**How is income attributed to a person by your country for treaty purposes?** Do the general principles of domestic law apply? Does your country's interpretation of the beneficial ownership requirement differ from the general principles of domestic law?" [Hervorhebung im Original.]

[397]   Vgl. auch den Hinweis *Wheeler's* in IFA-Cahier 2007, vol. 2, S. 17 (22, Fn. 3) auf die Sammlung der im OECD-MA verwendeten Ausdrücke über den Abkommenszusammenhang.

[398]   Vgl. oben I.1.a. (S. 135).

[399]   Diese Unterscheidung trifft auch *Vogel,* IStR 1999, 5,7 (rechte Spalte).

[400]   *Danon,* Switzerland's direct and international taxation of private express trusts, 296 f.; vgl. auch *Wheeler,* Bulletin for International Taxation 2005, 477.

	Ertragsteuerrecht	Abkommensrecht
Abstrakte Rechtsfolge	Steueranspruch	Einwendung gegen die *Höhe* des Steueranspruchs
Inhaltliche Konkretisierung der Rechtsfolge	Bemessung der Höhe nach: • Einkünften und zu versteuerndem Einkommen; • Steuersatz; • Festzusetzende Steuer.	Auswirkung als • Einkünftefreistellung; • Steuersatzermäßigung; • Steueranrechnung.
Persönliche Konkretisierung der Rechtsfolge	Steuerschuldner ist die einkünfteerzielende Person; Ausnahmen: Organschaft, KGaA, Hinzurechnungsbesteuerung, Investmentfonds etc.	Inhaber der Einwendung gegen den Steueranspruch ist (nur) die Person, die den Abkommenstatbestand erfüllt (personenbezogener Schutz des Abkommens). aA: Inhaber der Einwendung ist der Steuerschuldner, unabhängig davon, wer den Abkommenstatbestand verwirklicht hat (einkünftebezogener Schutz des Abkommens).[401]

Tabelle: Verhältnis von Steuertatbestand zum Abkommenstatbestand.

2. Wortlaut der Ausdrücke über den Zurechnungszusammenhang

a. Sammlung der Ausdrücke

Das OECD-MA verbindet in den Verteilungsartikeln die Person und ihr tatbestandsverwirklichendes Verhalten oder die Einkünftequelle nicht mittels eines einheitlichen Begriffs mit den relevanten Vermögensmehrungen. Die verwendeten Ausdrücke unterscheiden sich erheblich, sie muten teilweise untechnisch an

---

[401] Zu beiden Auffassungen unten 3.a.aa.(2) (S. 160 ff.).

und legen den Verdacht nah, dass bei Entwurf des OECD-MA die Problematik der eindeutigen Zuordnung der Tatbestandsverwirklichung nicht bedacht wurde.[402] Das OECD-MA verwendet die folgenden Ausdrücke[403]:

- Einkünfte bzw. Gewinne bzw. Löhne u.Ä., die eine Person bezieht (Art. 6 Abs. 1, Art. 13 Abs. 1 und 4, Art. 15 Abs. 1 und 2, Art. 16, Art. 17);
- Einkünfte/Gewinne eines Unternehmens (d. h.: aus einer Geschäftstätigkeit betrieben durch eine Person, vgl. Art. 3 Abs. 1 lit. c. und d.), Gewinn *aus* dem Betrieb von Seeschiffen u.Ä. (Art. 6 Abs. 4, Art. 7 Abs. 1, Art. 8 Abs. 1 und 2), aus der Veräußerung von [...] (Art. 13 Abs. 2, 3 und 5)
- Dividenden bzw. Zinsen etc., die eine Gesellschaft bzw. eine Person an eine andere Person zahlt bzw. die an eine Person gezahlt werden (Art. 10 und 11, Art. 18, Art. 19, ähnlich auch Art. 20),
- Einkünfte *einer* Person (Art. 21).

Die Verteilungstatbestände Art. 10 Abs. 2 und Art. 11 Abs. 2 OECD-MA enthalten das zusätzliche Merkmal der *Nutzungsberechtigung* bezüglich Dividenden und Zinsen; Art. 12 Abs. 1 OECD-MA enthält die *Nutzungsberechtigung* als einzige Beschreibung der Verbindung zwischen Lizenzgebühren und der tatbestands-verwirklichenden Person. Die Funktion des Merkmals und seine Bedeutung für die hier interessierenden Fragen werden unter 5. gesondert behandelt.

b.   *Beziehen von Einkünften* als Oberbegriff

Für die nachfolgende Auslegung von übergreifender Bedeutung – und deshalb bereits hier angesprochen – ist die Frage, ob die verschiedenen Ausdrücke das gleiche meinen, also zu einem einheitlichen Begriff zusammengefasst werden können. Die Auslegung würde sich dann nicht mehr mit den einzelnen, teils sehr verschiedenen Ausdrücken (etwa *Dividenden gezahlt werden* und *Einkünfte eines Unternehmens beziehen*) befassen, sondern mit einem einheitlich auszulegenden Oberbegriff, etwa dem *Beziehen von Einkünften.*

Zunächst indiziert das Abkommen deutlich, dass der Ausdruck der Einkünfte Oberbegriff für alle Einkommensbestandteile der Verteilungstatbestände ist. Das ergibt sich aus Art. 21 OECD-MA, dessen Vorschrift indirekt alle Einkommens-

---

[402]   *Wheeler,* Bulletin for International Taxation 2005, 477.

[403]   Vgl. zu den Entsprechungen der englischen Fassung: *Wheeler,* Bulletin for International Taxation 2005, 477, 478.

bestandteile aus Art. 6–20 OECD-MA als Einkünfte bezeichnet.[404] Das legen auch die Legaldefinitionen in Art. 10 Abs. 3 und Art. 11 Abs. 3 OECD-MA nah, denn diese definieren die besonderen Ausdrücke Dividenden und Zinsen als Einkünfte aus bestimmten Quellen. Die Überschrift von Art. 15 OECD-MA enthält ebenfalls den Ausdruck der Einkünfte als Oberbegriff für die einzelnen Unterbegriffe. Und letztlich sprechen auch die Methodenartikel von der Besteuerung von Einkünften, ohne ausdrücklich auch bspw. Löhne und Gehälter einzuschließen.[405]

Darüber hinaus scheinen auch die verschiedenen Ausdrücke, die den Zurechnungszusammenhang betreffen,[406] ebenso einheitlich auszulegen zu sein wie die Ausdrücke, die die Einkommensbestandteile beschreiben. Insbesondere in den Fällen der Art. 10 und 11 OECD-MA zeigt das die Legaldefinition jeweils im dritten Absatz. Denn wenn man im jeweiligen Absatz 1 die Definition durch den definierten Begriff ersetzt, funktioniert der Ausdruck *zahlen* grammatisch nicht mehr („Einkünfte […] gezahlt werden")[407], so dass davon auszugehen ist, dass er wie der Ausdruck *beziehen* zu verstehen ist, der sonst im Zusammenhang mit dem Ausdruck *Einkünfte* verwendet wird. Die Vorschriften Art. 10 und 11 OECD-MA zeigen, dass die konkreten Ausdrücke offenbar nicht deshalb unterschiedlich gewählt wurden, um ihnen differenzierte Bedeutungen zuzuweisen, die den Zurechnungszusammenhang in differenzierter Weise ermöglichen.[408] Die Methodenartikel verwenden ebenfalls den Ausdruck *Beziehen*, der offenbar auch alle anderen Ausdrücke über die Zurechnung umfassen muss. Deshalb ist auch in Art. 12 Abs. 1 OECD-MA hineinzulesen, dass die Lizenzvergütungen *bezogen* werden müssen, obwohl ausdrücklich in der Vorschrift kein eigener Ausdruck über den Zurechnungszusammenhang enthalten ist (abgesehen von der Person des *Nutzungsberechtigten*).

---

404 Als Oberbegriff in Art. 21 OECD-MA verstehend *Wassermeyer*, in: Wassermeyer, DBA, Art. 21 Rn. 16.

405 *Schönfeld/Häck*, in: Schönfeld/Ditz, DBA, Art. 23A Rn. 28; *Wassermeyer*, in: Wassermeyer, DBA, Art. 23A Rn. 21.

406 Zu diesen *Danon*, Trusts, S. 297.

407 Das gilt auch für die englische Sprachfassung: „Income […] paid to […]"

408 *M. Lang*, IStR 2000, 129, 130 (vor Fn. 7); vgl. auch *Partnership-Report*, Rn. 48: Gleichsetzung von „paid to" mit Zurechnung für Zwecke des Steuertatbestands.

c.   Zwischenergebnis

Die weitere Untersuchung befasst sich mit der Auslegung des Ausdrucks *Beziehen von Einkünften*.[409] Dieser Ausdruck umfasst alle Ausdrücke, die für die Verbindung eines Einkommensteils mit einer vertragsansässigen Person von Bedeutung sind.

3.   Grundlagenentscheidung: Verhältnis des abkommens-rechtlichen Zurechnungskonzepts zum innerstaatlichen Zurechnungskonzept der Vertragsstaaten

Unter der Annahme, dass die verschiedenen Ausdrücke sich unter dem Ausdruck des *Einkünftebeziehens* fassen lassen, ist die Grundlagenfrage zu beantworten, ob dieser Ausdruck aus dem Abkommen autonom auszulegen oder durch Rückgriff auf das nationale Recht zu bestimmen ist. Die Trennlinie zwischen abkommens-autonomer Auslegung und Auslegung nach dem Recht des Anwendestaats zieht grundsätzlich Art. 3 Abs. 2 OECD-MA: Ein im Abkommen nicht definierter Ausdruck hat, wenn der Zusammenhang nichts anderes erfordert, die Bedeutung, die ihm nach dem Steuerrecht des Anwendestaats zukommt. Umgekehrt ist dem Begriff eine abkommensautonome Bedeutung beizulegen, wenn der Begriff entweder definiert ist oder der Zusammenhang diese autonome Auslegung erfordert. Von vielen wird die abkommensrechtliche Einkünftezurechnung allerdings inhaltlich mit einem innerstaatlichen Zurechnungskonzept gleichgesetzt, ohne hierfür auf Art. 3 Abs. 2 OECD-MA zurückzugreifen; die Gründe für diese Auffassung sollen zu Beginn überprüft werden.

a.   Rückgriff auf das Recht des Anwendestaats

aa.   Darstellung der h.M. und Kritik

Im Zusammenhang mit der Frage der abkommensrechtlichen Einkünftezurechnung wird von der h.M. in Deutschland die Auffassung vertreten, dass die Zurechnung innerhalb des Abkommenstatbestands, also der Verteilungsartikel,

---

[409]   In der englischen Sprachfassung *deriving income* bzw. *items of income*.

immer den gleichen Regeln folgt wie die Einkünftezurechnung innerhalb des Steuertatbestands desjenigen Staates, gegen dessen Steueranspruch das Abkommen als Einwendung geltend gemacht wird, in Deutschland nach den Kriterien, die für die *Einkünfteerzielung* nach § 2 Abs. 1 S. 1 EStG verwendet werden.[410] Etwas knapper formuliert: Die Frage der Einkünftezurechnung richtet sich nach dem Recht des Anwendestaats. Für diese Auffassung werden unter anderem folgende Argumente angeführt, deren Gewicht zweifelhaft ist, und die daher näher betrachtet werden sollen.

(1) Arg: Einkünftezurechnung ist nicht Regelungsgegenstand des Abkommens

Die skizzierte Auffassung wird häufig nicht mittels Auslegung von Art. 3 Abs. 2 OECD-MA begründet, sondern mit der – in verschiedenen Formulierungen erscheinenden – Aussage, der Rückgriff auf die Einkünftezurechnung des Anwendestaats sei notwendig, weil die Einkünftezurechnung nicht Gegenstand des Abkommensrechts sei.[411] Solche Äußerungen sind dann nicht stichhaltig, wenn sie wie oben dargestellt nicht unterscheiden zwischen der Einkünftezurechnung als Gegenstand des Abkommenstatbestands und der Einkünftezurechnung als Gegenstand der Abkommensrechtsfolge. Es ist unzweifelhaft, dass die Rechtsfolge nicht darauf gerichtet ist, die Zurechnungsentscheidung des nationalen Gesetzgebers zu modifizieren und so in die Steuerschuldnerschaft hinsichtlich einer Einkünfteerzielung einzugreifen.[412] Soweit diese Aussagen in dieser Weise gemeint sind, enthalten sie offenkundig kein Argument für die Verweisung auf das nationale Recht des Anwendestaats für Zwecke des abkommensrechtlichen Zurechnungszusammenhangs.

---

[410] BFH v. 25.5.2011, I R 95/10, BStBl II 2014, 60; v. 18.12.1986, I R 52/83, BStBl. II 1988, 521; auf § 2 Abs. 1 EStG als maßgeblicher Zusammenhang auch für die Abkommenstatbestände weisen ausdrücklich hin: *Wassermeyer*, in: Wassermeyer, DBA, Art 23A Rn. 32 und Vor Art. 6-22 Rn. 15; *Schönfeld/Häck*, in: *Schönfeld/Ditz*, DBA, Art. 23A Rn. 32; eher generell auf den Zurechnungszusammenhang nach innerstaatlichem Recht des Anwendestaats hinweisend: *Kinzl*, IStR 2007, 561; *Reimer*, in: Vogel/Lehner, DBA, Art. 6 Rz. 17.

[411] Z.B. *Kinzl*, IStR 2007, 561 (unter 1.2): „Das DBA regelt die Einkünftezurechnung nicht, da es vom Steueranspruch ausgeht, wie er nach nationalem Recht entstanden ist.“ In diesem Sinne wohl auch: *Wassermeyer*, in: DBA, Vor Art. 6-22 MA, Rn. 15; *ders.* ähnlich in StuW 1990, 404, 406 f.; in StuW 1990, 404, 409 hielt *Wassermeyer* noch für fraglich, ob sich dies aus Art. 3 Abs. 2 OECD-MA oder daraus ergebe, dass die Einkünftezurechnung nicht zum Regelungsgegenstand der DBA erhoben worden sei. Die Überschrift zu DBA, Vor Art. 6-22 MA, Rn. 15, lautet *stillschweigende Verweisung.*

[412] Debatin, BB 1989, Beilage zu Heft 3, 1, 2 a.E. f.

(2)   Arg: Zwang der Identität zwischen Verwirklicher des Abkommens- und des Steuertatbestands

Ein zweites – weniger häufig explizit formuliertes – Argument für den Gleichlauf von abkommensrechtlichem und steuertatbestandlichem Zurechnungszusammenhang liegt in der Annahme, die Person, die den Steuertatbestand verwirklicht, müsse identisch sein mit der Person, die den Abkommenstatbestand verwirklicht, weil andernfalls die Rechtsfolge des Abkommens, nämlich die Einwendung gegen den Steueranspruch, ins Leere ginge (nachfolgend als *Identitätsthese* bezeichnet). So formuliert etwa *M. Lang*:[413]

> Die Abkommenswirkungen können nur dann zum Tragen kommen, wenn derjenige im Quellenstaat die Abkommensvorteile in Anspruch nehmen kann, der auch nach dem originär innerstaatlichen Recht des Quellenstaats besteuert wird. Entscheidend ist somit die Einkünftezurechnung nach dem Recht des Quellenstaates. Würden Abkommensberechtigung und originär innerstaatliche Einkünftezurechnung des Quellenstaates auseinander fallen, würden die Abkommenswirkungen leer laufen. […]. Wenn für Rechnung des A statt der abkommensrechtlich vorgesehenen Quellensteuer von 10 % eine Quellensteuer von 25 % einbehalten wurde, ist dem A nur dann geholfen, wenn er selbst – und nicht ein anderer Steuerpflichtiger – die zu Unrecht einbehaltene Quellensteuer zurückfordern kann.

Zum Konflikt, in dem der Quellenstaat Gesellschaftern einer Personengesellschaft Einkünfte zurechnet, der Ansässigkeitsstaat die nämlichen Einkünfte aber der Personengesellschaft als Steuersubjekt, vertritt der OECD-MK die Position, dass der Quellenstaat für Zwecke der Abkommensanwendung an die Abkommenssubjektivität der Personengesellschaft in deren Ansässigkeitsstaat gebunden sei, dass also der Quellenstaat für die Abkommensanwendung die Einkünfte dieser Personengesellschaft zurechnen müsse.[414] *Wassermeyer* kritisiert:[415]

> Allerdings geht die Abkommensberechtigung der PersGes. im Quellenstaat ins Leere, weil die PersGes. dort nicht steuerpflichtig ist. Allenfalls kann die Abkommensberechtigung der PersGes. auf ihre Gesellschafter in dem Sinne durchschlagen […], dass es auf deren Ansässigkeit nicht ankommt.

Weiter kritisiert er hinsichtlich Steuererstattungsansprüchen gegen den Quellenstaat an dem Ansatz, die Zurechnungsentscheidung des Ansässigkeitsstaats *für die Abkommensanwendung* durch den Quellenstaat für maßgeblich zu halten:

---

[413]   *M. Lang*, SWI 2000, 527, 532; ähnlich *Rust*, Hinzurechnungsbesteuerung, S. 69.

[414]   Diese Grundsätze finden sich Art. 1 Rz. 6.3 und 6.5 MK sowie den Vorschlägen des *Partnership-Reports*, Rn. 71 ff.

[415]   *Wassermeyer*, in: *Wassermeyer*, DBA, Art. 1 Rn. 28d.

Rechnet der Quellenstaat die Einkünfte anteilig den Mitunternehmern zu, so kann aus seiner Sicht nur deren Personeneigenschaft, deren Ansässigkeit und deren Abkommensberechtigung interessieren. Die Abk. enthalten keine Rechtsgrundlage dafür, um zB das Recht auf Erstattung von Quellensteuern, das nach dem innerstaatlichen Recht des Quellenstaates nur den Mitunternehmern einer PersG. zusteht, „aufzuheben" und aus Gründen des innerstaatl. Rechts des Ansässigkeitsstaates (!) in ein solches der PersGes. zu verwandeln (vgl. Rz. 27 Bsp. Nr. 6).

Beide Beiträge enthalten die Vorstellung, dass die persönliche Identität von innerstaatlicher Tatbestandsverwirklichung und abkommensrechtlicher Tatbestandsverwirklichung zwingend ist. Das angedachte „Durchschlagen" scheint als Bruch mit dieser systematisch zwingenden Regel wahrgenommen zu werden. Mit dem Durchschlagen ist also gemeint, dass die Personengesellschaft den Abkommenstatbestand verwirklicht, aber eine andere Person die Rechtsfolge aus dem Abkommenstatbestand gegen den Steueranspruch geltend machen kann.[416] In beiden Beiträgen ist auch die Vorstellung enthalten, dass eine abweichende abkommensrechtliche Zurechnung die innerstaatliche Einkünftezurechnung beeinflussen würde, was nicht sein dürfe, weil – was unzweifelhaft ist – die Abkommen keine Rechtsgrundlage für die Änderung des innerstaatlichen Steuertatbestands bildeten.

Aber es gibt eine andere Lesart[417]: Die Folge der abweichenden abkommensrechtlichen Zuordnung könnte einfach sein, dass die Mitunternehmer weiterhin die Steuerschuldner und folglich auch die Erstattungsberechtigten im Quellenstaat sind, die Steueransprüche gegen die Mitunternehmer sich aber insoweit ermäßigen, als die Personengesellschaft den Abkommenstatbestand verwirklicht. Natürlich kann die Personengesellschaft nicht einen Erstattungsanspruch eines Gesellschafters in eigener Person geltend machen; sie kann aber vielleicht den Tatbestand des Abkommens verwirklichen, der den Anspruch auf Ermäßigung des Steuerabzugs zur Folge hat und so den Erstattungsanspruch des Gesellschafters begründet.

Die eigentliche Unklarheit, die von Vertretern dieser Auffassungen scheinbar nicht immer gesehen wird – was daraus zu schließen ist, dass sie kaum diskutiert wird – ist grundsätzlicherer Natur, nämlich ob es für die Funktion des Abkommens wirklich zwingend ist, dass die Person, die den Abkommenstatbestand ver-

---

[416] Das „Durchschlagen" der Abkommensberechtigung einer im Ansässigkeitsstaat als Steuer- und im konkreten Fall auch als Zurechnungssubjekt behandelten Personengesellschaft zugunsten ihrer Gesellschafter befürwortet auch *Prokisch*, in: Vogel/Lehner, DBA, Art. 1 Rn. 32a ff.

[417] Zu dieser ausdrücklich im Zusammenhang mit der Organschaft *Link*, Konsolidierte Besteuerung, S. 168 f. Im Allgemeinen zur Frage der objektiven oder subjektiven Schutzrichtung der DBA *Wheeler*, World Tax Journal 2011, 247, 266 ff.

wirklicht, mit der Person identisch ist, die den Steuertatbestand verwirklicht bzw. Steuerschuldner bezüglich der Tatbestandsverwirklichung ist. Es wäre ebenso gut denkbar, dass der Steuerschuldner in Bezug auf einen bestimmten Einkünfteerzielungssachverhalt *immer* die Abkommenseinwendung geltend machen kann, wenn *irgendeine* Person einen Abkommenstatbestand aufgrund des *identischen* Einkünfteerzielungssachverhalts verwirklicht. Dahinter steht die Frage, ob das Abkommen *Personen* schützt (subjektive Schutzrichtung) oder ob es *Einkünfte* (d. h. bestimmte Einkünfteerzielungs*sachverhalte*) vor Doppelbesteuerung schützt (objektive Schutzrichtung).[418] Würde man letzteres bejahen, wäre der Weg frei für eine abkommensrechtliche Zurechnungsentscheidung für Zwecke der Verteilungstatbestände, die vom innerstaatlichen Tatbestand abweicht. Damit ist nicht gesagt, dass ein solcher Weg richtig wäre. Hier soll nur aufgezeigt werden, dass die Sicherheit, mit der die *Identitätsthese* vorgetragen wird, unberechtigt ist, weil es höchst umstritten ist – wie die Darstellung *Wheelers* zeigt[419] –, ob diese Identität wirklich zwingend ist.[420]

bb.   Art. 3 Abs. 2 OECD-MA: Im Abkommen nicht definierter Ausdruck

Wenn sich die Identität von steuertatbestandlicher und abkommenstatbestandlicher Zurechnung auch nicht bereits aus dem Gegenstand des Abkommens oder systematischen Zwängen herleiten lässt, könnte eine Anbindung an Regelungen des nationalen Steuertatbestands aus der Anwendung von Art. 3 Abs. 2 OECD-MA folgen. Zunächst ist festzustellen, dass der Ausdruck *Beziehen von Einkünften* im Abkommen nicht definiert ist. Vorbehaltlich einer Abweichung kraft Abkommenszusammenhangs (vgl. dazu folgend unter c.) folgt daraus, dass auf die Bedeutung Bezug genommen wird, die dem Ausdruck nach dem innerstaatlichen Recht des Anwendestaats zukommt. Das entspräche zumindest im Ergebnis auch der in Deutschland herrschenden Meinung. Anwendestaat ist dabei derjenige

---

[418]   Diese ungeklärte Grundfrage des Abkommensrechts diskutiert *Wheeler,* The Missing Keystone, S. 33 ff. unter Darstellung von internationaler, sich widersprechender Rechtsprechung; *Link,* Konsolidierte Besteuerung, S. 167, bezeichnet diese Frage als das zentrale Problem bei der Bewältigung der Abkommensanwendung auf transparente Rechtsträger (zu denen auch die hier besprochenen Vorderleute zählen).

[419]   *Wheeler,* World Tax Journal 2011, S. 247, 266 ff.; *dies.,* Missing Keystone, S. 33 ff.

[420]   Dagegen *Link,* Konsolidierte Besteuerung, S. 167 ff.; implizit in ihrer Auslegung der Zurechnungsbegriffe ebenso dagegen *Daniels,* Partnerships, S. 158 ff.; *Danon,* Trusts, S. 323.

Staat, dessen Steueranspruch durch die Rechtsfolge des Abkommens beeinflusst wird. Steht also die Prüfung im Raum, ob der deutsche Steuergläubiger einen Steueranspruch gegen eine Person hat, dann ist Deutschland Anwendestaat des Abkommens.

Käme man zu diesem Ergebnis, stellte sich die Frage, auf welchen Zusammenhang genau verwiesen wird. Die erste Problematik liegt in der Übertragbarkeit der Ausdrücke: Der Ausdruck *Einkünfte beziehen* wird wörtlich im Ertragsteuerrecht nicht verwendet; Art. 3 Abs. 2 OECD-MA müsste also den Verweis nicht nur zwischen wortlautidentischen Verweisobjekten zulassen, sondern auch einen Verweis zwischen sich entsprechenden Konzepten. Diese Abstraktionsfähigkeit der Ausdrücke ist zwar – wenn auch strittig in der Abstraktionshöhe – anerkannt; schließlich kann es eine wörtliche Entsprechung bei unterschiedlichen Sprachfassungen – bspw. zum Ausdruck *deriving income* – gar nicht geben.[421] Der BFH verwendet Art. 3 Abs. 2 OECD-MA offenbar als eine Art Konzeptverweis, ohne auch nur eine Ausdrucksverwandtschaft zu fordern.[422] Nur ist bei einem Konzeptionsverweis nicht mehr eindeutig, auf welchen Zusammenhang des innerstaatlichen Rechts genau verwiesen wird.

Die Anschlussfrage lautet also, was das Verweisobjekt ist, wenn Art. 3 Abs. 2 OECD-MA für Zwecke der Auslegung des Ausdrucks *Einkünfte beziehen* in den Verteilungstatbeständen auf das innerstaatliche Recht verweist. Die hier behandelten Regime zeigen ja gerade, dass es eine Vielzahl verschiedener Verbindungen zwischen Einkünften und Personen gibt, von denen die *Einkünfteerzielung* i.S.v. § 2 Abs. 1 S. 1 EStG nur eine ist, die weitgehend stillschweigend von den meisten als das Verweisungskonzept zugrunde gelegt wird.[423] Es könnte aber genauso gut auf den letztlichen Zurechnungsempfänger oder die Person ankommen, die Steuerschuldner hinsichtlich der Einkünfteerzielung wird. Letzteres muss keine *subject-to-tax*-Klausel in das Abkommen lesen, weil natürlich weiterhin denkbar ist, dass die Einkünfte beim Steuerschuldner aufgrund einer Steuerbefreiung die Steuer-

---

[421] Vgl. z.B. Link, S. 52 f., 57 ff., 61; *Dürrschmidt*, in: Vogel/Lehner, DBA, Art. 3 Rn. 102 (der eine restriktive Übertragbarkeit bzw. eine enge Bindung an den Ausdruck vertritt); im gleichen Kommentar für den Ausdruck der *Veräußerung* in Art. 13 OECD-MA wiederum einen eher konzeptionellen Verweis zulassend *Reimer*, in: Vogel/Lehner, DBA. Art. 13 Rn. 20 ff.; *Wassermeyer*, StuW 1990, 404, 410 (spricht sich auch eher gegen eine Übertragung nur bei Wortlautähnlichkeit aus).

[422] Vgl. auch BFH v. 18.12.1986, I R 52/83, BStBl II 1988, 521: zur Auslegung des Ausdrucks *Zinsen, die aus einem Vertragsstaat stammen* in Art. 11 Abs. 1 DBA-CH nimmt der BFH Rückgriff auf die Regelung der inländischen Einkünfte; wenn inländische Einkünfte i.S.v. § 49 EStG vorliegen, dann stammen diese aus Deutschland als Vertragsstaat.

[423] Ausdrücklich *Wassermeyer*, in: Wassermeyer, DBA, Art 23A Rn. 32; *Schönfeld/Häck*, in: *Schönfeld/Ditz*, DBA, Art. 23A Rn. 32.

schuld nicht erhöhen, er aber *dem Grunde nach* Steuerschuldner der Steuerschuld in Bezug auf diese Einkünfte(erzielung) ist. Die Suche nach Kriterien, die das konkrete Zurechnungskonzept im innerstaatlichen Recht kennzeichnen, auf das verwiesen wird, kann nur aus dem Abkommen heraus stattfinden.

Das Problem sei am Beispiel des ausdrücklichen Verweises in Art. 6 Abs. 2 OECD-MA verdeutlicht: Der Ausdruck *unbewegliches Vermögen* hat für Zwecke dieser Vorschrift die Bedeutung, die ihm nach dem Recht des Vertragsstaats zukommt, in dem das Vermögen liegt. Das Verweisobjekt scheint für die deutsche Rechtsordnung zwar recht eindeutig, weil zufällig der identische Ausdruck in § 21 Abs. 1 S. 1 Nr. 1 EStG verwendet wird. Besteht eine andere Sprachfassung lässt sich diese Eindeutigkeit aber nicht mehr aus der Ausdrucksidentität mit der deutschen Sprachfassung ableiten.[424] Jedenfalls aber dort, wo eine Ausdrucksidentität – wie in anderen Staaten[425] – von vornherein nicht besteht, müsste man aus dem Abkommen heraus entscheiden, ob auf den zivilrechtlichen Begriff, einen bewertungsrechtlichen oder einen ertragsteuerlichen Begriff abgestellt wird.[426] Diese Entscheidung kann nur aus dem Abkommen heraus getroffen werden. So will *Kempermann*[427] auf den Begriff abstellen, der dem Zweck der Vorschrift am ehesten dient; *Reimer* spricht im Zusammenhang mit zwei verschiedenen Grundstücksbegriffen im Schweizer Recht von der größeren Sachnähe eines Begriffs, der in der Rechtsprechung zum Verbot der interkantonalen Doppelbesteuerung verwendet wird;[428] *Wassermeyer* liest aus Art. 3 Abs. 2 OECD-MA, dass der steuerrechtliche Begriff vom unbeweglichen Vermögen dem des außersteuerlichen Rechts vorgehe.[429] Die Sachfrage interessiert hier nicht; wichtig ist, dass alle Genannten das Verweisungsziel durch Auslegung des Abkommens aus sich heraus zu finden versuchen.

Insbesondere, wenn man die tendenziell teleologischen Erwägungen – größere Sachnähe, Zweckentsprechung – auf die Zurechnungsfrage übertrüge, ergäbe sich noch ein weiteres potenzielles Verweisziel. So gehört zum innerstaatlichen Recht auch das EG-Recht, welches u. a. in der Form der Richtlinie Vorrang gegenüber dem originär nationalen Recht hat.[430] Der Vermeidung der Doppelbesteuerung dienen auch EG-Richtlinien wie die Mutter-Tochter-Richtlinie[431] (vgl.

---

[424]   *Lang*, ISR 2015, 43, 46.
[425]   Vgl. zum Verweisziel in anderen Staaten: *Reimer*, in: Vogel/Lehner, DBA, Art. 6 Rn. 73.
[426]   *Lang*, ISR 2015, 43, 45 f.
[427]   *Kempermann*, in: F/W/K, DBA DEU-CHE, Art. 6 Rn. 30.
[428]   *Reimer*, in: Vogel/Lehner, Art. 6 Rn. 73.
[429]   *Wassermeyer*, in: Wassermeyer, DBA, Art. 6 Rn. 32 OECD-MA.
[430]   *Schönfeld/Häck*, in: Schönfeld/Ditz, DBA, Art. 3 Rn. 82.
[431]   EG-RL 2011/96/EU v. 30.11.2011.

Abs. 3 der Präambel). Deren Zurechnungsentscheidung gerinnt in Art. 4 Abs. 1 der Mutter-Tochter-Richtlinie im Merkmal *zufließen* (bzw. *receive*). Dieses Merkmal ist nach anerkannter europarechtlicher Methodik richtlinienautonom auszulegen[432] und muss nicht, kann aber grundsätzlich einen anderen Inhalt als die Einkünfteerzielung nach § 2 Abs. 1 S. 1 EStG haben. Man könnte die Frage aufwerfen, ob der Zurechnungszusammenhang im Rahmen der Richtlinie dem Zweck des Abkommens näher ist als der Zurechnungszusammenhang für Zwecke des Steuertatbestands. Letztlich ist das fernliegend, weil nicht davon auszugehen ist, dass ein hypothetischer Wille der Vertragsparteien bestand, auf einen Begriff in einem derart speziellen Rechtskörper zu verweisen. Die Überlegung soll aber deutlich machen, dass der Verweisgegenstand nicht eindeutig ist, insb. nicht bereits aus der Rechtsfolge von Art. 3 Abs. 2 OECD-MA ein Automatismus derart besteht, dass der Zurechnungszusammenhang nach § 2 Abs. 1 S. 1 EStG auch für die Verteilungstatbestände maßgeblich ist.

b. Art. 3 Abs. 2 OECD-MA: Zusammenhang erfordert etwas anderes

Das Abkommen verwiese nicht auf das Recht des Anwendestaats zur Bestimmung des Zurechnungszusammenhangs für Zwecke der Verteilungsartikel, wenn der Zusammenhang i.S.v. Art. 3 Abs. 2 OECD-MA etwas anderes erforderte. Der Zusammenhang in diesem Sinn ist weit zu verstehen[433] und erfasst alle Auslegungsmethoden, insb. auch die Auswertung des Zwecks, der sich aus den Absichten der Vertragsstaaten bei Unterzeichnung ergibt.[434] Der Wille der Vertragsstaaten richtet sich auf die Vermeidung von Doppelbesteuerung.[435] Dieses Ziel wird gefährdet, wenn das Abkommen dann nicht angewendet wird, wenn die Vertragsstaaten den gleichen Einkünftesachverhalt verschiedenen Personen zurechnen, d. h. steuerliche Rechtsfolgen bei verschiedenen Personen anknüpfen (sog. Zurechnungskonflikt[436]). Denn rechnet bspw. ein Staat einer bei ihm ansässigen Person Einkünfte aus einem DBA-Staat zu, rechnet dieser DBA-Staat aber die gleichen Einkünfte einer Person in einem anderen Staat zu, dann hängt die

---

[432] Zum Prinzip der autonomen Auslegung im Gemeinschaftsrecht: *Schön*, in: Lehner (Hrsg.), Steuerrecht im Europäischen Binnenmarkt, S. 171 m. w. N.
[433] *M. Lang*, Einführung, S. 61 f.; *Dürrschmidt*, in: Vogel/Lehner, DBA, Art. 3 Rn. 121; *Wassermeyer*, in: Wassermeyer, DBA, Art. 3 Rn. 82.
[434] OECD-MK Art. 3 Rn. 12.
[435] OECD-MA Präambel Abs. 1.
[436] Vgl. dazu noch unten c. (S. 167).

Vermeidung der Doppelbesteuerung von der Zufälligkeit ab, ob der Quellenstaat mit diesem anderen Staat ein Abkommen geschlossen hat, das dem Steuerschuldner dieses Staats eine Einwendung gegen den Steueranspruch des Quellenstaats gewährt. Dies würde vermieden, wenn der Quellenstaat *für Zwecke der Anwendung der Verteilungstatbestände* an die Zurechnungsentscheidung des Ansässigkeitsstaats gebunden wäre bzw. an die Zurechnungsentscheidungen aller Staaten, mit denen er ein DBA geschlossen hat und die aufgrund des gleichen Sachverhalts Einkünfte einer ansässigen Person zurechnen. Unter anderem mit dieser Argumentation hat *Danon* eine überzeugende Begründung vorgelegt, aufgrund derer die Bindung des Quellenstaats bei der Anwendung der Verteilungstatbestände an die Zurechnungsentscheidung von Ansässigkeitsstaaten vertreten werden kann.[437]

Als systematisches Argument zieht er – in Anlehnung insb. an *Vogel*[438] – ergänzend die Ansässigkeitsdefinition in Art. 4 Abs. 1 OECD-MA heran:[439] Diese knüpft für die Abkommensberechtigung mittels des Merkmals der Steuerpflicht an die Steuersubjekteigenschaft nach dem Recht eines Ansässigkeitsstaats an. Diese Anknüpfung wäre bedeutungslos, wenn man sie nicht auch auf die Zurechnungsentscheidung des Ansässigkeitsstaats für Zwecke der Verteilungstatbestände erstreckte, da sonst durch abweichende Zurechnungsentscheidungen das Abkommen nicht angewendet würde, obwohl beide Staaten den gleichen Sachverhalt als Quellen- bzw. als Ansässigkeitsstaat besteuern. Oder anders formuliert: Aus der Bestimmung des persönlichen Geltungsbereichs in Art. 1 i.V.m. Art. 4 Abs. 1 OECD-MA kann geschlossen werden, dass die Doppelbesteuerung in den Fällen, die durch die Verteilungstatbestände beschrieben werden, dann beseitigt werden soll, wenn die Einkünfte aus dem einen Staat in die Steuerjurisdiktion des anderen Vertragsstaats gelangen. Um dies zu bestimmen, ist es sinnvoll auf die Zurechnungskriterien dieses anderen Vertragsstaats, also des Ansässigkeitsstaats zu blicken.[440] In ähnlicher Weise haben auch andere Autoren – auf der Grundlage einer einkünftebezogenen Funktion der Abkommen – argumentiert, der Quellenstaat sei bei Anwendung der Verteilungsartikel an die Zurechnungsentscheidung des Ansässigkeitsstaats gebunden.[441]

---

[437]   Danon, Trusts, S. 321 f. (ausführlich begründend ab S. 309) sowie *ders.*, Intertax 2004, 210, 216 ff.; ebenso bereits zu Personengesellschaften *Daniels*, Issues in International Partnership Taxation, S. 158 ff. und *Vogel*, IStR 1999, 5, 7.

[438]   *Vogel*, IStR 1999, 5,7; ebenso *Schmidt/Blöchle*, in: S/K/K, DBA, Art 23A Rn. 46.

[439]   *Danon*, Trusts, S. 312.

[440]   *Danon*, Bulletin for International Taxation 2011, 437, 440 (in Fn. 26).

[441]   *Daniels*, Issues in International Partnership Taxation, S. 157 ff.; *Link*, Konsolidierte Besteuerung, S. 193 (dort als Ergebnis formuliert; die Begründung verteilt sich auf S. 122 f.).

Auch der OECD-Musterkommentar bzw. der Partnership-Report, dem *Danon*
gewissermaßen eine dogmatische Struktur unterbaut, lässt sich so verstehen, dass
ein Grundsatz der Abkommensanwendung lautet, der Quellenstaat müsse die
Einkünftezurechnung des Ansässigkeitsstaats für Zwecke der Abkommensanwendung, nicht jedoch für Zwecke seines eigenen Steuertatbestands, zugrunde
legen.[442] Der These des *Partnership-Reports* ist entgegengehalten worden, sie lese
Art. 4 Abs. 1 S. 1 OECD-MA in unzulässiger Weise als *subject-to-tax*-Klausel, also
als Anwendungsbedingung,[443] dass Einkünfte tatsächlich besteuert werden, was
– wie auch hier vertreten wird – eine Überinterpretation der Vorschrift wäre.[444]
Aber die Kritik trifft nicht; erstens betrifft die Zurechnungsentscheidung nicht die
Vorschrift in Art. 4 Abs. 1 S. 1 OECD-MA, sondern die Zurechnungsausdrücke
der Verteilungstatbestände; und zweitens findet das Abkommen auch weiterhin
Anwendung, wenn der Ansässigkeitsstaat aus innerstaatlichen Gründen sein Besteuerungsrecht nicht wahrnimmt, etwa aufgrund einer Freistellung bestimmter
Einkünfte.[445] Voraussetzung ist nur die Einkünftezurechnung, nicht der Eingang
der Einkünfte in die Quantifizierung einer Steuerschuld.

c. Bedeutung für sog. Zurechnungskonflikte

aa. Trennungstatbestände und Zurechnungskonflikte

Ein sog. Zurechnungskonflikt entsteht, wenn ein Quellenstaat Einkünfte einer
anderen Person zurechnet als der Ansässigkeitsstaat. Der Zurechnungskonflikt ist
bspw. in folgender Konstellation problematisch: Quellenstaat Q rechnet Einkünfte
einer in Ansässigkeitsstaat A (kein DBA mit Q) ansässigen Person zu; Ansässig-

---

      „Eigener Ansatz" und S. 167 ff. „Einkünftebezogene Abkommensanwendung" und
      S. 182 ff. „Argumente […]").
[442]   Art. 1 Rn. 6.3 OECD-MK; *Partnership-Report* Rn. 27: "It is the provisions [of the domestic
      tax laws] that will determine who may be subjected to tax on that income in that State."
      (ähnlich auch in Rn. 102). In *Example 9* in Rn. 73 ff. kommt es aufgrund der Auffassung
      der Bindung an die Zurechnungsentscheidung des Ansässigkeitsstaaten zu einer „Dop-
      pelberechtigung" einer Personengesellschaft und ihrer Gesellschafter (jeweils ansässig
      in verschiedenen DBA-Staaten im Verhältnis zum Quellenstaat). Der Quellenstaat wen-
      det im Ergebnis das Abkommen an, das den Steueranspruch gegen die Gesellschaft, die
      nach dem Steuerrecht des Quellenstaats Steuerschuldner ist, am stärksten reduziert, so
      dass der Quellenstaat seinen Pflichten aus beiden Abkommen nachkommt.
[443]   *M. Lang*, SWI 2000, 527, 534.
[444]   Vgl. auch *Danon*, Trusts, S. 320 f.
[445]   *Danon*, Trusts, S. 320 f.

keitsstaat B hingegen, mit dem Q ein DBA verbindet, rechnet die nämlichen Einkünfte einer Person mit Ansässigkeit in Ansässigkeitsstaat B zu. Wendet jeder Staat bei Anwendung der Verteilungsartikel den Regelzurechnungstatbestand des Steuertatbestands seines innerstaatlichen Ertragsteuerrechts (bspw. § 2 Abs. 1 S. 1 EStG) an, dann wird Q das DBA mit B nicht anwenden, obwohl sowohl Q als auch B die Einkünfte erfassen und folglich im Regelfall auch besteuern. Unter der Auffassung, Q müsse bei Abkommensanwendung die Zurechnungsentscheidung des Staates B berücksichtigen, müsste Q das Abkommen mit Staat B auf die Einkünfte anwenden.[446]

Die hier behandelten Trennungsregime sind besonders anfällig für solche divergierenden Zurechnungsentscheidungen. Denn die Trennungsregime sind häufig Sonderregelungen des innerstaatlichen Steuerrechts eines Vertragsstaats, die im Steuerrecht eines anderen Vertragsstaats nicht entsprechend vorhanden sind. Das betrifft offenkundig die Regelungen über Gruppenbesteuerungsregime wie die Organschaft, spezielle Rechtsformen wie die KGaA, das Investmentbesteuerungsregime oder gerade auf eine abweichende Zurechnung angelegte Regime wie die Regelungen in §§ 7 ff. AStG und § 15 AStG (oder vergleichbare CFC-Regime). Käme man zu dem Ergebnis, dass bspw. innerhalb der Organschaft der Organträger statt wie von der ganz h.M. angenommen die Organgesellschaft die Einkünfte bezieht, dann provozierte dies Zurechnungskonflikte, da der jeweilige Quellenstaat diese Zurechnungsentscheidung nicht nachvollziehen und die Einkünfte weiterhin der Organgesellschaft zurechnen würde.

bb.   Korrekturmaßnahmen

Teilweise sollen derartige Probleme gelöst werden durch unilaterale wirkende Regelungen wie § 50d Abs. 1 S. 11 EStG und abkommensrechtliche Regelungen wie dem Entwurf der Regelung in Art. 1 Abs. 2 OECD-MA-E[447]. Die Regelung in Art. 1 Abs. 2 OECD-MA-E bspw. formuliert wie folgt:

> For the Purposes of this Convention, income derived by or through an entity or arrangement that is treated as wholly or partly fiscally transparent under the tax law of either Contracting State shall be considered to be income of a resident of a Contracting State but only to the extent that the income is treated, for purposes of taxation by that State,

---

[446]   So der OECD *Partnership Report* zu Beispiel 10 (Rn. 75).
[447]   OECD, Public Discussion Draft, BEPS Action 2, Rn. 11; ähnliche Regelungen in geltenden DBA befinden sich in Art. 1 Abs. 7 DBA-USA und Prot. Nr. I. Abs. 2 S. 1 zum DBA-Niederlande.

as the income of a resident of that State. [In no case shall the provisions of this paragraph be construed so as to restrict in any way a Contracting State's right to tax the residents of that State.]

Die Vorschrift hat letztlich zur Folge, dass ein Quellenstaat Einkünfte dann abkommensrechtlich begünstigen muss, wenn (nur) ein anderer Vertragsstaat die Einkünfte einem seiner Ansässigen zurechnet. Der Quellenstaat ist folglich für Zwecke der Abkommensanwendung an die Zurechnung eines DBA-Staats gebunden, der Einkünfte aus diesem Quellenstaat einer Person zurechnet, die in jenem DBA-Staat ansässig ist.[448] Dies entspricht im Ergebnis der oben skizzierten Auffassung, nach der bereits unter dem OECD-MA der Quellenstaat für Zwecke der Abkommensanwendung an die Einkünftezurechnung des Ansässigkeitsstaats gebunden ist, wobei der Wortlaut von Art. 1 Abs. 2 OECD-MA-E den Anwendungsbereich der Vorschrift nicht auf alle Fälle unterschiedlicher Zurechnung erstreckt, sondern nur auf solche, in denen Einkünfte von oder durch „fiscally transparent entities or arrangements" erzielt werden, wobei fraglich ist, welche Fälle der unterschiedlichen Zurechnung dieser Ausdruck auszugrenzen vermag. § 50d Abs. 1 S. 11 EStG hingegen enthält eine solche Beschränkung nicht, sondern erfasst wohl jede Form der unterschiedlichen Einkünftezurechnung durch den Ansässigkeitsstaat. Insofern ist anzunehmen, dass eine unterschiedliche Einkünftezurechnung aufgrund der hier behandelten Regime (bzw. entsprechender Regime im jeweiligen Ansässigkeitsstaat) dazu führen kann, dass Deutschland einen Quellensteuerabzug beschränken muss, obwohl Deutschland für Abkommenszwecke die Einkünfte entsprechend § 2 Abs. 1 S. 1 EStG nicht dem Ansässigen eines anderen Vertragsstaats zuzurechnen sind.

cc. Bedeutung im Folgenden

Hier soll keine abschließende Entscheidung zu dieser Grundfrage getroffen werden; die Auffassung *Danons* und anderer hat im Ergebnis viel für sich, setzt aber viele Annahmen voraus, die letztlich am Ergebnis orientiert sind, so dass das Ergebnis über den abstrahierten Zweck des Abkommens zum Auslegungskriterium zu werden scheint. Das ist ein methodisch problematischer Weg. Abhilfe würde möglicherweise durch eine Regelung in DBA geschaffen, die sich an Art. 1

---

[448]   *Schnitger/Oskamp*, IStR 2014, 385, 387 a.E. Im Folgenden dort auch zu der Auslegungsfrage, ob jeder der hier untersuchten Trennungstatbestände, bspw. die Hinzurechnungsbesteuerung, als „fiscally transparent entity/arrangement" im Sinne der vorgeschlagenen Regelung gelten würde. Zu dem Entwurf auch *M. Lang*, SWI 2015, 153.

Abs. 2 OECD-MA-E orientiert (es wäre dann nur noch fraglich, ob diese Regelung deklaratische oder konstitutive Wirkung hat[449]).

Man muss aber ebenso feststellen, dass die meisten der Argumente für die Maßgeblichkeit der innerstaatlichen Rechtsordnung kein Gewicht haben. Sie ergibt sich jedenfalls nicht aus irgendwelchen systematischen Zwängen, sondern allenfalls aus der Anwendung von Art. 3 Abs. 2 OECD-MA auf die Auslegung der Zurechnungsausdrücke im Abkommen. Die Bedeutung der Frage zeigt sich insbesondere dann, wenn man die spezifisch hier interessante Frage näher beleuchtet, nämlich auf welchen *innerstaatlichen* Zurechnungszusammenhang zwischen Einkünften und Person abzustellen ist.

Diese spezifische Frage stellt sich unter beiden Auffassungen, also sowohl dann, wenn man den innerstaatlichen Zurechnungstatbestand des Anwendestaats für maßgeblich hält, als auch dann, wenn man aufgrund einer autonomen Auslegung (oder einer Vorschrift wie Art. 1 Abs. 2 OECD-MA-E) die Bindung an den Zurechnungstatbestand des Ansässigkeitsstaats für maßgeblich hält. Denn beide oben dargestellten Auffassungen suchen nach dem abkommensrechtlichen Zuordnungskriterium im Zurechnungskonzept des Steuertatbestands eines Mitgliedstaats, sei dies der (bzw. ein) Ansässigkeitsstaat oder der Anwendestaat.

Der Verweis auf das Zurechnungskonzept einer innerstaatlichen Rechtsordnung – unabhängig davon, wessen Recht maßgeblich sein soll – setzt aber eine Feststellung voraus, die nur abkommensautonom getroffen werden kann: Denn es gibt im innerstaatlichen Recht für Zwecke des Steuertatbestands – das führen die Fälle der Trennungstatbestände vor Augen – mehr als eine Verbindung zwischen Einkünften und einer Person, den man als Zurechnungszusammenhang bezeichnen kann.[450] Die Aussage, dass für die Feststellung des Zurechnungszusammenhangs für Abkommenszwecke auf den innerstaatlich normierten Zurechnungszusammenhang eines Steuertatbestand abgestellt wird, setzt logisch voraus, dass ermittelt wurde, auf welche Beziehung genau zwischen dem Einkommensbestandteil und einer Person im innerstaatlichen Recht abgestellt wird.

In der Folge soll also untersucht werden, auf welchen Zusammenhang zwischen Einkünften und Person im innerstaatlichen Recht abzustellen ist, wenn der Abkommensanwender zu ermitteln hat, an welche Person Dividenden im Sinne von Art. 10 OECD-MA *gezahlt* wurden.

---

[449]   M. *Lang*, SWI 2015, 153, 163.
[450]   Vgl. schon oben a.bb. (S. 155 ff.).

4. Verweisungsziel des Ausdrucks *Einkünfte beziehen* bzw. *deriving income*

Für die Suche nach dem Verweisziel bzw. den Kriterien für die Bestimmung des Verweisziels innerhalb einer Rechtsordnung wird hier gewissermaßen beispielhaft die deutsche Rechtsordnung herangezogen; das ist schon deshalb zweckmäßig, weil die hier behandelten Regime, die die verschiedenen Arten der Zurechnungszusammenhänge repräsentieren, Teile der deutschen Rechtsordnung sind. Da die Frage aber letztlich eine abkommensautonome ist, müssten die Kriterien ebenso zum einschlägigen Zurechnungszusammenhang in anderen Rechtsordnungen führen.

a. Bedeutung des Wortlauts für das Verweisungsziel

Weil hier angenommen wird, dass der Ausdruck *Beziehen von Einkünften* den Oberbegriff im Verhältnis zu den verschiedenen Ausdrücken der Verteilungsartikel bildet, steht diese Formulierung am Anfang der Auslegung. Den Ausdruck „beziehen" (*derived by*) verwendet das deutsche Steuerrecht an verschiedenen Stellen, insb. in § 1 Abs. 2 Nr. 2, § 2a Abs. 2 S. 2 und in § 15 Abs. 3 Nr. 2 EStG und dort wohl synonym mit *erzielen* im Sinne von § 2 Abs. 1 EStG.[451] Das Wortlautargument indiziert also, dass die Ausdrücke über den Zurechnungszusammenhang im Abkommenstatbestand auf das innerstaatliche Konzept der Einkünfteerzielung i.S.v. § 2 Abs. 1 S. 1 EStG verweisen. Dies spricht dafür, die Tatbestandsverwirklichung derjenigen Person zuzuweisen, die – in deutschen Begriffen gesprochen – die Einkünfte erzielt. Teilweise wird der gleiche Ausdruck aber auch in Bezug auf Bruttogrößen, insb. Einnahmen (§ 11 Abs. 1 EStG) und Sondervergütungen (§ 15 Abs. 2 S. 1 Nr. 2 S. 2 EStG) verwendet. Es verbleibt also die Feststellung, dass der Ausdruck des Beziehens technisch uneindeutig verwendet wird, und eine eindeutige Bestimmung des Verweisungsziels nicht zulässt.

Letztlich sind solche Überlegungen aber von vornherein fruchtlos. Denn da DBA häufig in zwei Sprachfassungen mit gleichem Geltungsanspruch abgeschlossen werden[452] und die fremde Sprachfassung einen Ausdruck verwenden wird,

---

[451] Nach *Wassermeyer* soll dieser Zusammenhang maßgeblich sein, wenn Deutschland Anwendestaat ist, vgl. Wassermeyer, DBA, Art. 23A Rn. 32; ebenso *Schönfeld/Häck*, in: Schönfeld/Ditz, Art. 23A Rn. 32.

[452] *Schönfeld/Häck*, in: Schönfeld/Ditz, DBA, Einleitung Rn. 77; *Wassermeyer*, in: FS Beisse, S. 529, 529 f.

der im deutschen Steuerrecht nicht zu finden ist, zwingt bereits dieser Umstand nach der Suche von Kriterien, die generischen, rechtsordnungsübergreifenden Charakter haben. Blickt man auf das OECD-MA in der englischen Sprachfassung, lautet dort der dem *Bezug von Einkünften* entsprechende Ausdruck *deriving income*. Die Wortlautinterpretation stößt also an ihre Grenzen, weil der Ausdruck *deriving income* im deutschen Recht keine Bedeutung hat. Diese Grenzen bestehen auch unabhängig von der Position, die man zum Grund der Verweisung auf nationales Recht einnimmt, sei es die Verweisung aufgrund von Art. 3 Abs. 2 OECD-MA ins Recht des Anwendestaats oder aufgrund einer abkommensautonomen Auslegung (oder Art. 1 Abs. 2 OECD-MA-E) ins Recht des Ansässigkeitsstaats.

b.   Materiell tatbestandsverwirklichende Person als universelles Kriterium

aa.   Darstellung

Die Überlegungen zum Wortlaut weisen schon daraufhin, dass das Kriterium über den Zusammenhang zwischen Person und Einkünften nicht die zufällige Übereinstimmung im Ausdruck sein kann. Das Kriterium muss universell formuliert sein, so dass es Bedeutung in jeder Rechtsordnung der beteiligten Vertragsstaaten haben kann. Diese Anforderung erfüllt das Kriterium der *materiell tatbestandsverwirklichenden Person*. Der Ausdruck *materiell* ist als Abgrenzung zum positiv gesetzten Tatbestand gemeint, dessen Ausgestaltung wie im ersten Teil dieser Arbeit gezeigt von rechtstechnischen Zufällig- und Unzulänglichkeiten abhängen kann. Die *materiell* tatbestandsverwirklichende Person ist also die Person, die *nach den Wertungen*, nicht notwendig nach den positiven Regelungen des jeweiligen Ertragsteuerrechts – sei es das des Anwende- oder das des Quellenstaats – die für die Entstehung der Steuerschuld bezüglich eines bestimmten Einkünftesachverhalts verantwortliche Person ist.

Dieses Kriterium knüpft an die oben entwickelten Trennungsmodelle[453] an: die Steuerschuldübernahme, die mittelbare Tatbestandsverwirklichung und ergänzend die Tatbestandsverdopplung in Gestalt einer Ausschüttungsfiktion. Diese Trennungsmodelle sind – bei aller Vielfalt der denkbaren Ausgestaltungen im Detail – jedenfalls wertungsmäßig abschließend, auch die Rechtsordnungen

---

[453]   Vgl. oben B.IV.2 (S. 77 ff.).

übergreifend. Denn unabhängig davon, nach welchen Wertungen für einen Sachverhalt eine Steuerschuld einer Person zugewiesen wird – ein der Leistungsfähigkeit ähnliches Kriterium wird am häufigsten sein[454] –, müssen diese Wertungen in einem Regeltatbestand, wie bspw. § 2 Abs. 1 S. 1 EStG, gefasst werden. Trägt nun eine andere Person die Steuerschuld als diejenige, die den Regeltatbestand erfüllt, muss dem entweder die Wertung zugrunde liegen, dass ausnahmsweise die Wertungen für die Zuweisung einer Steuerschuld in der Person des Hintermanns vorliegen (mittelbare Tatbestandsverwirklichung), oder dass die Steuerschuld nur aus außerhalb der Wertung liegenden, pragmatischen Gründen auf den Hintermann übertragen wurde, der Vordermann diese aber wirtschaftlich trägt (Steuerschuldübernahme). Im Fall der Tatbestandsverdopplung in Gestalt einer Ausschüttungsfiktion muss die Wertung erkennbar sein, dass eine Person so behandelt werden soll, als seien von einer Körperschaft Gewinne an sie ausgeschüttet worden.

Wenn im Rahmen eines Trennungstatbestands wertungsmäßig eine Steuerschuldübernahme gewollt ist, dann bleibt der Vordermann *materiell tatbestandsverwirklichende Person*, obwohl er nicht Steuerschuldner bezüglich einer bestimmten Einkünfteerzielung wird. Der Vordermann verwirklicht also die Verteilungstatbestände, indem er *Einkünfte bezieht*. Es kommt für die Beurteilung der persönlichen Merkmale – Ansässigkeit und ggf. Rechtsform – auf ihn an. Es wäre also beispielsweise irrelevant, wenn der Steuerschuldner in einem Drittstaat ansässig wäre. Dies ist auch bereits akzeptierte Praxis im Fall der (konzeptionell gesprochen) Schuldübernahme des Gewerbesteuerrechts in § 5 Abs. 1 S. 3 GewStG. Selbst wenn die Personengesellschaft nicht ansässig ist, kann sie die Einwendungen gegen den Gewerbesteueranspruch in Anspruch nehmen, soweit die Gesellschafter bei eigener Steuerschuldnerschaft das Abkommen steuermindernd geltend machen könnten.[455] Der Grund liegt darin, dass der Steuertatbestand in Bezug auf die Steuerschuld wertungsmäßig vom Gesellschafter verwirklicht wird, d. h. er ist die *materiell tatbestandsverwirklichende Person*.

Umgekehrt wäre im Fall einer wertungsmäßig mittelbaren Tatbestandsverwirklichung der Hintermann die *materiell tatbestandsverwirklichende* Person. Dieser verwirklicht die Verteilungstatbestände; Einwendungen gegen den Steueranspruch gewährt das Abkommen nur, aber auch immer dann, wenn der Hintermann die persönlichen Merkmale wie vor allem die Ansässigkeit im Vertragsstaat erfüllt. Das bedeutet auch, dass der Verteilungstatbestand erfüllt sein kann, wenn der Vordermann im Quellenstaat oder in einem Drittstaat ansässig ist.

---

454 *Witt*, Konzernbesteuerung, S. 410.
455 *Wassermeyer*, in: Wassermeyer, DBA, Art. 1 Rn. 29.

Im Fall einer Tatbestandsverdopplung durch Ausschüttungsfiktion wären sowohl Vorder- als auch Hintermann jeweils materiell tatbestandsverwirklichende Personen, jedoch für zwei verschiedene Verteilungstatbestandsverwirklichungen. Beide müssten getrennt voneinander beurteilt werden; hinsichtlich jeder der beiden Tatbestandsverwirklichungen müsste die jeweils *materiell tatbestandsverwirklichende Person* die personenbezogenen Merkmale des Abkommens aufweisen, insbesondere die Ansässigkeit in einem Vertragsstaat.

bb. Begründung

Der Ausgangspunkt für das Kriterium der materiell tatbestandsverwirklichenden Person ist die Überlegung, dass eine bloß äußerliche Anknüpfung an Ausdrücke – soweit sie angesichts verschiedener Sprachfassungen überhaupt möglich ist – von technischen Zufälligkeiten abhängt, was kaum gewollt sein kann. Um dies zu veranschaulich, sei als Gedankenexperiment angenommen, der deutsche Gesetzgeber ordnete für den Fall einer missbräuchlichen Nutzung ausländischer Kapitalgesellschaften durch unbeschränkt Steuerpflichtige an, dass die Einkünfte, die eine solche ausländische Kapitalgesellschaft *erzielt*, dem Gesellschafter *zuzurechnen* seien. Zur Ermittlung dieser zuzurechnenden Einkünfte *der* Kapitalgesellschaft wird für jede einzelne Vorschrift der *Einkünfteermittlung*, jede *Tarifvorschrift* und jede *Anrechnungsvorschrift* angeordnet, dass diese so anzuwenden seien, als *hätte* der Gesellschafter die Einkünfte selbst erzielt. Im Übrigen wird angeordnet, dass die ausländische Kapitalgesellschaft nicht beschränkt steuerpflichtig ist. Eine solche Anordnung entspräche *im Ergebnis* in fast jeglicher Hinsicht der Behandlung von Basisgesellschaften nach § 42 AO. Hinsichtlich der Behandlung von Basisgesellschaften und ihrer Gesellschafter wird aber angenommen, dass deren Einkünfte vom Gesellschafter unmittelbar erzielt werden.[456] Dennoch würde zumindest ein großer Teil der deutschen Literatur und wohl auch die Rechtsprechung zu unterschiedlichen Ergebnissen kommen, was die Abkommensanwendung angeht. Im ersten, fiktiven Fall ist zu erwarten, dass die Verteilungstatbestände in Person der Kapitalgesellschaft geprüft werden; das Abkommen zwischen Deutschland und dem Ansässigkeitsstaat der Kapitalgesellschaft würde also die Besteuerung der zugerechneten Einkünfte nur gestatten, wenn die Verteilungstatbestände Deutschland als Quellenstaat nicht zur Freistellung oder Steuersatzermäßigung zwängen, bspw. aufgrund einer Betriebsstätte der Kapitalgesellschaft

---

[456]   Vgl. etwa *Henkel*, in: Mössner, Steuerrecht international tätiger Unternehmen, S. 968 ff.

im Inland. Im Übrigen lägen *andere Einkünfte* für Zwecke von Art. 21 OECD-MA vor, wonach das Besteuerungsrecht dem Ansässigkeitsstaat der Kapitalgesellschaft zugewiesen wird. Es bedürfte weiterer Maßnahmen, damit ein derartiges Regime zu einer Steuerschuld des Gesellschafters führen könnte, welche alle Einkünfte der Kapitalgesellschaft in die Steuerquantifizierung aufnähme (bspw. eine ausdrücklich abkommensverdrängende Vorschrift wie § 20 Abs. 1 AStG oder einen Missbrauchsvorbehalt im Abkommen). In der aktuellen Anwendung von § 42 AO auf Basisgesellschaften ist all dies nicht erforderlich, weil die Einkünfteerzielung nach § 2 Abs. 1 S. 1 EStG beim Gesellschafter liegt und diese für die Abkommensanwendung maßgeblich sein soll.[457]

Es ist aber kein Grund erkennbar, beide Fälle unterschiedlich zu behandeln, weil die Unterschiede im innerstaatlichen Recht, die die Unterschiede in der Abkommensanwendung bedingen, nur in zwei unterschiedlichen Rechttechniken bestehen,[458] von denen eine, die *Ergebniszurechnung*, eine umständliche, in der Realität des deutschen Steuerrecht teils misslungene Nachbildung der mittelbaren Tatbestandsverwirklichung ist. Die *Einkünftezurechnung*, die in der hypothetischen Anordnung verwendet wird, höhlt die *Einkünfteerzielung* als Tatbestand in § 2 Abs. 1 S. 1 EStG wertungsmäßig bis zur Bedeutungslosigkeit aus, weil das Besteuerungsergebnis darin besteht, dass der Gesellschafter, allgemein gesprochen: der Hintermann, so behandelt wird, als *hätte* er die Einkünfte erzielt, ohne sie rechtlich erzielt zu haben.

Das Abkommensrecht hat die ohnehin schon höchst schwierige Aufgabe, zwei Steuerrechtsordnungen bei deren Steuerquantifizierung so zu verknüpfen, dass nach Möglichkeit ein Sachverhalt nur einmal besteuert wird. Wenn man bei der Auslegung der Abkommen rechtstechnische Spezifika, die derartig austauschbar sind, für entscheidend erklärt, wird die Lösung dieser Aufgabe unmöglich.[459]

Das Kriterium der materiell tatbestandsverwirklichenden Person kann unabhängig von der technischen Ausgestaltung einer Rechtsordnung Anwendung fin-

---

[457] *Wassermeyer*, in: Wassermeyer, DBA, Art. 1 Rn. 58.
[458] Ähnlich äußert sich in Bezug auf die Vereinbarkeit von CFC-Regimen mit Abkommensrecht *Wheeler*, World Tax Journal 2011, 247, 336: „It would certainly be ridiculous if a simple change in mechanics could turn an incompatible tax charge into a compatible one."
[459] Der hier gebildete Fall erinnert im Übrigen an das Problem der *Steuerpflicht* i.S.v. Art. 4 Abs. 1 OECD-MA bei persönlicher Steuerbefreiung im nationalen Recht. Unabhängig davon, welcher Auffassung man im Ergebnis folgt, darf es eigentlich nicht darauf ankommen, ob ein Staat einen Investmentfonds von vornherein nicht in den Kreis der Steuersubjekte aufnimmt oder der Investmentfonds persönlich steuerbefreit wird. Beides sind austauschbare Rechtstechniken, die bei der Anwendung von Abkommen keine Bedeutung haben dürfen.

den. Diese Eigenschaft der Universalität ist im Abkommenskontext wichtig, aber an sich natürlich kein inhaltliches Argument für das Kriterium, da viele universelle Kriterien denkbar sind, die inhaltlich aber keinen Bezug zur Sachproblematik haben. Ein solcher inhaltlicher Bezug liegt aber offenkundig vor. Denn die materiell tatbestandsverwirklichende Person steht in einer Beziehung zu der jeweiligen Einkünfteerzielung, die den jeweiligen Gläubiger auf Wertungsebene veranlasst, eine Steuerschuld von dieser Person zu erheben, sei es auch nur mittelbar im Rahmen einer Steuerschuldübernahme. Diese Person ist also diejenige, die des Schutzes bedarf, so dass es sachgerecht ist, von ihr zu verlangen, die persönlichen Merkmale wie die Ansässigkeit in einem Vertragsstaat oder ggf. eine bestimmte Rechtsform aufzuweisen, bzw. umgekehrt, einer Person nicht Begünstigungen aus einem Abkommen zu gewähren, hinsichtlich derer sie die Voraussetzungen nicht erfüllt.

cc.   Steuerquantifizierung als maßgebliches Indiz (Bezug zum Partnership-Report)

Ist nur eine Person an der Tatbestandsverwirklichung beteiligt, also im deutschen Recht als Normalfall formuliert: erzielt eine Person Einkünfte i.S.v. § 2 Abs. 1 S. 1 EStG und wird sie folglich Steuerschuldner hinsichtlich dieser Einkünfteerzielung, dann ergibt sich die Antwort auf die Frage, wer den jeweiligen Verteilungstatbestand erfüllt, von selbst, weil nur eine Person in Frage kommt. Nach dem Kriterium der *materiellen Tatbestandsverwirklichung* könnte man aber auch formulieren, dass diese Person wertungsmäßig für die Entstehung der Steuerschuld verantwortlich ist. In den hier problematisierten Fällen der Trennung von Einkünfteerzielung und Steuerschuld bedarf es aber eines handhabbaren Kriteriums, nach dem die *materiell tatbestandsverwirklichende Person* bestimmt werden kann. Ein solch indizielles Kriterium liegt vor allem in der Steuerquantifizierung des resultierenden Steueranspruchs:

Wird der Steueranspruch im Recht des jeweils maßgeblichen Staats quantifiziert nach den persönlichen Eigenschaften des Vordermanns, ist von einer Steuerschuldübernahme auszugehen; wird er quantifiziert nach den Eigenschaften des Hintermanns, dann ist von einer mittelbaren Tatbestandsverwirklichung auszugehen. Das deutlichste Symptom ist die Steuerart, die der Steuerschuld zugrunde liegt. Richtet sich diese nach der Person des Hintermanns, liegt – wenn nicht andere Indizien dagegen sprechen – jedenfalls unter deutschem Recht materiell eine Tatbestandsverwirklichung des Hintermanns vor. Weiterhin können sich persön-

liche Eigenschaften aber in einer Vielzahl von Quantifizierungsregelungen auswirken, wie oben ausführlich dargestellt wurde.[460] Soweit nötig können natürlich
weitere Kriterien herangezogen werden wie der teleologische Hintergrund des
jeweiligen Regimes.

Das Quantifizierungskriterium wurde bereits vom *Partnership-Report* herangezogen, dort allerdings für Zwecke der Frage, ob eine Person *steuerpflichtig* für
Zwecke von Art. 4 Abs. 1 S. 1 OECD-MA ist: Der Partnership-Report untersucht
verschiedene Regime der Personengesellschaftsbesteuerung und kommt zu dem
Schluss, dass erstens eine *Steuerpflicht* der Personengesellschaft nicht gegeben ist,
wenn die Personengesellschaft nur den Gewinn ermittelt, dieser aber dem Gesellschafter zur Besteuerung hinzugerechnet wird und bei diesem in die Ermittlung
des Einkommens eingeht, von dessen persönlichen Steuerbefreiungen betroffen
ist und in eine Steuerschuld gegen den Gesellschafter eingeht.[461] Dies entspricht
dem deutschen Modell im Rahmen der Einkommen- und Körperschaftsteuer und
bedeutet, dass die Personengesellschaft nicht *steuerpflichtig* sein soll.[462] Aber auch,
wenn die Personengesellschaft die Steuer selbst trägt, also selbst Steuerschuldner
wird, soll sie dann nicht *steuerpflichtig* sein, wenn sich die Höhe der Steuerschuld
– bspw. aufgrund persönlicher Befreiungen oder des persönlichen Steuersatzes –
nach den Verhältnissen der Gesellschafter richtet, sich die Steuerschuldnerschaft
der Personengesellschaft nur als Ausdruck einer pragmatischen Steuereinzie-
hungstechnik darstellt.[463] Dieser Fall entspricht einer Steuerschuldübernahme
durch die Personengesellschaft; dies ist beispielsweise der Fall im Gewerbesteuerrecht: die Personengesellschaft übernimmt nach h.M. gem. § 5 Abs. 1 S. 3
GewStG nur die Steuerschuld der Gesellschafter. Das zeigt sich nach dem Kriterium des Partnership-Reports etwa darin, dass der Verlustvortrag auf Gesellschaf-
terebene ermittelt und verwertet wird (vgl. § 10 Abs. 1 S. 4 und 5 GewStG). Nach
den Grundsätzen des *Partnership-Reports* folgte daraus, dass die Personengesellschaft auch für Zwecke der Gewerbesteuer nicht ansässig ist.

Während das Kriterium des *Partnership-Reports* hier inhaltlich geteilt wird,
soll es doch eine andere Funktion haben: Das Merkmal der *Steuerpflicht* bzw. der
Ansässigkeit wird weitgehend farblos anhand formaler, rechtstechnischer Kriterien

---

[460] Vgl. oben B.III.2 (S. 51 ff.).
[461] Partnership-Report, Rn. 40.
[462] Partnership-Report, Rn. 38.
[463] Partnership-Report, Rn. 39: *In these cases, the assessment of the tax in the hands of the partnership is a collection technique that does not change the fact that the tax payable on the income
of the partnership is determined at each partner's level taking into account the other income of
that partner, the personal allowances to which he is entitled and the tax rate applicable to him
[…].*

bestimmt. Das Kriterium, nach wessen Verhältnissen sich die aus einer Einkünfteerzielung ergebende Steuerschuld quantifiziert, ist das Indiz für die Bestimmung der *materiell tatbestandsverwirklichenden Person*. Die materielle Tatbestandsverwirklichung wiederum ist das Kriterium für die Bestimmung derjenigen Person, die die Verteilungstatbestände der Abkommen verwirklicht. Das Quantifizierungskriterium hat deshalb eine so große Kraft, weil bei der Steuerquantifizierung der Gesetzgeber Farbe bekennen muss, wen er warum besteuert. Die Begriffe und Techniken, die er im Steuertatbestand verwendet, sind dagegen austauschbar.

dd.   Überblick: *Materiell tatbestandsverwirklichende Person* in den Trennungstatbeständen

Bevor im Folgenden unter IV. die hier vorgeschlagene Auslegung den derzeit vertretenen Auffassungen im Einzelnen gegenübergestellt wird, sei schon hier ein Überblick gegeben, welche Bedeutung das Kriterium für die Zurechnungsentscheidungen innerhalb der einzelnen Trennungstatbestände hat:

*   *Organschaft*: Innerhalb der Organschaft erzielt die Organgesellschaft zwar Einkünfte im Sinne von § 2 Abs. 1 S. 1 EStG; die Quantifizierung der Steuer, insb. auch die Steuerart, bestimmt sich aber nach dem Hintermann dem Organträger. Demnach ist die *materiell tatbestandsverwirklichende Person* der Organträger. Ihm sind für abkommensrechtlichen Zwecke die Einkünfte, die die Organgesellschaft nach § 2 Abs. 1 S. 1 EStG erzielt, zuzurechnen. Für die Anwendung von DBA ist also seine Ansässigkeit und ggf. seine Rechtsform maßgeblich.[464]

---

[464]   Das soll jedenfalls aus der Sicht des Ansässigkeitsstaats, hier also Deutschland gelten. Wie unter 3.c. (S. 167) dargestellt hat die Entscheidung über das Zurechnungskriterium Auswirkungen innerhalb der Problematik der sog. Zurechnungskonflikte. Im Beispiel der Organschaft wäre zu erwarten, dass ein Quellenstaat der Organgesellschaft Einkünfte für seinen innerstaatlichen Steuertatbestand zurechnet, da die Einkommenszurechnung nach § 14 Abs. 1 S. 1 KStG keine Bedeutung für seinen innerstaatlichen Steuertatbestand hat. Nach h.A. gilt das gleiche auch für die abkommensrechtliche Zurechnung, d. h. der Quellenstaat wird auch für Abkommenszwecke der Organgesellschaft die Einkünfte zurechnen, sodass es für etwaige Freistellungen oder Steuersatzermäßigungen auf die Ansässigkeit und Rechtsform der Organgesellschaft ankäme. Nach anderer Auffassung wäre der Quellenstaat hingegen an die Einkünftezurechnung des Ansässigkeitsstaats *für Abkommenszwecke* gebunden, d. h. er müsste nach dem Kriterium der *materiell tatbestandsverwirklichenden Person* den Organträger für die materiell einkünftebeziehende Person halten, also Freistellungen oder ermäßigte Steuersätze von der Ansässigkeit und ggf. der Rechtsform des Organträgers abhängig machen (auch wenn er natürlich weiterhin die Organgesellschaft besteuert).

- *Personengesellschaft*: Für die Personengesellschaft wird immer noch uneinheitlich beurteilt, ob sie oder die Gesellschafter die Einkünfte für Zwecke von § 2 Abs. 1 S. 1 EStG beziehen.[465] Jedenfalls aber wird die Steuerschuld maßgeblich nach den Verhältnissen der Gesellschafter quantifiziert, so dass unter dem Kriterium der *materiell tatbestandsmäßigen Person* die Ansässigkeit und ggf. Rechtsform der Gesellschafter für die Gewährung von Abkommensbegünstigungen maßgeblich sind.

- *KGaA*: Für die KGaA gilt das für die Personengesellschaft Gesagte entsprechend.

- *Hinzurechnungsbesteuerung und Familienstiftung*: Der Hinzurechnung liegt wohl eine Tatbestandsverdopplung in Gestalt einer Ausschüttungsfiktion zugrunde, da der jeweilige Vordermann (Zwischengesellschaft oder Familienstiftung) Einkünfte erzielt, die beim jeweiligen Hintermann (Gesellschafter oder Stifter) in eine Steuerschuld eingehen, und diese Steuerschuld weitgehend so bemessen wird, als hätte der Vordermann die *selbst erzielten* Einkünfte an den Hintermann ausgeschüttet.[466] Unter dem Kriterium der *materiell tatbestandsverwirklichenden Person* wären demnach beide Beteiligten für jeweils einen Einkünfteerzielungstatbestand, so dass grundsätzlich zwei Abkommen, im Einzelfall, nämlich bei beschränkter Steuerpflicht des Vordermanns, auch das gleiche Abkommen zweifach anzuwenden ist.

- *Investmentfonds*: In der Besteuerung der Investmentfonds – gleich welcher Rechtsform – sind *materiell tatbestandsverwirklichende Personen* die Anleger, da sich ihren steuerlichen Verhältnissen die Steuerschuld quantifiziert in Bezug auf solche Einkünfte, die vom Investmentfonds für Zwecke des Steuertatbestands nach § 2 Abs. 1 S. 1 EStG erzielt werden.[467]

5. Nutzungsberechtigung (beneficial ownership)

a. Bedeutung für diese Untersuchung

Die Verteilungstatbestände der Art. 10–12 OECD-MA beschränken das Besteuerungsrecht des Quellenstaats nur dann, wenn eine in einem Vertragsstaat ansässige Person der Nutzungsberechtigte der Dividenden, Zinsen oder Lizenzgebüh-

---

465 Vgl. oben B.II.3. (S. 21 ff.).
466 Vgl. im Einzelnen unter IV.4. (S. 197 ff.) und 5. (S. 201 f.).
467 Vgl. unten IV.6. (S. 203 ff.).

ren ist. Der Begriff des Nutzungsberechtigten scheint in den Verteilungstatbeständen der Art. 10 und 11 OECD-MA als ergänzende Beschreibung des Zusammenhangs zwischen Person und Einkommen eingefügt zu sein (Art. 10 Abs. 2 Hs. 2, Art. 11 Abs. 2 S. 1 Hs. 2 OECD-MA). In Art. 12 OECD-MA fehlt ein eigener Ausdruck über den Zurechnungszusammenhang, so dass die Nutzungsberechtigung das einzige Merkmal ist, das Person und Einkommen verbindet (Art. 12 Abs. 1 OECD-MA). Hier soll erwogen werden, ob das Tatbestandsmerkmal der Nutzungsberechtigung nach den gegenwärtig vertretenen Konzeptionen eine *spezifische* Bedeutung für die hier behandelten Tatbestände haben kann.

b.   Einkünftezurechnung und Nutzungsberechtigung

Das Merkmal der Nutzungsberechtigung scheint ursprünglich als ein Kriterium in die Tatbestände der Art. 10 bis 12 OECD-MA aufgenommen worden zu sein, das die Inanspruchnahme eines Abkommen in bestimmten Fällen verhindern sollte, wenn zwischen Einkünftebezieher im abkommensrechtlichen Sinn und den Einkünften keine hinreichende, nämlich nur eine formalrechtliche Beziehung bestand, ohne wirtschaftlichen Inhalt.[468] Der OECD-MK legt dem Merkmal die Bedeutung eines Mittels zur missbräuchlichen Inanspruchnahme der Abkommen bei,[469] ebenso das Schrifttum.[470]

Wenn mit dem Kriterium nur missbräuchliche Gestaltungen adressiert wären, dann hätte das Kriterium in den hier behandelten Fällen keine *spezifische* Bedeutung. Denn die Trennungsregime typisieren in ihren Tatbestandsvoraussetzungen nicht Sachverhalte, in denen notwendig ein Gestaltungsmissbrauch vorliegt, auch nicht die Hinzurechnungsbesteuerung oder die Besteuerung der Familienstiftungen. Ihre Tatbestände sind so weit, dass sich genauso Sachverhalte unter ihnen wiederfinden, denen keine missbräuchliche Gestaltung zugrunde liegt.

Man könnte allenfalls mutmaßen, dass in Fällen, in denen eine unmittelbare Abführungsverpflichtung o.Ä. vorliegt, auch die hinreichende wirtschaftliche Verbindung verlorengeht, wie möglicherweise im Fall der Organschaft. Das ist

---

[468]   Zum historischen Hintergrund *Oliver et al.*, Bulletin for International Taxation 2000, 310, 310 ff.

[469]   MK Art. 1 Rn. 10: „For example, some forms of tax avoidance are already been expressly dealt with in the convention, e.g. by the introduction of the concept of 'beneficial owner' […]."

[470]   *Tischbirek*, in: Vogel/Lehner, DBA, Vor Art. 10-12, Rn. 12; *Kaeser/Wassermeyer*, in: Wassermeyer, DBA, Art. 10 Rn. 70.

unter dem OECD-MK nicht fernliegend, der in seiner neusten Fassung in Rn. 12.4. zu Art. 10 OECD-MA äußert:

> In these various examples [...], the direct recipient of the dividend is not the „beneficial owner", because that recipient's right to use and enjoy the dividend is constrained by a contractual or legal obligation to pass on the payment received to another person.

Nähme man dies an, dann hätte die Organgesellschaft bspw. keinen Anspruch auf Reduzierung des Steuersatzes (Art. 10 Abs. 2, Art. 11 Abs. 2 OECD-MA) bzw. auf Freistellung (Art. 12 Abs. 1 OECD-MA) im Quellenstaat, wenn der Organträger – als Nutzungsberechtigter – nicht im Inland ansässig ist; ebenso wenig könnte die Organgesellschaft weitere Vergünstigungen oder Schachtelprivilegien – nicht erst aufgrund von § 15 S. 2 KStG – für *Gesellschaften* (Art. 3 Abs. 1 Buchst. b OECD-MA) in Anspruch nehmen, wenn Organträger eine natürliche Person oder Personengesellschaft ist. Eine solche Anwendung wäre Ausdruck einer Auslegung des *Nutzungsberechtigten*, die keinen spezifischen Bezug zu den Trennungstatbeständen hat.

Es ist aber auch vertreten worden, dass die *Nutzungsberechtigung* auf die Person verweisen soll, der die jeweiligen Einkünfte für Zwecke des Steuertatbestands im Ansässigkeitsstaat zugerechnet werden.[471] Wenn man – wie hier – bereits dem Merkmal *gezahlt an* bzw. *paid to* den Inhalt zuschreibt, an einen steuertatbestandlichen Zurechnungszusammenhang eines Vertragsstaats anzuknüpfen, dann hätte das Merkmal – abgesehen von Art. 12 OECD-MA – keine weitere Bedeutung, weil eben derselbe Inhalt bereits in den genannten Merkmalen enthalten ist. Nur wenn man der Auffassung folgt, dass sich dieser Zurechnungszusammenhang nach dem Recht des Anwendestaats, hier also des Quellenstaats, richtete, ergäbe sich eine Abweichung.

Eine letzte Möglichkeit der *spezifischen* Bedeutung für die Trennungstatbestände könnte sein, dass die Person des *Nutzungsberechtigten* gerade im Fall von Trennungstatbeständen diejenige ist, der in Sonderfällen die Einkünfte *letztlich* zugerechnet werden. Solche Sonderfälle könnten eben vorliegen, wenn abweichend vom Regeltatbestand der Einkünftezurechnung (für das deutsche Recht § 2 Abs. 1 S. 1 EStG) die Einkünfte einer anderen Person zugerechnet werden, wie beispielsweise unter Gruppenbesteuerungssystemen.[472] Aber für solche Überlegungen

---

[471] *Jimenez*, in: Lang et al., Beneficial Ownership, S. 199, 204 ff.; *Oliver et al.*, Bulletin for International Taxation 2000, 310, 322 (vorgetragen von *Jerome B. Libin*); ähnlich *Schönfeld*, in: Schönfeld/Häck, DBA, Art. 10 Rn. 73.

[472] Dies befürwortet wohl *Danon*, Bulletin for International Taxation 2011, 437, 440: „In the author's view, it would be appropriate for the Commentary [...] to suggest, that, where,

scheint das Merkmal des Nutzungsberechtigten nicht der richtige Anknüpfungspunkt zu sein; schon der Wortlaut scheint auf eine *wirtschaftliche*, nicht nur rechtliche, ggf. steuerrechtliche Verbindung zwischen Einkünften und Person abzustellen. Dies bestätigen auch die Äußerungen im OECD-MK und entspricht der h.M. in der Literatur, die in dem Merkmal ein Mittel gegen die missbräuchliche Inanspruchnahme von Abkommensvorteilen sehen. Genau diese Frage, wie die Verbindung zwischen Person und Einkünften (bzw. dem Einkünfteerzielungssachverhalt) rechtlich sein muss, scheint besser in den Merkmalen zu suchen zu sein, die den Zurechnungszusammenhang für alle Verteilungstatbestände beschreiben.

Nach alledem fügt das Merkmal der *Nutzungsberechtigung* in Bezug auf Dividenden, Zinsen und Lizenzgebühren dem hier vertretenen Konzept der Auslegung der Zurechnungsausdrücke nichts hinzu, was für die Trennungstatbestände spezifische Bedeutung hätte.[473]

IV.   Anwendung auf die einzelnen Trennungsregime

In der Folge soll untersucht werden, wie sich die oben erarbeiteten Auslegungsgrundsätze in den einzelnen Regimen auswirken.[474] Dabei soll auch das Verhältnis zur Diskussion der aktuellen Behandlung dargestellt werden. Ausgegangen wird davon, dass Deutschland Anwendestaat ist bzw. ein Quellenstaat an die Zurechnungsentscheidung Deutschlands für die Anwendung der Verteilungsartikel gebunden ist.

---

under a *deemed attribution rule* [Anm.: Hervorhebung durch Verf.], the recipient is taxed on an item of income arising in the source state, the contracting states may deem this person to be the beneficial owner, even if, in this particular instance, this person does not hold any ownership attribute over the income received." Unter eine *deemed attribution rule* würden wohl Gruppenbesteuerungs- oder CFC-Regime fallen; in einem vorgehenden Absatz spricht *Danon* von „situations, in which income is fictitiously attributed to (and taxed in the hands of) a person without this person holding any ownership attribute over the item" und meint damit die angesprochenen *deemed attribution rules*.

[473]   Im Gegenteil muss eine Auslegung des Begriffs des Nutzungsberechtigten berücksichtigen, dass der Begriff nur in den Art. 10-12 OECD-MA verwendet wird, also ein Problem löst, das für dort behandelte Einkünfte spezifisch ist. Dies spricht gegen eine allgemeine Bedeutung, nach der Begriff auch für andere Verteilungsartikel relevant sein müsste.

[474]   Vgl. im Überblick schon oben unter III.4.b.dd. (S. 178 f.).

1. Organschaft

a. Herrschende Meinung: Einkünfteerzielung der Organgesellschaft

Die herrschende Meinung beurteilt abkommensrechtlich die Organgesellschaft als die Person, die die Verteilungstatbestände verwirklicht, wenn diese den Erzielenstatbestand i.S.v. § 2 Abs. 1 S. 1 EStG erfüllt.[475] Auch der deutsche Gesetzgeber geht davon aus oder befürchtet zumindest, dass das Abkommen so zu verstehen ist; dies lässt sich aus § 15 S. 2 i.V.m. S. 1 Nr. 2 KStG ersehen. Die Vorschrift zielt darauf ab, eine abkommensrechtliche Kapitalertragsfreistellung nur dann zu gewähren, wenn der Organträger bei unmittelbarer Einkünfteerzielung die Voraussetzung des DBA, etwa hinsichtlich der Rechtsform und möglicherweise der Ansässigkeit, erfüllt hätte. Die Regelung setzt also gedanklich voraus, dass *für Abkommenszwecke* nicht der Organträger, sondern die Organgesellschaft die Kapitalerträge bezieht, die sie nach § 2 Abs. 1 S. 1 EStG *für Zwecke des Steuertatbestands* erzielt. Auch die Rechtsprechung vertrat diese Position implizit in einer Entscheidung zur Gewährung eines abkommensrechtlichen Schachtelprivilegs vor Geltung einer § 15 S. 2 KStG entsprechenden Vorschrift. Der BFH wendete ein abkommensrechtliches Schachtelprivileg für Einkünfte der Organgesellschaft an, obwohl der Organträger die Voraussetzung des Schachtelprivilegs selbst nicht erfüllt hätte.[476] Er musste also davon ausgehen, dass die Organgesellschaft auch für Abkommenszwecke die privilegierten Einkünfte bezog.

Link vertritt in der bisher ausführlichsten Untersuchung der Organschaft im Abkommensrecht eine abweichende Auffassung. Die Begründung lässt sich wie folgt zusammenfassen: In Anlehnung an die Thesen des *Partnership-Reports* ist die Organgesellschaft nicht als *steuerpflichtig* i.S.v. Art. 4 Abs. 1 S. 1 OECD-MA anzusehen; denn die gesamte Steuerquantifizierung bestimmt sich – nahezu ausschließlich – nach den Eigenschaften des Organträgers (insb. Steuerart und ggf. Tarif, Freistellung von Kapitalerträgen nach § 15 S. 1 Nr. 2 ggf. i.V.m. S. 2, Tarifvorschriften nach § 19 KStG).[477] Da es nicht sein könne, dass persönlich nicht abkommensberechtigte Personen – wie nach *Links* Auffassung die Organgesell-

---

[475]   *Brink*, in: Schnitger/Fehrenbacher, KStG, § 14 Rn. 623; *Lüdicke*, IStR 2011, 740, 743 a.E. f.; *Schnitger/Berliner*, IStR 2011, 753, 756 a.E.; *Wassermeyer*, in: Wassermeyer, DBA, Art. 3 Rn. 18c; *ders.*, SWI 2005, 521, 525.

[476]   BFH v. 14.1.2009, I R 47/08, BFHE 224, 126.

[477]   *Link*, Konsolidierte Besteuerung, S. 108 i.V.m. S. 180 bzw. zusammengefasst auf S. 194.

schaft – Einkünfte für Zwecke des Abkommens bezögen, weil das Abkommen so unanwendbar würde, müsse für die Frage der Einkünftezurechnung an die gleichen Kriterien angeknüpft werden wie für die Frage der *Steuerpflicht* bzw. *Ansässigkeit*. Demnach sei der Organträger als die Person zu betrachten, der die Einkünfte für Zwecke des Abkommens bezieht.[478] Mit ähnlichem Ergebnis scheinen *Schnitger/Berliner* die Übertragung der Thesen des *Partnership-Reports* auf Organschaften zu erwägen.[479]

b.   Insbesondere: BFH v. 9.2.2011 zur grenzüberschreitenden Organschaft

Bei genauer Betrachtung liegt einigen Ausführungen des Urteils des BFH zur grenzüberschreitenden (gewerbesteuerlichen) Organschaft[480] eine andere Zurechnungsinterpretation als die der h.M. zugrunde: In ihrem rechtlichen Kern lautet die Entscheidung, dass das abkommensrechtliche Diskriminierungsverbot bezüglich Tochtergesellschaften (Art. 24 Abs. 5 OECD-MA) fordert, eine organschaftliche Einkommenszurechnung[481] zwischen nur auslandsansässigem Organträger und inlandsansässiger Organgesellschaft zuzulassen. In seiner Auseinandersetzung mit dem Vortrag der Finanzverwaltung bzw. den Ausführungen der Vorinstanz äußert der BFH, dass es aufgrund einer solchen Organschaft zu einer „Keinmalbesteuerung" kommen könne. Aus den Ausführungen geht hervor, dass er zu diesem Schluss kommt, weil er von folgenden Prämissen ausgeht: das zugerechnete Einkommen stellt abkommensrechtlich Einkünfte dar, nämlich Unternehmensgewinne nach Art. 7 OECD-MA; diese Einkünfte bezieht für abkommensrechtliche Zwecke der Organträger; diese abkommensrechtlichen Einkünfte sind nicht (ohne Weiteres) einer abkommensrechtlichen Betriebsstätte im Inland zuzuordnen, weil Betriebsstätten der Organgesellschaft nicht ohne Weiteres (vgl. Art. 5 Abs. 7 OECD-MA) Betriebsstätten des Organträgers sind.[482]

---

[478] *Link*, Konsolidierte Besteuerung, S. 184 i.V.m. S. 194
[479] *Schnitger/Berliner*, IStR 2011, 753, 758 f.
[480] BFH v. 9.2.2011, I R 54,55/10, BStBl II 2012, 106.
[481] Im gewerbesteuerlichen Urteilsfall ging es richtigerweise um eine Gewerbeertragszurechnung; hier wird unterstellt, dass die untersuchten Ausführungen für die körperschaftsteuerliche Einkommenszurechnung die gleiche Bedeutung haben, weshalb der Ausdruck *Einkommenszurechnung* verwendet wird.
[482] Für Zwecke des gewerbesteuerlichen Steuertatbestands hingegen liegen Betriebsstätten des Organträgers vor, vgl. § 2 Abs. 2 S. 2 GewStG.

Dies ist, wie *Lüdicke* und *Schnitger/Berliner* herausgearbeitet haben,[483] ein Bruch mit der allgemeinen Auffassung wäre, dass die Einkünfteerzielung nach § 2 Abs. 1 S. 1 EStG maßgeblich ist für die Abkommensanwendung. Der BFH geht nämlich entweder davon aus, dass der ausländische Organträger für Abkommenszwecke die Einkünfte bezieht, die die Organgesellschaft nach § 2 Abs. 1 S. 1 EStG erzielt. Oder er geht davon aus, dass zwar die Organgesellschaft Einkünfte abkommensrechtlich bezieht, die Einkommenszurechnung aber auch selbst eine weitere Einkünfteerzielung für Abkommenszwecke darstellt,[484] dass also hinsichtlich des gleichen Sachverhalts auf Ebene der Organgesellschaft gefragt werden muss, ob abkommensrechtliche Einwendungen gegen den Steueranspruch greifen (etwa Freistellung bestimmter Einkünfte), und dann ein zweites Mal gefragt werden muss, ob ggf. aufgrund eines anderen DBA wiederum der gleiche Steueranspruch beschränkt werden muss, jetzt mit Deutschland in der Rolle als Quellenstaat.

Beide Varianten des Verständnisses der Abkommensanwendungen scheren so weit aus dem gängigen Meinungsspektrum aus, dass kaum anzunehmen ist, der BFH wollte sein Rechtsverständnis der Abkommensanwendung – ohne einen ausdrücklichen Hinweis – derart radikal ändern. In einem vorangegangenen Urteil hatte der BFH implizit noch ein anderes konventionelleres Verständnis zugrunde gelegt.[485] Die Ausführungen des BFH sind – unter diesem Rechtsverständnis – wohl rechtsfehlerhaft.[486]

---

[483] *Lüdicke*, IStR 2011, 740, insb. 742 ff.; *Schnitger/Berliner*, IStR 2011, 753, insb. 756 ff.; sich anschließend *Behrens*, BB 2012, 485, 489.
[484] So interpretiert wohl *Lüdicke* die Ausführungen des BFH, IStR 2011, 740, 741 a.E. f.
[485] BFH v. 14.1.2009, I R 47/08, BFHE 224, 126.
[486] Aber nicht folgenlos: Die Vorschriften in § 14 Abs. 1 S. 1 Nr. 2 S. 4-7 KStG sind die gesetzgeberische Reaktion auf die Ausführungen des BFH. Nach gängigem Rechtsverständnis hätte es ausgereicht, die grenzüberschreitende Organschaft zuzulassen und die beschränkte Steuerpflicht des Organträgers hinsichtlich des Organeinkommens anzuordnen. Das Abkommen mit dem Ansässigkeitsstaat des Organträgers hätte der Besteuerung nicht entgegengestanden, da nach gängigem Rechtsverständnis die Einkünfte, die in das zuzurechnende Einkommen eingehen, eben Einkünfte der Organgesellschaft auch für Abkommenszwecke sind. Das gilt jedenfalls, soweit der Ansässigkeitsstaat des Organträgers nicht zugleich Quellenstaat der Einkünfte der Organgesellschaft ist (mit diesem Vorschlag *Schnitger/Berliner*, IStR 2011, 753, 761 a.E.).

c.   Sind sowohl Einkünfteerzielung *als auch* Einkommens-zurechnung *abkommensrechtlich* Einkünftebeziehen?

Die Frage, wer Einkünfte für abkommensrechtliche Zwecke erzielt, wurde bisher als Alternative zwischen Organträger und Organgesellschaft gestellt. Aber schon im oben diskutierten BFH-Urteil deutet sich als Antwort eine dritte Variante an: Neben die abkommensrechtliche Einkünfteerzielung der Organgesellschaft könnte eine abkommensrechtliche Einkünfteerzielung des Organträgers treten. Das wäre der Fall, wenn man die Einkommenszurechnung als abkommensrecht-liche Einkünfteerzielung wertete, bspw. als unternehmerische Einkünfte (Art. 7 OECD-MA), als Kapitalerträge (Art. 10 OECD-MA) oder als sonstige Einkünfte (Art. 21 OECD-MA).[487] Dies wird bspw. von *M. Lang* vertreten, und das grund-sätzliche Argument hierfür lautet, dass der Einkünftebegriff im Sinne des Abkom-mens an das nationale Recht anknüpft; Einkünfte in diesem Sinne lägen vor,

> wenn die Steuerrechtsordnung einen Lebenssachverhalt tatbestandlich erfasst und ihn im Rahmen der Steuern vom Einkommen einer bestimmten steuerlichen Rechtsfolge unterzieht.[488]

Es wäre wichtig gewesen, wenn *M. Lang* den Ausdruck der *bestimmten steuerlichen Rechtsfolge* konkretisiert hätte. Es kann eigentlich nur ein Steueranspruch – welche *bestimmte steuerliche Rechtsfolge* kommt sonst in Frage? – gemeint sein. Liest man diesen Begriff in die Definition *Langs*, entsteht eine argumentative Lücke: Die Definition der abkommensrechtlichen Einkünfte – also jeder Sachverhalt, der einen Steueranspruch auslöst – kann vielleicht begründen, warum abkommens-rechtliche Einkünfte des Organträgers angenommen werden; denn der ist auf-grund eines Sachverhalts einem Steueranspruch, also einer *bestimmten steuerlichen Rechtsfolge* ausgesetzt. Es ist dann aber nicht mehr klar, warum die Organgesell-schaft noch Einkünfte i.S.d. Abkommens erzielt. Denn der *gleiche* Sachverhalt, der abkommensrechtlich Einkünfte des Organträgers begründen soll, löst bei der

---

[487]   Dies vertreten *M. Lang*, SWI 2003, 215 zur alten österreichischen Organschaft, und *Marchgraber*, Einkünftezurechnung, S. 201, 215 ff., zur neuen – insofern vergleichba-ren – österreichischen Gruppenbesteuerung. Anderer Ansicht auch zur alten österrei-chischen Organschaft *Staringer*, Besteuerung doppelt ansässiger Kapitalgesellschaften, S. 359 ff.

[488]   *M. Lang*, SWI 2003, 215, 217. Die nämliche Definition liegt auch der Argumentation *M. Langs* zur Behandlung von CFC-Regimen zugrunde, vgl. IStR 2002, 719, weshalb es sinnvoll erscheint, sie hier genauer zu betrachten. Folgend *Marchgraber*, Einkünftezu-rechnung, S. 217 f.

Organgesellschaft keine *bestimmten steuerlichen Rechtsfolgen*, nämlich keinen Steueranspruch aus.

Die Möglichkeit, die an die *Einkünfteerzielung* anschließende *Einkommenszurechnung* sei in irgendeiner Form ein zweites Mal *Einkünfte* i.S.d. Abkommens, kann aber entgegen der Begründung *M. Langs* schon grundsätzlich nicht in Betracht kommen.[489] Wenn die Steuerrechtsordnung aufgrund eines konkreten Sachverhalts nur eine Steuerschuld gegen eine bestimmte Person begründet, dann ist davon auszugehen, dass die Quantifizierung dieses Steueranspruchs auch nur aufgrund *eines* DBA-Tatbestands beschränkt werden soll. *M. Lang* hat in gewisser Weise Recht, wenn er sagt, Einkünfte seien nichts Tatsächliches; dem Gesetzgeber stünde es – innerhalb der verfassungsrechtlichen Grenzen – frei, zu bestimmen, welche Sachverhalte Einkünfte sind.[490] *Einkünfte* sind richtigerweise im Tatbestand typisierte Sachverhalte,[491] sie sind also ein rechtliches Urteil über etwas – in *M. Langs* Worten – Tatsächliches. Es wäre für einen Gesetzgeber im Allgemeinen ein widersprüchliches Verhalten, wenn er den gleichen Sachverhalt als zweifach besteuerungswürdig beurteilen wollte.[492] Die Auslegung des Abkommens in dieser Weise macht sich aber eben dies zu eigen.

Ein konkreter Einkünfteerzielungssachverhalt kann nur dann Anlass für die Verwirklichung zweier Abkommenstatbestände sein, wenn in irgendeiner Form eine Tatbestandsverdopplung normiert ist, die sich m.E. nur als Ausschüttungsfiktion in einem Trennungssystem denken lässt. In einem solchen Regime würde der Vordermann regulär Einkünfte für Zwecke des Steuer- und des Abkommenstatbestands erzielen, der Hintermann würde – aufgrund des gleichen Sachverhalts – aufgrund einer Fiktion so behandelt, als wäre das Substrat der Einkünfte an ihn reflexartig ausgeschüttet worden. Eine solche Regelung, die in CFC-Regimen denkbar ist, könnte den gleichen Steuergläubiger dazu bewegen, gegen die Einkünfteerzielung des Vordermanns Abkommenseinwendungen zuzulassen ebenso wie gegen die im Wege der Ausschüttungsfiktion zugerechneten (Kapital–)Einkünfte des Hintermanns. Es lägen aufgrund desselben Sachverhalts in gewisser Weise aus rechtlichen Gründen zwei zu unterscheidende Tatbestandsverwirklichungen vor.

---

[489] Vielleicht ist es bezeichnend, dass die umfangreiche Dissertation *Links* (Konsolidierte Besteuerung) zu Gruppenbesteuerungssystemen im Abkommensrecht diese Möglichkeit nicht einmal erwähnt.
[490] *M. Lang*, SWI 2003, 215, 217.
[491] Vgl. oben B.IV.3.c. (S. 101).
[492] Vgl. bereits zur sachverwandten dogmatischen Problematik im nationalen Steuerrecht oben B.IV.3.b.bb.(2) (S. 95 f.).

d.   Antworten des hier vorgeschlagenen Ansatzes

Die Auffassung *Links*[493] entspricht jedenfalls im Ergebnis dem hier vorgeschlagenen Ansatz, da sie ebenfalls für die Zurechnung auf die Person abstellt, nach deren persönlichen Verhältnissen die Steuerschuld quantifiziert wird, unabhängig davon, welche Person die Einkünfte i.S.v. § 2 Abs. 1 S. 1 EStG erzielt hat, und auch unabhängig davon, welche Person letztlich Steuerschuldner ist. Allerdings weicht sie insofern ab, als nach dem hier gemachten Vorschlag die *Steuerpflicht* der Organgesellschaft unangetastet bleibt und lediglich die Einkünftezurechnung nach dem Kriterium bestimmt wird. Die Begründung liegt darin, dass die Einkünftezurechnung sich nach einem universellen Kriterium richten muss, was wiederum nur wertungsmäßig, nicht durch Bezug auf ein Merkmal einer bestimmten Rechtsordnung zu fassen ist, wozu hier die Figur der *materiell tatbestandsverwirklichenden Person* dient.

Im Ergebnis ist der Organträger die *materiell tatbestandsverwirklichende Person* jedenfalls insoweit, als die Organgesellschaft nicht selbst Einkommen in Folge von Ausgleichszahlungen zu versteuern hat (vgl. § 16 KStG). Denn nach den Eigenschaften der Person des Organträgers entscheidet sich die Steuerart, werden die Einkünfte bzw. das Einkommen der Organgesellschaft mit etwaigen negativen Einkünften bzw. negativem Einkommen des Organträgers verrechnet und finden wesentliche Vorschriften über die Steuerquantifizierung – § 8b KStG, § 34c EstG – Anwendung.

Diese Entscheidung hätte zur Folge, dass abkommensrechtliche Einwendungen gegen eine Steuerschuld des Organträgers, die aus einer Einkünfteerzielung der Organgesellschaft i.S.v. § 2 Abs. 1 S. 1 EStG resultiert, nur dann gewährt würden, wenn der Organträger selbst das Ansässigkeitsmerkmal erfüllt. Das wäre grundsätzlich nicht der Fall, wenn der Organträger nur beschränkt steuerpflichtig ist (vgl. Art. 4 Abs. 1 S. 2 OECD-MA). Zu berücksichtigen ist allerdings, dass der Organträger vermittelt durch die Organgesellschaft in gewisser Weise unbeschränkt steuerpflichtig ist. Denn die Organgesellschaft verwirklicht das ortsbezogene Merkmal zumindest der Geschäftsleitung im Inland (§ 14 Abs. 1 S. 1 KStG), weshalb nach deutschem Steuerrecht auch – rechtspolitisch konsistent – ihr gesamtes nach dem Welteinkommensprinzip ermitteltes Einkommen dem Organträger im Rahmen von dessen beschränkter Steuerpflicht zugerechnet wird und nicht nur deren im Inland nach § 49 Abs. 1 EStG erzielte Einkünfte.[494] Die

---

[493]   Zu dieser oben unter a. (S. 183).

[494]   Zu diesem Zusammenhang – wenn auch unter anderer Rechtsauffassung – ähnlich *Schnitger/Berliner*, IStR 2011, 753, 757: Es sei sachgerecht, dass der Organträger über die

beschränkte Steuerpflicht des Organträgers erstreckt sich auf die nach dem Welteinkommensprinzip ermittelten Einkünfte der Organgesellschaft. Aus meiner Sicht wäre es deshalb richtig, die Ansässigkeit des Organträgers nach Art. 4 Abs. 1 OECD-MA für Zwecke von Art. 1 OECD-MA anzunehmen. Der Organträger ist – für Abkommenszwecke – vermittelt durch die Geschäftsleitung der Organgesellschaft, die insofern als seine für Abkommenszwecke angesehen werden muss, also ansässig für die im Einkommen zugerechneten Einkünfte, die nach § 2 Abs. 1 S. 1 EStG von der Organgesellschaft erzielt wurden.

Hinsichtlich der Rechtsform im Rahmen von Schachtelvergünstigungen (vgl. Art. 10 Abs. 2 Buchst. a OECD-MA) hängt die Entscheidung davon ab, wie man das Merkmal der *Unmittelbarkeit* interpretiert. Soll dieses Merkmal verlangen, dass nur derjenige den niedrigen Steuersatz beanspruchen kann, der gesellschaftsrechtlich unmittelbar beteiligt ist,[495] kommt es für die Rechtsform weiterhin auf die Organgesellschaft an. Es bedürfte dann weiterhin der Vorschrift in § 15 S. 2 KStG, um das rechtspolitisch richtige Ergebnis herbeizuführen. Geht man davon aus, dass unmittelbar beteiligt ist, wem die Einkünfte zugerechnet werden,[496] dann könnte man unter der hier vertretenen Auffassung zur abkommensrechtlichen Einkünftezurechnung auch im Fall der Organschaft zu einer *unmittelbaren* Beteiligung des Organträgers kommen.

Im Ergebnis führt die hier vertretene Auffassung – abgesehen von der potenziell anderen Handhabung der Schachtelvergünstigungen – nicht zu einem anderen Ergebnis als die Auffassung der herrschenden Meinung, auch wenn sie sich eines anderen Begründungsansatzes bedient: Der Organträger bezieht zwar Einkünfte für Zwecke des Verteilungstatbestände, wenn die Organgesellschaft die Einkünfte i.S.v. § 2 Abs. 1 S. 1 EStG erzielt und diese Einkünfte dem Organträger gemäß § 14 Abs. 1 S. 1 KStG als Einkommen zugerechnet werden. Der Organträger ist aber – in Bezug auf diese Einkünfte – auch dann in einem Vertragsstaat, nämlich Deutschland, ansässige Person, wenn er selbst in einem anderen Staat ansässig ist.

Die Organgesellschaft bleibt ihrerseits weiterhin ansässig. Aus Sicht des Quellenstaats sind deshalb bspw. Schachtelsätze nach Art. 10 OECD-MA weiterhin zu gewähren, wenn der Quellenstaat – wie zu erwarten ist – die Einkünfte der

---

Organgesellschaft in den Genuss der Abkommensvorteile gelange, obwohl er selbst nicht ansässig sei, weil die Organschaft wirtschaftlich die beschränkte Steuerpflicht zu einer Besteuerung nach dem Welteinkommensprinzip vermittelt durch die unbeschränkt steuerpflichtige Organschaft ausweite.

[495]   So wohl *Kaeser/Wassermeyer*, in: Wassermeyer, DBA, Art. 10 Rn. 92.
[496]   Für den Fall der Beteiligung über eine Personengesellschaft *Schönfeld*, in: Schönfeld/ Ditz, DBA, Art. 10 Rn. 96 f.

Organgesellschaft i.S.v. § 2 Abs. 1 S. 1 EStG auch abkommensrechtlich der Organgesellschaft zurechnet. Dies wäre nur dann anders, wenn der Quellenstaat sich an die Zurechnungsentscheidung des Ansässigkeitsstaats gebunden sähe und der hier vertretenen Auffassung folgte, für Abkommenszwecke dem Organträger die Einkünfte zuzurechnen. Auch in diesem Fall wäre zwar ein abkommensrechtlicher Schachtelsatz grundsätzlich zu gewähren, da der Organträger im Drittstaat für die Einkünfte der Organgesellschaft als ansässig gilt; allerdings nur dann, wenn der Organträger die erforderliche Rechtsform hat, d. h. dann nicht, wenn er natürliche Person oder Personengesellschaft ist.

2. Personengesellschaft

Hinsichtlich der gewerblich tätigen Personengesellschaft ist einheitliche und auch hier unbestrittene Ansicht, dass im Falle der Maßgeblichkeit der deutschen Rechtsordnung Einkünfte für Abkommenszwecke den Gesellschaftern zuzurechnen sind. Der Grund dafür liegt nach der hier vertretenen Auffassung darin, dass die Gesellschafter die *materiell tatbestandsverwirklichenden Personen* sind; denn nach ihren Verhältnissen wird die Steuerschuld quantifiziert. Nach der h.M. ergibt sich das Ergebnis daraus, dass die Gesellschafter (mittlerweile wieder[497]) die Personen sind, die die Einkünfte nach § 2 Abs. 1 S. 1 EStG erzielen.

Es sei nur angemerkt, dass unter der sog. Einheits- bzw. Zurechnungstheorie[498] erhebliche Probleme abkommensrechtlicher Art entstehen, die – soweit ersichtlich – bisher nicht explizit aufgeworfen worden sind. Denn wenn es richtig wäre, dass die Einkünfteerzielung nach § 2 Abs. 1 S. 1 EStG maßgeblich für die abkommensrechtliche Einkünftezurechnung innerhalb der Verteilungstatbestände ist, wäre für die Gewährung von Abkommenseinwendungen gegen einen Steueranspruch auf die Person der Personengesellschaft abzustellen. Es hätte folglich begründet werden müssen, dass diese abkommensberechtigt ist nach Art. 1, Art. 4 Abs. 1 S. 1 OECD-MA, was nicht in Analogie zur Organgesellschaft möglich wäre, die ja zumindest persönlich steuerpflichtig ist, was die herrschende Meinung zur Bejahung der Ansässigkeit veranlasst[499]; oder es hätte begründet werden müssen, warum ausnahmsweise die Zurechnung für Abkommenszwecke von der Zurechnung für Zwecke des Steuertatbestands abweicht, was wiederum die Frage auf-

---

[497]   Vgl. dazu oben B.II.3.b. (S. 23).
[498]   Vgl. dazu oben B.II.3.a. (S. 21).
[499]   Vgl. dazu oben II.3. (S. 152).

geworfen hätte, ob man in anderen Regimen wie der Organschaft nicht gleich verfahren müsste.

3. KGaA

a. Abkommensrechtliche Behandlung der KGaA in Rechtsprechung und Literatur

Wenn man der Auffassung ist, dass die Einkünfteerzielung nach § 2 Abs. 1 S. 1 EStG für Zwecke des Steuertatbestands das Einkünftebeziehen für Zwecke des Steuertatbestands determiniert, dann hängt die Position, die man abkommensrechtlich einnimmt, davon ab, welche Position zur innerstaatlichen Besteuerungskonzeption der KGaA und ihres persönlich haftenden Gesellschafters vertreten wird. Geht man mit der h.M., insb. mit der Rechtsprechung davon aus, dass der persönlich haftende Gesellschafter wie ein Mitunternehmer behandelt wird, liegt es auf den ersten Blick nah, die Grundsätze der Personengesellschaftsbesteuerung auch für Zwecke des Abkommens zu übertragen. Dies tut die Rechtsprechung auch mit dem Ergebnis, dass sie bspw. das Unternehmen der KGaA für Zwecke von Art. 7 OECD-MA teilweise, nämlich entsprechend seines Gewinnanteils, als Unternehmen des persönlich haftenden Gesellschafters wertet.[500] Erzielt eine in Deutschland ansässige KGaA Kapitaleinkünfte aus einem DBA-Staat, dann erstreckt sich hiernach die Freistellung der Dividenden unter einem abkommensrechtlichen Schachtelprivileg unter dem zwischen diesen Staaten geltenden DBA nicht auf den Teil der Einkünfte, der einem drittstaatsansässigen, persönlich haftenden Gesellschafter als Gewinn nach § 15 Abs. 1 S. 1 Nr. 3 EStG zuzurechnen sind. Die Einkünfte des persönlich haftenden Gesellschafters können folglich nur dann freigestellt werden, wenn zwischen seinem Ansässigkeitsstaat und dem Betriebsstättenstaat ein entsprechendes DBA besteht. Dies kann also dazu führen,

---

500   BFH v. 17.10.1990, I R 16/89, BStBl II 1991, 211: Das Urteil betraf konkret die Frage, ob die KGaA Personengesellschaft i.S.v. Art. 7 Abs. 7 DBA-Schweiz ist, was für das Verhältnis von persönlich haftendem Gesellschafter zur KGaA bejaht wurde (kritisch *Debatin*, RIW 1991, 355). Der BFH äußerte auch, dass die Gewinnanteile des in der Schweiz ansässigen persönlich haftenden Gesellschafters Einkünfte eines schweizerischen Unternehmens seien, das seine Tätigkeit in einer deutschen Betriebsstätte, nämlich der Betriebsstätten der KGaA, ausübe. Daraus wird hier gefolgert, dass er davon ausgeht – ohne dies ausdrücklich seinem Urteil zugrunde zu legen –, die Einkünfte der KGaA würden für Abkommenszwecke dem persönlich haftenden Gesellschafter zugerechnet.

dass – im Unterschied zur Organschaft – ein auslandsansässiger persönlich haftender Gesellschafter gegen den Steueranspruch aufgrund beschränkter Steuerpflicht nicht die Einwendungen aus dem Abkommen mit dem Quellenstaat
geltend machen kann. Die Rechtsprechung nimmt also an, dass der persönlich
haftende Gesellschafter für Abkommenszwecke Einkünfte bezieht, die mittels der
KGaA erzielt werden.

Das Problem mit dieser Auffassung ist, dass nach allgemeiner Auffassung
– wohl auch unter der mitunternehmerähnlichen Theorie – die KGaA das
Gewerbe in eigener Person betreibt und die KGaA daher die Einkünfte nach § 2
Abs. 1 S. 1 EStG erzielt, die dem persönlich haftenden Gesellschafter nur zugerechnet werden.[501] Es stellt sich die Situation ebenso dar wie für die Besteuerung
der Personengesellschaft unter der Einheits- bzw. der Zurechnungstheorie. Letztlich sehen sich Rechtsprechung und die folgende Literatur gezwungen, von der
Identität zwischen abkommensrechtlicher Zurechnung und Zurechnung nach § 2
Abs. 1 S. 1 EStG aus praktischen Gründen abzuweichen, indem sie auf den Steuerschuldner schauen.

Der BFH scheint in seinem Urteil zur KGaA v. 19.5.2010 hiervon abzuweichen, indem er ein abkommensrechtliches Schachtelprivileg (Art. 20 Abs. 1
Buchst. a i.V.m. Buchst. b Doppelbuchst. aa DBA-Frankreich a.F.) in vollem Umfang der KGaA gewährte, obwohl an der KGaA als persönlich haftender Gesellschafter eine Personengesellschaft mit Gesellschaftern in der Schweiz beteiligt
war.[502] Der BFH gewährte die Dividendenfreistellung auch in dem Umfang, in
dem mittelbar die drittstaatsansässigen Gesellschafter in den Genuss der Dividenden kamen. Aus dem Ergebnis könnte man schließen, der BFH nähme die Identitätsthese – Einkünftezurechnung nach § 2 Abs. 1 S. 1 EStG entspricht der abkommensrechtlichen Einkünftezurechnung – ernst und gewähre der KGaA die volle
Abkommenseinwendung, weil diese auch die Einkünfte nach § 2 Abs. 1 S. 1 EStG
insgesamt erziele. Das ist aber nicht der Fall; die Begründung liegt in der Auslegung des Ausdrucks *Zahlung von Dividenden,* der als Zurechnungsbegriff in der
einschlägigen Vorschrift verwendet wurde. Der BFH verstand den Ausdruck – im
Gegensatz zu der hier vertretenen Auffassung[503] – als am tatsächlichen Geldfluss
orientiert und kam aufgrund dieser abkommensrechtlichen Rechtsauffassung zu
dem Ergebnis, dass die Zahlung tatsächlich an die KGaA, die insgesamt als

---

[501]   Vgl. dazu oben B.II.4.d. (S. 28 ff.).
[502]   BFH v. 19.5.2010, I R 62/09, BFHE 230, 18.
[503]   Vgl. oben zur Einheitlichkeit der Zurechnungsbegriffe III.2.b. (S. 156); ebenso *M. Lang,*
         IStR 2000, 129, 130 (vor Fn. 7).

Gesellschaft im Sinne des Abkommens anzusehen sei, *gezahlt* würde.[504] Auf eine abweichende steuerrechtliche Zurechnung wie möglicherweise im Rahmen der „Wurzeltheorie" käme es nicht an. Die Entscheidung bestätigt also eher die Behandlung der KGaA und ihres persönlich haftenden Gesellschafters in Analogie zur Personengesellschaft, auch wenn das Ergebnis abweicht.

Die Vorinstanz kam zum gleichen Ergebnis, begründete es aber hinsichtlich der Frage der Einkünftezurechnung weniger abkommensspezifisch als der BFH, scheint sich – ganz deutlich wird dies nicht – zumindest ergänzend auf das Rechtsverständnis zu stützen, dass die KGaA die streitgegenständlichen Dividenden für Zwecke des Steuertatbestands selbst erzielt, so dass aufgrund der Identitätsthese es auch die KGaA ist, der die gesamten Dividenden für Zwecke des Schachtelprivilegs in vollem Umfang gezahlt werden, d. h. für abkommensrechtliche Zwecke zugerechnet werden.[505] Den Urteilsgründen des BFH ist dagegen zu entnehmen, dass er das Schachtelprivileg nur teilweise gewährt hätte, wenn er seine mitunternehmerähnliche Zurechnungskonzeption auch abkommensrechtlich für maßgeblich gehalten hätte. Das FG kommt also aufgrund einer fundamental anderen Rechtsauffassung zum gleichen Ergebnis.

Es ist überraschend, dass dem Ergebnis der beiden Urteile – die KGaA verwirklicht den Schachtelprivilegtatbestand vollständig – soweit erkennbar weitgehend zugestimmt wird, obwohl zwischen den Positionen schon der Gerichte, aber auch der beteiligten Diskutanten so erhebliche Unterschiede im Grundsätzlichen bestehen. Deutlich wird das an einem Austausch *Kramers* und *Hagebökes*, die beide

---

504 Diese Rechtsfrage steht hier nicht im Vordergrund; es sei aber angemerkt, dass diese Auffassung eine Reihe von Fragen nach sich zieht, bspw. ob eine Dividendenausschüttung an eine Personengesellschaft dann auch *Zahlung* an diese Personengesellschaft i.S dieser Vorschrift bzw. i.S.v. Art. 10 OECD-MA wäre.

505 FG Hessen v. 23.6.2009, 12 K 3439/01, EFG 2010, 1418: Dieser Schluss kann m.E. daraus gezogen werden, dass nach der Diskussion über die Gesellschaftseigenschaft der KGaA – übrigens in Abweichung von BFH v. 17.10.1990, I R 16/89, BStBl II 1991, 211 – das FG breite Ausführungen zur innerstaatlichen Konzeption der KGaA-Besteuerung macht und dort zu dem Schluss zu kommen scheint, die KGaA erziele die Einkünfte in eigener Person, was das FG wiederum – in Konformität mit der gängigen Rechtsauffassung – für maßgeblich für die abkommensrechtliche Zurechnung hält, weshalb es konsequenterweise die Abkommensberechtigung aus dem Schachtelprivileg in vollem Umfang der KGaA gewährt. Das FG hätte allerdings anders als der BFH (v. 17.10.1990, I R 16/89, BStBl II 1991, 211) entscheiden müssen, dass der auslandsansässige persönlich haftende Gesellschafter auch bspw. in den Genuss einer Betriebsstättenfreistellung kommen müsste, die der KGaA aufgrund einer Betriebsstätte in einem DBA-Staat gewährt wird. Das ist nach der mitunternehmerähnlichen Theorie nicht nötig, weil diese wohl zu dem Schluss kommen müsste, dass eine Beteiligung an diesen Drittstaats-Betriebsstätten ohnehin nicht in die beschränkte Steuerpflicht des persönlich haftenden Gesellschafters eingeht.

aus völlig verschiedenen Gründen dem Urteil des FG Hessen zustimmen. *Kramer* befürwortet die Entscheidung des FG, weil er – dem FG offenbar eine Trennungskonzeption unterstellend – davon ausgeht, dass die KGaA selbst Einkünfte erzielt.[506] In einer Erwiderung auf diesen Beitrag befürwortet *Hageböke* das Urteil im Ergebnis, meint aber, das FG verfolge – wie er[507] – eigentlich eine mitunternehmerähnliche Konzeption, nach der der Gesellschafter die Einkünfte selbst erziele. Das FG habe das abkommensrechtliche Schachtelprivileg der KGaA aber deshalb in Gänze gewährt, weil § 2 AO den abkommensrechtliche Vorrang vor dieser nationalen Einkünftezurechnung anordne, wenn die abkommensrechtlichen Voraussetzungen eines Schachtelprivilegs erfüllt seien. Das sei hier aufgrund der *Zahlung* an die KGaA der Fall.[508]

Das FG-Urteil ist in seinen Rechtsausführungen nicht ganz klar; es beruft sich im Ausgangspunkt auf einen Beitrag *Eblings*[509], der Vertreter einer Trennungskonzeption ist, und führt auch zum Schluss der Entscheidungsgründe sinngemäß aus, die Gleichstellung mit dem Mitunternehmer im BFH-Urteil *Herstatt*[510] bedeute nicht, dass die Besteuerung von persönlich haftendem Gesellschafter und KGaA von vornherein getrennt zu beurteilen sei. Damit ist wohl gemeint, dass KGaA und persönlich haftender Gesellschafter *nicht* jeweils getrennt voneinander Einkünfte erzielen, sondern dem Gesellschafter Einkünfte der KGaA zugerechnet werden. Meines Erachtens interpretiert *Kramer* das Urteil insofern daher zutreffend. Zugleich argumentiert das FG mit Bezug auf einen Beitrag *Debatins*, dessen Kernaussage ist, die KGaA sei insgesamt Gesellschaft i.S.d. Art. 3 Abs. 1 Buchst. b OECD-MA, nicht teilweise auch Personengesellschaft (darauf bezieht sich der Verweis auf die Spezialität nach § 2 AO); *Debatin* leitet aus dieser Bewertung ab, die KGaA könne alle Abkommenseinwendungen in eigener Person in Anspruch nehmen. Dagegen ist nur einzuwenden, dass von der zutreffenden Bewertung der KGaA als Gesellschaft nicht geschlossen werden kann, ob und in welchem Umfang die KGaA auch Einkünfte für Abkommenszwecke erzielt.[511]

Für Vertreter von Trennungskonzeptionen müsste es klar sein, dass die KGaA allein abkommensrechtlich Einkünfte erzielt, da sie dies nach dieser Auffassung auch für Zwecke des Steuertatbestands tut.[512] Aber auch die mitunternehmerähn-

506   *Kramer*, IStR 2010, 57.
507   *Hageböke*, IStR 2010, 59.
508   *Hageböke*, IStR 2010, 59, 60. Die Argumentation entspricht damit der Argumentation des BFH im folgenden Revisionsurteil.
509   *Ebling*, in FS Jakob, S. 67.
510   BFH v. 21.6.1989, X R 14/88, BStBl. II 1989, 881.
511   *Wassermeyer*, FS Herzig, S. 898 (906).
512   Als Vertreter einer Trennungskonzeption so *Wassermeyer*, FS Streck, S. 259 (271).

liche Konzeption müsste dies wohl so sehen, weil auch diese die KGaA als Gewerbetreibende und damit als Einkünfteerzielerin ansieht. Dieser Schluss wird aber wohl nicht gezogen, wie insb. das Urteil des BFH zum Schachtelprivileg[513] und die Äußerungen *Hagebökes* nahelegen.[514] Insbesondere *Hageböke* als Vertreter einer mitunternehmerähnlichen Konzeption scheint abkommensrechtlich eine Einkünfteerzielung des persönlich haftenden Gesellschafters anzunehmen, was, wenn man den Zurechnungszusammenhang nach § 2 Abs. 1 S. 1 EStG für maßgeblich hält, besonders zu begründen wäre.[515] Die volle abkommensrechtliche Gewährung des Schachtelprivilegs wird darauf zurückgeführt, dass der Ausdruck *Zahlung* von der innerstaatlichen Einkünftezurechnung abweicht.

b.   Gesetzgeberische Reaktion: § 50d Abs. 11 EStG

Der Gesetzgeber hat auf das Urteil mit der Einführung einer Regelung reagiert, die in ihrer Funktion § 15 S. 2 i.V.m. S. 1 Nr. 2 KStG ähnelt. § 50d Abs. 11 S. 1 EStG macht die abkommensrechtliche Dividendenfreistellung davon abhängig, dass Dividendenempfänger (i.d.R. der Zahlungsempfänger) im Sinne des Abkommensrechts und Zurechnungsempfänger für Zwecke des Steuertatbestands die gleiche Person sind. Ist der Zurechnungsempfänger eine andere Person, wird die Freistellung nach Satz 2 nur gewährt, wenn die Dividenden bei der Person als Zahlungsempfänger freigestellt wurden. In Fällen, die dem Urteilsfall entsprechen, soll die abkommensrechtliche Freistellung also nur noch anteilig gewährt werden, soweit die Dividenden bei der KGaA in eine Steuerschuld eingehen, hingegen nicht, soweit sie beim persönlich haftenden Gesellschafter in eine Steuerschuld eingehen und dieser die abkommensrechtlichen Voraussetzungen – Ansässigkeit, Rechtsform – nicht erfüllt.

c.   Behandlung nach hier vertretener Auffassung

Nach hier vertretener Auffassung wäre jedenfalls unter der mitunternehmerähnlichen Besteuerung die *materiell tatbestandsverwirklichende Person* der persönlich

---

513   BFH v. 19.5.2010, I R 62/09, BFHE 230, 18.
514   *Hageböke*, IStR 2010, 59. Ähnlich auch *Wassermeyer* zur abkommensrechtlichen Behandlung nach der mitunternehmerähnlichen Besteuerung, in: *Wassermeyer*, DBA, Art. 3 Rn. 18 a. E.
515   So auch *Wassermeyer*, in: FS Herzig, 897, 904; dort unter der Annahme einer mitunternehmerähnlichen Besteuerungskonzeption, die er später aufgegeben hat.

haftende Gesellschafter, soweit er am Gewinn der KGaA beteiligt ist. Denn nach seinen Verhältnissen quantifiziert sich die Steuerschuld. Daraus folgt, dass der Gesellschafter die abkommensrechtlichen Einwendungen deutscher Abkommen aus Perspektive der Ansässigkeitsbesteuerung nicht geltend machen kann, wenn er nur beschränkt steuerpflichtig ist. Ihm könnte also bspw. eine Dividendenfreistellung unter einem abkommensrechtlichen Schachtelprivileg nur dann zugute kommen, wenn zwischen seinem Ansässigkeitsstaat und dem Quellenstaat ein entsprechendes DBA bestünde (und das Merkmal der ‚Unmittelbarkeit' nicht entgegenstünde). Ebenso käme dem persönlich haftenden Gesellschafter die Rechtsform der KGaA als Kapitalgesellschaft nicht zugute. Eine Freistellung aus dem DBA zwischen dem Ansässigkeitsstaat des persönlich haftenden Gesellschafters und Deutschland als Quellenstaat in Bezug auf Einkünfte der KGaA, würde voraussetzen, dass die Einkünfte funktional der inländischen Betriebsstätte des persönlich haftenden Gesellschafters in Gestalt der KGaA zuzuordnen sind.[516]

Das gleiche würde wohl auch für eine Trennungskonzeption gelten, wobei die Bestimmung der *materiell tatbestandsverwirklichenden Person* weniger eindeutig wäre, wenn bspw. nach *Wassermeyer* die Einkünfte vollständig nach den Verhältnissen der KGaA ermittelt würden,[517] also jedenfalls ein wesentlicher Teil der Steuerquantifizierung sich nach ihren Verhältnissen bestimmt, ein anderer wesentlicher Teil – z. B. die Steuerart – aber nach den Verhältnissen des persönlich haftenden Gesellschafters. Diese Unschärfe ist kein Defizit des hier vertretenen Vorschlags, sondern ein Defizit des geltenden Steuerrechts in Bezug auf die KGaA; die von *Wassermeyer* vorgeschlagene Trennungskonzeption hat unter geltendem Recht gute Gründe für sich, produziert aber rechtspolitisch unerträgliche Ergebnisse – keine Betriebsstättenbesteuerung des persönlich haftenden Gesellschafters, letztlich Vollbefreiung nach § 8b Abs. 1 KStG für natürliche Personen –, was an der wertungsmäßigen Inkonsistenz des Konzepts liegt. Diese Inkonsistenz pflanzt sich einfach weiter ins Abkommensrecht fort.

---

[516]   Nur relevant, soweit die Einkünfte überhaupt von der beschränkten Steuerpflicht des persönlich haftenden Gesellschafters erfasst sind, was für Einkünfte, die ausländischen Betriebsstätten der KGaA zuzuordnen sind, nicht der Fall ist.
[517]   Vgl. dazu oben B.II.4.b. (S. 26).

4. Hinzurechnungsbesteuerung

a. Vertretene Auffassungen zur Behandlung von CFC-Regimen[518]

Erzielt eine (auslandsansässige) Zwischengesellschaft i.s.d. §§ 7 ff. AStG Einkünfte, dann sind diese Einkünfte bei dem Gesellschafter anteilig steuerpflichtig (§ 7 Abs. 1 S. 1 AStG), d. h. die Einkünfte der Zwischengesellschaft wirken sich in der Quantifizierung einer Steuerschuld des Gesellschafters aus. Die quantitative Beschränkung dieser Steuerschuld aufgrund eines DBA Deutschlands kann sich je nach Rechtsauffassung in drei verschiedenen Varianten ergeben:

Der Sachverhalt, in dem eine ausländische Zwischengesellschaft Einkünfte i.s.v. § 2 Abs. 1 S. 1 EStG erzielt, wird so behandelt, als ob eben nur diese Einkünfte auch für Abkommenszwecke erzielt.[519] Diese Auffassung vertritt *Wassermeyer* auf der Grundlage, dass die abkommensrechtliche Einkünftezurechnung sich nach dem Recht des Anwendestaats – was im Fall der Hinzurechnungsbesteuerung Deutschland ist – richte; nach deutschem Recht erziele die ausländische Zwischengesellschaft Einkünfte; beim Gesellschafter solle nur eine Besteuerungsfolge eintreten für einen Sachverhalt, den nur die ausländische Gesellschaft realisiert hat.[520] Erzielte die ausländische Zwischengesellschaft Einkünfte, könnten diese nur dann besteuert werden, wenn hinsichtlich dieser Einkünfte bspw. eine Betriebsstätte in Deutschland bestünde.[521] Man kann daraus ableiten, dass *Wassermeyer* die Hinzurechnungsbesteuerung in dieser Hinsicht der Einkommenszurechnung unter einer Organschaft gleichsetzt, wie sie von der h.M. für Abkommenszwecke gewertet werden müsste.

---

518 Häufig wird die Frage formuliert, ob die Hinzurechnungsbesteuerung bzw. vergleichbare CFC-Regime mit Abkommensrecht vereinbar oder kompatibel sind. Damit ist i.d.R. wohl Folgendes gemeint: Die Hinzurechnungsbesteuerung begründet einen Steuertatbestand dem Grunde nach; daran ändert das Abkommen natürlich nichts. Die Frage lautet, ob dieser Steuertatbestand sich in einer Steuerquantifizierung auswirkt oder die Steuerquantifizierung durch das DBA auf Null reduziert wird. Wenn das DBA zur Rechtsfolge hat, dass sich der dem Grunde nach verwirklichte Steuertatbestand in der Steuerquantifizierung nicht auswirken kann, dann wäre das CFC-Regime in diesem Sinn also nicht kompatibel.

519 *Wassermeyer*, RIW 1983, 352, 354; vgl. auch *Wassermeyer/Schönfeld*, in: F/W/B/S, AStG, Vor § 7 AStG Rn. 101 („Die Zurechnung und die Umqualifikation sind für die Anwendung der DBA unbeachtlich.").

520 *Wassermeyer*, RIW 1983, 352, 354.

521 *Wassermeyer*, RIW 1983, 352, 354.

Für das alte französische CFC-Regime hat der *Conseil d'État* im Fall Schneider-Electric v. 2.8.2002 entsprechend entschieden:[522] Frankreich sei an der Besteuerung der Einkünfte der ausländischen Tochtergesellschaft gehindert, weil die Einkünfte für Abkommenszwecke von der ausländischen Tochtergesellschaft erzielt worden seien. Das Gericht hielt Art. 7 des einschlägigen DBA für anwendbar (entspricht Art. 7 OECD-MA) und verweigerte die Besteuerung in Frankreich, da die Tochtergesellschaft keine inländische (französische) Betriebsstätte unterhielt. Um dieses Ergebnis zu vermeiden, änderte der französische Gesetzgeber das CFC-Regime zu einer Ausschüttungsfiktion, nach der die Einkünfte der Tochtergesellschaft als zum erstmöglichen Zeitpunkt als ausgeschüttet gelten. Aufgrund der neuen Mechanik des CFC-Regimes sollen Einkünfte des Gesellschafters vorliegen; anwendbar soll dann Art. 10 OECD-MA sein.[523]

Die zweite Variante besteht darin, dass der Gesellschafter die Einkünfte, die die Zwischengesellschaft nach § 2 Abs. 1 S. 1 EStG erzielt, für abkommensrechtliche Zwecke selbst bezieht.[524] Unter diesem Verständnis, das der Abkommensanwendung bei Basisgesellschaften nach § 42 AO entspräche, bezöge der Gesellschafter der Zwischengesellschaft also unmittelbar bspw. passive Einkünfte nach Art. 10–12 OECD-MA und die Zwischengesellschaft würde ignoriert. Nicht nachvollziehbar wäre auf dieser Grundlage die durchgängige Zuordnung der Einkünfte des Gesellschafters zum Dividendenverteilungstatbestand nach Art. 10

---

[522]   Zum Tatbestand und den Entscheidungsgründen u.a. *Gutman/Danon/Salome*, Intertax 2003, 156; *Viegener*, FS Wassermeyer, 543, 559 ff. *Viegener* stellt auch die Unterschiede zwischen dem französischen CFC-Regime und der deutschen Hinzurechnungsbesteuerung dar (u.a. S. 553 zu getrennten Besteuerung der Ergebnisse der Tochtergesellschaften beim Gesellschafter), die möglicherweise auch abweichenden abkommensrechtliche Beurteilungen erzwingen.

[523]   Zur Rechtsprechung und dieser Reaktion der Gesetzgebung *Gaoua/Ribeiro*, European Taxation 2013, 451.

[524]   So verstehe ich *M. Lang*, IStR 2002, 717, 720, wenn er sagt: „Daher macht es auch keinen Unterschied, wenn CFC-Regelungen mitunter so formuliert sind, dass sie *die von der ausländischen Gesellschaft erzielten Einkünfte* den Gesellschaftern zurechnen. [...]. Für abkommensrechtliche Zwecke kommt es [...] nur auf das Ergebnis der Zurechnung an. Ob der Gesetzgeber die beim inländischen Gesellschafter erfassten Einkünfte ohne ausdrückliche Bezugnahme auf die ausländische Gesellschaft beschreibt oder aber von bei der ausländischen Gesellschaft erzielten Einkünften spricht, die dann beim inländischen Gesellschafter als fiktiver Beteiligungsertrag oder als Sondereinkünfte erfasst werden, ist lediglich eine Frage der Gesetzestechnik und daher für die abkommensrechtliche Beurteilung irrelevant." Wortgleich *Aigner*, Hinzurechnungsbesteuerung und DBA-Recht, S. 112 f.; dieser betrachtet (S. 129 f.) zudem Betriebsstätten der Zwischengesellschaft als Betriebsstätten des Gesellschafters, was er damit begründet, dass diesem die Einkünfte der Zwischengesellschaft zugerechnet würden.

OECD-MA.[525] Die Situation entspräche weitgehend der Lage bei der Beteiligung von inländischen Gesellschaftern einer auslandsansässigen Personengesellschaft, die in ihrem Ansässigkeitsstaat als einkünftebeziehende Person behandelt wird.[526] Die dritte Variante besteht darin, dass die Einkünfteerzielung der Zwischengesellschaft *und* die Hinzurechnung der Zwischeneinkünfte selbst Einkünfte darstellen, hinsichtlich derer jeweils zu beurteilen ist, ob der Gesellschafter einen bzw. welchen Abkommenstatbestand er verwirklicht.[527] Dieser Auffassung liegt implizit die Vorstellung zugrunde, dass aus deutscher Zurechnungsperspektive *sowohl* die Zwischengesellschaft *als auch* der Gesellschafter jeweils abkommensrechtlich Einkünfte beziehen, also zwei Abkommenstatbestände aufgrund des gleichen Sachverhalts erfüllt sind. In diesem Fall läge es auf den ersten Blick nah, für den Hinzurechnungsbetrag den Dividendenartikel Art. 10 OECD-MA für einschlägig zu halten. Daraus folgt grundsätzlich ein deutsches Besteuerungsrecht, wenn im konkreten DBA nicht ein einschlägiges Schachtelprivileg vereinbart wäre und dieses nicht durch § 20 Abs. 1 AStG verdrängt würde.[528]

In der rechtsordnungsübergreifenden Diskussion wird die Meinung vertreten, die abkommensrechtliche Beurteilung von CFC-Regimen orientiere sich an dem Modell, das dem konkreten CFC-Regime zugrunde liegt:[529] Unterschieden wird vor allem zwischen einer Ausschüttungsfiktion (*deemed dividends*), unter der das CFC-Regime anordnet, die Einkünfte der CFC gelten als im erstmöglichen Moment an die Gesellschafter ausgeschüttet, und einem Zurechnungsmodell (*piercing the veil*), in dem die Einkunfteerzielung der CFC dem Gesellschafter zugerechnet wird. Hinsichtlich des ersten Modells, welches der hier dargestellten dritten Variante entspräche, wird vorgeschlagen, für die Beschränkung des

---

[525] So aber *M. Lang*, IStR 2002, 717, 721 und *Aigner*, Hinzurechnungsbesteuerung und DBA-Recht, S. 125 (für den Fall, dass der Ansässigkeitsstaat der Zwischengesellschaft diese als Gesellschaft i.S.v. Art. 3 Abs. 1 Buchst. b OECD-MA bewertet); dagegen zu Recht unter der idealisierten Annahme eines Zurechnungsmodells *Rust*, Die Hinzurechnungsbesteuerung, S. 79 f.

[526] *Rust*, Die Hinzurechnungsbesteuerung, S. 82 ff. zieht den Vergleich zu den Lösungsvorschlägen des Partnership-Reports.

[527] So wohl *Lüdicke*, IStR 2011, 740, 743; vgl. auch *Rust*, Die Hinzurechnungsbesteuerung, S. 98 f. (unter der Annahme eines reinen Ausschüttungsmodells, das er für die deutsche Hinzurechnungsbesteuerung nicht annimmt.).

[528] So wohl die überwiegende Auffassung, vgl. die Nachweise bei *Rust*, Die Hinzurechnungsbesteuerung, S. 4 (Fn. 18).

[529] Vgl. etwa *Garfunkel*, Tax Notes International 2010, 53, 64 ff.; *Rust*, Die Hinzurechnungsbesteuerung, S. 66 ff., insb. 78 ff. und 98 ff.; ebenso OECD MK Art. 10 Rn. 38; *Salom*, Bulletin for International Taxation 2011, 394, 405 f.; *Sandler*, Tax Treaties and Controlled Foreign Company Legislation, S. 79.

Steueranspruchs aufgrund des DBA den Dividendenartikel anzuwenden[530]; hinsichtlich des zweiten Modells, welches der hier dargestellten zweiten Variante entspräche, wird vorgeschlagen, den Verteilungstatbestand anzuwenden, der bei Einkünfteerzielung durch die CFC einschlägig gewesen wäre.[531]

b.   Behandlung nach hier vertretener Auffassung

Nach hier vertretener Auffassung richtet sich die Einkünfteerzielung für Abkommenszwecke nach der *materiell tatbestandsverwirklichenden Person*; wichtigstes Kriterium für deren Bestimmung ist, in Bezug auf welche Person die resultierende Steuerschuld quantifiziert wird. Für die deutsche Hinzurechnungsbesteuerung führt dieses Kriterium nicht zu eindeutigen Ergebnissen, weil das Bild insofern gemischt ist. Das Kriterium ist im materiellen Ergebnis sachverwandt mit dem oben beschriebenen Ansatz in der internationalen Literatur, das Modell der Hinzurechnungsbesteuerung zugrunde zu legen. Ist angeordnet, dass der deutsche Gesellschafter – abweichend von den allgemeinen Regeln – die Einkünfte erzielt, die nach allgemeinen Regeln (§ 2 Abs. 1 S. 1 EStG) von der Zwischengesellschaft erzielt werden, würden die Einkünfte nach den persönlichen Eigenschaften des Gesellschafters quantifiziert und er wäre demnach die *materiell tatbestandsverwirklichende Person* (im Rahmen einer mittelbaren Tatbestandsverwirklichung). Die Einkünfte würden abkommensrechtlich von ihm bezogen, und der relevante Verteilungsartikel richtete sich danach, wie die Einkünfte bei Bezug der Zwischengesellschaft qualifiziert würden. Das entspricht der oben geschilderten Behandlung des Zurechnungsmodells. Ist eine Ausschüttungsfiktion angeordnet (Tatbestandsverdopplung), würde die Steuerquantifizierung sich in zwei Steueransprüchen – einerseits der Zwischengesellschaft und andererseits des Gesellschafters – niederschlagen und zwar derart, dass eine originäre Einkünfteerzielung der Zwischengesellschaft vorläge und eine Dividendenerzielung beim Gesellschafter, die entsprechend quantifiziert werden müsste. Folglich lägen hier Einkünfte *sowohl* der Zwischengesellschaft *als auch* des Gesellschafters vor, auf die das gleiche DBA theoretisch zweifach Anwendung finden kann, wenn die Einkünfte der Zwischengesellschaft inländische Einkünfte sind.

---

[530]   *Garfunkel*, Tax Notes International, 2010, 53, 65; *Rust*, Die Hinzurechnungsbesteuerung, S. 98 ff.; zweifelnd OECD-Kommentar Art. 10 Rn. 38.

[531]   *Rust*, Die Hinzurechnungsbesteuerung, S. 80 f.; ebenso OECD MK Art. 10. Rn. 38: If the income were attributed to the taxpayer then each item of the income would have to be treated under the relevant provisions of the Convention (business profits, interest, royalties).

Von vornherein nicht in Betracht kommt ein Modell einer Steuerschuldübernahme, unter dem die Zwischengesellschaft *materiell tatbestandsverwirklichende Person* wäre, was dem Ergebnis der oben geschilderten ersten Variante entspräche, wie *Wassermeyer*[532] sie vertritt. Ein solches Modell wäre vorstellbar, wenn ein CFC-Regime die Zwischengesellschaft ausnahmsweise so behandelte, als wäre sie (aufgrund einer Fiktion) im Inland ansässig,[533] und würde auf die so ermittelte Steuerschuld die Schuldübernahme durch den Gesellschafter anordnen. Für eine derartige Konstruktion fehlt im Gesetz aber ein Anhaltspunkt.

Hier wurde vertreten, dass wertungsmäßig die Hinzurechnungsbesteuerung wohl von einer Tatbestandsverdopplung in Gestalt einer Ausschüttungsfiktion ausgeht.[534] Folglich würde *sowohl* eine Einkünfteerzielung der Zwischengesellschaft *als auch* des Gesellschafters von den Verteilungstatbeständen erfasst. In Bezug auf den Hinzurechnungsbetrag ist Art. 10 OECD-MA anzuwenden. Eine salvierende Klausel in DBA, nach der Deutschland das Recht vorbehalten bleiben soll, Einkünfte aufgrund der Hinzurechnungsbesteuerung zu besteuern, wäre demnach nicht erforderlich, wenn die Besteuerung nicht über dasjenige hinausgehen soll, was der auf die hinzugerechneten Einkünfte anzuwendenden Verteilungstatbestand erlaubt.

Dass die Bestimmung der *materiell tatbestandsverwirklichenden Person* so unbefriedigend unscharf ist, spricht eher für als gegen das Kriterium der *materiell tatbestandsverwirklichenden Person*. Denn die abkommensrechtliche Unschärfe bildet exakt die so häufig kritisierte Konzeptlosigkeit bzw. Konzeptvermischung in der nationalen Ausgestaltung der Hinzurechnungsbesteuerung ab. Das indiziert – auch wenn dies paradox erscheint – die Konsistenz des Kriteriums.

5. Familienstiftung

a. Zu § 15 AStG a. F.

Die Einkommenszurechnung nach § 15 Abs. 1 AStG a.F. unterscheidet sich innerstaatlich konstruktiv auf den ersten Blick nicht von der Organschaft, so dass die h.M. wohl dazu käme, die Einkünfte, die im Einkommen der Zurechnung unter-

---

[532] Vgl. oben a. (S. 197).
[533] Zu dieser Möglichkeit der Gestaltung eines Hinzurechnungsregimes *Mössner*, in: Brezing, AStG (1991), § 7 Rn. 21.
[534] Vgl. oben B.V.4. (S. 118 ff.).

liegen, würden nach § 2 Abs. 1 S. 1 EStG und demnach auch für Abkommenszwecke *nur* von der Familienstiftung selbst erzielt. Die Besteuerung des Zurechnungsempfängers ist also nur insoweit mit einem DBA vereinbar, als bei der Anwendung des Abkommens das Besteuerungsrecht Deutschlands als Quellenstaat bestehen bleibt, etwa wegen einer deutschen Betriebsstätte nach Art. 7 Abs. 1 S. 2 OECD-MA.[535] § 20 Abs. 1 AStG ist insofern erforderlich, um den Besteuerungsanspruch in Bezug auf diese von der Familienstiftung bezogenen Einkünfte der Höhe nach aufrechtzuerhalten. Diese Bewertung würde nach dem hier verwendeten Kriterium der *materiell tatbestandsverwirklichenden Person* voraussetzen, dass die Steuerquantifizierung sich allein nach den Verhältnissen der Familienstiftung bemisst, wie dies im Fall einer Steuerschuldübernahme zu erwarten wäre, was aber schon mit Blick auf die Steuerart nicht der Fall ist.

Nach hier vertretener Auffassung wäre unklar gewesen, welche Person als die *materiell tatbestandsverwirklichende Person* anzusehen ist, was der inkonsistenten Regelungslage im nationalen Recht geschuldet ist. Zwar quantifiziert sich die Steuerschuld grundsätzlich – nämlich in Hinblick auf die Steuerart – nach den persönlichen Eigenschaften des Zurechnungsempfängers. Aber gegen eine mittelbare Tatbestandsverwirklichung, in der der Zurechnungsempfänger die materiell tatbestandsverwirklichende Person wäre, spricht, dass wichtige steuerquantifizierende Vorschriften wie die innerstaatlichen Schachtelprivilegien nicht in Bezug auf den Zurechnungsempfänger angewandt wurden. Zudem sollte die Familienstiftung mit inländischen Einkünften beschränkt steuerpflichtig sein, was ebenfalls voraussetzt, dass die Familienstiftung wertungsmäßig ihrerseits tatbestandsverwirklichende Person ist. Aufgrund dieses letzten Arguments kommt man nicht umhin, eine Tatbestandsverdopplung anzunehmen, unter der sowohl die Familienstiftung als auch der Zurechnungsempfänger Einkünfte für abkommensrechtliche Zwecke erzielt. Es ist letztlich nicht befriedigend zu klären, welche Person unter § 15 AStG a.F. welchen Verteilungstatbestand, insb. mit Blick auf den Zurechnungsempfänger, verwirklicht, da die Regelung so wertungsinkonsistent ist, dass sie eine eindeutige Aussage verhindert.

b. Zu § 15 AStG n. F.

Nach der weitgehenden Anpassung an die Rechtsfolge der Hinzurechnungsbesteuerung durch die Neufassung von § 15 AStG scheint es so, als ob die Lösung

---

[535] So *Kirchhain*, Familienstiftung im Außensteuerrecht, S. 106 f.; *Wassermeyer*, in: F/W/B/S, AStG, § 15 AStG Rn. 233 f.

für die Hinzurechnungsbesteuerung zu übertragen wäre. Allerdings sprechen zwei Aspekte wiederum gegen eine Tatbestandsverdopplung durch Ausschüttungsfiktion, die in der Hinzurechnungsbesteuerung anders geregelt sind: Die Einkünfte werden den Zurechnungsempfängern im Veranlagungszeitraum ihrer Erzielung zugerechnet[536] und die Schachtelprivilegien werden so angewandt, als hätte der Zurechnungsempfänger die Einkünfte selbst bezogen (§ 15 Abs. 8 S. 2 Hs. 2 und S. 3 Hs. 2 AStG). Beides spricht wiederum für eine mittelbare Tatbestandsverwirklichung durch den Zurechnungsempfänger. Da aber die Familienstiftung mit inländischen Einkünften beschränkt steuerpflichtig, d. h. auch Steuerschuldner wird, muss es letztlich dabei bleiben, dass sowohl Familienstiftung als auch Zurechnungsempfänger *materiell tatbestandsverwirklichende Personen* aufgrund des gleichen Sachverhalts sind.

6. Investmentfondsbesteuerung

a. Vertretene Auffassungen zur Behandlung von Investmentfonds

Die in Deutschland wohl herrschende Meinung geht davon aus, dass es für die Abkommensanwendung auf den inländischen Investmentfonds nach Investmentsteuergesetz ankommt, wenn dieser Erträge erzielt.[537] Demnach hängt also die Erstattung von Quellensteuern davon ab, dass der Investmentfonds in Deutschland ansässig ist; ein nicht in einem Vertragsstaat ansässiger Anleger kommt so in den Genuss von Abkommensvorteilen, die er bei Direktanlage, d. h. bei einem eigenen Erzielen i.S.v. § 2 Abs. 1 S. 1 EStG, nicht erlangt hätte.

Die Investmentfondsbesteuerung ist unter dieser Auffassung ein besonders krasses Beispiel für den Effekt, den austauschbare Rechtstechniken auf die Abkommensanwendung haben können. Das gilt bereits für die Frage, ob der Fonds

---

536 *Rundshagen*, in: Strunk/Kaminski/Köhler, AStG, § 15 Rn. 48.
537 *Englisch*, in: B/S/L, § 11 InvStG, Rn. 82 ff.; *Jacob/Geese/Ebner*, Handbuch Fondsvermögen, S. 44 f.; *Sorgenfrei*, IStR 1994, 465, 472; *Zinkeisen/Walter*, IStR 2007, 583; *Haase* hingegen bezeichnet die gegenteilige Auffassung als h.M., in: Haase, InvStG, § 4 Rn. 100; diese vertritt *Hammer*, in: Blümich, InvStG, § 4 Rn. 2; auch anderer Ansicht zur Ansässigkeit und damit zur Abkommensberechtigung eines Investmentfonds in der französischen Rechtsform *SICAV* das rechtskräftige Urteil des FG Niedersachsen v. 29.3.2007, 6 K 514/03, EFG 2007, 1223; ebenfalls zur *SICAV* aber wiederum die Abkommensberechtigung bejahend FG Rheinland-Pfalz v. 15.6.2011, 1 K 2422/08, EFG 2011, 1828; sich in der Sache wohl anschließend BFH v. 6.6.2012, I R 52/11, BFHE 237, 356.

steuerpflichtig i.S.v. Art. 4 Abs. 1 OECD-MA und damit ansässig ist.[538] Ob der Fonds nicht zum Adressatenkreis des Steuergesetzes gezählt wird oder nachträglich vollständig von der Steuer befreit wird, kann für die Abkommensanwendung eigentlich keinen Unterschied machen. Aber auch die Einkünftezurechnung für Abkommenszwecke ist offenkundig vollständig abhängig von der Rechtstechnik, die verwendet wird. Denn die Besteuerung des Anlegers nach InvStG i.V.m. dem EStG und KStG unterscheidet sich nicht in wesentlichen Aspekten vom Direktbezug der Einkünfte durch den Anleger, was ja auch das Ziel des InvStG ist. Dennoch soll sich die Behandlung – unter der Auffassung vieler[539] – vom Direktbezug bzw. von der Behandlung der Einkünfte, die über eine Personengesellschaft bezogen werden, gravierend unterscheiden.

Diesen letzten Vergleich führt die neu eingeführte offene Investmentkommanditgesellschaft vor Augen (§ 1 Abs. 1f Nr. 3 InvStG). Diese ist Personengesellschaft und folglich nicht Ertragsteuersubjekt, insb. nicht körperschaftsteuerpflichtig, weshalb sie in § 11 Abs. 1 S. 3 InvStG nur von der Gewerbesteuerpflicht befreit werden muss. In den Rechtsfolgen bestehen zwischen der Besteuerung der Anleger keine Unterschiede zu einem Investmentfonds, der als AG oder als Sondervermögen gegründet wurde. Es wäre also sachlich, d. h. wertungsmäßig durch nichts gerechtfertigt, wenn sich die Abkommensanwendung danach unterscheiden würde, ob ein Anleger über eine KG, AG oder ein Sondervermögen Einkünfte erzielt. Aber das würde unter der überwiegenden Auffassung, nach der der Fonds für Abkommenszwecke Einkünfte erzielt, die Personengesellschaft hingegen nicht, wohl der Fall sein; (nur) weil die offene Investmentkommanditgesellschaft nicht erst persönlich von einer Ertragsteuer *befreit* werden muss, wird es für die Abkommensanwendung auf den Anleger ankommen. Das kann auf keinen Fall rechtspolitisch richtig sein; nach hier vertretener Auffassung ist es dies auch nicht unter geltendem Recht.

Einen weiteren Aspekt, der teilweise diskutiert wird, betrifft die Frage, ob der Investmentfonds *Nutzungsberechtigter* ist.[540] Dies wird überwiegend bejaht mit der Begründung, dass das Management des Fonds die Kontrolle über die *Assets* ausübe, was dem maßgeblichen Kriterium für die Person des *Nutzungsberechtigten* entspreche.[541] Auch dieses Kriterium ist von der Rechtsform des Fonds unabhängig. Der *Nutzungsberechtigte* könnte ohne Weiteres also auch die offene Investmentkommanditgesellschaft sein, die aber nicht *steuerpflichtig* bzw. *ansässig* ist.

---

[538]   Vgl. oben II.2.b.aa. (S. 144).
[539]   Vgl. Nachweise in Fn. 537.
[540]   CIV-Report, Rn. 31 ff.
[541]   OECD-MK Art. 1 Rn. 6.14.

b. Antworten nach hier vertretener Auffassung

Bei der Besteuerung eines inländischen Investmentfonds und seinen Anlegern ist nach der hier vertretenen Auffassung der Anleger die Person, der Einkünfte für abkommensrechtliche Zwecke zuzurechnen sind. Denn der Anleger ist hinsichtlich ausschüttungsgleichen Einkünften zweifellos die *materiell tatbestandsverwirklichende Person*, da ausschließlich nach seinen Verhältnissen die Steuerschuld quantifiziert wird. Gestützt wird dies durch die Ratio des gesamten Investmentsteuerrechts, den Anleger wie bei einer Direktanlage zu besteuern. Es würde folglich nach hier vertretener Auffassung für die Frage, ob der Anleger gegen seine Steuerschuld eine abkommensrechtliche Einwendung geltend machen kann, darauf ankommen, ob er in einem Vertragsstaat, also in Deutschland, ansässig ist. Der Investmentfonds hat für die Abkommensanwendung – unabhängig davon, ob man ihn für *steuerpflichtig* i.S.v. Art. 4 Abs. 1 S. 1 OECD-MA ansieht – also keine Bedeutung.

Unter dieser Auffassung entstehen Probleme, wenn entweder ein ausländischer Quellenstaat die gleiche Auffassung hat oder Deutschland als Quellenstaat einen ausländischen Rechtsträger als Investmentfonds qualifiziert und beide vor der Aufgabe stehen, Erstattungsansprüche einer Vielzahl von Anlegern zu prüfen, die in verschiedenen Staaten ansässig sein können. Das gleiche Problem kann in noch erheblich verschärfter Form entstehen, nämlich dann, wenn man der Auffassung ist, dass der Quellenstaat *für Abkommenszwecke* an die Zurechnungsentscheidung von Ansässigkeitsstaaten gebunden ist, mit denen er ein DBA geschlossen hat.[542] Der Quellenstaat müsste theoretisch in Bezug auf den Ansässigkeitsstaat eines jeden einzelnen Anlegers prüfen, ob dieser dem Fonds oder dem bei ihm ansässigen Anleger die Einkünfte zurechnet.[543]

Man muss aber sehen, dass dies nicht Probleme eines systematisch ausgestalteten materiellen Steuerrechts sind, sondern administrative Probleme, die man eben genau so zu erwarten hat, wenn man die rechtliche Möglichkeit schafft, dass sich eine Vielzahl an Anlegern mit minimalem Kapitaleinsatz wie Direktanleger an einer Vielzahl an Vermögensgegenständen beteiligen können. Das geschilderte rechtspraktische Problem entspricht also dem tatsächlichen Problem, das zu lösen ist. Lösen kann man es wohl nur durch Sondervorschriften in DBA, etwa dass Abkommensvorteile nur insoweit gewährt werden, wie sie bei Direktbezug der

---

542   Vgl. dazu etwa *Salom*, Bulletin for International Taxation 2011, 394, 406 f.
543   Weitere Probleme betreffen bspw. den Zeitpunkt, der abkommensrechtlich maßgeblich sein soll, um zu bestimmen, welcher Anleger Einkünfte bezogen hat.

jeweiligen Anleger gewährt worden wären.[544] Nicht sinnvoll ist es aber, die realen Probleme durch eine verzerrte Auslegung von Vorschriften zu lösen, die auf diese Situation nicht vorbereitet sind.

7.   Exkurs - Zusammenveranlagung von Ehegatten

Ein den Trennungstatbeständen jedenfalls scheinbar verwandtes Phänomen ist die Zusammenveranlagung von Ehegatten nach § 26b EStG. Nach dieser Regelung werden Einkünfte, die die Ehegatten erzielt haben, zusammengerechnet, den Ehegatten gemeinsam zugerechnet und, soweit nichts anderes vorgeschrieben ist, die Ehegatten sodann gemeinsam als Steuerpflichtiger behandelt. Der Wortlaut erweckt den Anschein, dass – ähnlich der Organschaft[545] – eine Person Einkünfte erzielt (wie die Organgesellschaft) und diese Einkünfte einem neu geschaffenen Steuerpflichtigen, den „Ehegatten gemeinsam" (wie dem Organträger), zugerechnet werden. Steuerschuldner werden die Ehegatten als Gesamtschuldner.[546]

Soweit ersichtlich wird die Zusammenveranlagung abkommensrechtlich ignoriert, d. h.: ist einer der Ehegatten im Vertragsstaat ansässig und erzielt dieser Ehegatte im Sinne von § 2 Abs. 1 S. 1 EStG Einkünfte, dann finden Abkommensbegünstigungen unter der Annahme Anwendung, nur dieser Ehegatte hätte Einkünfte für Abkommenszwecke bezogen.[547] Erzielt also ein in Deutschland ansässiger Ehegatte Einkünfte aus einer Betriebsstätte eines DBA-Staats, hat er i.d.R. Anspruch auf eine entsprechende Freistellung dieser Einkünfte. Nicht hingegen dürften – bspw. hälftig – dem anderen Ehegatten die Einkünfte aus der Betriebsstätte zugerechnet werden mit der Folge, dass sie nicht freizustellen wären, wenn dieser drittstaatsansässig wäre.

Das Kriterium der *materiell tatbestandsverwirklichenden Person* ist hier nicht ohne Weiteres anwendbar. Denn hinsichtlich der vom einen Ehegatten erzielten Einkünfte soll *auch* der andere Ehegatte Steuerschuldner werden und umgekehrt. Zwar lässt die Zusammenveranlagungsveranlagung das Individualsteuerprinzip unberührt;[548] dennoch werden die Ehegatten als Gesamtschuldner (§ 44 AO) zu einer einheitlich quantifizierten Steuerschuld herangezogen. Das Kriterium der Steuerquantifizierung hilft bei der Suche nach der *materiell tatbestandsverwirkli-*

---

[544]   Mit einem in diese Richtung zielenden Vorschlag der CIV Report, Rn. 6.21.
[545]   *Lüdicke*, IStR 2011, 740, 743.
[546]   BGH v. 31.5.2006, XII ZR 111/03, DStR 2006, 1455; *Witt*, DStR 2007, 56, 57.
[547]   Vgl. *Lüdicke*, IStR 2011, 740, 743.
[548]   *Pflüger*, in: HHR, EStG, § 26b Rn. 4.

chenden Person also nicht weiter. Die Steuer wird nach den Merkmalen beider Ehegatten, gewissermaßen nach ihrem Durchschnitt quantifiziert. Sie wären hiernach also gemeinsam als ein Steuerpflichtiger *materiell tatbestandsverwirklichende Person*. Dies wäre für die Anwendung von DBA aber keine Subsumtionsgrundlage, da die Ansässigkeit eines Ehegatten für DBA-Zwecke entweder gegeben ist oder nicht. Sind beide Ehegatten aber in verschiedenen Staaten ansässig, wäre es für ein Abkommenssubjekt ‚zusammenveranlagte Ehegatten' nicht möglich, einen einheitlichen Ansässigkeitsstaat anzugeben.

Möglicherweise wäre aber eben diese Behandlung als ‚ein Steuerpflichtiger' im Abkommensrecht konsequent, denn Zweck der Behandlung als ein solcher ist es im deutschen Recht, die eheliche Gemeinschaft des Erwerbs und des Verbrauchs anzuerkennen.[549] Eine solche Behandlung wäre im Abkommensrecht aktuell aber wohl nur mit Sonderregelungen darstellbar (bspw. Ansässigkeit der Ehegatten nach dem Schwerpunkt des gemeinsamen Haushalts).

Ein Aspekt lässt die derzeitige Behandlung aber auch nach dem Kriterium der *materiell tatbestandsverwirklichenden Person*, d. h. derjenigen Person, die nach den Wertungen des besteuernden Staats die Steuer tragen soll, letztlich richtig erscheinen. Denn zwischen den Ehegatten als Gesamtschuldner findet ein Gesamtschuldnerausgleich statt. Nach diesem Ausgleich tragen nicht etwa beide Ehegatten die Hälfte der Steuer, sondern jeder soll die Steuer tragen, die er verursacht hat.[550] Obwohl also beide Ehegatten zunächst jeweils zur gesamten Steuer herangezogen werden können, wird letztlich jeder nur anteilig nach dem von ihm jeweils verursachten Steuerbetrag herangezogen. Dies spricht dafür, jeden Ehegatten als *materiell tatbestandsverwirklichende Person* für die von ihm bezogenen Einkünfte zu betrachten. Danach wäre es nach hier vertretener Ansicht zutreffend, bei der Anwendung der DBA die Zusammenveranlagung einfach zu ignorieren.

8. Zusammenfassung

In den hier betrachteten Regimen ist für die Abkommensanwendung von Folgendem auszugehen:

*   Organschaft: Einkünfte für Abkommenszwecke erzielt der Organträger, nicht die Organgesellschaft. Ist der Organträger beschränkt steuerpflichtig, müsste

---

549   *Witt*, DStR 2007, 56, 57.
550   BGH v. 31.5.2006, XII ZR 111/03, DStR 2006, 1455: „Bei der Aufteilung der Steuerschuld zusammen veranlagter Ehegatten ist deshalb die Höhe der beiderseitigen, der Schuld zugrunde liegenden Einkünfte zu berücksichtigen."; *Witt*, DStR 2007, 56, 58 ff.

man folglich zu dem Ergebnis kommen, dass die Abkommenseinwendungen aus einem Abkommen zwischen Quellenstaat und Deutschland nicht gegen die Steuerschuld des Organträgers geltend gemacht werden könnten, da dieser nicht in einem Vertragsstaat ansässig ist. Nach hier vertretener Auffassung kann aber die Ansässigkeit der Organgesellschaft dem Organträger zugerechnet werden. Nach dieser Auffassung entstehen folglich keine Unterschiede zur h.M. Lediglich dann, wenn der Quellenstaat sich an die hier vertretene Auffassung für seine Zurechnungsentscheidung gebunden sähe, also die Zurechnung der Einkünfte zum Organträger annähme, könnte es hinsichtlich der Gewährung von sog. Schachtelsätzen nach Art. 10 OECD-MA zu Unterschieden kommen, wenn der Organträger eine natürliche Person oder Personengesellschaft ist.

- Personengesellschaft und KGaA: Unter beiden Regimen ist davon auszugehen, dass es – unabhängig davon, welcher Konzeption man innerhalb der beiden Regime folgt – auf den Hintermann für die Abkommensanwendung ankommt, da dieser die *materiell tatbestandsverwirklichende Person* ist, was sich daraus ergibt, dass sich – entsprechend seiner Beteiligung – die Steuerschuld nach seinen persönlichen Eigenschaften quantifiziert.

- Hinzurechnungsbesteuerung und Besteuerung der Zurechnungsempfänger von Familienstiftungen: In beiden Fällen spricht einiges dafür, sowohl Vorder- als auch Hintermann als *materiell tatbestandsverwirklichende Personen* für zwei verschiedene Tatbestandsverwirklichungen anzusehen, nämlich der Vordermann für den unmittelbaren Bezug von Einkünften durch die Erwerbstätigkeit und der Hintermann für eine fingierte Ausschüttung. Aufgrund der inkonsistenten Ausgestaltung lässt sich dies insb. für die Regelung von § 15 AStG n. F. aber nicht mehr eindeutig bestimmen.

- Der Investmentfonds nach Art des InvStG erzielt selbst keine Einkünfte für abkommensrechtliche Zwecke. Das gilt nach h.M. wohl schon für die offene Investmentkommanditgesellschaft, muss konsequenterweise aber auch für die Rechtsformen der AG und des Sondervermögens gelten. In allen Fällen ist die *materiell tatbestandsverwirklichende Person* der Anleger.

V.   Darstellung anhand von Beispielen

Oben wurden vor allem zwei Rechtsfragen diskutiert, die für die Anwendung von DBA auf Trennungstatbestände von grundsätzlicher Bedeutung sind: erstens die

Frage nach der Rechtsordnung, die über die Zurechnungsfrage entscheidet,[551] und zweitens nach dem Verweisungsziel, also nach der Qualität der Verbindung zwischen Person und Einkünften innerhalb dieser Rechtsordnung.[552] Die Bedeutung der Antworten soll anhand beispielhafter Konstellationen dargestellt werden. Die behandelten Rechtsinstitute sind solche des deutschen Rechts, die teilweise die Ansässigkeit der beteiligten Rechtsträger im Inland voraussetzen. Im Vordergrund stehen deshalb die Konstellationen, in denen sowohl Vordermann als auch Hintermann (dazu 1.) oder nur der Vordermann im Inland, der Hintermann im Drittstaat (dazu 2.) ansässig sind. Spezifische Bedeutung für die Trennungstatbestände des AStG hat die Konstellation, in der nur der Hintermann im Inland ansässig ist (dazu 3.). Außen vor bleibt hier die Personengesellschaft, hinsichtlich derer nur solche Besonderheiten auftreten, die aufgrund von Zurechnungskonflikten entstehen, die zu dem hier behandelten Thema zwar wesentliche, aber keine spezifische Bedeutung haben.[553] Als Beispiel soll die Erzielung von Dividenden dienen, da der Verteilungsartikel Art. 10 OECD-MA i.V.m. dem jeweiligen Methodenartikel besonders relevante Anwendungsfragen aufwirft. Zwischen allen beteiligten Staaten bestehen DBA, die dem OECD-MA entsprechen, und die für Dividenden die Anrechnungsmethode, für Betriebsstättengewinne die Freistellungsmethode vorsehen.

1.   Vordermann und Hintermann in Deutschland ansässig

Staat B	---
Staat DEU[554]	Hintermann: Organträger, Anleger, persönlich haftender Gesellschafter Vordermann: Organgesellschaft, Investmentfonds, KGaA
Staat Q	Quelle (dividendenzahlende Gesellschaft)

Unter der Bedingung, dass sowohl Hinter- als auch Vordermann im Inland ansässig sind, müssen die Tatbestände des AStG außer Betracht bleiben, da diese

---

[551]   Vgl. oben III.3. (S. 158 ff.).
[552]   Vgl. oben III.4. (S. 171 ff.).
[553]   Zum Verhältnis des Themas zu Fragen der Zurechnungskonflikte vgl. oben III.3.c. (S. 167 ff.).
[554]   Hier und im Folgenden für Deutschland stehend.

definitionsgemäß voraussetzen, dass der Vordermann in einem anderen Staat ansässig ist. Bedeutung hat die Konstellation jedoch für die Besteuerung der Organschaftsbeteiligten, den Investmentfonds und seine Anleger sowie die KGaA und ihre persönlich haftende Gesellschafter.

a.   Steuerquantifizierung des Quellenstaats Q nach DBA Q-DEU

aa.   Überlegungen zur Ermittlung des Steueranspruchs nach nationalem Recht

Ausgangspunkt ist die Steuerpflicht eines Beteiligten in Bezug auf die inländischen Dividenden aus einer in Q ansässigen Gesellschaft aufgrund einer § 1 Abs. 4 EStG entsprechenden beschränkten Steuerpflicht. Da Q das Organschaftsregime nicht nachvollziehen wird, ist insoweit die Organgesellschaft Steuerschuldner in Bezug auf die in Staat Q erzielten Einkünfte. Bezüglich des Investmentfonds und der KGaA hängt dies davon ab, wie der Staat Q, soweit er einen Rechtstypenvergleich durchführt, diese Rechtsträger nach seinem Steuerrecht behandelt. Geht man davon aus, dass der Staat Q den Investmentfonds und die KGaA – auch bezüglich des Gewinnanteils des persönlich haftenden Gesellschafters – insgesamt bezüglich der Einkünfte aus Q als Steuerpflichtigen, also vermutlich als Körperschaft betrachtet, dann werden diese wie die Organgesellschaft Steuerschuldner bezüglich aller Einkünfte aus Staat Q.

bb.   Abkommensanwendung

(1)   Ausgangspunkt

Bei Vorliegen der Voraussetzungen beschränkt Art. 10 Abs. 1 Hs. 2 Buchst. a DBA Q-DEU das Besteuerungsrecht des Staats Q auf 5 % des Bruttobetrags der Dividenden. Diese Rechtsfolge tritt ein, wenn eine unmittelbar mit mindestens 25 % an der ausschüttenden Gesellschaft beteiligte Gesellschaft die Dividenden bezieht, dazu Nutzungsberechtigte und in DEU ansässig ist. Fehlt es an der Rechtsform oder Mindestbeteiligung, ist der Besteuerungsanspruch auf 15 % der Bruttodividenden zu beschränken. Um zu ermitteln, ob die persönlichen Voraussetzungen

– Mindestbeteiligung, Rechtsform, Ansässigkeit – erfüllt sind, muss zunächst die Person ermittelt werden, auf die es für diese persönlichen Voraussetzungen ankommt, was die Frage aufwirft, wer die Person ist, der Staat Q die Dividenden *für Abkommenszwecke* zuzurechnen hat.

(2) Maßgeblichkeit der Rechtsordnung des Anwendestaats

Stellt man mit der h.M. auf die Zurechnungsregeln des nationalen Steuertatbestands des Staates Q ab,[555] dann dürfte – vorausgesetzt Investmentfonds und KGaA werden (insgesamt) als Körperschaft erkannt – Staat Q die Dividenden für Abkommenszwecke jeweils dem Vordermann zurechnen, der dann also in DEU ansässig und eine Gesellschaft mit einer wesentlichen Beteiligung sein müsste. Die Ansässigkeit bestimmt sich danach, ob aus deutscher Anwendersicht der jeweilige Vordermann steuerpflichtig i.S.v. Art. 4 Abs. 1 S. 1 DBA Q-DEU ist, was jedenfalls hinsichtlich des Investmentfonds auch in der Rechtsform der AG und des Sondervermögens bezweifelt werden kann. Der Quellenstaat wird die Steuersatzermäßigung in dem Fall nicht gewähren müssen. Rechnet der Quellenstaat den Anlegern oder dem persönlich haftenden Gesellschafter (jeweils anteilig) die Einkünfte zu, wird er die Steuersatzermäßigung gewähren. Allerdings hängt die Höhe davon ab, wie der Quellenstaat das Merkmal der *Unmittelbarkeit* der Beteiligung in Art. 10 Abs. 2 Buchst. a OECD-MA auslegt, und ggf. anschließend welche Rechtsform der Hintermann hat.

(3) Maßgeblichkeit der Rechtsordnung des Ansässigkeitsstaats

Legt man die Zurechnungsausdrücke so aus, dass sie dem Zurechnungszusammenhang im Steuertatbestand des Ansässigkeitsstaats entsprechen, dann hängt die Abkommensanwendung davon ab, wie in diesem Fall nach deutschem Ertragsteuerrecht der Zurechnungszusammenhang zu bestimmen ist.[556] Nach hier befürworteter Auslegung würden die Einkünfte für Abkommenszwecke dem jeweiligen Hintermann zugerechnet werden. Es kommt also darauf an, ob dieser in DEU ansässig ist, was in diesem Beispiel zu bejahen ist. Es kommt für den Umfang der Beschränkung des Steueranspruchs aber auch auf die unmittelbare Beteiligung in Höhe von 25 % einer Gesellschaft an. Ist der Hintermann also keine

---

555 Vgl. dazu oben III.3.a. (S. 158 ff.).
556 Vgl. dazu oben III.3.b. (S. 165 ff.).

Gesellschaft, muss der Quellenstaat die Beschränkung auf 5 % nicht, sondern lediglich eine Beschränkung auf 15 % gewähren. Was die *Unmittelbarkeit* der Beteiligung angeht, könnte man der Auffassung sein, dass ein transparentes Gebilde die *Unmittelbarkeit* nicht hindert. Dies dürfte aber nicht der überwiegenden Auffassung entsprechen, nach der die Beteiligung von der dividendenempfangenden Gesellschaft – hier nach Zurechnungsgrundsätzen: jeweils dem Hintermann – selbst gehalten werden muss.[557]

b.   Quantifizierung des deutschen Steueranspruchs durch das DBA Q-DEU

Der deutsche Steueranspruch bezüglich der Dividenden aus Q richtet sich jeweils gegen den Hintermann; hinsichtlich des Organträgers kraft Zurechnung des Einkommens, hinsichtlich des persönlich haftenden Gesellschafters kraft Zurechnung auf Grundlage der mitunternehmerähnlichen Besteuerung bzw. nach einer Trennungskonzeption, hinsichtlich des Anlegers aufgrund der Besteuerung ausschüttungsgleicher Erträge. Die Doppelbesteuerungsabkommen Deutschlands vermeiden die Doppelbesteuerung in der Regel durch Pflicht zu Anrechnung der Quellenstaatssteuer nach einer Vorschrift, die im Wesentlichen Art. 23B OECD-MA entspricht.

2.   Vordermann in Deutschland, Hintermann in Drittstaat ansässig

Staat B	Hintermann: Organträger, Anleger, persönlich haftender Gesellschafter
Staat DEU	[Betriebsstätte des Organträgers] Vordermann: Organgesellschaft, Investmentfonds, KGaA
Staat Q	Quelle (dividendenzahlende Gesellschaft)

---

[557]   Vgl. hierzu bspw. *Schönfeld*, in: Schönfeld/Ditz, DBA, Art. 10 Rn. 96.

a. Steuerquantifizierung des Quellenstaats nach DBA Q-DEU

Staat Q steht erneut vor der Frage, welche Person für Abkommenszwecke diejenigen Einkünfte bezieht, hinsichtlich derer Staat Q jeweils den Vordermann mit einem Steueranspruch belastet. Geht Staat Q mit der h.M. davon aus, seine eigenen Zurechnungsregeln anzuwenden und weisen diese – wie für den Regelfall anzunehmen – jeweils auf den Vordermann, ändert sich im Vergleich zum Fall unter 1. nichts. Q gewährt die Beschränkung der Steuer nach Art. 10 Abs. 1 Buchst. a DBA Q-DEU.

Geht man hingegen von einer Bindung an die Zurechnung von Ansässigkeitsstaaten aus, dann wäre für Zwecke von Art. 10 Abs. 1 DBA Q-DEU auf die Zurechnung durch die Rechtsordnung von DEU und ggf. sogar von B zu schauen. Nach der hier vertretenen Auffassung erzielt für Abkommenszwecke jeweils der Hintermann die Einkünfte, so dass die Voraussetzungen von Art. 10 Abs. 1 DBA Q-DEU nicht erfüllt sind und Q aufgrund des DBA Q-DEU seinen Steueranspruch nicht beschränken muss.[558] Das gilt wiederum nach hier vertretener Auffassung für die Organschaft nicht; denn der Organträger soll aufgrund der Ansässigkeit der Organgesellschaft in Deutschland hinsichtlich der durch diese erzielten Einkünfte so behandelt werden, als sei er selbst auch ansässig, obwohl er nur vermittelt durch die Organgesellschaft die jeweiligen Merkmale des Art. 4 Abs. 1 S. 1 OECD-MA verwirklicht.[559]

Unter der Annahme, Staat B besteuerte die KGaA nach seinem eigenen Steuerrecht ebenfalls mitunternehmerähnlich, erfasst also die Einkünfte der KGaA teilweise beim persönlich haftenden Gesellschafter (ansässig in Staat B), dann wäre aus Sicht von Q zu erwägen, ob aufgrund des Abkommens Q-B das Quellenbesteuerungsrecht hinsichtlich der Einkünfte des persönlich haftenden Gesellschafters beschränkt ist.

---

[558] Abgesehen von den Einkünften, die auf den kapitalistischen Teil der KGaA entfallen.
[559] Vgl. oben IV.1.d. (S. 188 ff.).

b.   Quantifizierung des deutschen Steueranspruchs durch das DBA Q-DEU

aa.   Überlegungen zum Steueranspruch ohne DBA

Deutschland erhebt vor Anwendung von DBA einen Steueranspruch bezüglich der Dividenden aus Q, allerdings durchgängig aufgrund beschränkter Steuerpflicht. Der Organträger muss die Beteiligung an der Organschaft in einer deutschen Betriebsstätte halten, so dass die Einkünfte dieser Betriebsstätte die beschränkte Steuerpflicht auslösen (vgl. § 14 Abs. 1 S. 1 Nr. 2 S. 4 KStG i.V.m. § 49 Abs. 1 S. 1 Nr. 2 Buchst. a EStG). Nach der Auffassung der mitunternehmerähnlichen Theorie sind Betriebsstätten der KGaA solche des persönlich haftenden Gesellschafters, soweit diesem der Gewinn nach der Mitunternehmertheorie zuzurechnen ist.

Die Erträge aus dem Investmentfonds sind grundsätzlich Einkünfte aus Kapitalvermögen (§ 2 Abs. 1 S. 1 InvStG). Diese unterliegen der beschränkten Steuerpflicht – abgesehen von der Zuordnung zu einer inländischen Betriebsstätte – jedoch nur unter den Voraussetzungen von § 49 Abs. 1 Nr. 5 Buchst. b EStG i.V.m. § 7 Abs. 3 InvStG oder § 7 Abs. 1, 2, 4 InvStG, § 44 Abs. 1 S. 4 Nr. 1 Buchst. a Doppelbuchst. bb EStG. Grenzt man den zweiten Fall als Sonderfall aus, dann ist die hier behandelte Konstellation nicht erfasst, da § 7 Abs. 3 inländische Erträge des Investmentfonds voraussetzt, hier aber ausländische Erträge aus Q Gegenstand sind.[560]

bb.   Vermeidung der Doppelbesteuerung nach DBA Q-DEU

Ob Deutschland aus dem DBA Q-DEU verpflichtet ist, die Doppelbesteuerung nach Art. 23B DBA Q-DEU durch Anrechnung zu vermeiden, hängt davon ab, ob im Sinne der Vorschrift eine in Deutschland ansässige Person Einkünfte, hier: Dividenden aus Q, bezieht. Nach allen Auffassungen ist für die Frage des *Beziehens* auf einen Zurechnungszusammenhang innerhalb des Ansässigkeitsstaats zu schauen.

Nach der h.M. ist insofern die *Einkünfteerzielung* i.S.v. § 2 Abs. 1 S. 1 EStG maßgeblich, so dass im Fall der Organschaft die Organgesellschaft die Einkünfte für Zwecke der Abkommensanwendung *bezieht*, im Fall der KGaA der persönlich

---

[560]   Vgl. dazu auch *Haase*, in: Haase, InvStG, § 4 Rn. 101.

haftende Gesellschafter nach der Mitunternehmertheorie, soweit der Gewinn der KGaA auf ihn entfällt. Nach der hier vertretenen Auffassung gilt für die Organschaft das gleiche wie für die KGaA, da beide dem Modell der mittelbaren Tatbestandsverwirklichung folgen, also der jeweilige Hintermann *materiell tatbestandsverwirklichende Person* ist; die Person, die abkommensrechtlich Einkünfte *bezieht*, ist der Organträger mit der Folge, dass Deutschland abkommensrechtlich auf den ersten Blick nicht gezwungen ist, die Doppelbesteuerung zu vermeiden, wenn dies im Fall der Anrechnung nach § 19 Abs. 1 KStG i.V.m. § 26 KStG, § 34c f. EStG auch unilateral geschieht. Allerdings wird hier vertreten, dass der Organträger bezüglich der Einkünfte der Organgesellschaft für Abkommenszwecke als ansässig gelten muss, weil die Organgesellschaft die erforderlichen Merkmale nach Art. 4 Abs. 1 S. 1 OECD-MA erfüllt,[561] so dass unter dem DBA die Doppelbesteuerung durch den Ansässigkeitsstaat Deutschland vermieden werden muss.

c. Quantifizierung des deutschen Steueranspruchs durch das DBA DEU-B

Da sowohl im Fall der KGaA als auch im Fall der Organschaft Betriebsstätten bestehen, denen die Dividendenzahlungen (funktional) zuzuordnen sind, wird der Steueranspruch aufgrund beschränkter Steuerpflicht nicht durch das DBA DEU-B beschränkt (Art. 7 Abs. 1 i.V.m. Art 10 Abs. 4 DBA DEU-B).

3. (Nur) Hintermann in Deutschland ansässig

DEU	Hintermann: Gesellschafter der Zwischengesellschaft, Stifter, Anleger
Staat A	Vordermann: Zwischengesellschaft, Familienstiftung, vergleichbarer Investmentfonds
Staat Q	Quelle (zinszahlende Person)

In dieser Konstellation können unmittelbar nur die Hinzurechnungstatbestände des AStG (§§ 7 ff. AStG,[562] § 15 AStG) Bedeutung erlangen.

---

[561] Vgl. oben IV.1.d. (S. 188 ff.).
[562] Da Dividenden in der Regel nicht unter § 8 AStG fallen, werden für diesen Fall Zinseinkünfte nach Art. 11 OECD-MA zugrunde gelegt.

a.   Steuerquantifizierung des Quellenstaats nach DBA Q-DEU

Der jeweilige Vordermann (Zwischengesellschaft, Familienstiftung) dürfte in der Regel einer beschränkten Steuerpflicht in Staat Q unterliegen, und er soll nach dessen Regeln Steuerschuldner bezüglich der Zinsen werden. Nach der h.M. vollzieht Staat Q für die Anwendung von Abkommen die Zurechnung der Zinsen nach den Zurechnungskriterien seines Steuertatbestands, so dass Staat Q nach dieser Auffassung ausschließlich das DBA mit Staat A anwendet (vorbehaltlich unilateraler Vorschriften, die bspw. § 50d Abs. 3 EStG entsprechen).

Etwas anderes gilt auch dann nicht, wenn man der Auffassung ist, der Quellenstaat sei an die Zurechnung nach dem Recht der Ansässigkeitsstaaten gebunden. Hinsichtlich der Tatbestände nach §§ 7 ff. AStG und § 15 AStG wird überwiegend davon ausgegangen, dass die Zwischengesellschaft bzw. die Familienstiftung die Einkünfte für abkommensrechtliche Zwecke erzielt. Das entspricht auch der hier vertretenen Auffassung; denn beide sind jeweils die *materiell tatbestandsverwirklichende Person* in Bezug auf die Einkünfte aus Staat Q aus Sicht Deutschlands. Denn würden sie die Einkünfte aus Deutschland erzielen, würde der resultierende Steueranspruch sich nach ihren persönlichen Eigenschaften richten. Die Besteuerung des jeweiligen Hintermanns beruht auf einer zweiten Tatbestandsverwirklichung, hinsichtlich derer Staat Q aber nicht Quellenstaat ist.

b.   Beschränkung der Steueransprüche des Staats A

Aus Sicht von Staat A entstehen zwei Steueransprüche: der Anspruch aufgrund der Ansässigkeit des jeweiligen Vordermanns und der Anspruch aufgrund der beschränkten Steuerpflicht des Hintermanns. Staat A muss als Ansässigkeitsstaat in allen Fällen aufgrund von Art. 23B DBA Q-A die Doppelbesteuerung vermeiden, indem er die in Q erhobene Steuer auf die Steuerschuld des Vordermanns in A aufgrund der Ansässigkeit anrechnet.

In Beziehung zu Deutschland ist A Quellenstaat hinsichtlich der aufgrund der Tatbestände des AStG fingierten Ausschüttung. Da Staat A in diesem Zeitpunkt diese fingierte Ausschüttung aber selbst gar nicht besteuert, braucht er seinen Pflichten aus Art. 10 OECD-MA nicht nachzukommen. Staat A kann die Beschränkungen also erst beachten, wenn er selbst aufgrund beschränkter Steuerpflicht eine Steuerschuld geltend macht.

c. Beschränkung der Steueransprüche Deutschlands aufgrund DBA Q-DEU und A-DEU

Die Doppelbesteuerung als Ansässigkeitsstaat muss Deutschland nach Art. 23B DBA Q-DEU durch Anrechnung der in Staat A erhobenen Steuer vermeiden. In den Fällen der §§ 7 ff. AStG und § 15 AStG wertet Deutschland im Moment der Zinszahlung an die Zwischengesellschaft bzw. an die Familienstiftung diesen Vorgang zugleich als Ausschüttung der Zwischengesellschaft bzw. als Auskehrung der Familienstiftung an die Zurechnungsempfänger. Aufgrund dieser Bewertung ist Deutschland grundsätzlich verpflichtet nach Art. 23B DBA A-DEU die Doppelbesteuerung durch Anrechnung der Steuer, die Staat A bei Ausschüttung erhebt. Da Staat A diese Steuer aber erst bei tatsächlicher Ausschüttung erhebt, besteht das Problem, dass die Ausschüttung in Deutschland nicht mehr besteuert wird, also die Anrechnung nicht mehr möglich wäre.[563] Diese Folge verhindert § 12 Abs. 3 AStG.

---

[563] Vgl. OECD-MK Art. 10 Rn. 39; gegen eine Anrechnungsverpflichtung in diesem Fall *Salom*, Bulletin for International Taxation 2011, 394, 406.

D Fazit

Die Trennung des Regeltatbestands in § 2 Abs. 1 S. 1 EStG von der Steuerschuldnerschaft wirft im geltenden Steuerrecht eine Vielzahl an – in einem weiten Sinn – Problemen auf. Diese Arbeit sollte diese Probleme miteinander vergleichen und mittels dieses Vergleichs gemeinsame Wurzeln in den untersuchten Trennungstatbeständen finden. Meines Erachtens geht ein erheblicher Teil der Probleme allein auf defizitäre Rechtstechnik, namentlich die Ergebniszurechnung, zurück. Das ist insofern eine gute Nachricht, als diese Krankheit im Prinzip leicht zu heilen ist. Die Besteuerung der Gesellschafter einer gewerblich tätigen Personengesellschaft hat das gezeigt: Mit der Rückkehr zum Steuerschuldner als tatbestandsverwirklichende Person verschwinden viele Probleme, die auf der Trennung von Einkünfteerzielung und Steuerschuldnerschaft durch das rechtstechnische Mittel der Einkünftezurechnung beruhten. Es ist natürlich nicht zu erwarten und vielleicht aus Gründen der Verlässlichkeit auch gar nicht wünschenswert, dass etablierte Trennungstatbestände wie die Organschaft derart fundamental geändert werden. Aber beispielsweise bei der Neuregelung der steuerlichen Verhältnisse der KGaA, die schon aus rechtsstaatlichen Gründen unvermeidbar scheint, gäbe es die Gelegenheit, sich bei einer gesetzlichen Konzeption am Modell einer mittelbaren Tatbestandsverwirklichung zu orientieren und diese auch ausdrücklich anzuordnen.

Das Abkommensrecht hat die Aufgabe, zwei Steuerrechtsordnungen so miteinander zu verbinden, dass ein Sachverhalt grundsätzlich nur einmal voll besteuert wird. Dabei ist es äußerst hinderlich, bei der Auslegung von Abkommensausdrücken, selbst wenn auf innerstaatliches Recht verwiesen wird, zu starr auf Rechtstechnik abzustellen, weil Rechtstechnik bei gleichem Besteuerungsergebnis austauschbar ist. Dies führt dazu, dass zwei Regelungssituationen, die identische Ergebnisse herbeiführen, nur deshalb unterschiedlich unter einem DBA behandelt werden, weil zufällig verschiedene Rechtstechniken verwendet wurden. Das kann nicht gewollt sein. Für dieses Problem der Austauschbarkeit von Rechtstechniken hat diese Arbeit zwei Beispiele gezeigt:

Das erste Beispiel betrifft die Frage, was es bedeutet, im Sinne von Art. 4 Abs. 1 S. 1 OECD-MA steuerpflichtig zu sein. Es darf für die Auslegung dieses Merkmals keinen Unterschied machen, dass ein Staat eine Person von vornherein nicht als Steuersubjekt in den Anwendungsbereich seiner Ertragsteuergesetze aufnimmt und ein anderer Staat das gleiche Ergebnis dadurch erreicht, dass er dies zwar tut, aber die Person immer und ausnahmslos persönlich von der Steuer befreit.

© Springer Fachmedien Wiesbaden GmbH, ein Teil von Springer Nature 2018
J. Grosch, *Die Trennung von Einkünfteerzielung und Steuerschuldnerschaft*, PwC-Studien zum Unternehmens- und Internationalen Steuerrecht 8, https://doi.org/10.1007/978-3-658-21373-2_4

Das zweite Beispiel betrifft die Bestimmung des Zurechnungszusammenhangs zwischen Einkünften und einer Person für Zwecke des *Abkommenstatbestands*. Der Verweis auf innerstaatliches Recht und dort auf § 2 Abs. 1 S. 1 EStG (bzw. die im Ausland entsprechende Zurechnungsregel) mag naheliegend sein und in vielen Fällen zu zutreffenden Ergebnissen führen. Der Verweis ist aber dann problematisch, wenn die allgemeine Zurechnungsregel (bspw. die Einkünfteerzielung nach § 2 Abs. 1 S. 1 EStG) nur noch rechtstechnische, aber überhaupt keine wertungsmäßige Bedeutung für das Besteuerungsergebnis hat. Die Besteuerung der Organschaft, der KGaA und der Investmentfonds könnte rechtstechnisch ebenso gut (bzw. viel besser) durch eine mittelbare Tatbestandsverwirklichung, also die Anordnung der Einkünfteerzielung durch den Hintermann, verwirklicht werden, ohne am Besteuerungsergebnis irgendetwas zu ändern.[564] Wenn sich aber am Besteuerungsergebnis nichts ändert, dann ist schwer einzusehen, warum sich dann an der DBA-Anwendung etwas ändern sollte.[565]

Für die Einkünftezurechnung für Abkommenszwecke wurde hier deshalb die *materiell tatbestandsverwirklichende Person* als Kriterium vorgeschlagen. Das Kriterium enthält eine Abstraktion von bloßer Rechtstechnik und stellt auf die Person ab, die in Bezug auf einen Einkünfteerzielungssachverhalt wertungsmäßig für die Entstehung der Steuerschuld verantwortlich ist. Maßgebliches Indiz hierfür ist, nach welcher Person die resultierende Steuerschuld quantifiziert wird (also bspw. ob Einkommen- oder Körperschaftsteuer erhoben wird). Die Suche nach der *materiell tatbestandsverwirklichenden Person* korrespondiert mit den hier entwickelten Grundformen der Trennung von Einkünfteerzielung und Steuerschuldnerschaft, nämlich: der Steuerschuldübernahme, der mittelbaren Tatbestandsverwirklichung und der Tatbestandsverdopplung (in Gestalt einer Ausschüttungsfiktion).[566] Ordnet man die einzelnen Trennungstatbestände diesen Grundformen zu, dann lässt sich die *materiell tatbestandsverwirklichende Person* ohne Weiteres ermitteln: Bei der Steuerschuldübernahme ist es der Vordermann, bei der mittelbaren Tatbestandsverwirklichung ist es der Hintermann und bei der Tatbestandsverdopplung sind sowohl Vorder- als auch Hintermann für zwei unterschiedliche Einkünfteerzielungen *materiell tatbestandsverwirklichende Personen*. Wären im nationalen Recht diese Grundformen statt der Rechtstechnik der Ergebniszurechnung konsequent umgesetzt, würde ein Gleichlauf von § 2 Abs. 1 S. 1 EStG und der

---

[564] Vgl. hierzu auch das Gedankenexperiment im Zusammenhang mit § 42 AO (Basisgesellschaften) oben unter C.III.4.b.bb. (S. 174 ff.).

[565] In Bezug auf die Vereinbarkeit von CFC-Regimen mit Abkommensrecht *Wheeler*, World Tax Journal 2011, 247, 336: „It would certainly be ridiculous if a simple change in mechanics could turn an incompatible tax charge into a compatible one."

[566] Vgl. zu diesen Grundformen oben B.IV.2. (S. 77 ff.).

Zurechnung im Abkommenstatbestand zu sinnvollen Ergebnisse führen. Da aber die wertungsinkonsistente Ergebniszurechnung zur Trennung von Einkünfteerzielung und Steuerschuldnerschaft verwendet wird, scheint es die richtige Lösung, das Kriterium der *materiell tatbestandsverwirklichenden Person* heranzuziehen. Dieser Vorschlag kann allerdings zu einer Häufung von Zurechnungskonflikten führen, wenn sich die Bestimmung der *materiell tatbestandsverwirklichenden Person* nach dem Recht des Anwendestaats richtet. Das liegt daran, dass die Trennungstatbestände häufig Spezifika des Ansässigkeitsstaats der Beteiligten sind, die im anderen Staat nicht nachvollzogen werden. Diese Gefahr könnte allenfalls durch eine Bindung des Quellenstaats an die Zurechnungsentscheidung – d. h. die Bestimmung der *materiell tatbestandsverwirklichenden Person* – des Ansässigkeitsstaats gebannt werden, wie dies von verschiedener Seite insbesondere im Zusammenhang mit Personengesellschaften und Trusts bereits vorgeschlagen wurde.[567] Letztlich kann nicht eindeutig geklärt werden, ob eine solche Bindung aus dem Abkommen gelesen werden kann. Klarheit könnte in Zukunft eine Regelung bringen, die Art. 1 Abs. 2 OECD-MA-E entspricht.

---

[567] Vgl. zu diesem Vorschlag oben unter C.III.3.b. (S. 165 ff.).

Literaturverzeichnis

Aigner, Hans-Jörgen: Hinzurechnungsbesteuerung und DBA-Recht, Wien 2004, 168 S. (zitiert: *Aigner*, Hinzurechnungsbesteuerung und DBA-Recht, S.)

Altfelder, Stefan: Investmentfonds – endlich verständlich?, FR 2000, 299 ff.

Avery-Jones, John F. et al.: The Interpretation of Tax Treaties With Particular Reference To Article 3(2) of The OECD-Model (Teil 2), BTR 1984, 90 ff.

Bayer, Hermann-Wilfried: Der Stufenbau des Steuertatbestandes, FR 1985, 337 ff.

Beirat Ernst&Young: Rechtsunsicherheit bei der Besteuerung der KGaA und ihrer persönlich haftenden Gesellschafter: zur Notwendigkeit steuergesetzlicher Änderungen, DB 2014, 147 ff.

Berger, Hanno/Steck, Kai-Uwe/Lübbehüsen, Dieter: Investmentgesetz, Investmentsteuergesetz: Kommentar, München 2010, 2162 S. (zitiert: *Autor*, in: B/S/L, § [...] Rn. [...])

Bielinis, Andrius: Die Besteuerung der KGaA, Berlin 2013, 401 S. (zitiert: *Bilienis*, Besteuerung der KGaA, S.)

Bielinis, Andrius: Vorschläge zur Reform der KGaA-Besteuerung, DStR 2014, 769 ff.

Blümich, Walter: EStG, KStG, GewStG: Einkommensteuergesetz, Körperschaftsteuergesetz, Gewerbesteuergesetz Kommentar, Werksstand 123. Lieferung 06/2014 (zitiert: *Autor*, in: Blümich, § [...] Rn. [...])

Bordewin, Arno: Die Einheit der Personengesellschaft im Härtetest des § 6b EStG, in: Ertragsbesteuerung, Festschrift für Ludwig Schmidt zum 65. Geburtstag, hrsg. von Arndt Raupach und Adalbert Uelner, München 1993, S. 421 ff. (zitiert: *Bordewin*, in: FS L. Schmidt, S.)

Brezing, Klaus: Außensteuerrecht: Kommentar, Herne 1991, 940 S. (zitiert: *Autor*, in: Brezing, AStG, § [...] Rn. [...])

Canaris, Claus-Wilhelm: Die Vertrauenshaftung im deutschen Privatrecht, München 1971 (zitiert: *Canaris*, Vertrauenshaftung, S.).

Couzin, Robert: Corporate Residence and International Taxation, Amsterdam 2003, 280 S. (zitiert: Couzin, Corporate Residence and International Taxation, S.)

Daniels, Antonius H.: Issues in International Partnership Taxation: With Special Reference to the United States, Germany and The Netherlands, Deventer 1991, 239 S. (zitiert: *Daniels*, Issues in International Partnership Taxation, S.)

Danon, Robert J.: Conflicts of Attribution of Income Involving Trusts under the OECD Model Convention: The Possible Impact of the OECD Partnership Report, Intertax 2004, 210–222

Danon, Robert J.: Switzerland's direct and international taxation of private express trusts; with particular references to US, Canadian and New Zealand trust taxation, Wien 2004, 411 S. (zitiert: *Danon*, Trusts, S.)

Danon, Robert J.: Clarification of the Meaning of "Beneficial Owner" in the OECD Model Tax Convention – Comment on the April 2011 Discussion Draft, Bulletin for International Taxation 2011, 437–440

Debatin, Helmut: DBA-Schweiz-Vergütungen des in der Schweiz ansässigen persönlich haftenden Gesellschafters einer KGaA, RIW 1991, 355

de Graaf, Arnaud/Pötgens, Frank: Worrying Interpretation of 'Liable to Tax': OECD Clarification Would Be Welcome Intertax 2011, 169–177

Döllerer, Georg: Neuere Entwicklungen im Steuerrecht der Personengesellschaft, DStZ/A 1976, 435

Dötsch, Ewald/Pung, Alexandra/Möhlenbrock, Rolf: Die Körperschaftsteuer, Werksstand 81. Lieferung 08/2014 (zitiert: *Autor*, in: D/P/M, KStG § [...] Rn. [...])

© Springer Fachmedien Wiesbaden GmbH, ein Teil von Springer Nature 2018
J. Grosch, *Die Trennung von Einkünfteerzielung und Steuerschuldnerschaft*, PwC-Studien zum Unternehmens- und Internationalen Steuerrecht 8, https://doi.org/10.1007/978-3-658-21373-2

Drüen, Klaus-Dieter/van Heek, Stephaniee: Die Kommanditgesellschaft auf Aktien zwischen Trennungs- und Transparenzprinzip – Eine steuersystematische Bestandsaufnahme, DStR 2012, 541–547

Ebling, Klaus: Die Auswirkungen des DBA-Schachtelprivilegs auf die Besteuerung des Gewinnanteils eines persönlich haftenden Gesellschafters eines Kommanditgesellschafters auf Aktien, in: Brennpunkte des Steuerrechts: Festschrift für Wolfgang Jakob zum 60. Geburtstag, hrsg. von Norbert Hörmann, Augsburg-Haunstetten 2001, S. 67–82 (zitiert: Ebling, in: FS Jakob, S.)

Eichhorn, Jochen: Die offene Investmentkommanditgesellschaft nach dem Kapitalanlagegesetzbuch, WM 2016, 110–116

Engel, Michael: § 3 Nr. 40 EStG und § 8b KStG sind bereits bei der Einkünfteermittlung der Mitunternehmerschaft anwendbar, DB 2003, 1811–1817

Festgabe Wassermeyer: Doppelbesteuerung: DBA Zum 75. Geburtstag von Prof. Dr. Dr. h.c. Franz Wassermeyer, München 2015 (zitiert: *Bearbeiter,* in: Festgabe *Wassermeyer,* DBA, Rn.)

Fischer, Peter: Auch der Mitunternehmer ist ein Unternehmer des Betriebs. Ein Beitrag zur subjektiven Zurechnung des einkommensteuerbaren Handlungs- und Erfolgstatbestands, in: Handelsbilanz und Steuerbilanz: Festschrift zum 70. Geburtstag von Prof. Dr. h. c. Heinrich Beisse, hrsg. von Wolfgang Dieter Budde, Adolf Moxter und Klaus Offerhaus, Düsseldorf 1997, S. 189–205 (zitiert: *Fischer,* in: FS Beisse, S.)

Fischer, Peter: Zurechnung, Zugriff, Durchgriff – Aspekte einer Grundfrage des Steuerrechts, FR 2001, 1–8

Flick, Hans/Wassermeyer, Franz/Baumhoff, Hubertus/Schönfeld, Jens: Außensteuerrecht: Kommentar, Werksstand 72. Lieferung 06/2014 (zitiert: *Autor,* in: F/W/B/S, AStG, § […] Rn. […])

Flick, Hans/Wassermeyer, Franz/Kempermann, Michael: DBA Deutschland Schweiz, Werksstand 40. Lieferung 06/2014 (zitiert: *Autor,* in: F/W/K, DBA DEU-CHE, Art. […] Rn. […])

Frotscher, Gerrit/Geurts, Matthias: Kommentar zum Einkommensteuergesetz (zitiert: *Autor,* in: Frotscher/Geurts, EStG, § […] Rn. […]), Werkstand 191. Aktualisierung 02/2016

Frotscher, Gerrit/Maas, Ernst: Kommentar zum Körperschaft-, Gewerbe- und Umwandlungssteuergesetz (zitiert: *Autor,* in: Frotscher/Maas, KStG, § […] Rn. […]) Werkstand 130. Aktualisierung 09/2015

Gaoua, Noah/Ribeiro, Alexis: French CFC Legislation: An Illustration of Recovery from a „Tax Treaty Override" Situation, European Taxation 2013, 451–457

Garfunkel, Nicolas: Are All CFC Regimes the Same? The Impact of the Income Attribution Method, Tax Notes International, 2010, 53–74

Gosch, Dietmar: Körperschaftsteuergesetz: Kommentar, 3. Aufl., München 2015 (zitiert: *Autor,* in: Gosch, KStG, § […] Rn. […])

Gutmann, Daniel/Danon, Robert/Salome, Hugues: French-Swiss Point of View on the Société Schneider Electric Case: Some Thoughts in the Personal Attribution of Income Requirement in International Tax Law, Intertax 2003, 156–162

Haase, Florian: Investmentsteuergesetz: Kommentar, Stuttgart 2010, 732 S. (zitiert: *Autor,* in: Haase, InvStG, § […] Rn. […])

Habammer, Christoph: Der ausländische Trust im deutschen Ertrag- und Erbschaft-/Schenkungsteuerrecht, DStR 2002, 425–432

Hägeböke, Jens: Das „KGaA-Modell": Ein Beitrag zur Steuergestaltungssuche, Düsseldorf 2008, 286 S. (zitiert: *Hägeböcke,* KGaA-Modell, S.)

Hägeböke, Jens: Zur Anwendung des DBA-Schachtelprivilegs bei der KGaA – Zugleich Anmerkungen zum Beitrag von Kramer, IStR 2010, S. 57, IStR 2010, 59–62

Hattingh, Johann P.: Article 1 of the OECD Model: Historical Background and the Issues Surrounding It, BIFD 2003, 215–221

Heintschel-Heinegg (Hrsg.: Beck'scher Online-Kommentar zum Strafgesetzbuch, Stand: 1.12.2012 München (zitiert: *Bearbeiter,* in: Beck-OK, § Rn.)

Hensel, Albert: Steuerrecht, 3. Aufl., Berlin 1933 (zitiert: *Hensel,* Steuerrecht, S.)

Herrmann, Carl/Heuer, Gerhard/Raupach, Arndt: Einkommensteuer- und Körperschaftsteuergesetz: Kommentar, Werksstand 265. Lieferung 08/2014 (zitiert: *Autor,* in: HHR, EStG/KStG, § [...] Rn. [...])

Herzig, Norbert: Organschaft: laufende und aperiodische Besteuerung, nationale und internationale Aspekte, Hinweise zum EU-Recht, Stuttgart 2003 (zitiert: *Autor,* in: Herzig, Organschaft, S.)

Hey, Johanna: Besteuerung von Unternehmen und Individualsteuerprinzip, in: Kernfragen des Unternehmenssteuerrechts, hrsg. von Wolfgang Schön und Christine Osterloh-Konrad, Heidelberg 2010, S. 1–29 (zitiert: *Hey,* in: Schön, Kernfragen des UntStR, S.)

Hey, Johanna: Das Individualsteuerprinzip in Einkommen-, Körperschaft- und Gewerbesteuer, in: Gedächtnisschrift für Christoph Trzaskalik, hrsg. von Klaus Tipke und Hartmut Söhn, Köln 2005, S. 219–237 (zitiert: *Hey,* in: GS Trzaskalik)

Hey, Johanna: Hermann-Wilfried Bayer, Steuerlehre (Rezension), StuW 1998, 285–289

Hey, Johanna: Das Territorialitätsprinzip als theoretische Grundlage der beschränkten Steuerpflicht – isolierende Betrachtungsweise und Objektsteuercharakter als konkrete Ausprägungen –, IWB Fach 3 Gruppe 1, 2004, S. 2003–2016

Hierstetter, Felix: Übertragung des Geschäftsbetriebs einer Organgesellschaft, BB 2015, 859–864

Hüttemann, Rainer: Gewinnermittlung bei Personengesellschaften, in: Die Personengesellschaft im Steuerrecht: Gedächtnissymposium für Brigitte Knobbe-Keuk, hrsg. von Franz Dötsch, Andreas Herlinghaus, Rainer Hüttemann, Jürgen Lüdicke, und Wolfgang Schön, Köln 2011, S. 39–66 (zitiert: *Hüttemann,* in: PersG im Steuerrecht, S.)

Hüttemann, Rainer: Organschaft, in: Kernfragen des Unternehmenssteuerrechts, hrsg. von Wolfgang Schön und Christine Osterloh-Konrad, Heidelberg 2010, S. 127–148 (zitiert: *Hüttemann,* in: Kernfragen des UntStR, S.)

Ismer, Roland: Gruppenbesteuerung statt Organschaft im Ertragsteuerrecht?, DStR 2012, 821–829

Jacob, Friedhelm/Hagena, Antje: Die inländische gewerbliche Personengesellschaft: ansässige Person mit Abkommensschutz?, IStR 2013, 485–490

Joecks, Wolfgang/Miebach, Klaus. Münchener Kommentar zum StGB, Band 1, 2. Aufl., München 2011, (zitiert: *Autor,* in: MüKo, StGB, § [...] Rn. [...])

Jurkat, Werner: Die Organschaft im Körperschaftsteuerrecht, Heidelberg 1975, 680 S. (zitiert: *Jurkat,* Organschaft, Rn.)

Kessler, Wolfgang: Die Kommanditgesellschaft auf Aktien im System der dualen Unternehmensbesteuerung, in: Gestaltung und Abwehr im Steuerrecht (Festschrift für Klaus Korn), hrsg. von Carlé, Dieter, S. 307–333 (zitiert: *Kessler,* in: FS Korn, S.)

Kessler, Wolfgang: Über die Anrechnung ausländischer Steuern, in: Das Steuerrecht der Unternehmen, Festschrift für Gerrit Frotscher, hrsg. von Hummel/Lüdicke/Mössner, S. Aufsatzseiten (zitiert: *Kessler,* in: FS Frotscher, S.)

Kinzl, Ulrich Peter: Generalthema II: Abkommensberechtigung und persönliche Zurechnung von Einkünften, IStR 2007, 561–567

Kirchhof, Paul/Söhn, Hartmut: Einkommensteuergesetz: Kommentar, Werksstand 265. Lieferung 08/2014 (zitiert: *Autor,* in: Kirchhof/Söhn, EStG/KStG, § [...] Rn. [...])

Klein, Martin: Internationale Einkünftezurechnung, in: Hüttemann (Hrsg.), Gestaltungsfreiheit und Gestaltungsmissbrauch im Steuerrecht, DStJG Bd. 33, S. 243–264.

Kluge, Volker: Das internationale Steuerrecht: Gemeinschaftsrecht, Außensteuerrecht, Abkommensrecht, 4. Aufl., München 2000 (zitiert: *Kluge,* IntStR, S.)

Knobbe-Keuk, Brigitte: Bilanz- und Unternehmenssteuerrecht, 9. Aufl., Köln 1993

Knobbe-Keuk, Brigitte: Besteuerung des Gewinns der Personengesellschaften und Sondervergütungen der Gesellschafter, StuW 1974, 1–49.

Koblenzer, Thomas: Grundlagen der 'beschränkten Steuerpflicht', BB 1996, 933–936

Kollruss, Thomas: KGaA und Zinsschranke – unter besonderer Berücksichtigung der Akquisitionsfinanzierung, BB 2007, 1988–1992

Kraft, Gerhard: Außensteuergesetz, München 2009, 977 S. (zitiert: *Autor,* in: Kraft, AStG, § […] Rn. […])

Kramer, Jörg-Dietrich: Das Internationale Schachtelprivileg der KGaA – zugleich Anmerkung zum Urteil des Hessischen FG vom 23.6.2009, 12 K 3439/01, IStR 2010, 57–59

Kusterer, Stefan: Überlegungen zur Besteuerung des persönlich haftenden Gesellschafters eine Kommanditgesellschaft auf Aktien, DStR 2008, 484–488

Lackner, Karl/Kristian, Kühl: Strafgesetzbuch: Kommentar, 28. Aufl. München 2014

Lademann, Fritz: Außensteuergesetz, Stuttgart 2011, 597 S. (zitiert: *Autor,* in: Lademann, § […] Rn. […])

Lang, Joachim: Die Bemessungsgrundlage der Einkommensteuer: rechtssystematische Grundlagen steuerlicher Leistungsfähigkeit im deutschen Einkommensteuerrecht, Köln 1988, 672 S. (zitiert: *Lang,* Die Bemessungsgrundlage der Einkommensteuer, S.)

Lang, Joachim: Systematisierung der Steuervergünstigungen: ein Beitrag zur Lehre vom Steuertatbestand, Berlin 1974, 171 S. (zitiert: *Lang,* Systematisierung der Steuervergünstigungen, S.)

Lang, Michael: CFC-Regelungen und Doppelbesteuerungsabkommen, IStR 2002, 717–723

Lang, Michael: Der doppelt ansässige Organträger aus abkommensrechtlicher Sicht, SWI 2003, 215–222

Lang, Michael: Die Besteuerung von Einkünften bei unterschiedlichen Personen aus dem Blickwinkel des DBA-Rechts, SWI 2000, 527–535

Lang, Michael: Hybride Finanzierungen im Steuerrecht: Rechtsgrundlagen der Doppelbesteuerungsabkommen zur Beurteilung von Mischformen zwischen Eigen- und Fremdkapital, Wien 1991, 204 S. (zitiert: *Lang,* Hybride Finanzierungen, S. 116)

Lang, Michael: Qualifikationskonflikte bei Personengesellschaften, IStR 2000, 129–134

Lang, Michael: Einführung in das Recht der Doppelbesteuerungsabkommen, Wien, 2. Aufl. 2002 (zitiert: *M. Lang,* Einführung, S.)

Lang, Michael: Die Bedeutung des originär innerstaatlichen Rechts für die Auslegung von Doppelbesteuerungsabkommen (Art. 3 Abs. 2 OECD-MA), in: Burmester/Endres (Hrsg.): Festschrift für Helmut Debatin zum 70. Geburtstag, München, 1997, S. 283–304 (zitiert: Lang, FS Debatin)

Lang, Michael: Das Verhältnis zwischen Abkommensrecht und innerstaatlichem Recht in der Definition des unbeweglichen Vermögens nach Art. 6 Abs. 2 OECD-MA, ISR 2015, 41–50

Lang, Michael: Einkünftezurechnung im Lichte des Entwurfs zu Art. 1 Abs. 2 OECD-MA, SWI 2015, 153–162

Lang, Michael/Schuch, Josef/Staringer, Claus: Einkünftezurechnung im internationalen Steuerrecht, Wien 2012, 295 S. (zitiert: *Autor,* in: Lang et al., Einkünftezurechnung im internationalen Steuerrecht, S.)

Lehner, Moris: Steuerrecht im europäischen Binnenmarkt: Einfluss des EG-Rechts auf die nationalen Steuerrechtsordnungen, Köln 1995, 306 S. (zitiert: *Autor,* in: Lehner, Steuerrecht im europäischen Binnenmarkt, S.)

Lenski, Edgar/Steinberg, Wilhelm: Kommentar zum Gewerbesteuergesetz, Köln (zitiert: *Autor,* in: Lenski/Steinberg, GewStG, § Rn.)

Link, Simon Patrick: Konsolidierte Besteuerung im Abkommensrecht, München 2008, 217 S. (zitiert: *Link,* Konsolidierte Besteuerung, S.)

Lüdicke, Jürgen: Probleme der Besteuerung beschränkt Steuerpflichtiger im Inland, DStR 2008 Beihefter zu Heft 17, 25–34.

Lüdicke, Jürgen: Das DBA-Gespenst bei der Organschaft, IStR 2011, 740–747

Marchgraber, Christpoh: Der Begriff „Gesellschaft" im Recht der Doppelbesteuerungsabkommen, SWI 2011, 337–342

Marchgraber, Christoph: Einkünftezurechnung im DBA-Recht und Doppelbesteuerung, in: Lang et al. (Hrsg.): Einkünftezurechnung im Internationalen Steuerrecht, S. 201 ff.

Mössner, Jörg Manfred: Typusbegriffe im Steuerrecht, in: Drenseck/Seer (Hrsg.), Festschrift für Heinrich Wilhelm Kruse zum 70. Geburtstag, Köln 2001, S. 161–182 (zitiert: *Mössner,* in: FS Kruse, S.).

Müller, Thomas/Stöcker, Ernst-Erhard: Die Organschaft: Körperschaftsteuerrecht, Umsatzsteuerrecht, Grunderwerbsteuerrecht, 9. Aufl., Herne 2014 (zitiert: *Müller/Stöcker,* Organschaft, Rn.)

OECD: Musterkommentar zum OECD-Musterabkommen, Stand 2014 (zitiert: MK Art. Rn.)

OECD: OECD-Report: The application of the OECD Model Tax Conventions to partnerships, 1999 (zitiert: Partnership-Report, Rn.).

OECD: The Granting of Treaty Benefits with Respect to the Income of Collective Investment Vehicles, OECD-Committee on Fiscal Affairs, 2010 (zitiert: CIV Report, Rn.)

OECD: Public Discussion Draft – BEPS Action 2: Neutralise the Effects of Hybrid Mismatch Arrangements, Treaty Aspects, 2014 (zitiert: Public Discussion Draft, BEPS Action 2, Rn.)

Petersen, Sven A.: Steuerbilanzielle Erfassung der Erträge aus Investmentfonds, DStR 2006, 1674–1678

Pinkernell, Reimar: Einkünfteerzielung bei Personengesellschaften, Berlin 2001, 231 S. (zitiert: *Pinkernell,* Einkünfteerzielung bei Personengesellschaften, S.)

Raupach, Arndt: Die Frage der Zurechnung im Steuerrecht als Problem der Tatbestandsverwirklichung, in: Handelsbilanzen und Steuerbilanzen, in: Handelsbilanz und Steuerbilanz: Festschrift zum 70. Geburtstag von Prof. Dr. h. c. Heinrich Beisse, hrsg. von Wolfgang Dieter Budde, Adolf Moxter und Klaus Offerhaus, Düsseldorf 1997, S. 403–431 (zitiert: *Raupach,* in: FS Beisse, S.)

Raupach, Arndt: Gewinnanteil und Sondervergütungen der Gesellschafter von Personengesellschaften, StuW 1991, 278

Riemenschneider, Sven: Abkommensberechtigung von Personengesellschaften und abkommensrechtliche Behandlung der Einkünfte aus Beteiligungen inländischer Gesellschafter an ausländischen Personengesellschaften, Frankfurt 1995, 236 S. (zitiert: *Riemenschneider,* Abkommensberechtigung von Personengesellschaften, S.)

Rödder, Thomas/Hageböcke, Jens/Stangl, Ingo: Zur Anwendung der Zinsschranke bei der KGaA und ihrem persönlich haftenden Gesellschafter, DB 2009, 1561–1566

Rohrer, Oswald/Orth, Tilman: Anwendung des Halbeinkünfteverfahrens auf Ebene einer KGaA, BB 2007, 1594–1602

Runge, Berndt: Die Familienstiftung im Außensteuergesetz, DB 1977, 514 ff.

Ruppe, Hans Georg: Möglichkeiten und Grenzen der Übertragung von Einkunftsquellen als Problem der Zurechnung, in: Tipke (Hrsg.), Übertragung von Einkunftsquellen, Köln 1977, S. 7 ff. (zitiert: *Ruppe,* DStJG (1977), S.)

Rust, Alexander: Die Hinzurechnungsbesteuerung: Notwendigkeit und Umsetzbarkeit einer Reform, München 2007, 230 S. (zitiert: *Rust,* Hinzurechnungsbesteuerung, S.)

Säcker, Franz/Rixecker, Roland/Oetker, Hartmut/Limperg, Bettina: Münchener Kommentar zum Bürgerlichen Gesetzbuch, 7. Aufl. München (zitiert: *Bearbeiter,* in: MüKo, BGB, § Rn.)

Schönke, Adolf/Schröder, Horst: Strafgesetzbuch: Kommentar, 29. Aufl. München 2014 (zitiert: *Bearbeiter,* in: Schönke/Schröder, StGB, § Rn.)

Salom, Jessica: The Attribution of Income in Swiss and International Tax Law, Bulletin for International Taxation 2011, 394–407

Sandler, Daniel: Pushing the Boundaries: The Interaction between Tax Treaties and Controlled Foreign Company Legislations, London 1994, 152 S. (zitiert: *Sandler,* Tax Treaties and Controlled Foreign Company Legislation, S.)

Schaumburg, Harald: Internationales Steuerrecht: Außensteuerrecht, Doppelbesteuerungsrecht, 3. Aufl., Köln 2011, 1211 S. (zitiert: *Schaumburg,* IntStR, Rn.)

Schell, Matthias: Subjektive Besteuerungsmerkmale im Einkommensteuerrecht: zur Beachtlichkeit von Wille und Absicht bei der Ertragsbesteuerung natürlicher Personen, Baden-Baden 2006, 312 S. (zitiert: *Schell,* Subjektive Besteuerungsmerkmale, S.)

Schmidt, Ludwig: Einkommensteuergesetz, 33. Aufl., München 2014 (zitiert: *Autor,* in: Schmidt, EStG, § [...] Rn. [...])

Schnitger, Arne/Berliner, Christina: Die Anwendung der deutschen Organschaft bei grenzüberschreitenden Sachverhalten, IStR 2011, 753–762

Schnitger, Arne/Fehrenbacher, Oliver: Kommentar Körperschaftsteuergesetz, Wiesbaden 2012, 2176 S. (zitiert: *Autor,* in: Schnitger/Fehrenbacher, KStG, § [...] Rn. [...])

Schnitger, Arne/Oskamp,Michael : Empfehlungen der OECD zur Neutralisierung von "Hybrid Mismatches" auf Abkommensebene, IStR 2014, 385–389

Schön, Wolfgang: Der Große Senat des Bundesfinanzhofs und die Personengesellschaft, StuW 1996, 275–288

Schön, Wolfgang: Gewinnübertragungen bei Personengesellschaften nach § 6b EStG, Köln 1986

Schön, Wolfgang: Zum Stande der Lehre vom Sonderbetriebsvermögen, DStR 1993, 185

Schönfeld, Jens/Ditz, Xaver: Doppelbesteuerungsabkommen: Kommentar, Köln 2013, 2394 S. (zitiert: *Autor,* in: Schönfeld/Ditz, DBA, Art. [...] Rn. [...])

Schulz, Kay Alexander: Die Besteuerung ausländischer Familienstiftungen nach dem Außensteuergesetz: Analyse und Perspektiven, Wiesbaden 2010, 311 S. (zitiert: *Schulz,* Familienstiftung, S.)

Schulz, Andreas/Petersen, Sven/Keller, Claudia: Offene Fragen bei der Besteuerung von Immobiliensondervermögen und deren Anlegern, DStR 2004, 1853–1858

Schulze zur Wiesche, Dieter: Die Personengesellschaft in der neueren Rechtsprechung des BFH, FR 1996, 237–249

Seitz, Georg: Die Berücksichtigung der Steuerbefreiungen nach § 8b Abs. 2 und 6 KStG bzw. § 3 Nr. 40 EStG bei der Ermittlung des Gewerbeertrags einer Mitunternehmerschaft, GmbHR 2004, 476–486

Selbmann, Dorrit: Die Übertragung stiller Reserven bei Personengesellschaften nach § 6b EStG: Eine Norm zwischen Konstanz und Wandel, Berlin 2003, 267 S. (zitiert: *Selbmann,* Die Übertragung stiller Reserven bei Personengesellschaften nach § 6b EStG, S.)

Sorgenfrei, Ulrich: Steuerlicher Transparenzgrundsatz und DBA-Berechtigung deutscher offener Investmentfonds, IStR 1994, 465–473

Staringer, Claus: Besteuerung doppelt ansässiger Kapitalgesellschaften, Wien 1999, 462 S. (zitiert: *Staringer,* Besteuerung doppelt ansässiger Kapitalgesellschaften, S.)

Stollenwerk, Arnd: Dogmatischer Gegenstand versus instrumentaler Gegenstand des EStG, Steuerliche Vierteljahresschrift 1989, 217–235.

Strunk, Günther/Kaminski, Bert/Köhler, Stefan: Außensteuergesetz, Doppelbesteuerungsabkommen, Kommentar, Werksstand 265. Lieferung 08/2014 (zitiert: *Autor,* in: SKK, AStG, § [...] Rn. [...])

Theißen, Manuel R./Raßhofer, Martin: Die Erzielung nichtsteuerbarer Einnahmen – systematisiert am Beispiel von Preis- und Fördergeldern, in: Steuerrecht im Rechtsstaat: Festschrift für Wolfgang Spindler zum 65. Geburtstag, hrsg. von Rudolf Mellinghof,

Wolfgang Schön und Hermann-Ulrich Viskorf, Köln 2011, S. 819–832 (zitiert: *Theißen/Raßhofer*, in: FS Spindler, S.)

Tiedtke, Klaus/Wälzholz, Eckhard: Teilbetriebsveräußerung durch die Organgesellschaft und Tarifbegünstigung nach § 34 EStG beim Organträger, GmbHR 2001, 847–852

Tipke, Klaus: Von der formalen zur materialen Tatbestandslehre, StuW 1993, 105

Tipke, Klaus/Lang, Joachim: Steuerrecht, 19. Aufl., Köln 2008 (zitiert: *Autor*, in: T/L, 19. Aufl. 2008, § [...] Rn. [...])

Tipke, Klaus/Lang, Joachim: Steuerrecht, 21. Aufl., Köln 2012 (zitiert: *Autor*, in: T/L, § [...] Rn. [...])

Töben, Thomas: Keine Gewerbesteuer auf Dividenden und auf Gewinne aus der Veräußerung von Anteilen an Kapitalgesellschaften bei Zwischenschaltung einer Personengesellschaft, FR 2002, 361–373

Urtz, Christoph/Züger, Mario: Personengesellschaften im Internationalen Steuerrecht, Wien 2001, 456 S. (zitiert: *Urtz/Züger*, PersG im IntStR, S.)

Viegener, Johannes: Hinzurechnungsbesteuerung und Doppelbesteuerungsabkommen in Frankreich, in: Körperschaftsteuer, internationales Steuerrecht, Doppelbesteuerung: Festschrift für Franz Wassermeyer zum 65. Geburtstag, hrsg. von Rudolf Gocke, Dietmar Gosch und Michael Lang, München 2005, S. 543–569 (zitiert: *Viegener*, in: FS *Wassermeyer*, S.)

Vogel, Klaus: Zur Abkommensberechtigung ausländischer Personengesellschaften, IStR 1999, 5–8

Vogel, Klaus/Lehner, Moritz: Doppelbesteuerungsabkommen der Bundesrepublik Deutschland auf dem Gebiet der Steuern vom Einkommen und Vermögen: Kommentar auf der Grundlage der Musterabkommen, 6. Aufl., München 2015 (zitiert: *Autor*, in: Vogel/Lehner, Art. [...] Rn. [...])

von Groll, Rüdiger: Zur mittelbaren Tatbestandverwirklichung im Steuerrecht, StuW 1995, 326–335

von Groll, Rüdiger: Irrungen und Wirrungen um die Organschaft im Körperschaftsteuerrecht mit Folgen auch im formellen Recht, DStR 2004, 1193

von Lishaut, Ingo: Reform der Konzernbesteuerung (II), FR 2011, 1030 ff.

Ward, David A./Avery Jones et al.: A Resident of Contracting State for Tax Treaty Purposes: A Case Comment on Crown Forest Industries, Canadian Tax Journal 1996, 408–424

Wassermeyer, Franz: Das Erfordernis objektiver und subjektiver Tatbestandsmerkmale in der ertragsteuerlichen Rechtsprechung des BFH, StuW 1982, 352

Wassermeyer, Franz: Der Nießbrauch im Einkommensteuerrecht, FR 1983, 157

Wassermeyer, Franz: Die Auslegung von Doppelbesteuerungsabkommen durch den Bundesfinanzhof, StuW 1990, 404

Wassermeyer, Franz: Die Hinzurechnungsbesteuerung als Qualifikationsproblem des nationalen und des internationalen Steuerrechts, RIW 1983, 352

Wassermeyer, Franz: Die Wurzeltheorie bei der Besteuerung persönlich haftender Gesellschafter einer Kommanditgesellschaft auf Aktien unter Beachtung des BFH-Urteils vom 19.05.2010 – I R 62/09, Ubg 2011, 47–51

Wassermeyer, Franz: Einkommenszurechnung nach § 15 AStG, IStR 2009, 191–195

Wassermeyer, Franz: Widersprüchlichkeiten bei der Organschaft, DStR 2004, 214–216

Wassermeyer, Franz: Die Besteuerung des Gewinnanteils eines persönlich haftenden Gesellschafters einer Kommanditgesellschaft auf Aktien, in: Binnewies/Spatscheck (Hrsg.), Festschrift für Michael Streck zum 70. Geburtstag, S. 259 ff. (zitiert: *Wassermeyer*, in: FS Streck, S.)

Wassermeyer, Franz: Kommentar Doppelbesteuerung DBA, München Werkstand 128. Nachlieferung (zitiert: Autor, in: *Wassermeyer*, DBA, Art. Rn.)

Wassermeyer, Franz: Gemeinschaftsrechtliche und abkommensrechtliche Anforderungen an eine Gruppenbesteuerung, SWI 2005, 520 ff.

Wassermeyer, Franz: Steuerpflicht, Einkünfteerzielung und Abkommensberechtigung, in: Kessler et al. (Hrsg.), Unternehmensbesteuerung, Festschrift für Norbert Herzig zum 65. Geburtstag, S. 897 ff. (zitiert: *Wassermeyer,* in: FS Herzig, S.)

Wassermeyer, Wolf: Der zweite Entwurf des Investmentsteuergesetzes vom 20.8.2003, DB 2003, 2085–2090

Wheeler, Joanna: The Attribution of Income to a Person for Tax Treaty Purposes, Bulletin for International Taxation 2005, 477–488

Wheeler, Joanna: The Missing Keystone of Income Tax Treaties, Amsterdam 2012, 434 S. (zitiert: *Wheeler,* The Missing Keystone, S.)

Wheeler, Joanna: The Missing Keystone of Income Tax Treaties, World Tax Journal 2011, 247–367

Wheeler, Joanna: IFA-Cahiers 2007, Band 2, Conflicts of the Attribution of Income to a Person, General Report, S. 17 ff.

Wheeler, Joanna: General Reporter's Guidelines zu IFA-Congress 2007, Subject II, Conflicts in the Attribution of Income to a Person

Witt, Carl-Heinz: Die Konzernbesteuerung: Vorschlag zur Fortentwicklung des Rechts der steuerlichen Organschaft, Köln 2006, 553 S. (zitiert: *Witt,* Konzernbesteuerung, S.)

Witt, Carl-Heinz: Interner Ausgleich zwischen zusammen veranlagten Ehegatten, DStR 2007, 56–61

Wittmann, Rolf: Besteuerung des Markteinkommens – Grundlinien einer freiheitsschonenden Besteuerung, StuW 1993, 35

Wöhrle, Winfried: Außensteuergesetz: Kommentar, Werksstand 30. Lieferung 03/2013 (zitiert: *Autor,* in: Wöhrle, AStG, § [...] Rn. [...])

Zeller, Florian: Einkünfteermittlung bei Investmentfonds, DStR 2005, 899–902

Printed by Printforce, the Netherlands